高等院校经济管理类“十三五”规划教材

经济学原理

Principles of Economics

主　编　王立成　唐松林

中国财经出版传媒集团
经济科学出版社
Economic Science Press

图书在版编目（CIP）数据

经济学原理/王立成，唐松林主编．—北京：经济科学出版社，2018.6

高等院校经济管理类“十三五”规划教材

ISBN 978 -7 -5141 -9486 -9

Ⅰ.①经…　Ⅱ.①王…②唐…　Ⅲ.①经济学 - 高等学校 - 教材　Ⅳ.①F0

中国版本图书馆 CIP 数据核字（2018）第 138995 号

责任编辑：杜　鹏　张　燕
责任校对：刘　昕
责任印制：邱　天

经济学原理

王立成　唐松林　主编

经济科学出版社出版、发行　新华书店经销

社址：北京市海淀区阜成路甲 28 号　邮编：100142

总编部电话：010 -88191217　发行部电话：010 -88191522

网址：www. esp. com. cn

电子邮件：esp_bj@163. com

天猫网店：经济科学出版社旗舰店

网址：http：//jjkxcbs. tmall. com

固安华明印业有限公司印装

787×1092　16 开　20.5 印张　500000 字

2018 年 9 月第 1 版　2018 年 9 月第 1 次印刷

印数：0001—4000 册

ISBN 978 -7 -5141 -9486 -9　定价：45.00 元

（图书出现印装问题，本社负责调换。电话：010 -88191510）

前　言

“经济学原理”是一门研究经济基本理论和政策建议的课程。具体来讲，它是研究在资源稀缺情况下人们采取的经济决策原则和行为规律的一门专业化课程，涉及微观层面如何实现资源配置最优化和宏观层面如何实现经济又好又快发展等一系列问题。也就是说，通过学习“经济学原理”，可以了解和掌握市场经济运行的内在机理与大量经济变量之间的关系，熟悉和掌握一套较为完整的分析经济现象、经济问题的理论框架和非常有效的方法体系，进而清楚经济当事人的行为规律和经济现象背后的本质属性，为消费者个人决策、企业管理决策和政府部门制定经济政策及实施经济管理提供思路。

本教材定位于非经济学专业本科经济学学习用书，可供公共管理、工商管理、管理工程、会计学、财务管理、审计、资产评估等管理类专业以及文法等专业的本科生学习使用，也可用于高职院校各相关专业经济学原理的学习。

为满足“经济学原理”课程教学安排的要求和有利于学生学习，在编写本教材时我们确定了一个基本原则，即以学生为中心。一是便于学生学习。例如，章节内容相对细化，推演步骤相对完整，便于学生自主学习；教材中案例以学生现实生活所接触和贴近我国经济实践的案例为主，便于学生理解和应用理论知识；每章内容最后的“内容提要”便于学生系统地掌握所学知识体系；每章习题后面增加了“问题与应用”，便于提高学生分析问题和解决问题的能力。二是提供贴近学生生活的学习情景。例如，每章提供一些贴近学生日常生活或易于理解的经济问题，增加“即问即答”小栏目，便于学生及时根据所学知识积极思考现实经济问题。三是为参与式教学改革提供条件。例如，提供参考资料、拓展阅读、参考文献等内容或书目，便于引导学生进行深入学习和课堂讨论等。因此，本教材从编写体例安排上采用多样性教材构件，丰富了教材内容。

本教材是集体工作的结晶。参与编写的人员围绕教材结构、撰稿原则、编写体例、章节内容等方面进行了广泛讨论。王立成、唐松林担任主编，牛勇平、张丽淑担任副主编，负责教材的策划和教材结构、撰稿原则、编写体例的确定，以及教材的组稿工作。参加编写人员还有辛波、张平、殷允杰、谢孟军、江秀辉、李爱等。

本教材编写过程中，借鉴了大量现有教材和相关著作、研究文献，并力求做到规范性引用。在这里对这些教材、著作、文献的作者表示衷心感谢，如出现引用遗漏敬请谅解。另外，限于编者的能力、时间，本教材还存在这样或那样的问题，欢迎读者给予批评指正。

编　者

2018 年 7 月

前言

目　　录

第一章　导论 …… 1

第一节　经济学是什么 …… 1
第二节　经济学的基本问题 …… 2
第三节　经济学的产生与发展 …… 4
第四节　经济学的基本体系 …… 5
第五节　经济学的研究方法 …… 10
第六节　怎样看待经济学 …… 10

第二章　市场的力量：需求和供给 …… 14

第一节　市场是什么 …… 14
第二节　需求的规律 …… 16
第三节　供给规律 …… 19
第四节　供求均衡 …… 22
第五节　弹性理论 …… 27
第六节　政府对市场价格的干预 …… 37

第三章　消费者的效用 …… 45

第一节　效用的决定 …… 45
第二节　效用的基数论 …… 48
第三节　效用的序数论 …… 52
第四节　效用最大化的实现 …… 58
第五节　消费者剩余 …… 62

第四章　企业组织及行为 …… 69

第一节　经济学家眼中的企业 …… 70
第二节　理解生产的真谛 …… 77
第三节　经济学中的成本 …… 86

第五章　市场效率 …… 92

第一节　市场与市场结构 …… 92

第二节 完全竞争市场 …… 93
第三节 垄断市场 …… 101
第四节 寡头 …… 115
第五节 垄断竞争 …… 118

第六章 收入分配：效率与平等 …… 126

第一节 劳动市场的均衡 …… 126
第二节 土地与资本市场的均衡 …… 133
第三节 收入差异 …… 135
第四节 如何解决收入不平等 …… 140

第七章 市场失灵和政府微观经济政策 …… 146

第一节 市场失灵与垄断 …… 146
第二节 外部性 …… 152
第三节 公共物品 …… 163
第四节 信息不对称 …… 168

第八章 国民经济核算 …… 178

第一节 对国内生产总值（GDP）的理解 …… 178
第二节 国内生产总值的核算方法 …… 183
第三节 国民收入核算中的恒等式 …… 186

第九章 简单的国民收入决定理论 …… 192

第一节 对于宏观均衡的基本理解 …… 192
第二节 消费函数 …… 195
第三节 两部门经济国民收入的决定 …… 201
第四节 三部门和四部门经济国民收入的决定 …… 207
第五节 潜在国民收入与缺口 …… 215

第十章 宏观经济政策分析 …… 222

第一节 宏观经济政策目标 …… 223
第二节 财政政策 …… 225
第三节 货币政策 …… 236
第四节 两种政策的混合使用 …… 246

第十一章 经济增长 …… 252

第一节 经济增长的好处 …… 253
第二节 经济增长的决定力量 …… 258

第三节 经济增长与经济发展 …… 270

第十二章 失业与通货膨胀 …… 279

第一节 失业 …… 279
第二节 通货膨胀 …… 284
第三节 通货膨胀与失业的关系 …… 293

第十三章 经济的周期波动 …… 300

第一节 经济的周期波动 …… 300
第二节 引起经济周期波动的原因 …… 303
第三节 消减经济周期波动的方法 …… 310
第四节 反对政府干预的声音 …… 313

第一章　导　　论

中国有一句古话："天下熙熙，皆为利来；天下攘攘，皆为利往"。意为普天之下芸芸众生为了各自的利益劳累奔波而乐此不疲。所谓经济学，不过就是一些自称经济学家的人对人们经济活动的一种描述，这就如同艺术家眼中的世界是美，而经济学家眼中的世界是利益。

第一节　经济学是什么

在人类社会中，有一个基本的问题一直困扰着人们，那就是"人活着的意义是什么?"，对此问题的答案可能智者见智、仁者见仁。如果从世俗的角度来回答这一问题，有一个答案大家基本上不会反对，那就是"人活着是为了追求幸福"。那么问题又来了，什么是幸福呢？对此大家可能又会有一番争论。如果从经济学的角度来回答这一问题，恐怕没有比美国著名经济学家萨缪尔森的"幸福方程式"更有说服力的了。他认为，幸福是一种主观感觉，没有一个客观的衡量标准。即：幸福 = 效用/欲望。所谓的效用就是消费或拥有的某种物品可满足人们某一需求或欲望的能力，而所谓的欲望就是人们心理上的不足之感或求足之愿。

一般来说，人们的欲望是无限的，而效用总是有限的，而且效用的多少取决于你所能掌握的资源。因此，在实际的生活当中，大多数的人总是感觉到幸福是暂时的，而不幸福却是经常的。为此，提高自己或整个社会的幸福感就成了人们奋斗的最原始初衷。

围绕这一问题，许多经济学家对于经济学的含义阐述了自己的理解。比如：经济学是研究财富的学问；经济学是研究如何改善社会的学问；经济学是研究人类如何组织其生产与消费的学问；经济学是研究人们如何用货币（或不用货币）进行交换的学问；经济学是研究人们如何进行抉择，以便使用稀缺资源生产商品并分配给社会成员消费的学问；等等。虽然他们回答的角度不同，但其核心的意思是一样的，即经济学就是来阐释在社会资源有限的前提下，如何有效地进行资源的配置，从而最终提高人们幸福感的一门学问。

【拓展阅读】

史德拉（George Stigler）曾对张五常说：“史提芬，你对一个门外汉说自己是学物理的，他会回应：物理学我不懂。跟着不会再说下去。化学如是，生物学如是，所有自然科学皆如是。但如果你说自己是个经济学家，门外汉会回应：经济学我不懂。然后他会不断地说下去，滔滔不绝地申述他的伟论。”史德拉指出的怪现象不难明白：经济学要解释的是人的行为，任何门外汉都是人，认为可以解释自己，也认为自己的喜好是他人的喜好，推而广之，世界要不是万恶不赦，就应该是如此这般了。①

第二节　经济学的基本问题

一、经济学所面对的经济问题：稀缺性

在社会生产和消费之间，消费是目的，生产则是实现目的的手段。如果说，在一个社会中，人们的消费欲望（wants）以及由这种欲望引起的对物品（goods）和劳务（service）的需要（needs）是有限的，而满足需要的手段是取之不尽用之不竭的，那就不存在需要由经济学来探索研究的问题。事实上，人的欲望和由此引起的对物品和劳务的需要，是无限多样永无饱和之日的。而用来满足这些无限需要的手段，也就是用来提供这些物品和劳务的生产资源却是有限的。这样就产生了一个问题：怎样使用相对有限的生产资源来满足无限多样化的需要的问题，这就是经济学所要研究并需要回答的经济问题。

相对于人类社会的无穷欲望而言，经济物品，或者说生产这些物品所需要的资源总是不足的。在经济学中，这种资源的相对有限性被称为稀缺性（scarcity）。

这里要注意的是，经济学上所说的稀缺性是指相对的稀缺性，即从相对意义上来谈资源的多寡的，它产生于人类欲望的无限性与资源的有限性这一矛盾。这也就是说，稀缺性强调的不是资源的绝对数量的多少，而是相对于欲望无限性的有限性。但是，这种稀缺性的存在又是绝对的。这就是说，它存在于人类历史的各个时期和一切社会。稀缺性是人类社会永恒的问题，只要有人类社会，就会有稀缺性。

二、生产可能性边界、选择与资源配置

为了使相对稀缺的有限的资源来满足无限多样的需要，经济学提出生产可能性边界（production possibility frontier）这个概念来考察一个国家应该怎样分配其相对稀缺的生产资源问题。

由于资源的稀缺性，因此，用于生产某一种物品的资源多了，用于生产其他物品的资源就会减少。假如一个国家可以利用的资源全部用来生产当年消费的消费品，那么这个国家只能维持简单再生产。如果要实现扩大再生产，就要

① http：//blog. sina. com. cn/zhangwuchang。

用一部分资源生产资本品，这样，尽管在以后会有更多的消费品被生产出来，但可以生产出来供当年消费的消费品就要相应减少。这是一个目前利益与长远利益之间的矛盾。因此，一个国家如何兼顾目前利益与长远利益，把有限的资源分配于消费品和资本品的生产，是经济学必须提供答案的一个十分重要的问题。

所谓生产可能性边界（生产可能性曲线），就是在给定的资源和生产技术条件下一个国家之最大可能的资本品与消费品之生产的各种可能性组合。经济学通过如下一条曲线来表示这各种可能的组合。

如图1－1所示，A、C、E、B每一点都代表在给定的资源和生产条件下，一个国家之最大可能的投资品与消费品之生产可能性组合，所以称为生产可能性边界。AB线还表明了，多生产一单位投资品要放弃多少消费品，或者相反，多生产一单位消费品要放弃多少投资品，因此，又称为生产转换线。

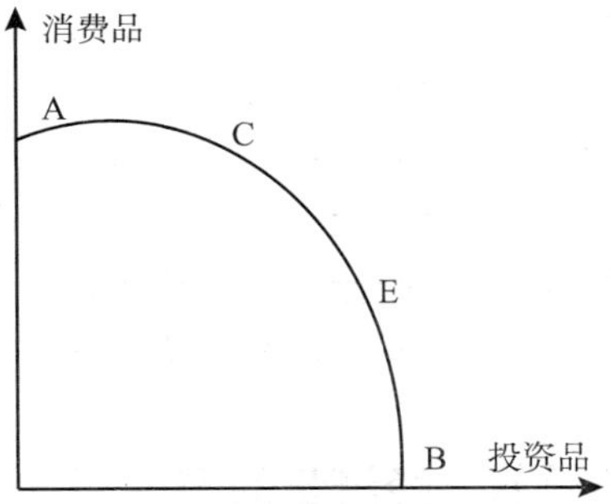

图1－1 生产可能性曲线

生产可能性曲线表明，由于人的物质文化生活需要是无限多样化的，但满足这些需要的手段，即制造或提供人们所需物品和劳务的生产资源是相对稀缺的。有限的资源用来多生产某种物品就要少生产其他物品，在此可以有多种组合。如一个社会为了不断扩大再生产，所需要的资本品是无限的，为了提高当前生活，所需要的消费品也是无限的。但是，能够用于生产资本品与消费品的资源是有限的。由于资源的相对稀缺性，在一定技术条件下，在生产可能性曲线的多种可能性组合中，究竟该选择哪一种，即一个国家关于消费品和生产资料这两大部类的生产组合，到底选择C点还是E点？或者AB线上的任何其他一点？这就有个选择问题。

所谓选择（choose），就是如何利用既定的资源去生产经济物品，以便更好地满足人类的需求。

让人们到雪地上去打个滚，去撒个野；人之所以是人，因为他可以选择，甚至可以选择不高尚，不体面，不纯真，不招人喜欢；一个文明的社会，必得学会尊重他们的选择。

选择包括这样三个相关的问题：

1. 生产什么（what）物品与生产多少？

如前所述，人的需要是无限的，永无饱和之日，而生产资源是稀缺的。目的与达到目的的手段之间的矛盾迫使人们必须在各种需要之间权衡比较，有所取舍。其次，人们还必须决定每种产品的产量应各为多少？如上例，当我们把权衡取舍的范围归结为消费品与资本品两大类时，生产可能性边界上的每一点代表了这个问题之各种可能的答案。那么，到底哪一点是最合理的？

2. 如何（how）生产，采用什么生产方法？

每种生产要素一般有多种用途，而任一种产品一般也可采用多种生产方法。例如，同一种产品，既可采用多用劳动少用资本的方法，也可采用多用资本少用劳动的生产方法。这里有一个生产效率的问题，即如何组织生产使生产要素能够最有效率地被使用的问题。

3. 被生产出来的产品怎样在社会成员之间进行分配，即经济学所说的收入分配问题，也就是为谁（for whom）生产的问题。

人是社会的人，每个人总是生活于组成一定社会形式的人群之中，所以生产总是社会生产。也就是说，社会的人作为劳动的主体，在有目的地作用于劳动的客体——自然物质时，总是在一定的社会形式下进行劳动的。所以经济分析必然包括生产出来的产品归谁享用以及享用多少的问题。

以上三个方面的问题，即：生产什么？怎样生产？为谁生产？也就是人类社会所必须解决的基本问题，这三个问题也被称为资源配置问题。

第三节 经济学的产生与发展

在西方，资本主义生产方式产生以前，经济学说的发展经历了两个发展阶段，即奴隶制社会和封建社会的经济学说。

早在古代的希腊和罗马，由于社会分工以及商品和货币经济的发展，已出现对农业生产、商品交换、国际贸易问题等的研究和论述，其中对商品、价值、货币、资本进行了最初的探讨或猜测。西欧进入中世纪以后，虽然宗教在意识形态中占据统治地位，但有关货币、利息、“公平价格”等的论述也反映了经济学说的不断发展。在封建社会晚期，西欧各国先后不同程度地实行了各种重商主义的政策，并出现了有关重商主义的各种论述，反映了资本主义生产方式在西欧社会经济中的产生和发展，成为对资本主义生产方式的最初的理论探讨。

随着资本主义生产方式的发展，作为一门独立科学的经济学开始产生。17 世纪中叶以后，以配第（W. Petty）、布阿吉尔贝尔（Pierre Boisguilbert）为标志，出现了古典政治经济学。古典政治经济学主要在英国和法国获得先期发展，18 世纪法国的重农学派和英国的斯密（Adam Smith），19 世纪初英国的李嘉图（David Ricardo）和法国的西斯蒙第（J. C. Sismondi）成为最著名的代表。

19 世纪上半叶，英国的马尔萨斯（Malthus）、西尼尔（Senior）、约翰·穆勒（John Stuart Mill）和法国的萨伊（J. B. Say）、巴师夏（Frederic Bastiat）也都对

经济学说的发展有着重大影响，并成为“边际革命”以前最重要的经济学家。同时，德国出现了与英法经济学在理论和方法上具有不同特点的历史学派，美国早期的经济思想也形成了自己的一些特点。

19 世纪 70 年代至 20 世纪初，资产阶级经济学说出现了重大的变化。一方面，边际效用价值论和边际分析方法获得广泛发展，并逐渐融入资产阶级主流经济学理论体系；另一方面，德国历史学派又获新发展，在其影响下，美国又出现了制度学派。以马歇尔为代表的新古典经济学与德、美的历史学派经济学和制度经济学是这一时期的理论成果。

20 世纪初到 30 年代，西方国家的经济和政治发生了重大变化，第一次世界大战加速了垄断资本主义向国家垄断资本主义的转化。第一次世界大战后出现了第一个社会主义国家。由于资本主义社会经济矛盾的尖锐化，1929～1933 年资本主义世界爆发了严重的、普遍性的经济危机。在这个时期，主张国家干预经济的思潮获得发展，凯恩斯（J. M. Keynes）1936 年发表的《就业、利息和货币通论》（简称《通论》）成为这一思潮的典型代表，形成第二次世界大战期间及其以后的凯恩斯主义。不过，在同一时期，坚守自由主义传统的思潮也在发展，新奥地利学派、伦敦学派以及芝加哥学派成为新自由主义的代表。在这一时期，美国制度学派也有了一定的发展。

第二次世界大战以后，凯恩斯的追随者曾分为两个不同的发展派别。一个是以罗宾逊（J. Robinson）、斯拉法（P. Sraffa）为代表的英国新剑桥学派；另一个是以萨缪尔森（P. A. Samuelson）等为代表的新古典综合派。新古典综合派把马歇尔（Alfred Marshall）的学说改造为微观经济学，把凯恩斯的学说发展为宏观经济学，建立起一个以微观、宏观理论为基础与基本结构的经济学理论体系，并在战后几十年中在经济学领域占据着支配地位。在这个时期，瑞典学派和德国的弗赖堡学派也产生着重要的影响。

20 世纪 70 年代以后，西方资本主义国家在经历了战后经济恢复和快速增长后，出现了停滞与通货膨胀并存的局面，凯恩斯主义的宏观政策出现“失灵”。作为凯恩斯主义批评者的经济学思潮逐渐抬头，表现为先后出现的货币主义、供给学派、理性预期学派的理论。在此时期，以新古典分析方法与理论原则为基础的新制度经济学也产生并发展起来，对经济学说的发展产生了重大的影响。到 90 年代，继承凯恩斯传统的新凯恩斯主义和继承自由主义传统的新古典主义获得发展。

现今，经济学发展成为包括理论经济学、部门经济学、应用经济学和交叉或边缘学科的庞大的学科体系，反映着社会分工的不断扩大和经济学研究在各个具体领域中的发展。

第四节 经济学的基本体系

一般来说，经济学可分为两大部分，即微观经济学与宏观经济学。

一、微观经济学

微观经济学（microeconomics）是希腊文“μικρο”的意译，原意是“小”。微观经济学是研究社会中单个经济单位的经济行为，以及相应的经济变量的单项数值如何决定的经济学说。

微观经济学从资源稀缺这个基本概念出发，认为所有个体的行为准则都是设法利用有限的资源以取得最大的收益，并由此来考察个体取得最大收益的条件。微观经济学重点要解决两个问题：一是考察消费者对各种产品的需求与生产者对产品的供给怎样决定着每一种产品的产销数量和价格；二是作为生产要素提供者的居民与作为生产要素需求者的厂商对生产要素的供给与需求怎样决定着生产要素的使用量和生产要素价格（工资利息与地租）。对于上述问题的理论分析，实际上涉及社会既定的生产资源被用来生产哪些产品，每种产品的产量和采用的生产方法，以及生产出来的产品怎样在社会成员间进行分配的问题。所以我们可以把微观经济学的内容，看作是考察既定的生产资源总量如何被分配使用于各种不同用途的问题即前面所说的资源配置问题。鉴于市场经济的资源配置，归根到底涉及价格问题，因而微观经济理论可以统称为价格理论，这包括产品的价格和生产要素的价格。

同以研究单个经济单位为对象相适应，微观经济学的研究方法是个量分析（individual analysis）。个量分析是研究变量的单项数值如何决定。美国经济学家萨缪尔森说过，微观经济学是“关于经济中单个因素——诸如一种产品价格的决定或单个消费者或企业的行为——的分析。”由此，我们可以知道，微观经济学：（1）研究对象是单个经济单位的经济行为；（2）解决的问题是资源配置；（3）中心理论是价格理论；（4）研究方法是个量分析。

微观经济学理论是以如下三个基本假设条件为前提的：第一，市场出清。即坚信在价格可以自由而迅速升降的情况下，市场上一定会实现充分就业的均衡（equilibrium）状态。在这种状态下，资源可以得到充分利用，不存在资源闲置或浪费问题。第二，完全理性。即消费者和厂商都是以利己为目的的理性人（rational man），他们自觉地按利益最大化的原则行事，既能把最大化作为目标，又知道如何实现最大化。第三，完全信息。即消费者和厂商可免费而迅速地获得各种市场信息（information）。

只有在上述假定条件下，微观经济学关于价格调节实现资源配置最优化，以及由此引出自由放任的经济政策，才是正确的。然而，由于社会现实与上述条件的要求差距甚远，因此，也导致了许多人对微观经济学现实解释力的怀疑。

二、宏观经济学

“宏观经济学”（macroeconomics）一词，最早是挪威经济学家弗里希在 1933 年提出来的。然而，在以前古典经济学家和后来的许多庸俗经济学家的著作中，对宏观经济现象和微观经济现象的分析都并存在一起，并未分清。特别是自所谓

“边际主义革命”以来，经济学家大多抹煞经济危机的可能性，无视国民经济总过程中的矛盾与冲突，只注重于微观经济分析，以致宏观经济问题的分析在一般经济学著作中几乎被淹没了。

但随着传统庸俗经济学在20世纪30年代经济危机袭击下的破产，特别是凯恩斯的1936年《就业、利息和货币通论》一书出版，宏观经济分析才在凯恩斯的收入和就业理论的基础上，逐渐发展成为当代经济学中的一个独立的理论体系。宏观经济学是以国民经济总过程的活动为研究对象，因为主要考察就业总水平、国民总收入等经济总量，因此，宏观经济学也被称作就业理论或收入理论。

宏观经济学包括宏观经济理论、宏观经济政策和宏观经济计量模型。宏观经济理论包括：国民收入决定理论、消费函数理论、投资理论、货币理论、失业与通货膨胀理论、经济周期理论、经济增长理论、开发经济理论。宏观经济政策包括：经济政策目标、经济政策工具、经济政策机制（即经济政策工具如何达到既定的目标）、经济政策效应与运用。宏观经济计量模型包括根据各派理论所建立的不同模型。这些模型可用于理论验证、经济预测、政策制定以及政策效应检验。以上部分共同构成了现代宏观经济学。现代宏观经济学是为国家干预经济的政策服务的。第二次世界大战后凯恩斯主义宏观经济政策在西方各国得到广泛的运用，相当大程度上促进了经济的发展，但是，国家对经济的干预也引起了各种问题。

与微观经济学相比较，宏观经济学有以下四个方面的特点：（1）研究的对象是整个经济。宏观经济学所研究的不是经济中的各个单位，而是由这些单位所组成的整体。（2）解决的问题是资源利用。宏观经济学把资源配置作为既定的，研究现有资源未能得到充分利用的原因。（3）中心理论是国民收入决定理论。宏观经济学研究经济的整体，它所要考察的内容包括，诸如国民收入的大小，一般物价水平的高低及其变化，全社会就业和失业人数，经济增长和经济周期等问题，因而诸如国民收入理论和就业理论，货币理论、通货膨胀理论、经济增长理论和经济周期理论等，还有在经济科学的国际贸易与国际金融等分支学科中，有关进出口贸易额和国际收支的大小以及外汇率的高低怎样决定的问题，都属于宏观经济分析，都是宏观经济学所要研究的问题。而宏观经济学的中心理论则是国民收入决定理论。国民收入决定理论是宏观经济学的核心，其他理论是运用这一理论来解释整体经济中的各种问题。（4）研究方法是总量分析。在宏观经济分析中使用的一些经济变量一般都是由微观的个量加总而成的。宏观的总量或总量的平均数，如由各个家庭一定时期（如一年）的消费和储蓄加总而成的全社会的消费支出和储蓄总额，各个厂商一年中的投资加总而成的全社会的投资支出，政府在预算年度的收入和支出，一个国家一年中的进口和出口总额，国际收支总额，货币供应量和货币流通量（货币供应量和货币流通速度之乘积），国民收入和各行各业的就业人数加总而成的全社会就业量以及由各种产品的价格汇总计算出来的一般物价水平等，都是把一个社会作为一个整体进行考察时的经济变量的总量或平均数，所以宏观经济分析和宏观经济学也可以译为总量分析和总体经济学。另外，同微观经济学不同，宏观经济学是以市场机制是不完善的和政府应该且可以调节经济为假设条件的。宏观经济学是在此假设条件下，以整个国民经济为研究对象，通过研究经济中各有关总量的决定及其变化来说明资源如何才能得到充分利用的经济理论。

三、微观经济学与宏观经济学的关系

微观经济学与宏观经济学，两者各有其研究的课题和相应的分析工具，存在着区别。但它们作为一门科学的一套理论体系或知识体系的两大组成部分又是密切联系的。

首先，它们之间是整体与整体得以构成的个体之间的关系。

其次，微观经济学与宏观经济学两者是互为前提、互相补充的。微观经济学以经济资源的最佳配置为目标，采取个量分析方法，而假定资源利用已经解决；宏观经济学以资源的有效利用为目标，采取总量分析的方法，而假定资源配置已经解决。都互相把对方所考虑的对象作为自己的理论前提，互相把对方的理论前提作为自己的研究对象。作为一个经济社会，不仅有资源配置问题，也有资源利用问题，只有把这两方面的问题都解决了，才能解决整个社会的经济问题。

最后，微观经济学是宏观经济学的基础。宏观经济行为的分析总是要以一定的微观分析为其理论基础。如就业或失业理论以及通货膨胀理论等宏观经济理论，必然涉及劳动的供求与工资的决定的工资理论，以及商品价格如何决定的价格理论。

【参考资料】

经济学十大原理①

原理一：人们面临权衡取舍（people face trade-offs）

当人们组成社会时，他们面临各种不同的权衡取舍。典型的是在“大炮与黄油”之间的选择。认识到人们面临权衡取舍本身并没有告诉我们，人们将会或应该做出什么决策。然而，认识到生活中的权衡取舍是重要的，因为人们只有了解了他们面临的选择，才能做出良好的决策。

原理二：某种东西的机会成本是为了得到它而放弃的东西（the cost of something is what you give up to get it）

一种东西的机会成本（opportunity cost）是为了得到这种东西所放弃的东西。当做出任何一项决策时，例如，是否上大学，决策者都应该认识到伴随着每一种可能的选择而来的机会成本。

原理三：理性人考虑边际量（rational people think at margin）

“边际量”是指某个经济变量在一定的影响因素下发生的变动量。经济学家用边际变动（marginal change）这个术语来描述对现有行动计划的微小增量调整，边际变动是围绕你所做的事的边缘的调整。个人和企业通过考虑边际量，将会做出更好的决策。而且，只有一种

① 资料来源：曼昆．经济学原理［M］．北京：北京大学出版社，2006。

行动的边际利益大于边际成本，一个理性决策者才会采取这项行动。

原理四：人们会对激励做出反应（people respond to incentives）

由于人们通过比较成本与利益做出决策，因此，当成本或利益变动时，人们的行为也会改变。这就是说，人们会对激励做出反应。然而，政策有时也会有事先并不明显的影响。在分析任何一项政策时，我们不仅应该考虑直接影响，而且还应该考虑通过激励发生的间接影响。如果政策改变了激励，那就会使人们改变自己的行为。

原理五：贸易能使每个人状况更好（trade can make everyone better off）

也许你在新闻中听到过，在世界经济中日本人是美国人的竞争对手。实际上，两国之间的贸易可以使两个国家的状况都变得更好。从某种意义上说，经济中每个家庭都与其他家庭竞争。尽管有这种竞争，但把你的家庭与所有其他家庭隔绝开来并不会使大家过得更好。通过与其他人交易，人们可以按较低的成本获得各种各样的物品与劳务。

原理六：市场通常是组织经济活动的一种好方法（markets are usually a good way to organize economic activity）

现在大部分曾经是中央计划经济的国家已经放弃了这种制度，并努力发展市场经济。在一个市场经济（market economy）中，中央计划者的决策被千百万企业和家庭的决策所取代。这些企业和家庭在市场上相互交易，价格和个人利益引导着他们的决策。

原理七：政府有时可以改善市场结果（governments can sometimes improve market outcomes）

为什么我们需要政府呢？一种回答是，“看不见的手”需要政府来保护它。只有产权得到保障，市场才能运行。但是，还有另一种回答。政府干预经济的原因有两类：促进效率和促进平等。尽管“看不见的手”通常会使市场有效地配置资源，但情况并不总是这样。经济学家用市场失灵（market failure）这个术语来指市场本身不能有效配置资源的情况。我们说政府有时可以改善市场结果并不意味着它总能这样。学习经济学的目的之一就是帮助你判断什么时候一项政府政策适用于促进效率与公正。

原理八：一国的生活水平取决于它生产物品与劳务的能力（a country's standard of living depends on its ability to produce goods and services）

世界各国生活水平的差别是惊人的。随着时间推移，生活水平的变化也很大。用什么来解释各国和不同时期中生活水平的巨大差别呢？答案是几乎所有生活水平的变动都可以归因于各国生产率（productivity）的差别。生产率与生活水平之间的关系对公共政策也有深远的含义。在考虑任何一项政策如何影响生活水平时，关键问题是这项政策如何影响我们生产物品与劳务的能力。

原理九：当政府发行了过多货币时，物价上升（prices rise when the government prints too much money）

什么引起了通货膨胀？在大多数严重或持续的通货膨胀情况下，罪魁祸首总是相同的——货币量的增长。当一个政府创造了大量本国货币时，货币的价值就下降了。

原理十：社会面临通货膨胀与失业之间的短期权衡取舍（society faces short-run trade-off between inflation and unemployment）

当政府增加经济中的货币量时，一个结果是通货膨胀，另一个结果是至少在短期内降低失业水平。说明通货膨胀与失业之间短期权衡取舍的曲线被称为菲利普斯曲线（Phillips curve）。

a）货币量增加，提升支出水平，从而刺激物品与劳务需求；

b）长期的高需求引起高物价，继而引起企业更多的生产，更多的雇佣；

c）更多的雇佣则意味着更少的失业。

经济学家仍对菲利普斯曲线有所争议，但大多数经济学家现在接受了这样一种思想：通货膨胀与失业之间存在短期权衡取舍。这就简单地意味着，在一两年的时期中，许多经济政策在相反的方向推动通货膨胀与失业。

第五节　经济学的研究方法

经济学所要研究的资源配置和利用问题，既可以用实证的方法进行分析，也可以用规范的方法进行分析。

实证经济学与规范经济学的区别，首先表现在怎样对待“价值判断”。所谓价值判断是指对经济事物社会价值的判断，即对某一经济事物是好还是坏的判断。

（1）实证经济学企图超脱和排斥一切价值判断，只研究经济本身的内在规律，并根据这些规律，分析和预测人们经济行为的效果。规范经济学则以一定的价值判断为基础，是以某些标准来分析处理经济问题，树立经济理论的前提，作为制定经济政策的依据，并研究如何才能符合这些标准。

（2）实证经济学回答“是什么”的问题。而规范经济学则要回答的是“应该是什么”的问题。

（3）实证经济学排斥一切价值判断，只研究经济本身的内在规律，因此，实证经济学的内容具有客观性，即不以人们的意志为转移，所得的结论可以根据事实来进行检验。规范经济学则没有客观性，它所得的结论要受到不同价值观的影响，具有不同价值判断标准的人，对同一事物的好坏会作出截然不同的评价，谁是谁非没有什么绝对标准，从而也就无法进行检验。

例如，“政府的财政赤字会降低失业率，但会促使价格上涨”“最低工资立法引起了失业”“通货膨胀和失业具有替代关系”“扩大政府开支和减少税收造成财政赤字”等都是实证命题。而“政府是优先解决失业问题，实施赤字财政政策呢？还是优先解决通货膨胀问题，实施财政紧缩政策呢？”“政府应该提高最低工资”“政府应该加大再分配政策的力度以解决收入差距过大的问题”等，都是规范命题。

两种研究方法都与目标问题有关，目标是分层次的。一般来说，目标层次越低越具有实证性，目标层次越高越具有规范性。

第六节　怎样看待经济学

这涉及一个经济学的定位问题，即经济学应该成为一种精英教育还是一种普罗大众都可以参与获益的共同学问？这个问题恐怕不好回答。但是有一种倾向越来越引起了人们的关注，那就是近些年来经济学家们越来越偏爱用世人难以懂得的语言来说话，他们搞出了许许多多经济模型，其目的仅仅是在他们的圈子内展示和鉴赏，并且在某种程度上，这种偏爱成了一种时尚。这种情况，就像鞋匠做鞋不是为了给世人穿，而是为了在鞋匠协会中展览和炫耀一样。对于种种现象，许多学者表达了不同的意见。而笔者认为，经济学的这种表达方式与发展趋势，从它自身的发展逻辑上来讲，可能是必要的。但是从经济学的本质上来讲，经济学不应该是复杂、艰深、令人生畏的数学方程式，也不应该是苦涩难懂的逻辑语言，它应该是一种人们与真实的物质世界对话的工具，应该是人们对于社会经济生活切实认识的真实表达。

为此，本书作为经济学基础教科书，是为经济学的初学者而写的，对经济学类专业的学生来讲，本书是各门课程的理论基础，也是专业综合素质提高的基础。在此基础上，可以增开《中级微观西方经济学》和《中级宏观经济学》，以便夯实经济学类专业学生扎实的理论功底。同时，本书也可作为社会上那些对经济问题感兴趣的广大读者的通俗读物。在书中，没有运用高等数学，而是运用文字、图表和少量的简单的数学公式来表达经济学原理。因此，无论您是工人或农民、工程师或文学家、教师或学生，只要您对社会上的种种经济现象感兴趣或有一些思考，都可以通过阅读本书来做相应的验证或提供理论上的支持。

【内容提要】

◆ 经济学就是阐释在社会资源有限的前提下，如何有效地进行资源的配置，从而最终提高人们幸福感的一门学问。

◆ 相对于人类社会的无穷欲望而言，经济物品，或者说生产这些物品所需要的资源总是不足的。在经济学中，这种资源的相对有限性被称为稀缺性。同时，这种稀缺性的存在又是绝对的，它存在于人类历史的各个时期。为了使相对稀缺的有限的资源满足无限多样的需要，经济学提出生产可能性边界这个概念来考察一个国家应该怎样配置其相对稀缺的经济资源问题。具体来说，生产什么，怎样生产，和为谁生产，是人类社会所必须解决的基本问题，这三个问题也被称为资源配置问题。

◆ 随着资本主义生产方式的发展，作为一门独立的科学的经济学开始产生。它的发展，可以概括为古典经济学、庸俗经济学、现代经济学三个阶段。

◆ 一般来说，经济学可分为两大部分，即微观经济学与宏观经济学。

◆ 经济学所要研究的资源配置和利用问题，既可以用实证的方法进行分析，也可以用规范的方法进行分析。

◆ 从经济学的本质上来讲，经济学不应该是复杂、艰深、令人生畏的数学方程式，也不应该是苦涩难懂的逻辑语言，它应该是一种人们与真实的物质世界对话的工具，应该是人们对于社会经济生活切实认识的真实表达。

【关键概念】

经济学　稀缺性　生产可能性曲线　微观经济学　宏观经济学　实证分析　规范分析

【单项选择题】

1. 资源的稀缺性是指（　　）。

A. 世界上的资源最终会因为人们生产更多的物品而消耗光

B. 相对人们无穷的欲望而言，资源总是不足的

C. 生产某种物品所需要的资源的绝对数量较少

D. 以上均不正确

2. 经济学产生的原因是（　　）。

A. 生产的需要　　B. 欲望满足的需要

C. 稀缺性的存在与选择的必要　　D. 选择的需要

3. 经济学的研究方法包括（　　）。

A. 静态分析、比较静态和动态分析　　B. 局部均衡分析与一般均衡分析

C. 个体分析与总体分析　　D. A、B、C

4. 如果一国在生产可能性曲线内部生产（　　）。

A. 只能通过减少一种商品的生产来增加另一种商品的生产

B. 是高效率的生产

C. 资源被平均分配给所有商品的生产

D. 有些资源会被闲置

5. 一种行为的机会成本是指（　　）。

A. 为这种行为所花费的钱

B. 为这种行为所花费的时间的价值

C. 当你不必为这种行为付钱时就等于零

D. 投入这种行为全部资源的其他可能的用途

6. 实证经济学与规范经济学的根本区别是（　　）。

A. 研究方法不同　　B. 研究对象不同

C. 研究范围不同　　D. 以上均不正确

【复习题】

1. 经济学的内涵是什么？

2. 经济学所要研究的基本问题是什么？

3. 简述一下经济学的发展历程。

4. 评述一下微观经济学与宏观经济学的区别与联系。

5. 阐述一下实证分析与规范分析有何不同之处。

【问题与应用】

1. 谈谈您对幸福的理解以及幸福与经济学的关系。

2. 有些科学家认为，我们正在加速耗尽我们的自然资源。现假定，社会一直没有任何技术进步，只有两种投入（劳动和自然资源），生产两种物品（音乐会和汽油）。随着自然资源日益枯竭，该社会的生产可能性边界会发生何种变化？发明和技术进步将会怎样改变你的答案？进而，请解释为什么说“经济增长是资源耗费与技术进步之间的一场竞赛”。

3. 目前大学生就业比较困难，这是一个微观经济学问题？还是一个宏观经济学问题？还是两者兼而有之？谈一下您的看法。

4. 西方经济学者形象地把实证经济学称为“天文学”，而把规范经济学称为“占星术”，形象地描述了两者的区别，您对此是如何理解的？

参考文献

[1] 汪丁丁．经济学思想史讲义［M］．上海：上海人民出版社，2008.
[2] 曼昆．经济学原理［M］．北京：北京大学出版社，2006.

第二章 市场的力量：需求和供给

微观经济学通过对个体经济单位的经济行为的研究，说明现代西方经济社会市场机制的运行和作用，以及改善这种运行的途径。价格分析是微观经济学分析的核心，微观经济学也被称为价格理论。在微观经济学中，任何商品的价格都是由商品的需求和供给这两个因素共同决定的。正因为如此，对需求曲线和供给曲线的初步论述，通常被当作微观经济学分析的出发点。本章将简要地考察需求曲线和供给曲线以及有关的基本概念。

第一节 市场是什么

一、市场："看不见的手"

在市场经济中是价格机制调节着经济的正常运行。在正常情况下，只要市场经济中的每个参与人都极力去谋求自身利益的最大化，他们就能取得符合社会需要的结果。在这个过程中，价格机制就像一只非常尽职的"看不见的手"，自觉地发挥着自己的作用。

【参考资料】

斯密的"看不见的手"的来源[①]

斯密的"看不见的手"是从圣经中的"看得见的手"转化来的。据圣经《旧约·伯理以书》记载：巴比伦王伯沙撒在宫中设盛宴，正饮之间，忽然显出一只手，在宫墙上写下三个神秘的词：弥尼、提客勒、毗勒斯。众人不解其意。先知但以理说："你冒渎天神，为此，神放出一只手，写下这些字。弥尼：你的国位已告结束；提客勒：你在天称里的分量无足轻重；毗勒斯：你的国度即将分裂，归于玛代人和波斯人。"

市场是经济活动的中心，并且许多经济上有趣的问题和争议都与市场的运行有关。例如，为什么有些市场上，只有少数几家厂商在竞争，而在别的市场上，有很多甚至是无数的厂商在竞争？市场中厂商越多，对消费者越有益吗？如果是

---

① 资料来源：李正波．经典寓言故事中的经济学80［M］．北京：国家行政学院出版社，2004。

这样，政府应该对只有少数厂商的市场进行干预吗？为什么在某些市场上，价格涨跌迅速，而在另一些市场上，价格几乎不变？

我们可以按其功能将经济主体分成两大类：买方和卖方。买方包括购买物品和服务的消费者，以及购买劳动力、资本和原材料用于生产商品和提供服务的厂商。卖方包括出售商品和服务的厂商、出卖劳动力的工人、出租土地或出售矿物资源的资本拥有者以及提供资本的资本所有者。显然，经济生活中的大部分个体同时充当了买方和卖方两种角色。在经济学中，当买东西的时候，将其仅仅看作买方；而当卖东西的时候，又将其仅仅看作卖方。

买方和卖方同时相互作用，形成市场。市场是在买方和卖方的相互作用下确定一种或一系列商品价格的买方和卖方的集合。作为经济社会运行的基础，大多数经济决策都是在市场上做出的。因此，我们可以把市场看作买卖双方进行商品交换，确定价格的场所。亚当·斯密认为，个人的私利动机，在市场这只“看不见的手”的作用下，会导致最佳的经济成果。尽管市场存在缺陷，但有效地解决了“生产什么”“如何生产”“为谁生产”的问题。

二、“看不见的手”与“看得见的手”

在现代市场经济的发展中，市场是“看不见的手”，而政府的引导被称为“看得见的手”。为了克服“市场失灵”和“政府失灵”，人们普遍寄希望于“两只手”的配合运用，以实现在社会主义市场经济条件下政府职能的转变。

社会经济的发展，光靠其中一只手发挥作用或片面强调其中一只手的作用，都是不行的，而必须“两手抓”。但问题的关键是对这两只手的功能与职责应当合理界定，明确各自应该抓什么、怎么抓。

“看得见的手”一般是指政府宏观经济调控或管理，也称“有形之手”，是“看不见的手”的对称提法。手段和作用是通过制订计划，指明经济发展的目标、任务、重点；通过制定法规，规范经济活动参加者的行为；通过采取命令、指示、规定等行政措施，直接、迅速地调整和管理经济活动。其最终目的是补救“看不见的手”在调节微观经济运行中的失效。如果政府的作用发挥不当，不遵循市场的规律，也会产生消极的后果。

【参考资料】

市场是一匹“犟驴”①

市场是一匹犟驴，有两种典型的驴脾气，一种是懒，当这样的脾气发作后，任由赶驴人拽拉、叫骂，它的四蹄就像生了根，就是不动换。最后，赶驴人只好用锥子狠扎驴屁股，于是驴一下子又转入了另一种状态——“疯”，一旦它终于迈步，往往就越走越远、越走越快，直到瘫倒在地。外界的刺激就像赶驴人手中的胡萝卜和大棒子，当市场徘徊不前的时候，“看

① 资料来源：丁圣元．投资正途［M］．北京：地震出版社，2008。

得见的手”应当拿出胡萝卜诱惑驴上路，一旦驴开始疯跑，马上就得在驴前头举起大棒子，防止驴失控。

归根结底，驴自有驴的脾性，这样的脾性是天生的，从来不会改变。为了达到市场平稳变化的目的，第一，赶驴人要摸透驴脾气，顺着驴脾气赶驴，专业知识和经验是很重要的；第二，应当尽可能防微杜渐、防患于未然，措施及时、到位，要牵牛鼻子，而不是被动地被市场牵着鼻子；第三，最重要的，赶驴人必须有一套前后一贯、执行坚决的赶驴办法，切忌虎头蛇尾、优柔寡断、朝三暮四，这是“赶驴大法”中的心理神功。如果平时任由驴子使性子，等到吃不住劲了，才拿出更多的胡萝卜或老大的狼牙棒，以为只要有足够多胡萝卜或足够大的棒子，总是能够“人定胜驴”，这种想法实在要不得，结果可能造成市场的剧烈波动，动摇市场的根基。毕竟这头驴是一头会屙金子的宝驴，弄坏了驴子，才是赶驴人最大的损失呀。总之，至少必须让市场和调控者对对方都能相互适应、相互形成稳定的心理预期。

三、竞争性市场与非竞争性市场

在这本书中，我们将市场划分为竞争性市场和非竞争性市场。完全竞争性市场拥有许多买者和卖者，没有一家企业或者一位消费者拥有足以影响整个市场的价格的显著影响力。在完全竞争的市场环境下，市场能够有效地配置资源从而使经济恰好位于其生产可能性边界内。如果所有行业都处于完全竞争均衡时，市场将会采用最有效的技术和最少量的投入来生产消费者最偏好的产出组合。而在非竞争性市场买者或卖者能够左右一种商品的价格。不完全竞争导致价格高于成本，消费者购买量低于效率水平。在市场效率低下的情况下，看不见的手就会不灵。过高的价格和过低的产出是其伴生的非效率的标志。

大多数农产品市场接近于完全竞争市场。例如，上千的农民生产小麦，同时上千的买者购入小麦再加工成面粉和其他产品，结果没有一个农民或一个买者能够影响小麦的价格。许多市场虽然没有足够多的厂商，但有足够竞争性的市场也可以被当作是完全竞争性市场。例如，世界铜市场包括几十个主要的生产者，这就足够可以忽略任何一个生产者停止生产时对价格所造成的影响。许多其他自然资源市场，如煤、铁、锡或木材市场，情形也一样。某些市场有很多生产者，但却是非竞争性的，也就是说，个别厂商可以联合起来影响产品的价格。世界石油市场就是一个例子，从20世纪70年代初起，这个市场就一直被欧佩克（OPEC）卡特尔所控制。实际上，几乎所有行业都存在一定程度的不完全竞争。20世纪以来，各国的应对措施有：管制如供水、电话和电力等垄断行业的价格和利润；通过反托拉斯法禁止各种固定价格或瓜分市场的行为；对国内外的竞争者开放市场。

第二节　需求的规律

一、想要的笔记本电脑与需求

如果你问同学：“你最想要的东西是什么？”他也许会瞪着眼睛想好久，然后告诉你一些稀奇古怪的答案：要一架天文望远镜可以探索星空、世界杯足球赛的门票和来回机票、一架直升机好去天空遨游，甚至是时空探索机或长生不老的药丸。如果你继续问他："你最想从我这里交换什么东西？"这时，他会很实际地回答："你的笔记本电脑。"理想和现实的差距总是这么远。我们总是想要这个，想要那个。人类的欲望是无限的，正如圣雄甘地所言："地球能满足人类的需求，但地球不能满足人类的贪欲。"

而商品的需求以消费者的货币购买力为前提，是有支付能力的需要，如果消费者对于商品只有购买的欲望而没有购买的能力，就不能构成需求。需求涉及商品的价格和购买数量两个变量。根据日常经验和常识可知，人们购买商品的数量随着商品的价格发生变化。例如，当笔记本电脑的价格是 8 000 元每台时，某企业会购买 200 台；当价格下降为 6 000 元时，该企业就会增加购买量，达到 400 台。因此，需求实际上反映的是消费者的购买数量和商品的价格之间的关系。

需求可以分为个人需求和市场需求。个别消费者或家庭对商品的需求量形成个人需求。个人的需求数量汇集成市场的需求量，厂商根据市场的需求数量进行生产，而个人不切实际的愿望和欲望是厂商不会考虑的。因此，个人需求是构成市场需求的基础，而市场需求是所有个人需求的加总。

【需求】

需求是指在一定时期内对应于商品各种可能的价格水平，消费者愿意而且能够购买的商品数量。

二、需求的多寡受许多因素影响

商品的需求数量是由许多因素共同决定的。其中主要的因素有：商品的自身价格、消费者的偏好、消费者的收入、其他商品的价格和消费者对商品的价格预期等。它们对商品的需求数量的影响如下。

商品的自身价格。一种商品的市场价格越高，人们愿意购买的数量就越少；相反，市场价格越低，人们愿意购买的数量就越多。因此，在其他条件相同的情况下，商品的市场价格与其需求数量之间存在着一定的关系，而且是一种反向的变动关系。就笔记本电脑而言也是如此，价格越高，笔记本电脑的需求量越少。

消费者的偏好。当消费者对某种商品的偏好程度增强时，该商品的需求量就会增加。相反，偏好程度减弱，需求量就会减少。相对于台式电脑，如果消费者更偏好于笔记本电脑，笔记本电脑的需求量就会较大；反之，笔记本电脑的需求量就会较小。

消费者的收入。对于大部分商品，当消费者的收入水平提高时，对商品的需求量就会增加。反之，当消费者的收入水平下降时，对商品的需求量就会减少。一般情况下，笔记本电脑的价格会高于台式电脑的价格，当消费者的收入增加时，笔记本电脑的需求数量就会增加。

相关商品的价格。当商品本身的价格保持不变，而与其有关的相关商品的价格发生变化时，商品本身的需求量也会随之发生变化。在其他条件不变的前提下，当笔记本电脑的价格不变而台式电脑的价格上升时，人们往往就会增加对笔记本电脑的购买，从而使得台式电脑的需求量下降。

消费者的价格预期。当消费者预期商品的价格在未来会上升时，对该商品的需求量就会增加；反之，当消费者预期商品的价格在将来会下降时，对该商品的需求量就会减少。

三、价格与需求量反向变动

价格作为影响商品的需求数量的主要因素，一般情况下，与商品的需求量反向变动。我们可以通过需求表、需求曲线和需求函数等形式体现这种关系。

需求表是表示商品的各种价格水平和与各种价格水平相对应的该商品的需求数量之间关系的数字序列表。表 2-1 是笔记本电脑的需求表。通过需求表可以清楚地看到商品的价格与需求量之间存在的反向变动关系。

表 2-1　　笔记本电脑的需求表

价格—数量组合		A	B	C	D	E	F
价格（元）		3 000	4 000	5 000	6 000	7 000	8 000
个人需求量（台）	甲	700	600	500	400	300	200
	乙	600	500	400	350	200	100
	丙	1 000	800	700	500	400	300
	丁	…	…	…	…	…	…
	…	…	…	…	…	…	…
市场需求量（万台）		108	96	77	65	59	46

另外，从需求表中可以清楚地看出个人需求和市场需求的区别。例如，表 2-1 就描述了某一时期内笔记本电脑的个人需求和市场需求：当价格为 3 000 元每台时，甲、乙、丙的个人需求量分别为 700 台、600 台、1 000 台，而整个市场的需求量为 108 万台；当价格为 4 000 元每台时，甲、乙、丙的个人需求量分别为 600 台、500 台、800 台，而整个市场的需求量为 96 万台；依次类推，当价格涨到 8 000 元每台时，市场需求就会降为 46 万台。

需求曲线是以几何图形表示的商品需求量和价格之间函数关系的曲线。根据表 2-1 中每一个商品的价格—需求量的组合，在平面坐标图中描绘相应的点，然后连接这些点，就可以得到市场需求曲线 D，如图 2-1 所示。它表示在不同价格水平下消费者愿意而且能够购买的笔记本电脑的数量。特别地，与数学上的习惯相反，在微观经济学中，表示需求曲线和供给曲线时，通常以纵轴表示自变量 P，以横轴表示因变量 Q。

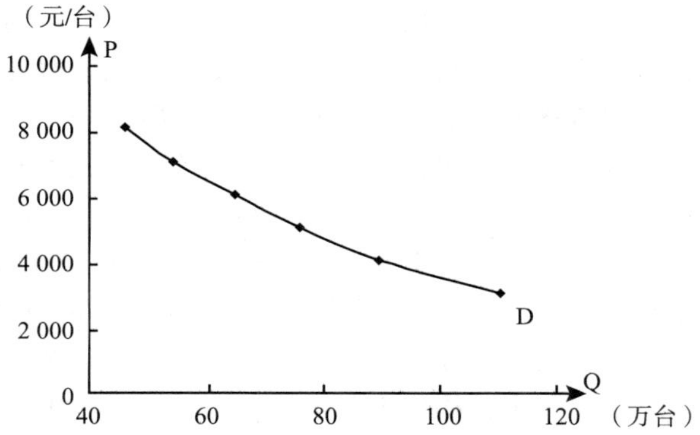

图 2-1　笔记本电脑的需求曲线

【即问即答】

政府提倡构建和谐社会，所以节约水资源非常重要。请问有哪些方法可以减少水的需求量。

【案例分析】

网红经济带动直播设备热销　不同需求差价数十倍①

在几乎“全民玩直播”的当下，这一网红经济的新延伸，正在将一批专做直播的数码设备“捧红”。与常规的3C数码产品相比，以混响声卡、麦克风和直播摄像头等核心配件为代表的网络直播设备，正在成为电子产品中的宠儿，销量日增。根据用户的不同需求，一套直播装备从数百元到上万元不等。业内人士称，随着网络直播平台对主播招募、培养及酬劳分配力度的加大，未来的直播设备水平还将提升，市场需求也将继续加大。

网红经济对现实中的需求产生了怎样的影响?

第三节　供给规律

一、笔记本电脑的买卖与供给

想象自己从一个普通的消费者，变成一个为他人提供商品或服务的人。例如，生产笔记本电脑的人，或者导游。角色转变后，是不是你也就成为某种商品或服务的供给者了呢？答案是：未必。因为你的职业并不能说明你确实是一个供给者。如果笔记本电脑配置太旧也不愿去卖，或者将导游证束之高阁而在家待着，甚至是自己去旅游，那么，此时的你只是一个具备提供商品或服务的人，而不是一个愿意提供商品或者服务的人。

因此，在为市场提供商品或服务的供给问题上也需要两个要点：能够供给和

① 资料来源：湖北日报，2017-10-22。

愿意供给。这两个要点缺一不可，供给是供给能力和供给意愿的统一。

那么，为什么有的人拥有供给能力而不愿意提供商品或服务呢？最大的可能性就是：赚不到钱，或者赚的钱太少。价格又与其在需求中所扮演的角色一样，决定了厂商愿不愿意提供商品和服务。根据日常经验和常识可知，厂商生产商品的数量随着商品的价格发生变化。例如，当笔记本电脑的价格是 8 000 元每台时，某企业会生产 108 万台；当价格下降为 6 000 元时，该企业就会减少产量达到 87 万台。因此，供给实际上反映的是厂商的供给数量和商品的价格之间的关系。

类似地，供给也有个人供给和市场供给之分。个别厂商对商品的供给量形成个人供给，个人供给汇总起来，构成市场供给。因此，个人供给是构成市场供给的基础，而市场供给是所有个人供给的加总。

【供给】

供给是指在一定时期内对应于商品各种可能的价格水平，厂商愿意而且能够生产的商品数量。

二、供给也受很多因素影响

商品的供给数量是由许多因素共同决定的。其中主要的因素有：商品的自身价格、生产成本、生产的技术水平、相关商品的价格和生产者对未来的预期。它们对商品的供给数量的影响如下。

商品的自身价格。在厂商利润最大化的目标下，当其他条件不变时，如果商品的价格上升，厂商就会投入更多的资源用于该商品的生产，从而使其供给量增加；反之，厂商就会将生产资源用于其他价格较高的商品的生产中，从而使该商品的供给量减少。因此，在其他条件相同的情况下，商品的市场价格与其供给数量之间存在着一定的关系，而且是一种正向的变动关系。就笔记本电脑而言亦是如此，价格越高，笔记本电脑的供给量越多。

生产要素的价格。生产要素的价格是商品成本的直接影响因素。在其他影响因素不变的条件下，生产要素的价格上升，会带来生产成本上升，利润减少，从而使得商品的供给量减少。相反，生产要素的价格下降，生产成本下降，利润增加，从而使得商品的供给量增加。一般情况下，笔记本电脑的价格会高于台式电脑的价格，当其生产要素的价格增加时，笔记本电脑的供给数量就会减少。

生产的管理和技术水平。在一般的情况下，生产的管理和技术水平的提高，可以降低生产成本，增加生产者的利润，进而使厂商的供给量增加。在其他条件不变的前提下，如果生产笔记本电脑的厂商提高管理和技术水平，就会使供给数量增加。

相关商品的价格。商品之间的相对价格发生变化时，厂商会重新配置资源，从而影响商品的供给。例如，对于同时生产笔记本电脑和台式电脑的厂商来说，在笔记本电脑价格不变和台式电脑价格上升时，厂商就可能减少笔记本电脑的生产量，而增加台式电脑的生产量。

厂商对未来价格的预期。如果厂商对未来的预期看好，预期商品的价格会上涨，厂商往往会扩大生产，增加供给量；如果生产者对未来的预期是悲观的，预期商品的价格会下降，厂商就会缩减生产，减少供给量。当厂商预期笔记本价格上升时，就会增加笔记本电脑的供给量；反之，就会降低其供给量。

【案例分析】

玉 米 供 给①

2017 年 10 月，全国玉米均价为每吨 1 665. 50 元，较 9 月底每吨跌 6. 50 元，各地收购价格基本与去年持平，一些地区出现小幅波动。全国玉米均价为 1 665. 50 元/吨，较 9 月底跌 6. 50 元/吨，跌幅 0. 39%；较 2016 年同期涨 3. 06%。华北地区新玉米毛粮收购价格在 0. 78 ~0. 81 元/斤，较开秤初期价格小幅下滑 2 分左右。东北地区，黑龙江 30% 水分潮粮收购价 0. 54 ~0. 55 元/斤，较 2016 年同期高 5 分左右。

东北产区玉米上市量持续增加，价格处于回落状态，市场对于新粮上市导致价格下跌的预期仍较为明显，企业到货量处于上升状态。华北黄淮产区近期降雨天气频发，对新作收获、晾晒及上市均产生明显不利影响，局部区域市场反映玉米霉变现象增加。受降雨致上量受阻影响，华北用粮企业到货不佳，节前降价行情暂止，局部区域价格反弹。

优质新玉米价格将获得进一步的上升空间，农户挺价意愿和底气必然增强，玉米价格或出现二八分化格局，品质优的玉米将进一步受到贸易、加工企业的高价追捧，而品质较差的玉米则卖不上价也难以脱手。另外，若华北、黄淮地区品质受损玉米实际现状在收割后进一步暴露，则必然再次打造出区域性的玉米价格高地，给东北地区新玉米或拍卖玉米再次大批南下创造出空间，一定时期内或又一次掀起大幅震荡的格局。

随着东北产区新季玉米的陆续收割，新粮逐步供应市场，对产区玉米价格形成一定的压制，近期新粮价格持续偏弱运行，当地深加工收购企业价格近日也是接连下调，关注后续东北新粮上市进程及企业到货情况。前期持续的阴雨天气对处于收获期的华北玉米产量及质量均产生一定影响，且受降水天气影响上量，近日天气有所好转，但预计 18 日附近又将迎来大面积的降水天气，持续关注华北地区新季玉米的粮质问题及企业厂前到货情况。

结合材料，谈谈影响玉米供给的因素。

三、价格与供给量正向变动

价格作为影响商品供给数量的主要因素，一般情况下，与商品的供给量正向变动。我们可以通过供给表、供给曲线和供给函数等形式体现这种关系。

供给表（demand schedule）是表示商品的各种价格水平和与各种价格水平相对应的该商品的供给数量之间关系的数字序列表。表 2 - 2 是笔记本电脑的市场供给表。从供给表中可以清楚地看到商品的价格与供给量之间存在正向变动关系。供给表也有个人供给和市场供给的区别。

---

① 资料来源：玉米价格信息网，2017 - 10 - 13。

表 2-2　　笔记本电脑的供给表

价格—数量组合	A	B	C	D	E	F
价格（元）	3 000	4 000	5 000	6 000	7 000	8 000
市场供给量（万台）	42	61	75	87	98	108

表 2-2 描述了某一时期内笔记本电脑的市场供给：当价格为 3 000 元每台时，市场供给量为 42 万台；当价格为 4 000 元每台时，市场供给量为 61 万台；以此类推，当价格涨到 8 000 元每台时，市场供给就会升为 108 万台。

供给曲线（demand curve）是以几何图形表示的商品供给量和价格之间函数关系的曲线。根据表 2-2 中每一个商品的价格—供给量的组合，在平面坐标图中描绘并连接相应的点，就可以得到市场供给曲线 S，如图 2-2 所示。它表示在不同价格水平下厂商愿意而且能够生产的笔记本电脑的数量。

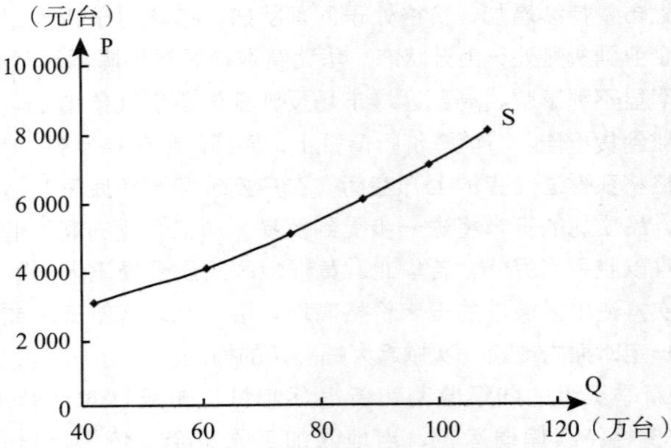

图 2-2　笔记本电脑的供给曲线

【即问即答】

政府宣布，任何一个开发商所开发的楼盘中至少有 70% 的房子是面积为 90 平方米以下。请分析该政策对商品房供给的影响。

第四节　供求均衡

一、演唱会门票与均衡价格

到目前为止，我们一直在孤立地研究供给和需求。我们知道在每一价格水平上人们愿意购买和生产的数量。我们已经知道，在其他因素不变的条件下，消费者对于笔记本电脑的需求量是其价格的函数，同样，厂商愿意供给笔记本电脑的数量也取决于其价格。当我们把市场的两个方面放在一起时，在市场竞争的过程中，供给和需求的力量相互作用，自动形成价格，当需求量与供给量相等时就会决定出该商品的市场价格，这个价格即是消费者愿意且能够支付的价格，同时也是厂商愿意提供的价格，称之为均衡价格。由于这时需求量与供给量相等，所以称为均衡数量。这种需求量等于供给量的状态，称为市场均衡。此时买卖双方各得其所，两股力量互相平衡，都没有再改变的诱因，就是经济学上的均衡状态。但市场是如何达到所谓的均衡呢？可由以下演唱会门票为例。

唱片公司邀请世界知名的女歌手麦当娜办演唱会，主办方如果将票价定得很高，并找到很大的场地或增加演出的场次，以容纳更多的入场观众，就可以获取更多的门票收入。因此，对主办方而言，票价越高，门票发行量（供给量）也越多，价格与供给量呈现正向变动的关系。另外，以歌迷对门票的需求而言，票价越低，购买的意愿（需求量）就会越高，价格与需求量呈现反方向变动的关系。但是歌迷要求的票价过低，主办方会因不敷成本而不愿意举办演唱会；相对地，如果主办方票价定得过高，大多数的歌迷会不愿意购买，主办方的收入反而有限，因此，歌迷为了满足看演唱会的需求，主办方也为了吸引更多歌迷来买票，在需求及供给之间必须找出一个双方都能接受的价格与数量，因而形成了演唱会门票的均衡价格（这里假设均衡价格是300元）。

如果演唱会票价比均衡价格更贵或更便宜，结果会如何呢？假设票价降为200元，此时因为价格偏低，消费者需求的数量远超过主办方提供的数量，形成供不应求的现象，因而造成价格的上涨。这时没买到票的人为了目睹偶像风采，不得不花高于200元的价钱去买黄牛票。直到消费者因价格提高使需求量逐渐减少，或者主办方为了满足原先买不到票的观众而增加门票供给量，最终趋向均衡价格。

反之，当票价定为500元的高价，会使表演场地出现大量空位，由于供过于求，主办方不得不降价出售，或以打折、赠送纪念品的方式来吸引观众。消费者也因为感觉门票变便宜了而增加需求量，借如此调整使供需间的差额逐步缩小，趋向最后的均衡价格。

【市场均衡】

市场均衡是指市场中某种商品的供给和需求达到一致，商品的价格和产量达到相对静止、不再变化的状态。也被称为市场出清的状态。

二、几何意义上的笔记本电脑的均衡价格

从几何意义上说，商品市场的均衡出现在商品的市场需求曲线和市场供给曲线相交的交点上，该交点被称为均衡点。均衡点所对应的价格和供求量分别被称为均衡价格和均衡产量。

商品的均衡价格表现为商品市场上需求和供给这两种力量共同作用的结果，是市场上供求力量自发调节形成的。以笔记本电脑为例，当市场价格偏离均衡价格时，市场上会出现需求量和供给量不相等的非均衡状态，此时，在市场机制的作用下，供求不相等的非均衡状态会逐步消失，市场价格会自动地恢复到均衡价

格水平。

下面将图 2－1 中笔记本电脑的需求曲线和图 2－2 中笔记本电脑的供给曲线结合在一起，用图 2－3 说明商品的市场均衡价格的决定。

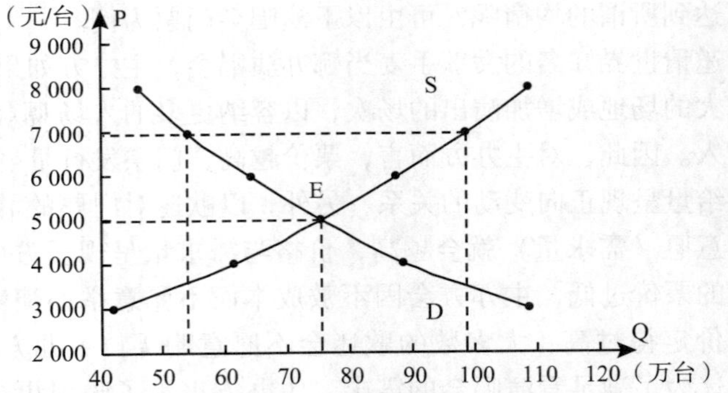

图 2－3　笔记本电脑的均衡价格均衡产量

在图 2－3 中，假定 D 曲线为市场的需求曲线，S 曲线为市场的供给曲线。需求曲线 D 和供给曲线 S 相交于 E 点，E 点为均衡点。E 点相对应的价格为均衡价格，与 E 点相对应的产量为均衡产量，该产量既是需求量又是产量。在均衡点 E 上，均衡价格为 5 000 元，均衡数量为 75 万台。显然，在均衡价格 5 000 元的水平，消费者的购买量和生产者的销售量是相等的，都为 75 万台。因此，这种状态是一种使买卖双方都感到满意并愿意持续下去的均衡状态。

仍用图 2－3、表 2－1 和表 2－2 来说明均衡价格的形成。当市场的实际价格高于均衡价格为 7 000 元每台时，商品的需求量为 54 万台，供给量为 98 万台。显然，供给量大于需求量，出现商品过剩或超额供给，从而使价格下降。价格的这种下降，一方面会使消费者的需求量增加，另一方面又会使厂商的供给量减少。这样，商品的超额供给就会减少。而减少的超额供给使价格再下降，价格下降又使超额供给再减少，价格继续下降……一直下降到均衡价格 5 000 元的水平，同时，商品的需求量逐步地由 54 万台增加为 75 万台，商品的供给量逐步地由 98 万台减少为 75 万台，从而实现供求量相等的均衡数量 75 万台。相反，当市场的实际价格低于均衡价格时，就会出现商品短缺或超额需求，从而使价格上升，并一直上升到均衡价格为止。由此可见，当市场上的实际价格偏离均衡价格时，市场上总存在着变化的力量，最终达到市场均衡或市场出清。

【即问即答】

我国古代成语“洛阳纸贵”，用于比喻作品为世所重，风行一时，流传甚广。为什么会出现“洛阳纸贵”呢？请用供求原理解释。

三、均衡价格怎样变动

市场上的供给量和需求量并非一成不变，例如，旅游旺季时，机票需求量大，票价也比较贵；但到了淡季，机票需求量变少，票价也变便宜了。这是因为供给、需求因素的变动会影响均衡价格的变动。

（一）需求变动带来的均衡价格的变化

由于供需双方共同决定了均衡价格，因此，供需因素的改变会使均衡价格随之变动。除了产品本身的价格会影响需求量变动以外，还有哪些非价格影响的因素也会改变需求量？这些由价格以外的因素引起的需求量的变动，称为需求的变动。消费者的收入及替代物品的价格变动时会影响需求量。另外，消费者偏好以及习俗、广告等也会改变需求量，例如，在“哈日”风、“哈韩”风的影响下，消费者会因为对日、韩商品的偏好而提高购买意愿，即在商品价格不变的情况下，市场上对日、韩商品的需求量大增，在整体需求大于供给的状况下就会造成均衡价格上涨。而人们对未来的预期，包含对未来价格及未来收入的预期，也会对均衡价格产生影响。例如，一般人做投资决策时，当某家上市公司发布产业利多消息，很多人预期未来一周该股票会上涨而选择在目前股价下进场买入，使得市场对该股票的需求增加，同时也因预期将获利，需求量可能随价格上涨而提升。由此，我们可以归纳出：需求增加的结果会使均衡价格与均衡数量同时增加；反之，需求减少也会使均衡价格与均衡数量同时减少。

（二）供给变动带来的均衡价格的变化

除了需求因素的改变会影响均衡价格外，供给因素的改变也会影响均衡价格。这种不是因为产品本身价格而引起的供给量的变动，就称为供给的变动。与企业有最直接关系的是生产成本。例如，生产原料或其他生产要素的价格上涨，使得企业的生产成本提高、供给量减少，如果要维持同样的生产数量，企业会要求比较高的售价，假设市场需求仍然不变，则均衡价格会上涨。但生产技术的提升可以降低生产成本、增加供给量，因此，在市场需求没有改变的情况下，均衡价格会下跌。例如：电子科技的日新月异，使笔记本电脑生产成本下降，市场供给量增加，在供过于求的情况下，使得均衡价格下跌。此外，当消费者“预期”产品价格上升，因而抢购会造成缺货的现象；企业也会基于囤积居奇的心理，想在未来价格上涨时大赚一笔，而刻意减少目前的供给量。由此可知，供给增加时，会使均衡价格下跌、均衡数量增加；反之，供给减少则会使均衡价格上涨、均衡数量减少。

需求和供给变动带来均衡价格的变动如图 2－4 所示。

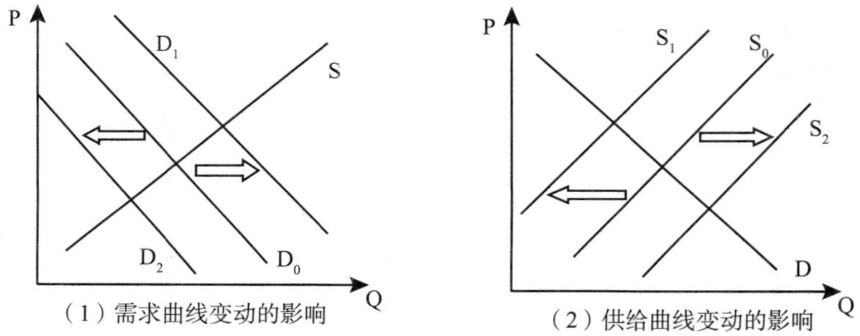

图 2－4　均衡价格的变动

【案例分析】

煤企整合[1]

“已经进入整合实质性阶段了，我们煤矿已有被关闭的风声。”作为私人煤企的总经理，张富阳（化名）的煤矿年产仅仅十几万吨，实属小煤矿。在此前一轮安全排查整合的时候，张富阳的煤矿就已经面临被关闭的命运。

据了解，前不久市场上传出山西煤老板的变现资金至少将达 1 000 亿元的资本期望，张富阳希望自己能够下手快尽早分得这 1 000 亿元的一杯羹。就在张富阳们都在期待的时候，山西煤炭整合已经迅速地压到了这些小煤矿的身上。据记者了解，在 9 月 15 日之前，山西省煤炭工业局已经批复了太原市、忻州市、朔州市等地区县的重组方案。

就在这个时候，从秦皇岛港煤炭报价显示煤价每吨普涨 5 ~ 10 元，打破了近两个多月来的平衡。有分析人士认为，这与全国前 8 个月累计用电量同比增长 0. 36 个百分点，首次实现年内转正有很大关系，这同时对山西正在进行的煤炭整合是一个利好的消息。

问题：

试分析煤企整合对煤炭均衡价格的影响。

（三）供需同时变动带来的均衡价格的变化

如果需求与供给同时变动，会使均衡价格与数量如何改变呢？例如，东南亚地区爆发禽流感，大量鸡鸭遭到捕杀，市场的供应量大减，消费者也不敢吃鸡鸭肉。在鸡鸭肉的供需同时减少的情况下，供需的均衡数量一定会下降，然而不一定会使得价格下跌。要造成鸡鸭肉价格的下跌，只有当消费者需求下降的幅度大于供给下滑的幅度才有可能，例如消费者直接购买猪肉作为鸡鸭肉的替代品，使得对鸡鸭肉的需求大幅下滑，鸡鸭肉因而滞销导致市场上的价格暴跌。因此，供需同时变动下，需求与供给哪个变动的幅度较大？哪个将会对均衡价格产生直接的影响？这种由供需双方互动产生的结果，会使市场发挥资源最佳配置的经济效率，就称为市场机制或价格机制。

【参考资料】

“是先有蛋还是先有鸡”[2]

究竟是先产生需求再产生供给，还是先产生供给再产生需求？这有点像问“是先有蛋还是先有鸡”。其实，有时候是需求带动供给，很多的新产品就是在人们强烈的需求下产生的；也有时候是供给诱导需求，比如新潮的时装，常常是提供出来之后，才左右了人们的视线，引发了人们的需求。

事实上，在某一种商品的价格决定中，供给与需求就像一把剪刀的两个刀片，作用是不分彼此共同决定一种商品的价格；同时价格又像一只无形的手在市场经济中自发地调节需求，调节供给，调节的最后结果使市场达到了均衡——社会资源配置合理。

---

① 资料来源：中国企业报，2009 年 9 月 23 日。
② 资料来源：梁小民．微观经济学纵横谈［M］．上海：三联书店，2000。

需求是提供产品的动力，供给是满足需求的前提。比如要兴办教育，是因为存在大量的对“教育”产品有需求的人，而有了“教育”产品的供给，才能满足“教育”产品的需求。如果想上学的都能上学，教育资源得到充分利用，也就达到了教育市场的供求平衡。

第五节 弹性理论

为了衡量需求对其决定因素变动的反应程度，经济学家用了弹性概念。弹性概念和弹性定义由马歇尔在《经济学原理》中提出，弹性理论又由后来的经济学家不断补充和完善，并在经济学中广泛运用。弹性理论是经济学中研究因变量经济变量的相对变化对自变量经济变量的相对变化的反应程度或灵敏程度的理论。在经济学中，为了衡量某种产品的需求量对某种影响因素变化的反应敏感程度，常采用“弹性”这一分析工具。

我们已经知道，当商品的价格发生变化时，商品的需求量也会发生变化。此外，当消费者的收入或者其他相关商品的价格等影响消费者需求量的其他因素发生变化时，这种商品的需求也会发生变化。同样地，当商品的价格发生变化，生产成本等影响厂商供给量的其他因素发生变化时，这种商品的供给量会发生变化。那这些因素究竟在多大程度上影响需求量或供给量呢？下面我们用弹性概念解决这类问题。本节将以需求的价格弹性为重点，考察与需求和供给有关的几个弹性概念。

一、需求价格弹性与“谷贱伤农”

（一）苹果和馒头与需求价格弹性

【案例分析】

馒头和苹果哪个更有弹性①

刘备辞别曹操，一路回府，一路思忖：“价格当然是有弹性的。没有价格弹性，那是计划指令的价格。可以说没有价格弹性，就等于没有市场经济。价格的变化不正是斯密老先生说的‘看不见的手’吗？关键是要看看这弹性有多大，如果弹出了成本底线，不是也不成吗?”需求的价格弹性是由很多因素决定的。在日常生活中，必需品和奢侈品的需求弹性差别就比较大。生活必需品因为是日常所需，即使价格上升需求量也不会减少多少。如果你一顿吃一个馒头，过去 2 角钱你吃一个，后来 3 角钱你吃一个，现在 4 角钱你还是吃一个；相反，如果馒头从 4 角下降到 2 角，你也不会一顿从吃一个增加到吃两个。这种必需品基本是缺乏弹性的。看病也一样，当看病的医疗、检测、药品等价格上升时，尽管人们会比平时减少一些看病，但不会大幅度地减少看病的次数。水果则不同，不是必需品，便宜的时候可以多吃，随着季节的变化，价格上升了也可以适当少吃一点，这是比较富有弹性的东西。

问题：

馒头和苹果哪个更有弹性？

① 资料来源：张世贤．经济学演义［M］．北京：华夏出版社，2004。

从上面的资料不难看出，必需品一般是需求缺乏弹性的，而奢侈品一般是需求富有弹性的。作为必需品的小麦面粉，当价格上升时，也许人们会节约一些小麦面粉，但不会大幅度地减少他们所消费的小麦面粉数量。与此相比，作为奢侈品的汽车，当价格上升时，汽车需求量会大幅度减少。当然，一种商品是必需品还是奢侈品并不取决于物品本身固有的性质，而是取决于购买者的偏好。对于一个非常喜欢汽车的汽车迷来说，汽车也可能是需求缺乏弹性的必需品。

需求价格弹性主要是衡量价格变动引起需求量改变的程度。例如：当价格变动1%，使需求量变动2%，则需求价格弹性就是2。在商品价格变化1%的前提下，如果需求量对于价格变动的反应比较敏感，需求量的变化率可能大于1%，即需求量的变动率大于价格的变动率，此时，需求价格弹性大于1，商品就富有弹性，奢侈品和价格昂贵的享受性服务大多属于这种类型；如果需求量对于价格变动的反应不太敏感，需求量的变化率也可能小于1%，即需求量的变动率小于价格的变动率，此时，需求价格弹性小于1，商品就缺乏弹性，生活必需品，如粮、油等多属此类型；需求量的变化率也可能恰好等于1%，需求量和价格的变动率刚好相等，此时，需求价格弹性等于1，商品拥有单一弹性或单位弹性，如牙医所提供的服务就属于这种情形。如果需求量对于价格变动的反应极其不敏感，无论价格如何，需求量都不变，则需求弹性为0，即需求无弹性。如火葬、棺材、特效药这样的商品或服务就是这样。如果需求量对于价格变动的反应极其敏感，价格既定，需求无限，一旦高于此价格，需求量就变为零，此时，需求弹性为无限大，即需求有无限弹性。需求价格弹性的大小和替代品的多寡、该消费品占支出的比例及时间长短有关。

【需求价格弹性】

需求价格弹性指商品的需求量对其价格变动的反应程度，表示在一定时期内当商品的价格变化1%时所引起的商品的需求量变化的百分比。

需求价格弹性的大小可以用弹性系数来衡量，具体计算公式为：

$$\text{需求的价格弹性系数} = -\frac{\text{需求量变动率}}{\text{价格变动率}}$$

或者

$$e_d = -\frac{\Delta Q/Q}{\Delta P/P} = -\frac{\Delta Q}{\Delta P}\cdot\frac{P}{Q}$$

其中，e_d 代表需求的价格弹性系数；Q 和 P 代表初始的即变化前的需求量和价格；ΔQ 和 ΔP 代表需求量和价格的变化量。需要注意的是需求的价格弹性系数计算公式前一般要加一个负号，原因在于需求量与价格之间的反方向变化关系。一般来说，如果一种商品的价格上升即 ΔP 为正值，会引起该商品需求量的下降即 ΔQ 为负值。如果需求的弹性系数公式不加负号，算出来的系数为负，因此，西方经济学中习惯上在公式前面加上负号，从而使系数变成正值。而且弹性系数越大，代表商品需求量对价格变动的反应程度越大。

在计算需求弹性时需要区分点弹性和弧弹性。

- 点弹性

点弹性（point elasticity）是指需求曲线上某一点的弹性，也就是当某种商品的价格变化趋向于零时，呈现出的弹性大小。

需求的价格点弹性计算公式为：

$$e_d = \lim_{\Delta P \to 0} -\frac{\Delta Q}{\Delta P} \cdot \frac{P}{Q} = -\frac{dQ}{dP} \cdot \frac{P}{Q}$$

- 弧弹性

弧弹性（arc elasticity）是指需求曲线上两点之间的弹性，即某商品需求曲线上某两点之间需求量的变化对价格变化的反应程度。需求的价格弧弹性计算公式为：

$$e_d = -\frac{\Delta Q/Q}{\Delta P/P} = -\frac{\Delta Q}{\Delta P} \cdot \frac{P}{Q}$$

【即问即答】

我国高校学生收费改革从20世纪90年代初开始到1997年完全并轨。1995年全国平均收费标准大约500元，2005年大约5 000元，从绝对数来讲，十年上涨了10倍。想一想，为什么近年大学学费提高了很多？从上大学的需求价格弹性比较低来分析提高学费对提升经济的作用。

（二）“谷贱伤农”与“薄利多销”

无论是航空公司，还是餐厅或杂志社，都需要决定是否可以通过提高价格来增加总收益。在实际经济生活中，有的厂商提高自己的产品价格，能使自己的销售收入得到提高，而有的厂商提高自己的产品价格，却反而使自己的销售收入减少了。这意味着，会出现“谷贱伤农”或“薄利多销”两种不同的结果。

“谷贱伤农”是经济学的一个经典问题。农民粮食收割后到底能卖多少钱取决于两个因素，即产量和粮价，是两者的乘积。但这两个变量是反向变动的，价格越低，需求量越大；价格越高，需求量越小。另外，粮食是一种必需品，缺乏弹性，其需求量对价格的变化不是很敏感。当粮价下跌时，对粮食的需求量会增加，但增加得不是很多。这样，当粮食大幅增产后，由于粮食需求缺少弹性，只有在农民大幅降低粮价后才能将手中的粮食卖出，这就意味着，在粮食丰收时往往粮价要大幅下跌。而且粮价下跌的百分比超过粮食增产的百分比，则就出现增产不增收甚至减收的状况，这就是“谷贱伤农”。

高档消费品的需求价格弹性与粮食不同。一方面，高档消费品的可替代性强，与中低档消费品一般可以相互替代，对消费者来说，高档消费品并不是必需的。另一方面，高档消费品的价格普遍较高，在消费者预算总支出中所占的比重很大。这些共同决定了高档消费品的需求对价格是富有弹性的。因此，当高档消费品降价时，其需求量会大幅上升，引起销售总收入的增长，出现“薄利多销”的情况。

以降价促销来增加销售收入的做法，涉及商品的需求价格弹性与厂商的总收益之间的相互关系。表2－3说明了商品的需求价格弹性和厂商的总收益之间的关系，是记住价格弹性的要诀。

表2－3　　需求的价格、弹性和总收益的关系

		弹性				
		$e_d>1$	$e_d=1$	$e_d<1$	$e_d=0$	$e_d=\infty$
价格	降价	增加	不变	减少	同比例于价格的下降而减少	既定价格下，收益可以无限增加，厂商没有必要降价
	涨价	减少	不变	增加	同比例于价格的上升而增加	收益会减少为零

最后，厂商的总收益与消费者的总支出是同一事情的两个方面，因为厂商的销售收入就等于消费者的购买支出，所以以上关于需求的价格弹性和厂商的销售收入之间关系的分析与结论，对于需求的价格弹性和消费者的购买支出之间的关系同样也是适用的。

【总收益】

总收益指厂商销售一定数量的产品或劳务所获得的全部收入，它等于产品的销售价格与销售数量的乘积，记为 $TR=P\times Q$。

【即问即答】

为什么化妆品可以薄利多销而药品却不行？是不是所有的药品都不能薄利多销？为什么？

二、需求的交叉价格弹性

需求的交叉价格弹性主要是衡量其他商品价格变动引起需求量的变动程度。当其他商品价格变动1%，使需求量变动2%，则需求的交叉价格弹性就是2。需求的交叉价格弹性系数的符号取决于所考察的两种商品的相关关系。同时，商品之间关系的密切程度可通过交叉弹性系数来衡量。

商品之间的相关关系可以分为两种：替代关系和互补关系。简单地说，如果两种商品之间可以互相代替以满足消费者的某种欲望，则称这两种商品之间存在着替代关系，这两种商品互为替代品。

需求的交叉弹性系数的计算公式为：

$$e_{XY}=\frac{\frac{\Delta Q_X}{Q_X}}{\frac{\Delta P_Y}{P_Y}}=\frac{\Delta Q_X}{\Delta P_Y}\cdot\frac{P_Y}{Q_X}$$

其中，e_{XY}代表商品X对商品Y的需求交叉价格弹性，即X商品需求量变化对Y

商品价格变化的反应程度；Q_X 和 Q_Y 代表两种商品的需求量；P_X 和 P_Y 代表两种商品的价格；ΔP_Y 代表 Y 商品的价格变化；ΔQ_X 代表由于 Y 商品价格变化而导致的 X 商品的需求量变化。

当 Y 商品价格变化趋向于无穷小时，即需求交叉点弹性计算公式为：

$$e_{XY} = \lim_{\Delta P_Y \to 0} \frac{\frac{\Delta Q_X}{Q_X}}{\frac{\Delta P_Y}{P_Y}} = \frac{\frac{dQ_X}{Q_X}}{\frac{dP_Y}{P_Y}} = \frac{dQ_X}{dP_Y} \cdot \frac{P_Y}{Q_X}$$

需求交叉价格弹性的值有正有负，这取决于 X 和 Y 商品之间的关系，即两者之间是替代关系还是互补关系。如果是替代关系，如火车运输与长途汽车运输，在其他条件不变的情况下，如果火车票价格下降，会导致长途汽车运输量减少，即 ΔP_Y 为负，ΔQ_X 也为负，由此可知替代品之间的交叉价格弹性系数为正，并且数值越大，代表两种商品之间的替代性越强。如果两种商品是互补关系，如汽油和汽车，在其他条件不变的情况下，如果汽油价格上涨，汽车的需求量减少，即 ΔP_Y 为正，而 ΔQ_X 为负，由此可知互补品之间的交叉价格弹性系数为负，并且绝对值越大，代表两种商品之间的互补性越强。

如果两种商品之间不存在任何关系，那么一种商品的价格变化不会对另外一种商品的需求量产生影响，因此，不相关商品的需求交叉价格弹性为零。

【需求的交叉价格弹性】

需求的交叉价格弹性是指一种商品的需求量对另一种商品的价格变动的反应程度，是在一定时期内当一种商品的价格变化 1% 时所引起的该商品的供给量变化的百分比。

【即问即答】

交叉价格弹性体现了其他商品价格对商品需求量的影响，试论其对企业经营决策的作用。

三、需求的收入弹性与恩格尔系数

弹性并不仅仅代表需求量对价格变化的反应程度，引起需求数量变动的还有价格以外的因素，收入便是影响商品需求的一个重要因素。需求的收入弹性也是一个很重要的与现实生活密切相关的弹性概念，通过对前面两种价格弹性的学习，不难理解需求的收入弹性的含义。所谓需求的收入弹性（income elasticity of demand）是指一定时期内，在其他条件不变的情况下，消费者对一种商品的需求量变化相对于消费者收入变化的反应程度，即当消费者收入变化 1% 时所引起的商品需求量变化的百分比。

假定某商品的需求量为 Q，消费者的收入为 M，需求的收入弹性系数计算公式为：

$$e_M = \frac{\frac{\Delta Q}{Q}}{\frac{\Delta M}{M}} = \frac{\Delta Q}{\Delta M} \cdot \frac{M}{Q}$$

或
$$e_M = \lim_{\Delta M \to 0} \frac{\frac{\Delta Q}{Q}}{\frac{\Delta M}{M}} = \frac{dQ}{dM} \cdot \frac{M}{Q}$$

前者为需求的收入弧弹性公式，后者为点弹性公式。对于一般的物品来说，随着消费者收入的增加，消费量会增加，即 $e_M > 0$，但是也有一些物品，随着消费者收入的增加，消费量反而减少，因此 $e_M < 0$。根据商品的收入弹性系数的正负，可以将物品分成两类：正常品和劣等品。随着收入增加消费量也增加的物品属于正常品，其 $e_M > 0$；而随着收入增加消费量减少的物品属于劣等品，其 $e_M < 0$。正常品又可以根据 e_M 数值的大小分成必需品和奢侈品两类，$0 < e_M < 1$ 的物品属于必需品范畴，$e_M > 1$ 的物品属于奢侈品范畴。随着消费者收入水平的提高，对生活必需品的需求量会增加，但是这种增加比例会小于收入的增加比例，因此，生活必需品需求缺乏弹性。而奢侈品的需求量增加比例往往会大于收入的增加比例，则是富有弹性。

通俗地说，收入增加后我们不会多吃粮食、食盐，对牙膏的增加也有限；对旧货、低档面料的服装、处理品非但不增加，还会减少；收入增加后我们对住房、汽车、化妆品、名牌服饰等需求会增加。随着收入不断增加，低档品从我们的生活中逐渐消失，而高档品的消费越来越多，这种变化的情况符合恩格尔定律。

19 世纪德国统计学家恩格尔在研究人们的消费结构变化时发现了一条规律，即家庭收入越少，其用来购买食物的支出所占比例就越大，反过来也是一样，这是因为食品缺乏弹性。而这个家庭用于购买食物的支出与家庭的总收入之比，就叫恩格尔系数。对一个国家而言，这个国家越穷，其恩格尔系数就越高；反之，恩格尔系数越低，这就是世界经济学界所公认的恩格尔定律。表 2－4 反映了中国近年来城乡恩格尔系数的变化情况。根据联合国粮农组织提出的标准，恩格尔系数在 59% 以上为贫困，50% ～59% 为温饱，40% ～50% 为小康，低于 40% 为富裕。目前，发达国家的恩格尔系数基本上在 10% ～20%。

表 2－4　　1995～2006 年中国城乡居民恩格尔系数①　　单位：%

年份	城镇居民恩格尔系数	农村居民恩格尔系数
1995	50.1	58.6
1996	48.8	56.3
1997	46.6	55.1
1998	44.7	53.4
1999	42.1	52.6

① 中国统计年鉴 2007. 北京：中国统计出版社，2007.

续表

年份	城镇居民恩格尔系数	农村居民恩格尔系数
2000	39.4	49.1
2001	38.2	47.7
2002	37.7	46.2
2003	37.1	45.6
2004	37.7	47.2
2005	36.7	45.5
2006	35.8	43.0

【即问即答】

根据表 2－4 中的资料判断我国城乡居民生活水平的变化。

【拓展阅读】

吉 芬 商 品①

茅台酒又一次成了焦点。临近中秋，原本限价 1 299 元的 53 度飞天茅台已经涨价到每瓶 1 800 元甚至更高，陷入了“越限价越涨价”的怪圈。新京报记者走访广州市场发现，目前 53 度飞天茅台在多家大型商超和烟酒行普遍严重缺货，不知什么时候能补上。而贵州茅台于 8 月 14 日、15 日两日股价均突破 500 元，创造 A 股股市奇迹，震惊业内外。

此次茅台炙手可热的吸睛点在于，零售终端出现了“越限价越涨价、越涨价越抢手”的怪圈。如果“限价”是源于厂家规范市场的初衷，那么，显然如今的涨价已经完全背离了厂家的意愿，明显超出了可控范围。客观而言，即便价格涨幅明显，厂家能否从中分得一杯羹怕是很难保证。那么，涨价缘何反成需求上涨的引擎?

通过经济学中的“吉芬商品”现象或许可以找到答案。事实表明，“吉芬现象”并非仅仅发生在低档必需品身上，还包括部分高档奢侈品。吉芬商品的特征是，当价格上涨时，需求量反而增加。而这并不违背需求定律，也并非需求定律的特例。日常生活中，我们也经常接触到类似“买涨不买跌”的商品，最典型的就是房地产市场，还有股票、黄金等投资性商品。通过这种理论假设，或可以为我们解释茅台越涨价反而越抢手的怪圈。

四、供给价格弹性

供给价格弹性主要是衡量价格变动引起供给量改变的程度。确切地说，是指当商品价格变动 1% 时，所引起的该商品供给量变动的百分比。其大小用弹性系数来衡量，具体计算公式为：

$$供给的价格弹性系数 = \frac{供给量变动率}{价格变动率}$$

① 资料来源：千龙网，2017－08－21。

$$或者\ e_s = \frac{\frac{\Delta Q}{Q}}{\frac{\Delta P}{P}} = \frac{\Delta Q}{\Delta P} \cdot \frac{P}{Q}$$

其中，e_s 代表供给的价格弹性系数；Q 和 P 代表初始的即变化前的供给量和价格；ΔQ 和 ΔP 代表供给量和价格的变化量。弹性系数越大，表示商品供给量对价格变动的反应程度越大。

供给的价格弹性计算也分为点弹性和弧弹性。点弹性和弧弹性的计算公式分别为：

$$e_s = \frac{dQ}{dP} \cdot \frac{P}{Q}$$

$$e_s = \frac{\Delta Q}{\Delta P} \cdot \frac{\frac{P_1 + P_2}{2}}{\frac{Q_1 + Q_2}{2}} = \frac{\Delta Q}{\Delta P} \cdot \frac{P_1 + P_2}{Q_1 + Q_2}$$

供给的价格弹性可以按照上述公式通过代数方法进行计算，也可以运用几何方法计算。假定有一线性供给函数为 Q = -400 + 200P，求价格等于 10 时的供给价格弹性。如图 2-5 所示，A 点的供给价格点弹性为：

$$e_s = \frac{dQ}{dP} \cdot \frac{P}{Q} = \frac{CB}{AB} \cdot \frac{AB}{OB} = \frac{CB}{OB} = \frac{1\ 000}{600} = \frac{5}{3}$$

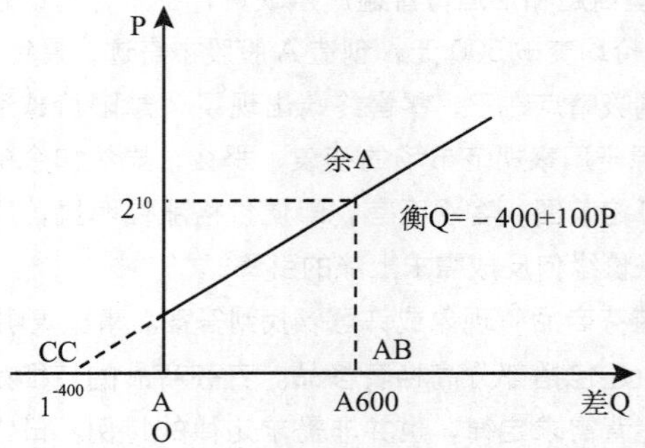

图 2-5　线性供给曲线的点弹性

通常情况下，商品价格与供给量呈同方向变动，因此，供给的价格弹性为正值，但是，如果某种产品受产能或原材料供给限制，即使市场价格提高，供给也不会增加，那么该商品的供给价格弹性为零。根据数值大小可以将供给的价格弹性分成五类：一是富有弹性，$e_s > 1$；二是缺乏弹性，$e_s < 1$；三是单位弹性，$e_s = 1$；四是完全弹性，$e_s = \infty$；五是完全无弹性，$e_s = 0$。对应的五种线性供给曲线的形态如图 2-6 所示。(a) 图中曲线上任一点的供给价格弹性都大于 1，如 A 点，因为线段 CB 的长度大于 OB，所以 $e_s > 1$。(b) 图中曲线上任一点的供给价格弹性都小于 1，如 A 点，因为线段 CB 的长度小于 OB，所以 $e_s < 1$。(c) 图中曲线上任一点的供给价格弹性都等于 1，如 A 点，因为线段 CB 的长度等于 OB，

所以 $e_s=1$。可以得出如下规律，如果线性供给曲线的延长线与坐标横轴的交点位于坐标原点左侧，那么该供给曲线上所有点的供给价格弹性都大于 1；如果交点位于坐标原点右侧，供给曲线上所有点的供给价格弹性都小于 1；如果与原点重合，则供给曲线上所有点的供给价格弹性都等于 1。

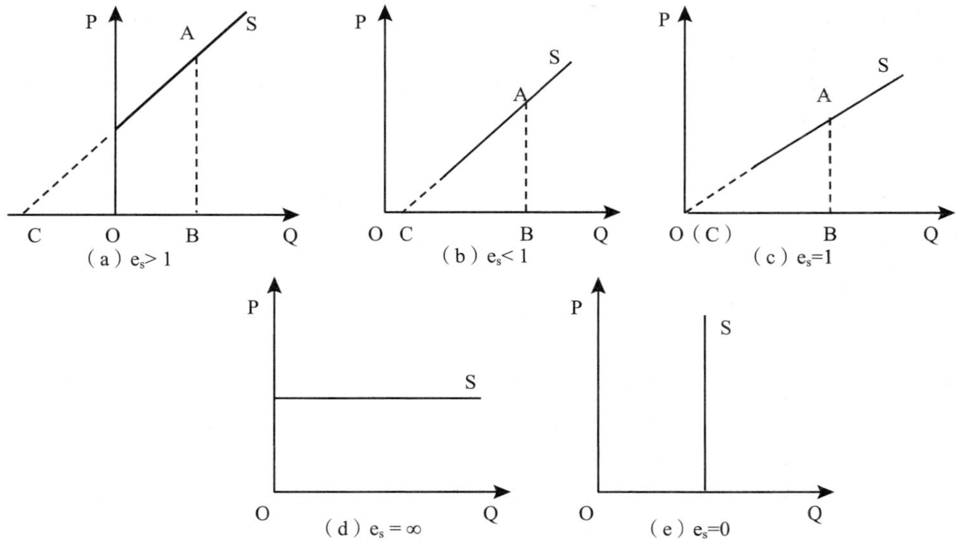

图 2-6　线性供给曲线的五种点弹性

一般来说，生产周期短、劳动密集型、技术简单、不容易保管的商品供给弹性较大，相反，供给弹性较小。

影响商品供给的价格弹性的因素有很多，如时间因素、生产成本的变化、生产要素的供给情况、生产技术类型等。如果生产者面临的调节生产的时间很短，那么即使市场价格上涨，供给弹性也很小，但是如果有足够的时间调整产能，供给弹性会提高。成本的变化会影响产品的供给价格弹性，如果随着产量的增加，生产成本迅速提高，高于价格的上涨幅度，那么供给弹性会比较小，相反则较大。商品的供给价格弹性还要受生产要素供给情况的限制，如果生产要素供给充足，则商品的供给价格弹性较大，反之则弹性较小。生产技术类型是劳动密集型、技术密集型还是资本密集型也会影响产品的供给价格弹性，一般来说，劳动密集型的产品供给的价格弹性较大，而技术密集型和资本密集型的产品，由于其扩大产能的周期一般较长，短期内很难使产量迅速变化，因此供给的价格弹性较小。

【参考资料】

供给弹性：彩电的由短缺到过剩①

20 世纪 80 年代初，彩电相当紧俏，有人就是靠“倒彩电”发了财。尽管国家控制着价

① 资料来源：梁小民．微观经济学纵横谈［M］. 上海：三联书店，2000。

格，但与当时的收入水平相比，价格还相当高。买彩电凭票，据说有的彩电厂把彩电票作为奖金发给工人，每张票卖到好几百元。20 世纪 90 年代之后，彩电供求趋于平衡，再以后就是彩电卖不出去，爆发了降价风潮，拉开了彩电中国价格战的序幕。

20 世纪 80 年代，随着人们收入普遍增加，彩电成为首选的奢侈品，能买得起 1 200 元左右一台 14 英寸彩电的人相当多，于是彩电需求剧增。当时彩电价格仍受到严格控制（记得在一次价格风波中，当时有关领导曾保证彩电不涨价），所以，无法用调高价格来抑制需求。彩电生产受到生产能力的制约，供给无法迅速增加，这就产生过度需求或供给不足，为“倒彩电”和彩电票变成货币创造了条件。这告诉我们，像彩电这样的产品在需求迅速增加、价格上升（或变相价格上升）时，供给是无法立即大量增加的。

彩电的短缺刺激了国内各地引进彩电生产线，建设彩电厂。彩电业在全国开花，除西藏外各省市都有了彩电厂。这就使彩电市场走向均衡，甚至很快又走向过剩。这个过程说明在需求增加、价格（或变相的价格）上升后，供给的变动是与时间长短相关的。我们可以用供给弹性的概念来说明这一点。

某一种物品供给弹性的大小与生产所需生产要素与技术相关。所以，不同行业产品的供给弹性是不同的。一般来说，所用设备先进、生产规模一旦确定就不易改变的重工、化工、电子、汽车等行业的产品往往供给缺乏弹性，需求增加时，供给难以马上增加，需求减少时，供给也难以马上减少。彩电的情况就是这样。20 世纪 80 年代彩电需求激增时，彩电厂受生产规模限制，难以很快增加，但 20 世纪 90 年代后供大于求时，彩电产量也难以有大幅度减少。正因为如此，这些行业要确定一个最优规模。规模小会失去赚钱的机会，规模大又会形成生产能力过剩。彩电业现在的困境正在于当年遍地开花，生产能力过剩。这种产品缺乏供给弹性，产量减少不易，剩下的一条路只有降价“煮豆燃豆萁”了。

对同一种产品来说，供给弹性也不是一成不变的，而与时间长短相关。对许多产品来说，当需求与价格变动时，供给变动的可能性很小。例如，即使彩电涨价 100%，在很短时期内，产量也难以增加，因为设备与生产能力是固定的，原料与人力也难以增加，除了把库存投入市场外，供给变动不大。这就是说在即期内，供给弹性几乎是零。在短期内，尽管设备与生产能力不能变，但可增加原料与劳动，产量还是可以增加的，这时供给缺乏弹性，但比即期要大。长期中，设备与生产能力可以根据市场需求与价格预期来调整，供给是富有弹性的。20 世纪 80 ~90 年代，彩电由短缺走向平衡正是供给弹性随时间而加大的过程。至于以后的过剩局面则是在调整长期生产能力时预期失误的恶果。

一般来说，企业在投资时要根据长期市场需求和行业规模经济特点确定最优规模。短期中要根据暂时的市场变动做出反应。在做出这种决策时一定要考虑到供给弹性这个因素。彩电市场就是没有考虑到这一点，以致现在彩电产量难以随价格下降而减少。恐怕除了开拓国外市场增加需求之外，难以迅速改变彩电市场过剩的局面。

除了上述在西方经济学文献中经常出现的弹性概念外，根据所研究的具体经济问题的不同需要，经济学家也经常建立一些新的弹性关系。例如，一些经济学家研究一个国家的电力消耗量和国内生产总值 GDP 之间的弹性关系，这对于如何根据对一国经济增长的预测来合理安排本国的电力工业的发展具有实际意义。

【供给的价格弹性】

供给的价格弹性是指商品的供给量对其价格变动的反应程度，表示在一定时期内当商品的价格变化百分之一时所引起的商品的供给量变化的百分比。

第六节 政府对市场价格的干预

一、农业与支持价格

在实践中，各国为了支持或者保护某些行业的发展，保护厂商的利益，而对这些行业商品规定的价格下限，即支持价格。长期以来发达国家对农产品实行这种价格，使他们的农业非常发达。以美国为例，2002 年 5 月 13 日上午，布什总统在白宫正式批准了当月上旬美国国会参众两院的新的农业政策。根据新法案，美国政府将在之后 6 年内为农业和畜牧业提供 517 亿美元的补贴，每年的补贴幅度在 64 亿美元。我国现在对农业实行的“保护价敞开收购”实际也是一种支持价格。

如图 2－7 所示，在自由市场经济中，供给曲线和需求曲线交于 E 点，均衡价格和均衡数量分别是 Q_e 和 P_e，但是政府出于目前的经济形势或行业发展的需要，认为 P_e 的价格过低，规定市场上该产品的价格不能低于 P_1，对应高于市场均衡价格的 P_1 价格，消费者的需求量减少到 Q_1，但是生产者的供给量增加到 Q_2，供给量大于需求量，出现产品过剩问题。

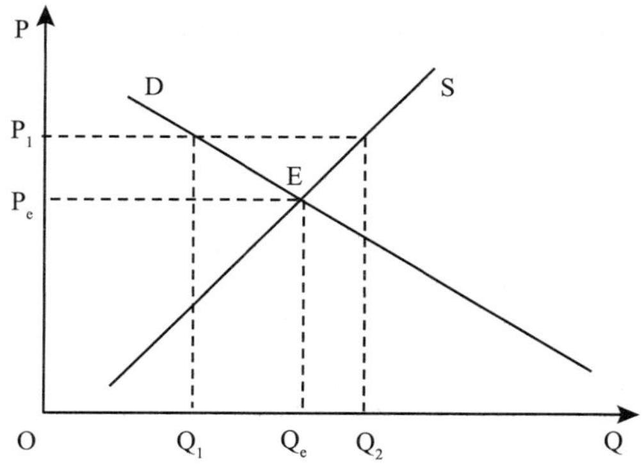

图 2－7 最低限价

支持价格从长期看有利于农业的发展，调动了农民的积极性，扩大了农业投资，稳定了农业生产，促进了农业现代化的发展和劳动生产率的提高，通过对不同农产品的不同支持价格，可以调整经济危机对农业的冲击，使之适应市场需求的变动。但支持价格会使农产品的供给大于需求，政府解决过剩的农产品的方法是扩大出口或者大量收购，扩大出口会引起国家与国家之间为争夺世界农产品市场而进行贸易战，而政府收购使政府背上了沉重的债务负担。另外，支持价格在实施时需有较强的指令性且有一定的代价，而且，靠保护成长起来的事物是缺乏生命力的，并不能从根本上改变农业的落后状况。

【支持价格】

支持价格也称最低价格，是指政府为了扶持某一行业的生产而规定的该行业产品高于市场均衡价格的最低价格。

二、生活必需品与限制价格

为保护消费者利益，防止生活必需品的价格过高，控制通货膨胀，政府会对一些商品规定最高上限，这就是限制价格。我国在计划经济时期很多生活必需品都实行限制价格，小到柴米油盐大到住房都有补贴。限制价格有利于社会平等，但会出现商品短缺，而商品短缺就可能使市场上出现抢购现象或黑市交易。为此，政府可采取的措施是控制需求量，一般采取配给制。配给制一方面会刺激需求，产生黑市交易；另一方面会挫伤厂商的生产积极性，使短缺变得更厉害，从而在长期内使本来就短缺的商品更加短缺。例如我国住房长期以来实行配给制和低房租，这种政策固然使低收入者可以有房住，但却使房屋更加短缺，几十年住房问题解决不了。改革开放以来，随着我们逐步地放开公产房的房租和住房分配政策的不断改变，商品房的价格由市场调节，调动了开发商建房的积极性，解决了多少年来住房需求的短缺局面。

如图 2－8 所示，在自由市场经济中，供给曲线和需求曲线交于 E 点，均衡价格和均衡数量分别是 Q_e 和 P_e，但是政府根据当时的经济形势，认为 P_e 的价格过高，规定市场上该产品的价格不能超过 P_1，对应低于市场均衡价格的 P_1 价格，消费者的需求量增加到 Q_1，但是生产者的供给量减少到 Q_2，需求量大于供给量，出现供给短缺现象。

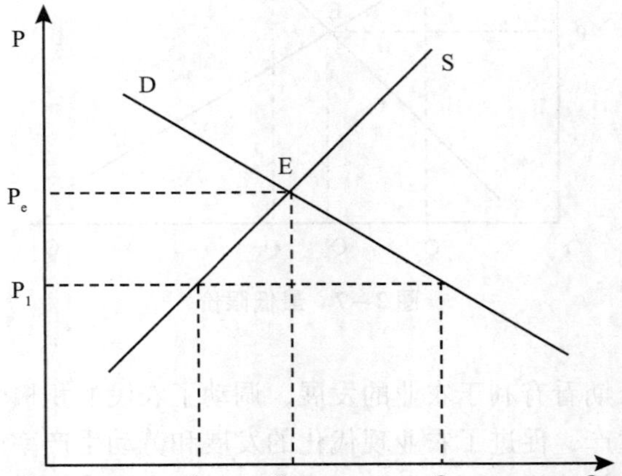

图 2－8　最高限价

限制价格是一项不符合经济规律的失败的制度安排，经济学家不主张利用限制价格，因此，最终被放弃也就不可避免。事实证明，改革开放以来，我国取消大量的限制价格政策，无论是商品市场还是要素市场都由过去的卖方市场转变为今天的买方市场，商品由过去的短缺变为今天的过剩。

【限制价格】

限制价格是政府为限制某些生活必需品的价格上涨而规定的低于均衡价格的最高价格。

【即问即答】

每当春节之际，火车站人流如潮，火车票价格总是上涨，而且票贩子特别多。请运用供求原理和限制价格解释这一现象。

三、税收与均衡

政府作为一个经济主体，最主要的收入来源就是税收。下面我们以笔记本电脑市场为例，运用供求原理对税收的承担者和税收对市场价格的影响进行分析。

【案例分析】

税收对笔记本电脑价格的影响

假设有这样一个市场环境，由若干个笔记本电脑的厂商和笔记本电脑的消费者组成。如果笔记本电脑价格是5 000元一台，厂商愿意生产的笔记本电脑是10 000台，消费者愿意购买的笔记本电脑也是10 000台，这样就达到了供需平衡。如果政府征收生产税。在每个笔记本电脑上征收500元的生产税，由厂商完税。那么厂商为了保证相同的利润，不得不把笔记本电脑的价格由原来的5 000元抬高到5 500元，此时，供给量不变，仍是10 000台。但消费者却因此而为每台笔记本电脑多支付500元，所以需求量由原来的10 000台降低为8 000台。这样供求失衡，出现2 000台笔记本电脑的生产过剩。显然，厂商和消费者双方都受了损失。厂商因为产品剩余而受损失，消费者因为产品涨价而受损失。在市场的作用下，供求重新达到平衡，均衡价格上升为5 250元，厂商的供给量由8 000台上升为9 000台，而消费者的需求量也由10 000台下降为9 000台。此时，厂商和消费者还是双方都受到了损失，厂商的利润比原来降低了250元，而消费者的负担比原来又多出250元。那么双方的损失之和，即500元，就被政府以税收的名义征用了。

如果政府征收的不是生产税，而是消费税，由厂商完税。对消费者而言，5 000元买一台笔记本电脑，再交纳税收500元，实际价格相当于涨成了5 500元。此时，供应量不变，利润不变，但需求量降低到了8 000台，供需失衡，出现2 000台笔记本电脑的生产过剩。厂商和消费者双方都受了损失。厂商因为产品剩余而受损失，消费者因为产品"涨价"而受损失。在市场的作用下，供求重新达到平衡，均衡价格下降为4 750元，厂商的供给量由10 000台下降为9 000台，而消费者的需求量也由8 000台上升为9 000台。此时，厂商和消费者还是双方都受到了损失，厂商的利润比原来降低了250元，而消费者的负担比原来又多出250元。那么双方的损失之和，即500元，就被政府以税收的名义征用了。

问题：

税收对笔记本电脑价格是怎样产生影响的？

因此，无论政府是向厂商征收生产税，还是向消费者征收消费税，经过市场调节，最终税收必定会由双方共同承担。而对于市场价格则不然，对厂商征税会使市场均衡价格上升，而对消费者征税会使市场均衡价格下降。

（一）消费税对均衡的影响

假定一个地方政府通过了一项法规，要求消费者每购买一盒烟都要向政府交纳2元的税。这项法规会如何作用于烟的消费者和销售者呢？回答这个问题需要遵循以下步骤：第一，确定这项法规是否影响供给曲线或者需求曲线；第二，确定供求曲线怎样移动；第三，考察供求曲线移动对均衡的影响。对购买香烟者征税影响的是香烟的需求，不影响香烟的供给。消费者现在只要购买香烟就必须同时向政府交税。税收使得在每一价格水平上，消费者的需求量减少，从而使需求曲线向左平移，如图2-9所示。

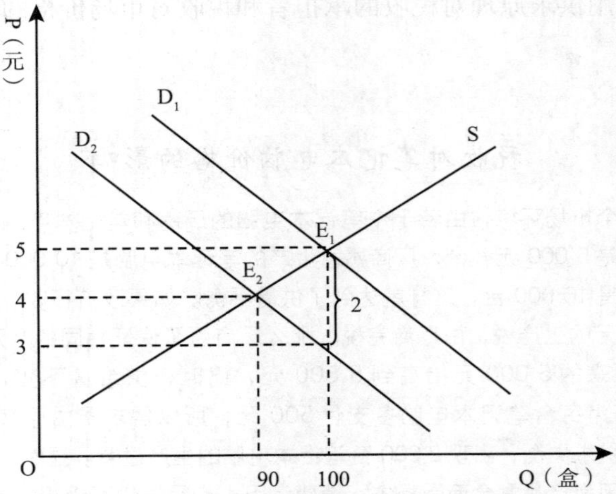

图2-9　香烟消费税对均衡的影响

因为每盒烟征收2元的消费税，即现在购买每盒烟的支出比原来高出2元。假定原来每盒烟的价格为5元，对应的需求量为100盒，征收消费税后，如果要使消费者保持同样的需求量，需要将价格降到3元，因为对于消费者来说他们实际支付的仍然是5元。因此，每盒征收2元的消费税会使需求曲线垂直向下移动2元的距离，即D_2与D_1的距离为单位产品的消费税。

（二）销售税对均衡的影响

假定某地方政府通过了一项法规，要求销售者每卖一盒烟要缴纳2元的销售税，那么会对烟的供给产生什么影响呢？销售税不会使需求曲线移动，但是会使供给曲线移动，税收增加了销售成本，使销售者在每一价格水平上的供给量减少，因此供给曲线向左移动。

征收销售税后，销售者销售每盒烟的实际收益要比市场价格低2元，如果一盒烟市场价格是7元，那么由于销售者要向政府缴纳2元的税，所以实际销售所得为5元。现在在每一价格水平上香烟的供给量只相当于征税前比该价格低2元时的供给量。如图 2－10 所示，征税后价格为 7 元的供给量与征税前价格为 5 元时的供给量是相等的。从另一个角度，如果要使销售者供给等量的香烟，征税后的市场价格必须比原来高 2 元，即如果要保持香烟的供给量，必须将价格由 5 元升到 7 元，从而抵消由于税收带来的供给减少。因此，每盒征收 2 元的销售税使供给曲线垂直向上移动 2 元的距离，即 S_2 与 S_1 的距离为单位产品的销售税。

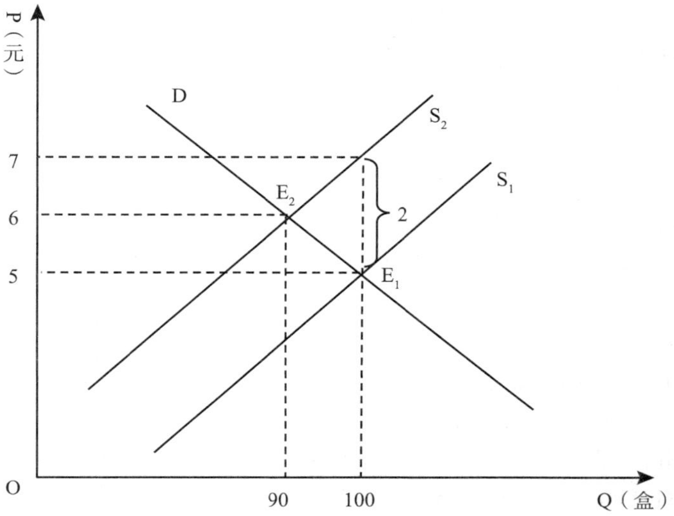

图 2－10　香烟销售税对均衡的影响

【即问即答】

从 2006 年 4 月 1 日起，我国对消费税政策进行了调整，消费税的应税品目、原有税目的税率都有所调整。此举被认为是 1994 年税制改革以来消费税最大规模的一次调整。其中，十分引人注目并引起广泛争论的是新增了对高尔夫球及球具、高档手表、游艇等所谓奢侈品的税目。请问这一税收政策的“税收归宿”是什么，并分析其对经济的影响。

【内容提要】

◆ 市场是经济活动的中心，在市场这只“看不见的手”的作用下，会导致最佳的资源配置，一般情况下，可将市场划分为竞争性市场和非竞争性市场。

◆ 供给和需求分析是微观经济学的一个基本工具。在竞争性市场中，供给和需求曲线告诉我们，作为价格的函数厂商将生产多少产品，而消费者将需要多少产品。

◆ 在竞争市场上，供给与需求的均衡发生于供给与需求的力量处于平衡的价格水平上。均衡价格就是需求量正好等于供给量的价格，在图形中，均衡价格发生在供给曲线与需求曲线的交点。当市场上的实际价格偏离均衡价格时，市场上总存在着变化的力量，最终达到市场均衡或市场出清。

◆ 弹性描述了当价格、收入或其他变量变动时，供给和需求对其变动的反应程度。

◆ 需求价格弹性反映出价格变动对总收益的影响。如果价格下降增加了总收益，则需求富有弹性；如果价格下降减少了总收益，则需求缺乏弹性；在单位弹性的情况下，价格变动对总收入不产生影响。

◆ 政府主要通过实行支持价格可以支持或者保护某些行业的发展，保护厂商的利益；通过实行限制价格可以保护消费者利益，防止生活必需品的价格过高，控制通货膨胀；政府不论是向厂商，还是向消费者征税，经过市场调节，最终税收必定会由双方共同承担，对厂商征税会使市场均衡价格上升，对消费者征税会使市场均衡价格下降。

【关键概念】

需求　供给　均衡价格　需求价格弹性　需求收入弹性　需求交叉价格弹性　供给价格弹性　支持价格　限制价格

【单项选择题】

1. 下列各项中体现需求规律的是（　　）。
   A. 药品的价格上涨，使药品质量得到了提高
   B. 汽油的价格提高，小汽车的销售量减少
   C. 丝绸价格提高，游览公园的人数增加
   D. 照相机价格下降，导致销售量增加
2. 当汽油的价格上升时，在其他条件不变的情况下，对小汽车的需求量将（　　）。
   A. 减少　B. 不变　C. 增加　D. 难以确定
3. 当咖啡价格急剧升高时，在其他条件不变的情况下，对茶叶的需求量将（　　）。
   A. 减少　B. 不变　C. 增加　D. 难以确定
4. 下列因素中不会使需求曲线移动的是（　　）。
   A. 消费者收入变化　B. 商品价格下降
   C. 其他商品价格下降　D. 消费者偏好变化
5. 鸡蛋的供给量增加是指供给量由于（　　）。
   A. 鸡蛋的需求量增加而引起的增加　B. 人们对鸡蛋偏好的增加
   C. 鸡蛋的价格提高而引起的增加　D. 由于收入的增加而引起的增加
6. 假如生产某种商品所需原材料的价格上升，则这种商品（　　）。
   A. 需求曲线向左方移动　B. 供给曲线向左方移动
   C. 需求曲线向右方移动　D. 供给曲线向右方移动
7. 供给规律可以反映在（　　）。
   A. 消费者不再喜欢消费某商品，使该商品的价格下降
   B. 政策鼓励某商品的生产，因而该商品的供给量增加
   C. 生产技术提高会使商品的供给量增加
   D. 某商品价格上升将导致对该商品的供给量增加
8. 已知某商品的需求函数和供给函数分别为 $Q_d = 14 - 3P$，$Q_s = 2 + 6P$，该商品的均衡价格是（　　）。

A. 4/3　　B. 4/5　　C. 2/5　　D. 5/2

9. 假设某商品的需求曲线为 Q = 3 - 2P，市场上该商品的均衡价格为 4，那么，当需求曲线变为 Q = 5 - 2P 后，均衡价格将（　　）。

A. 大于 4　　B. 小于 4　　C. 等于 4　　D. 小于或等于 4

10. 对于一个不吃猪肉的人来说，猪肉的需求量和牛肉价格之间的交叉弹性是（　　）。

A. 0　　B. 负值　　C. 非弹性　　D. 弹性大小不一定

【复习题】

1. 根据下面所列事件确定对电脑产品供给或需求的影响。

（1）生产电脑的技术进步。

（2）在电脑生产行业内企业数目减少。

（3）生产电脑的人工和原材料价格上涨。

（4）预计电脑会降价。

2. 假设政府控制牛肉和鸡肉的价格，并使它们低于市场出清水平。解释为什么这些商品会出现短缺以及有哪些因素决定了短缺的大小。猪肉的价格会发生什么变化？简要说明一下。

3. 用弹性理论简要评述"薄利多销"这一经商理念。

4. 对于下列各对物品，你认为哪一种物品更具有价格弹性，并说明你的理由：香料和食盐；青霉素和冰淇淋；汽车和汽车轮胎；冰淇淋和巧克力冰淇淋。

5. 假定薯片价格上升 3% 而使其玉米片需求量下降 6%，那么玉米片的需求的交叉价格弹性是多少？

6. 用供求定理和需求弹性理论说明石油输出国组织 OPEC 为什么经常限制石油产量。

7. 用供求原理说明政府实施支持价格和限制价格的原因、后果以及清除产量过剩或短缺的方法。

8. 如果对进口汽车征收 15 000 元的关税，会发生什么情况呢？说明这一关税对我国汽车的供给和需求以及均衡价格和数量的影响。

【问题与应用】

1. 严厉打击和控制毒品传播是世界各国政府的重要任务。1999 年，美国政府投入 180 亿美元整治非法毒品（如可卡因、海洛因和大麻）市场，其中大部分资金用在了限制毒品的供给上。但是许多经济学家认为，如果反毒品的努力从市场的供给方转为市场的需求方，效果将更好，为什么？

2. 我国民航总局在 1997 年放松了对航空价格的管制，实行"一种票价、多种折扣"。由于多数企业陷入价格战的漩涡，民航总局于 1998 年 5 月上收企业定价权力，并规定各航空公司不得滥用折扣。然而迫于竞争压力和任务指标，航空公司的各种暗扣行为使得禁折令流于形式。结合我国飞机票价的最低限价说明价格管制的恶果。

3. 说明在当前情况下通俗歌手比美声歌手"走红"的根本原因。

小品《换大米》说的是一个专业美声演员怎么也唱不好当时流行的通俗歌曲，导演对其演练结果很不满意，最后被一个走街串巷换大米的农民所取代的故事。在日常生活中，我们经常遇到的现实情况是，电视机、广播电台中经常报道"某某"走红的通俗"歌星"又出了什么"专辑"，演唱会门票如何飙升，票房排行榜如何变化等内容，而很少向观众和听众宣传一些很有艺术造诣的美声歌唱家在世界上造成的轰动效应。这种现象给人们形成的直观感觉是，媒体宣传和公众舆论崇尚的艺术作品是那些从内容到形式，其思想性和艺术性都值得进一步推敲的“通俗歌曲”。固然，门票价格是歌手劳务价格的表现。现在美声歌手演唱会的门票比较便宜，比如某著名歌手也只有180元；而通俗歌手演唱会的门票比较贵，普通的歌手都可以达到600元以上。这种情况如果用歌手劳动所包含的劳动量恐怕很难解释。美声歌手专业培训费用比通俗歌手高，理应是美声歌手的票价要比通俗歌手高，但是事实上却相反。因为通俗歌手演唱的是“下里巴人”一类的作品，在当今青少年听众和观众中很受欢迎，从在电视上某些通俗歌手上台后，台下听众的“热烈反应”就可以清楚地感觉到这一点。而美声歌手大多演唱的是“阳春白雪”之类的艺术含量比较高、思想性比较强的作品，但不符合当前大多数听众和观众的欣赏品味，便不可避免地受到了冷遇。甚至在小品《换大米》中，美声演员和换大米的农民之间，决定由谁出场演出都成了导演进行“英明决策”的典型，最后的结果是前者被后者抢了“饭碗”。艺术作品的价值是否应该由听众或观众确定的市场行情来决定，是不需要在这里讨论的问题，但由供求关系决定商品交易双方的买卖成交价格，在艺术产品市场上也不能例外，这就是市场机制作用的必然结果。

参考文献

[1] 李正波. 经典寓言故事中的经济学80 [M]. 北京：国家行政学院出版社，2004.
[2] 丁圣元. 投资正途 [M]. 北京：地震出版社，2008.
[3] 张世贤. 经济学演义 [M]. 北京：华夏出版社，2004.
[4] 梁小民. 微观经济学纵横谈 [M]. 上海：三联书店，2000.

第三章　消费者的效用

周末了，你和父母一起逛商场，一进入商场，你就奔向了音像区，打算看看最新面市的唱片、影片，而父亲则走向了家电区，看看手机、电脑，当然母亲直接去了超市，采购一家人所需的生活用品，当然也没忘记把你爱吃的零食放到购物车里。在这个全家享受的过程中，除了母亲的伟大，更是体现了效用和偏好这两个常用的经济学概念，本章将讨论与效用有关的一些经济学基本理论。

第一节　效用的决定

欲望也叫需要，是指想要得到而又没有得到某种东西的一种心理状态。欲望须具备两个条件：第一，不足之感；第二，求足之愿。人的欲望是多种多样的，一种欲望被满足之后，新的欲望便随之产生，因此，从这种意义上说，人的欲望是无限的。但是就特定的时间和特定商品而言，人的欲望又是有限的。当一个人不断增加某种商品的消费时，他对这种商品的欲望也会逐渐减弱，最后变得完全没有欲望。作为一个社会人，每个人都有欲望，有了欲望之后，就会通过行动实现消费来满足自己的欲望。不同程度的消费满足不同程度的欲望，在经济学中人们把在物品或服务消费中所获得的满足程度叫做效用，效用是对满足程度的评价，是一种主观的心理感受。满足的程度越高，效用越大；反之，满足程度越低，则效用越小。效用有正效用也有负效用，当人们在消费某种商品时，总是在负效用出现之前，停止消费此种商品或者转向其他商品。这是人的自主选择。所谓负效用，指的是当消费某种物品或服务所带来的是诸如恶心、呕吐之类的负面感觉时，称之为负效用。比如，一个口渴之人吃苹果，当吃前两个时，效用很大，身心得到满足，当吃到第四个、第五个苹果，甚至吃得更多时，他将吃到肚撑，甚至难受、恶心等，这时效用就表现为负的。在后面讲到的基数效用理论中，负效用通常用负数来表示。

【即问即答】

如何从效用角度评价“饭吃七分饱”？你在生活中是否遇到过效用为负的事？

一、效用之大小

说到效用，我们就不得不提到另一个名词：偏好。虽然饥饿的人和饱餐的人对同一样食物，效用不同，但就正常状态而言，即不考虑个别现象和特殊情形，效用在很大程度上与偏好分不开。

1. 一种商品对消费者是否有效用，取决于消费者对它是否具有消费欲望。

2. 同一种商品对不同的消费者，效用不同。好比同样的一个面包，对于一个饥饿的人来说十分重要——效用大；而对于一个饱餐之后的人来说则是一个鸡肋——效用小，无效用甚至负效用。

3. 同一种商品的效用在不同的时间，不同的地点，即便是对同一个消费者也会不同。因此，效用因人而异、因地而异、因时而异。

（1）效用因人而异。刘同学和李同学都爱吃水果，平时他们俩经常去校外的水果摊买水果，但刘同学最爱吃橘子，李同学最爱吃苹果。就橘子而言，每消费一个，刘同学获得的满足程度就比李同学大，从而效用就比李同学的效用大；同样，吃一个苹果，李同学获得的满足程度更大，从而获得的效用也比刘同学吃一个苹果大。前面提到的偏好在很大程度上决定着一个人消费某种商品的效用大小，就像有人讨厌臭豆腐，那么消费得到的效用就很可能是负的，因为臭豆腐给他带来的是厌恶、恶心的感觉。

（2）效用因地而异。这里主要是指商品消费地不同，消费后的感受就不同，效用也会出现差异。烟台是“苹果之乡”，在烟台吃到苹果是很容易、很方便的事情，如果是在北京、上海，要想经常吃到苹果，恐怕不是那么容易的事情，而且还必须考虑到价格的因素。住在北京、上海的人不能够经常吃到苹果，而住在烟台的人则经常吃到各种苹果，那么不考虑某人偏爱或厌恶之心的话，同样一个苹果，北京、上海人消费得到的效用要比烟台人消费得到的效用更大，获得的满足程度更高。

（3）效用因时而异。主要是指消费时间不同，消费后的感受就不同，效用也会出现差异。夏天是西瓜上市的时间，随处可见，而冬天只有在超市才能见到西瓜，且价格不菲。很显然，想吃西瓜的你，在冬天消费一块西瓜，和夏天消费的一块西瓜相比，前者满足程度更大，效用更大。

二、效用的决定

鉴于效用的实用性和直观性，西方有些学者提出了效用价值论，即认为，商品的价值不是由劳动决定的，而是由满足感决定的，商品的价格高低取决于满足感大小。满足感大，则商品价格高；满足感小，则商品价格低。如果某人觉得某种商品带来的满足程度大，那他（她）愿意支付更高的价格。乍听之下，似乎有道理。可是，简单一分析，就知其谬误。上面讲到，效用因人而异、因地而异、因时而异，因此，即使同一个人消费同一件商品，也会出现效用不同。如果效用真地决定价格，那商品的价格将混乱不堪，市场表现为无序竞争，经济紊乱。所以，效用决定价格理论是站不住脚的，但不可否认，在特殊情况下，一个人会为了消费某种物品或服务给出一个感官价格。决定效用大小的因素有以下四个方面。

1. 偏好。前面说到，对某种商品的偏好越大，效用越大。相比苹果，刘同学更爱吃橘子，吃一个橘子给他带来的效用比吃一个苹果要大得多。

【案例分析】

最好吃的东西

兔子和猫争论，世界上什么东西最好吃。兔子说："世界上萝卜最好吃。"猫不同意，说："世界上最好吃的东西是老鼠。"兔子和猫争论不休，跑去请猴子评理。猴子大笑起来："瞧你们这两个傻瓜蛋，连这点儿常识都不懂！世界上最好吃的东西是什么？是桃子！"

问题：

为什么不同动物认为的最好吃的东西有所差异？

2. 价格。通常情况下，价格越高的物品，消费得到的效用越大，这是人的一种心理感受。对普通收入的人来说，不能经常吃昂贵的燕窝、鲍鱼，所以偶尔消费一次，感到很大满足，获得的效用就大。

3. 从众心理。人人都有从众心理，所以某些服饰、发型会引导消费的方向，成为流行。比如，有段时间流行粉色系的衣服，那你肯定也希望自己买一件穿，穿上之后，看到自己变得漂亮、自信了，获得很大满足，效用就大。

4. 消费时的状态。如果一个人很饿，那么一个面包的效用就很大；如果一个人很渴，那么一杯水的效用很大；如果一个人很颓废，那么一个朋友的陪伴、一段安慰的话语效用很大。

【即问即答】

我们经常说"商品的价格由价值决定，受供求关系影响"，但西方有学者认为，价格由效用大小决定，你觉得呢？

【参考资料】

效用理论

效用的起源可以从英国功利主义哲学家边沁的观点说起：追求幸福是人的天性，每个有理性的人都为自身谋求最大幸福是人性的某种规定性。边沁的这一功利原理和自利原理，为西方效用理论奠定了哲学基础。从西方效用理论的发展过程中看，大体上有三条研究线路，即效用理论从质的分析向量的分析转移，从基数效用理论到序数效用理论转移，从个量分析向总量分析转移。其中，最著名的就是基数效用理论和序数效用理论。

美国心理学家马斯洛提出了需求层次理论，即生理需要、安全需要、社交需要、尊重需要、自我实现需要。每个层次的人需求的商品结构和商品数量不同；处于不同层面上的人对同一种商品需求不同，满足程度不同，从而效用不同；即使处在同一层面上的人对不同的商品，消费效用也不同。当下层的需要得到满足后，就上升到了上一层，越往上，社会越发展，人越进步。对同一个人而言，上层的需要得到满足后获得的效用比下层的大。

第二节 效用的基数论

前面提到，比起橘子，李同学更喜欢苹果，那么当消费了一个苹果和一个橘子之后，李同学如何来说明苹果和橘子效用的大小，如何衡量呢？毫无疑问，从一个人消费物品的满足程度来看，效用有大有小，那么，要研究效用的应用，就要找到一个标准来衡量效用的大小，否则，效用就只能停留在感官上。找到标准，提出假设，研究才能进行，西方学者根据对效用不同的理解，提出了基数效用论和序数效用论。马歇尔的价值论被称为基数效用论，基数效用论是 19 世纪末和 20 世纪初西方经济学普遍使用的概念。该理论认为，效用是可以具体衡量的，并且可以加总求和。同时，基数效用论又假定随着消费者消费商品或劳务数量的增加，其所获得的满足程度逐步下降，消费者消费商品的目标是要达到总效用最大。本部分主要介绍基数效用论和其著名的边际效用递减规律。

一、相加的效用

基数效用论是很有趣的，它的基本观点就是，效用是可以计量并加总求和的。因此，效用的大小可以用基数（1、2、3…）来表示。所谓效用可以计量，就是指消费者消费某一物品或服务所得到的满足程度可以用效用单位来进行衡量，比如，消费一个苹果得到 10 单位效用，这里“单位”概念不需要具体。所谓效用可加总求和是指消费者消费几个物品或服务所得到的满足程度可以加总，比如，消费第一个苹果得到 10 单位效用，消费第二个苹果得到 8 单位，消费第三个苹果得到 5 单位，则消费三个苹果的总效用就可以加总得到 23(=10 +8 +5)。

总效用（TU）和边际效用（MU）是基数效用论用到的两个概念，但这两个概念本身比较简单、直观。总效用是指消费一定量的某种物品，从中所得到的总的满足程度，即消费所得到的效用量的总和。前面提到的例子中，消费三个苹果的总效用为 23。边际效用是指某种物品的消费量每增加一单位所增加的满足程度，也可以理解为每多消费一个单位的物品所带来的总效用的变动量。比如，前面提到的例子中，消费第二个苹果的边际效用是 8，消费第三个苹果的边际效用是 5。也可以这样得到边际效用，当吃到第二个苹果时总效用是 18，吃到第三个苹果时，总效用是 23，因此第三个苹果带来的边际效用是 5(=23 -18)。

【案例分析】

吃三个面包的感觉[①]

美国总统罗斯福可以说是连任四届的总统。在他的第一个任期内，带领美国迅速从经济大萧条的阴影中走了出来，从而获得了民心，获得连任。这一年是 1937 年，在他的第二个任期内（1937 ~1941 年），第二次世界大战期间，美国根本就没有空闲来进行总统选举，好在

---

① 资料来源：中国新闻网，2004 -11 -01。

罗斯福总统是一名优秀的总统，临时决定，不经过选举，罗斯福直接成为下届总统。在罗斯福连任三届后，曾有记者问他有何感想，总统一言不发，只是拿出一块三明治面包让记者吃，这位记者不明白总统的用意，又不便问，只好吃了。接着总统拿出第二块，记者还是勉强吃了。紧接着总统拿出第三块，记者为了不撑破肚皮，赶紧婉言谢绝。这时罗斯福总统微微一笑："现在你知道我连任三届总统的滋味了吧！"

问题：

如何从经济学角度理解"吃三个面包的感觉"？

二、边际效用递减规律

总效用（total utility，TU）是消费者在一定时间内消费特定数量的商品所获得的效用总和。TU 的大小取决于所消费的商品量的多少，所以它是所消费的商品量的函数。TU 也可以由连续消费的每一单位消费品所获得的边际效用加总得到。假定消费者对某种商品组合的消费数量为 X，则总效用函数为：

$$TU = U(X) \tag{3-1}$$

考察这样一个消费者，他的某个消费组合是（X_1，X_2），如果多消费一点商品 1，他的效用会怎样变化？这种消费者在一定时间内增加（或减少）一单位商品消费所得到的效用变化就是边际效用（marginal utility，MU）。相应的边际效用函数为：

$$MU_1 = \frac{\Delta U(X_1)}{\Delta X_1} \tag{3-2}$$

表示在商品 2 的数量不变的条件下，商品 1 的数量有一个微小变动（ΔX_1）时效用的变动率（ΔU）。类似的，商品 2 的边际效用可以表示为：

$$MU_2 = \frac{\Delta U(X_2)}{\Delta X_2} \tag{3-3}$$

当商品 1 的变化量趋于无穷小，即 $\Delta X_1 \to 0$ 时，有：

$$MU_1 = \lim_{\Delta X_1 \to 0} \frac{\Delta U(X_1, X_2)}{\Delta X_1} = \frac{\partial U(X_1, X_2)}{\partial X_1} \tag{3-4}$$

类似地，当商品 2 的变化量趋于无穷小，即 $\Delta X_2 \to 0$ 时，有：

$$MU_2 = \lim_{\Delta X_2 \to 0} \frac{\Delta U(X_1, X_2)}{\Delta X_2} = \frac{\partial U(X_1, X_2)}{\partial X_2} \tag{3-5}$$

MU 可以是正值，也可以下降为负值。负值意味着消费者对于某种物品的消费超过一定量以后，不仅不能从消费商品中获得满足，反而会引起损害和厌恶。

表 3-1 和图 3-1 用来描述总效用与边际效用的关系，进而推出边际效用递减规模。

表 3-1　　总效用与边际效用

商品数量	$TU = 14Q - Q^2$	$MU = 14 - 2Q$
1	14	12
2	24	10

续表

商品数量	$TU = 14Q - Q^2$	$MU = 14 - 2Q$
3	33	8
4	40	6
5	45	4
6	48	2
7	49	0
8	48	-2
9	45	-4

假设：随着李同学对苹果消费量的增多，他的总效用利用表中所列函数（$TU = 14Q - Q^2$）来表示，那么边际效用就是对总效用函数求导①。根据表 3-1，也可以相应地画出如图 3-1 所示的总效用曲线和边际效用曲线。

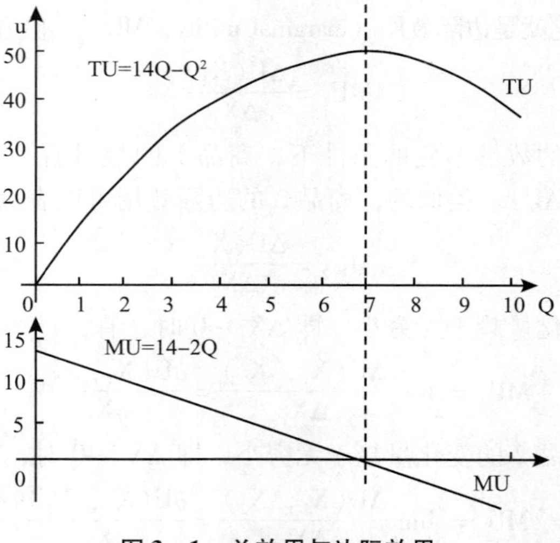

图 3-1　总效用与边际效用

从图 3-1 中可以看出边际效用与总效用的关系，即当边际效用为正数时，总效用是增加的；当边际效用为零时，总效用达到最大；当边际效用为负数时，总效用减少。任何消费者总希望个人效用最大化，所以也会尽量避免进入到边际效用为负的阶段。从消费商品的角度来看，当吃东西时，吃得越多，就会觉得越饱，饱了自然就不吃了，消费行为也就主动终止了。

边际效用递减规律：在一定时间内，在其他商品的消费数量保持不变的条件

① 从上面的解释可以看出，总效用和边际效用的关系为 $MU = \Delta TU/\Delta Q$（MU 为边际效用，TU 为总效用，Q 为消费商品或服务的数量），因此，可以近似地认为 MU 是对 TU 函数求导数。

下，随着消费者对某种物品消费量的增加，他从该物品连续增加的每一个消费单位中所得到的边际效用是递减的。这种现象普遍存在，被称为边际效用递减规律。从图 3－1 中可以看出，边际效用是直线递减的。比较典型的例子就是大家比较熟悉的春晚小品——陈佩斯和朱时茂的《吃面条》。

【案例分析】

春晚的怪圈[①]

从 20 世纪 80 年代初期开始，我国老百姓在过春节的年夜饭中增添了一套诱人的内容，那就是春节联欢晚会。记得 1982 年第一届春晚的出台，在当时娱乐事业尚不发达的我国引起了极大的轰动。晚会的节目成为全国老百姓在街头巷尾和茶余饭后津津乐道的题材。晚会年复一年地办下来了，投入的人力和物力越来越大，技术效果越来越先进，场面设计越来越宏大，节目种类也越来越丰富。但不知从哪一年开始，人们对春晚的评价却越来越差了。原来街头巷尾和茶余饭后的赞美之词变成了一片骂声，春晚成了一道众口难调的大菜，晚会陷入了“年年办，年年骂；年年骂，年年办”的怪圈。随着收入和生活水平的提高，随着人们眼界和知识面的开阔，老百姓对春节联欢晚会也提出了多样化的要求，也用更高的标准来衡量和评价它。这当中依然体现了边际效用递减规律。

问题：

从经济学角度如何理解春晚的困境？

边际效用递减规律出现的原因是：（1）由于生理或心理的原因。消费者消费某一物品的数量越多，他的满足或对重复刺激的反应能力越弱。也就是说，人们的欲望虽然多种多样，但由于生理、心理因素的限制，就每个具体的欲望来说却是有限的。最初欲望最大，因而增加一单位某物品的消费时满足程度也最大，随着消费的增加，欲望也随之减少，从而感觉上的满足程度也降低，以致当欲望消失的时候还增加消费的话，反而会引起厌恶和损伤，这就是所谓的“负效用”。（2）由物品本身的多样性引起的。每种物品都有多种用途，这些用途的重要性各不相同。消费者总是先将物品用于他认为最重要的用途，然后再用于次要的用途。当他把某物品第一单位用于最重要的用途时，其边际效用最大，当他把第二单位用于次要的用途时，其边际效用相对小了，按顺序继续用下去其用途越来越不重要，其边际效用也就越来越小。

另外，马歇尔指出，货币也是商品，货币也必须服从边际效用递减规律，其边际效用也是递减的。既然如此，由于富人持有的货币量大于穷人，所以前者的边际效用小于后者。如果把一元钱从富人那里转移到穷人那里，整个社会的效用就会增加。所以，边际效用递减规律可以成为收入二次分配，进行转移支付的理论依据。

---

① 资料来源：百度文库，2014－11－14。

【参考资料】

钻石与水的悖论

水对整个人类的效用是无穷大的，因为人们需要水来生存。但是，由于水几乎是取之不尽、用之不竭的，因此，水的边际效用就非常低。换句话说，每一单位水的增量对于人类起到的作用小到可以忽略不计。但是，钻石的供给量本来就很低。钻石的低供给量使得每一单位钻石所起到的效用要远高于一单位的水。因此，钻石对于人们而言就十分珍贵。那些想要得到钻石的人便乐于付出远高于水的价钱来获取它们，出售钻石的人也开出了远高于水的价格。在中国的谚语中，钻石与水的悖论被精辟地解释为“物以稀为贵”。用边际效用递减规律来解释钻石与水的悖论必须意识到，关键的并不是整体的钻石或者水是否有用，而是每一单位的钻石或水起到的作用大小。

【即问即答】

“生活中最美好的东西都是免费的”。你认为这句话有道理吗?

第三节　效用的序数论

基数效用论是以效用的可测量和可加总为前提的，效用理论首先遇到的难题就是，人们认为作为主观感受的效用是不可能精确计量的。由于基数效用论的内容是主观的，而用来度量内容的数学方法是客观的，这种内容和方法的矛盾使边际效用理论不能大规模应用数学方法，也限制了效用理论的进一步发展。

一、排序的效用

序数效用论是为了弥补基数效用理论的缺点而提出来的另一种研究消费者行为的理论。序数效用论者认为，效用的大小是无法具体衡量的，不可能用基数准确地表示出来，效用之间的比较只能通过顺序或等级即用序数（第一、第二、第三……）来表示。在李同学消费了一个苹果和一个橘子之后，只能说对李同学而言，此时苹果的效用排在第一，而橘子的效用排在第二。序数效用论是希克斯于1939年在《价值与资本》（*Value and Capital*）一书中提出的。该理论认为，效用的大小是无法具体衡量的，效用之间的比较只能通过顺序或等级来表示。李同学爱吃苹果和橘子，但最爱吃苹果，所以对李同学而言，苹果的效用大于橘子的效用。序数效用论者关于消费者偏好的基本认知如下所述。

1. 完备性。对于任何两个商品组合A和B，消费者可以断定，要么对A的偏好大于对B的偏好，要么对A的偏好小于对B的偏好，要么对A和B的偏好一样或者说偏好无差异。对李同学来说，无论何时、何地，他对苹果和橘子的喜好，要么更爱吃苹果，要么更爱吃橘子，要么哪个都行。

2. 可传递性。对三个商品组合A、B和C而言，如果消费者对A的偏好大于B，对B的偏好大于C，则该消费者对A的偏好一定大于对C的偏好。对李同学来说，苹果、橘子和香蕉都是水果，如果此时，他对苹果的喜好大于橘子，而对橘子的喜好大于香蕉，那么我们就认为他对苹果的喜好一定大于香蕉。

3. 不充分满足性。在其他商品数量相同的条件下，消费者更偏好于一种产品数量大的商品组合。如果给李同学两份水果选择，一份 2 个苹果和 3 个橘子，一份 3 个苹果和 3 个橘子，那么李同学一定选择后者。

二、效用无差异的表现

序数效用是通过无差异曲线进行分析的。所谓无差异曲线（indifference curve），是用来表示两种商品的不同数量的组合给消费者所带来的效用完全相同的一条曲线。无差异曲线既可以反映不同消费者的不同偏好，又可以描述所能够追求的效用最大化。因为同一条无差异曲线上的每一个点所代表的商品组合所提供的总效用都是相等的，所以无差异曲线也叫做等效用线。

假定消费者只消费两种商品，商品 1 和商品 2，与无差异曲线相对应的效用函数为：

$$U_0 = U(X_1, X_2) \quad (3-6)$$

其中，X_1、X_2 分别为商品 1 和商品 2 的数量；U_0 为常数，表示某个效用水平。其含义是消费不同的 X_1、X_2 给消费者带来相同的效用，即对消费者效用无差异。这些使消费者效用无差异点的轨迹就是无差异曲线。由于无差异曲线表示的是序数效用，所以，这里的 U_0 只表示某个效用水平，而不表示一个具体数值的大小。

例如，李同学很爱吃水果，尤其是苹果和橘子，作为学生，每月生活费又是有限的，所以每次购买水果时，苹果和橘子的搭配数量就很让她头疼。但从效用这个角度来说，获得同样的满足时，她可以买 10 个橘子和 1 个苹果，也可以买 6 个橘子和 2 个苹果，或者买 4 个橘子和 3 个苹果，当然吃 2.5 个橘子和 4 个苹果也能获得一样的效用，如图 3－2 和表 3－2 所示。

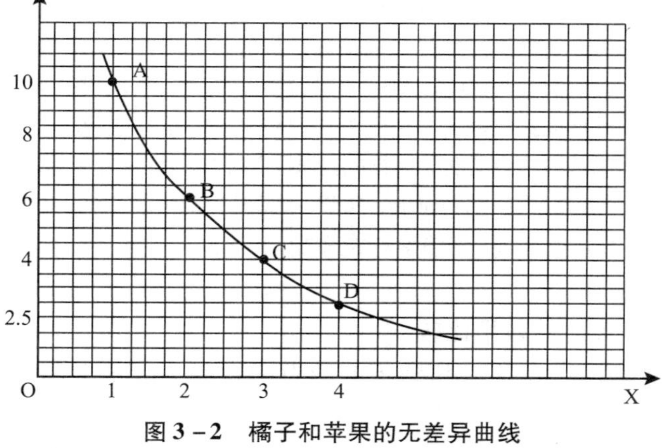

图 3－2 橘子和苹果的无差异曲线

表 3-2　　　　带来相同总效用的橘子和苹果的组合

组合	橘子（Y）	苹果（X）
A	10	1
B	6	2
C	4	3
D	2.5	4

（一）无差异曲线的特点

（1）无差异曲线是一条向右下方倾斜的曲线，其斜率为负值。这表明为实现同样的满足程度，增加一种商品的消费，必须减少另一种商品的消费。这个可以通过边际替代率来描述，后面会讲到。

（2）在同一平面图上有无数条无差异曲线，同一条曲线代表相同的效用，不同的曲线代表不同的效用。每一条无差异曲线代表一种满足水平即效用水平。而且离原点越远的无差异曲线所代表的效用水平越大。

（3）在同一平面图上，任意两条无差异曲线不能相交。否则，两条无差异曲线的效用就会一样，从而与上一条矛盾。

【参考资料】

基数效用论与序数效用论分析方法的演变①

19 世纪 70 年代，英国经济学家 W. S. 杰文斯、奥地利经济学家 C. 门格尔和法国经济学家瓦尔拉斯各自独立提出比较完整的边际效用价值论，成为边际效用价值论的创始人。19 世纪 80 ~90 年代，边际效用价值论发展为两个支流，一支是以奥地利的门格尔及其学生 F. VON 维塞尔和 E. VON 柏姆 – 巴维克为代表的心理学派；另一支是以瓦尔拉斯及其继承者 V. 帕雷托为代表的数理学派。在帕雷托等用无差异曲线分析效用后，边际效用价值论又分为基数效用论和序数效用论。

弗朗西斯·伊西德罗·埃奇沃思（Francis Ysidro Edgeworth，1845 ~1926）是英国统计学家。1881 年，他的名著《数学心理学，试论数学对道德诸科学的应用》（*Mathematical Psychics: An Essay on the Application of Mathematics to the Moral Sciences*）一书出版，时年 36 岁。该书在现代经济学中占有十分重要的地位。被普遍采用的无差异曲线，是由他在这本书中提出的。用同一条无差异曲线表示两种不同商品的组合给消费者带来相同的满足，不同的无差异曲线则代表不同的满足程度。埃奇沃思用无差异曲线来解释边际效用、边际效用递减规律和实现消费者效用最大化的消费者均衡。这样就克服了效用如何计量的问题。以后，无差异曲线的概念经意大利经济学家帕累托（V. Pareto，1848 ~1923）和英国经济学家希克斯（J. R. Hicks，1904 ~1989）等的发展，成为西方经济学中的重要分析工具。

（二）商品替代时的效用比较

对李同学而言，当在苹果和橘子的消费中得到一定满足后，如果想多吃苹

① 资料来源：百度文库，2014 - 10 - 26。

果，少吃橘子，要保持同样的效用，跟之前一样的满足程度而在同一条无差异曲线上移动时，少吃一个橘子，要多吃多少苹果呢。这既要用到前面的边际效用，更要借助下面的这个概念，即边际替代率。所谓边际替代率（marginal rate of substitution）是指消费者为了保持相同的满足水平时增加一种商品的数量与必须放弃的另一种商品的数量之比，李同学购买苹果和橘子两种商品，增加1个单位的苹果和放弃2个单位的橘子给李同学带来的满足是相同的，那么苹果对橘子的边际替代率就等于2，写作：$MRS_{(苹果对橘子)} = -\Delta$橘子/Δ苹果$= -2/1 = -2$。[①]

在研究商品替代关系时，我们注重的是它的绝对值，因此，通常省去负号。从数学上看，边际替代率是沿无差异曲线作微量移动时的变化率，所以它实际上是无差异曲线的斜率。而无差异曲线的斜率是递减的。序数效用论在分析消费者行为时提出了商品的边际代替率递减规律。商品的边际替代率递减规律是指：在维持效用水平不变的前提下，随着一种商品消费数量的连续增加，消费者为得到每一单位的这种商品所需要放弃的另一种商品的消费数量是递减的。如果李同学在消费苹果和橘子时要维持同一个效用水平，在某一时间的边际替代率是2的话，那么多吃一个苹果，就要少吃两个橘子，随着吃的苹果越来越多，每吃一个苹果，所需要少吃的橘子就越来越少。这就是边际替代率递减规律。

商品的边际替代率递减的原因可以从图3－3中看出，当消费者处于商品X的数量较少和商品Y的数量较多的A点时，消费者会由于拥有较少数量的商品X而对每一单位的商品X较为偏好，同时，会由于拥有较多数量的商品Y而对每一单位的商品Y的偏爱程度较低。于是，每一单位的商品X所能替代的商品Y的数量是比较多的，即商品的边际替代率是比较大。但是，随着消费者由A点逐步运动到B点，消费者拥有的商品X的数量会越来越多，相应地，对每一单位商品X的偏爱程度会越来越低；与此同时，消费者拥有的商品Y的数量会越来越少，相应地，对每一单位商品Y的偏爱程度会越来越高。于是，每一单位的商品X所能替代的商品Y的数量便越来越少。也就是说，商品的边际替代率是递减的。

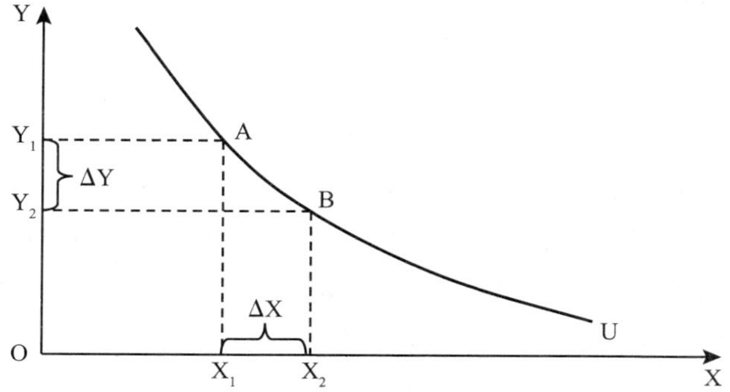

图3－3 无差异曲线

① 边际替代率 $MRS_{XY} = -\Delta Y / +\Delta X$，由于无差异曲线要保持同一个效用水平，要求 $\Delta Y \cdot MU_Y = \Delta X \cdot MU_X$，所以边际替代率 $MRS_{XY} = -\Delta Y / +\Delta X = -MU_X / MU_Y$。

【案例分析】

为什么第二杯饮料半价？①

麦当劳、肯德基第二杯半价的活动引来很多“关注”。自从麦当劳打出了第二杯半价的广告之后，带来了一股热潮。不少人开始讨论，消费者是否真正享受到了半价的实惠呢？

为什么麦当劳愿意以半价出售第二杯饮料？网上有多种解释。

很多人认为第二杯半价只是纯粹的营销手段。目的可能是通过这种创新型的定价模式来建立并维护品牌形象、推广新产品、维护并扩大客户群等。

还有一部分网友认为，“对于麦当劳而言，一杯饮料的成本包括了店租、水电、人工和原材料，你在买第一杯的时候已经把这些费用都分担了，后面半价的第二杯只需要原材料的成本，即为边际成本，而这个很低。所以也许第二杯麦当劳从你身上赚的钱更多。”

试从边际效用的角度谈谈你对“第二杯半价”的看法。

三、消费者能买得起什么受预算约束

前面提到，李同学把苹果和橘子作为他最爱的水果的组合，不同的组合可以带来同样的满足程度，问题是在李同学生活费有限的情况下，苹果和橘子各买多少合适，有多少数量组合可供选择。这些组合就是李同学的消费预算线，又称预算线、消费可能线或者等支出线。它是表示在消费者收入和商品价格既定的条件下，消费者的全部收入所能够买到的两种商品的不同数量的各种组合。如果用M来表示收入，用P_X、P_Y来表示X、Y两种商品的价格，则$M = P_X \cdot X + P_Y \cdot Y$，斜率为$-P_X/P_Y$。那么，预算线的移动又是怎么一回事？

无论商品价格变动还是消费者的收入变动，都会影响消费者的购买数量组合，从而导致预算线移动。

1. 商品价格不变，消费者的收入变动。由于商品价格未变，预算线的斜率相同。如果收入增加，消费者可以购买更多的商品数量，预算线向右上方平行移动，如果收入减少，预算线向左下方平行移动。图3-4表示了这种情况。如果李同学一周只有20元的水果预算，可以买到6个苹果和10个橘子。那么当这个预算提高到40元时，李同学肯定很开心，因为一周可以消费到12个苹果和20个橘子。

2. 收入既定，商品价格变动。由于商品价格发生了变动，预算线斜率发生了改变，预算不再平行移动，如果商品价格下降，预算线向外旋转。如果商品价格上升，预算线向内旋转。也可以说预算线在顺时针旋转或者逆时针旋转。图3-5（a）表示商品Y的价格不变，商品X的价格变动所引起的预算线移动。图3-5（b）表示商品X的价格不变，商品Y的价格变动所引起的预算线的移动。对一周只有20元水果预算的李同学来说，当苹果和橘子的市场价格降低到原来的1/2时，那一周就可以消费到比原来多1倍的苹果和橘子数量。

---

① 资料来源：百度文库，2014-05-07。

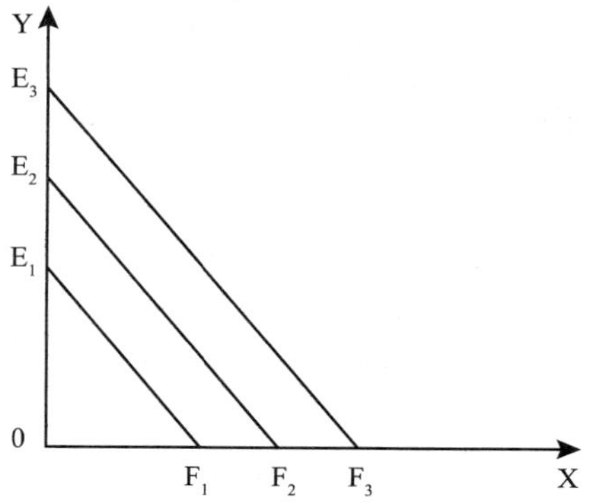

图 3-4 收入变动后的预算线

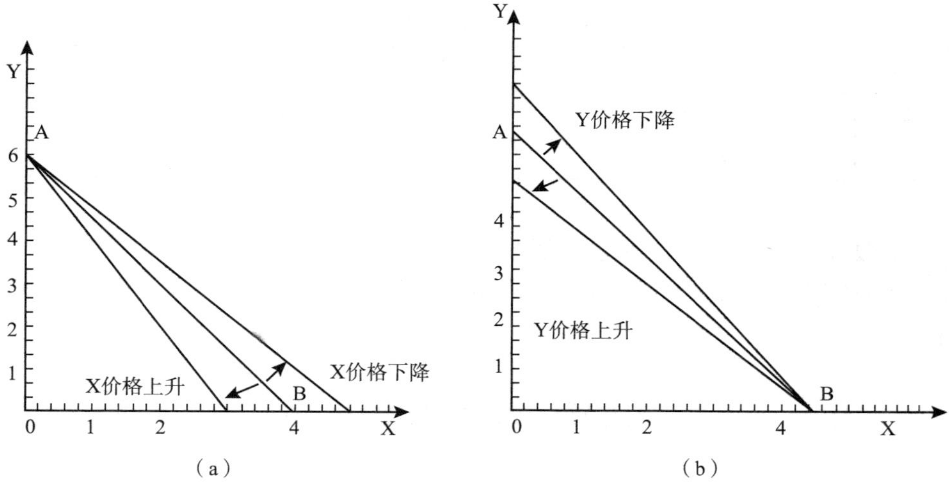

图 3-5 价格变动后的预算线

【即问即答】

消费预算线是在收入和商品价格既定的情况下所能消费到的商品组合。可是如果还要考虑时间、偏好因素呢？比如，某人只有 10 元钱，A、B 两种商品单价为 2 元，而一天按 16 小时计算的话，他消费一单位 A 要 2 小时，消费一单位 B 要 4 小时，那么他的预算线又是什么样的？

四、序数效用论与基数效用论的比较

作为解释消费者行为的两种理论，基数效用论和序数效用论有相同之处，也有不同之处。

（1）不同之处如下所述。

第一，假设不同。基数效用论假设消费者消费商品所获得的效用是可以度量的，可以用基数表示；每个消费者都可以准确地说出自己消费商品所获得的效用值是多少；边际效用 MU 是递减的。序数效用论则认为消费所获得的效用只可以进行排序，只可以用序数来表示；效用大小及特征表现在无差异曲线中。

第二，使用的分析工具不同。基数效用论使用 MU 以及在预算约束下求效用的最大化作为工具。而序数效用论则使用无差异曲线、边际替代率递减、预算约束线求效用的最大化作为工具。

（2）共同之处如下所述。

第一，它们都是一种消费者行为理论，都把消费者的行为看作是在既定的收入限制条件下追求效用最大化的过程。

第二，它们都以边际效用为基础，认为商品的价值或价格是由商品带给消费者的效用大小来决定的。

第三，最终效用最大化的均衡条件的表达相同。

两者的比较如表 3－3 所示。

表 3－3　　基数效用论与序数效用论的比较

效用理论类型	主要观点	假设条件	分析工具	经济学家
基数效用论	效用可计量	苛刻	边际效用	马歇尔
序数效用论	效用可排序	宽松	无差异曲线	埃奇沃思、希克斯

基数效用论和序数效用论虽为两种不同的理论，但无论是效用最大化的条件，还是需求曲线的推导，可见它们的结论是一致的，只是方式和工具不同而已。

第四节　效用最大化的实现

基数效用论达到效用最大化的过程和需要满足的条件，将在下面的例子中得到说明。

刘同学在一天内，将 8 元钱全部用于购买苹果和橘子，两种商品的价格都是 1 元钱，那么给刘同学带来最大效用的商品组合是什么？

在商品的 MU 连续下降的情况下，刘同学只有使每一元钱所带来的效用最大，才能使最后的总效用最大。具体根据表 3－4 所提供的数据而言，理性的他将会用第一元钱来购买第一单位的苹果，从而得到 18 个单位的效用，他不会用第一元钱去购买第一单位的商品 X，因为那只能得到 11 单位的效用。同理，根据追求最大效用的原则，他将用第二、第三、第四和第五元钱去购买第二、第三、第四、第五单位的苹果，分别可获得 16、15、13、12 单位的效用。再用第六元钱去购买第一单位的橘子，获得 11 单位的效用，因为此时购买苹果都没有这 11 单位效用大。最后，用第七、第八元钱购买第二单位橘子和第六单位苹果，这时，分别花费在这两种商品上的最后一元钱带来的效用（边际效用）是相等的，都是 10 单位。至此，刘同学的全部收入 8 元钱用完，并以最优的购买组合 X＝2 单位和 Y＝6 单位得到了最大的效用满足为 105。

表 3-4 苹果和橘子组合的效用最大化

商品数量（Q）	1	2	3	4	5	6	7	8
橘子的边际效用（MU_X）	11	10	9	8	7	6	5	4
苹果的边际效用（MU_Y）	18	16	15	13	12	10	8	6

因此，基数效用论者得出，效用最大化的条件是在既定的收入与商品价格下，消费者使得其花在所购买的每一种商品上的最后一元钱所得到的边际效用相等①。

【参考资料】

戈森第二定律②

戈森（Hermann Heinrich Gossen，1810～1858）是德国经济学家，一生中除了做过一段不成功的公务员和保险合伙人外，一直在写《人类交换规律与人类行为准则的发展》（*The Laws of Human Relations and the Rules of Human Action Derived Therefrom*）一书。该书的目的是发现人的享受规律。在研究享受问题时，戈森提出了两个重要的享受规律。第一，"如果我们连续不断地满足同一种享受，那么这同一种享受的量就会不断递减，直至最终达到饱和。"这就是我们今天熟悉的边际效用递减规律，被称为"戈森第一定律"。第二，人要使享受达到最大，必须满足"每一种享受的量在其满足被中断时，保持相等原则"。这就是我们今天熟悉的边际效用相等原则，效用最大化原则，被称为"戈森第二定律"。

序数效用论得到效用最大化的条件是通过前面提到的无差异曲线和预算线结合得到的。在收入和 X、Y 两种商品价格既定的情况下，有了消费者的无差异曲线和消费预算线，如图 3-6 所示。

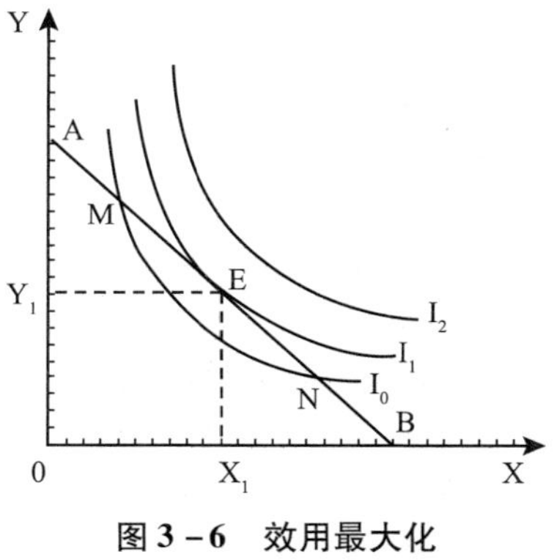

图 3-6 效用最大化

① 用公式来表示，就是 $MU_X/P_X = MU_Y/P_Y = \lambda$，λ 为货币的边际效用，因为货币也是商品，也有效用。而且这个 λ 被认为在一定时期内是保持不变的。

② 摘自 http：//blog. sina. com. cn/u/1568537440。

在图 3－6 中，I_2 这条无差异曲线效用最大，但既定的消费预算线上收入却达不到这个效用水平。I_0 这条无差异曲线虽然与预算线有两点相交，收入可以达到，但效用水平太小，所以在两线相交——收入可以达到的情况下让 I_0 远离原点，向外平移，逐渐提高效用水平。到了 I_1，两线相切，收入可以达到这样的效用水平，而且效用也不可能继续增加了，否则就会成为 I_2 那样，收入已经达不到那么高的效用水平了。所以此时，在收入和商品价格既定的情况下，效用达到最大。

从上面的分析来看，当无差异曲线与预算线相切时效用为最大。用公式表达无差异曲线的斜率为 $MRS_{XY} = -dY/dX = MU_X/MU_Y$，预算线斜率为 $-P_X/P_Y$，则消费者均衡为 $P_X/P_Y = MU_X/MU_Y$ 或 $MU_X/P_X = MU_Y/P_Y$。即在既定的收入与商品价格下，消费者花在每一种商品上的最后一元钱所得到的边际效用相等。

【即问即答】

现实生活中，如何实现个人效用最大化?

【拓展阅读】

特殊的无差异曲线

边际替代率递减是就一般情况而言的，对下面三种特殊情况则不然。

第一，两种商品为完全替代品。完全替代品是指两种商品之间的替代比例是固定不变的情况。在完全替代的情况下，两种商品之间的边际替代率 MRS_{12} 就是一个常数，相应的无差异曲线是一条斜率不变的直线。例如：在某消费者看来，一杯牛奶和一杯咖啡之间是无差异的，两者总是可以用 1∶1 的比例相互替代，(1 杯咖啡，1 杯牛奶)、(2 杯咖啡，2 杯牛奶)、(3 杯咖啡，3 杯牛奶)，以此类推，相应的无差异曲线如图 3－7 所示。

第二，两种商品为完全互补品。完全互补品指两种商品必须按固定不变的比例配合，而又同时被消费的情况。如，牙刷与牙膏、汽车与汽油、眼镜与眼镜盒、钢笔与墨水、咖啡与咖啡伴侣等。在完全互补的情况下，相应的无差异曲线呈 L 形，其边际替代率为 0（平行于横轴）或为∞（垂直于横轴）。

例如消费者喝一杯咖啡总要放两勺咖啡伴侣，但是喝其他饮品时不放咖啡伴侣，于是相应的无差异曲线如图 3－8 所示。图中水平部分的无差异曲线部分表示，对于一杯咖啡而言，只需要两勺咖啡伴侣即可，任何超量的咖啡伴侣都是多余的，既不会让消费者更喜欢，也不会让消费者更不喜欢。换言之，消费者不会放弃任何一杯咖啡去换取额外的咖啡伴侣，所以，相应的 $MRS_{12}=0$。图中垂直部分的无差异曲线表示，对于两勺咖啡伴侣而言，只需要一杯咖啡即可，任何超量的咖啡都是多余的。换言之，消费者会放弃所有超量的咖啡，只保留一杯与两勺咖啡伴侣相匹配，所以，相应的 $MRS_{12}=\infty$。这时，L 角会以（1 杯咖啡，2 勺咖啡伴侣)、(2 杯咖啡，4 勺咖啡伴侣)、(3 杯咖啡，6 勺咖啡伴侣）的组合出现，以此类推。

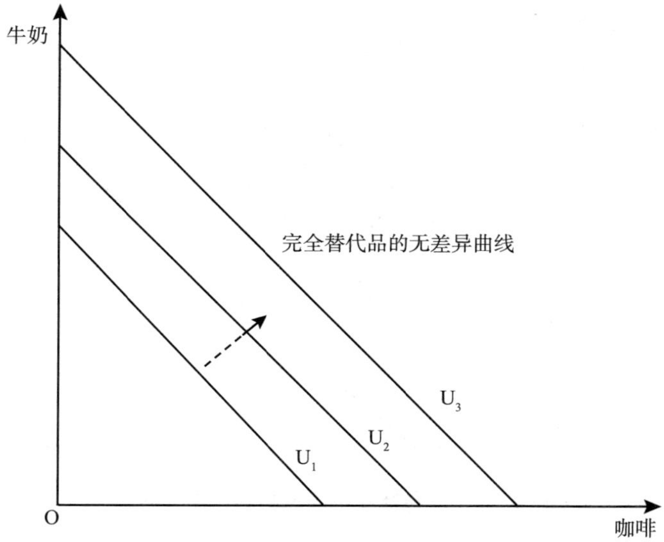

图 3－7 完全替代品的无差异曲线

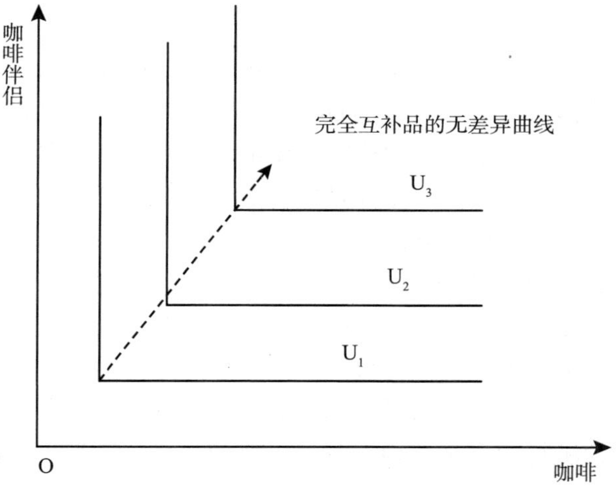

图 3－8 完全互补品的无差异曲线

第三，一种商品是厌恶品。厌恶品是消费者不喜欢的商品。对于大多数商品确实是越多越好，对于坏东西（或称厌恶品）则是越多越糟糕，这时无差异曲线的斜率为正。假设对于某个消费者，咖啡是他的嗜好品，海鲜是他的厌恶品。如图 3－9 所示，从 A 点到 B 点，若咖啡数量保持不变，多给他一些海鲜，他会不高兴，为了使他与以前一样满足，得给他一些咖啡作为补偿，即从 B 点到 C 点。商品的边际替代率为正，越处于右下方的无差异曲线所代表的满意程度越高。

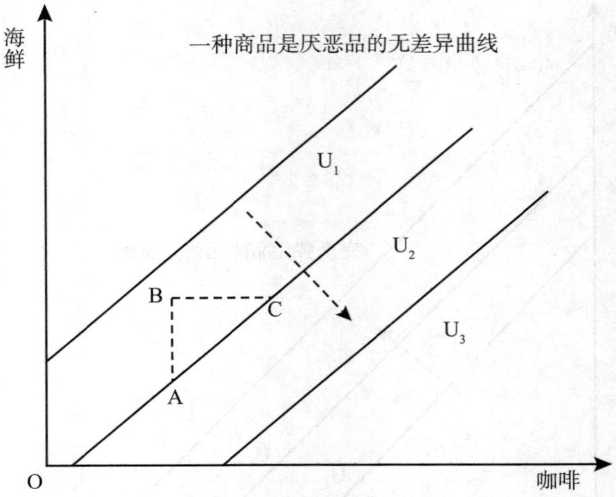

图 3-9　一种商品是厌恶品的无差异曲线

第五节　消费者剩余

消费者为取得一种商品所愿意支付的价格与他取得该商品而支付的实际价格之间的差额，就是消费者剩余（consumer surplus）。产生差额的原因在于：除最后一单位外，该商品用货币表示的边际效用都大于其价格，即每一单位商品在需求曲线上体现出来的，消费者愿意并且能够支付的价格都大于其实际在批量购买时的价格，除了最后的一单位商品。“消费者剩余”的概念，是经济学家马歇尔在《经济学原理》（*Principles of Economics*）一书中首先提出来的。他在《经济学原理》中为“消费者剩余”下了这样的定义：一个人对一物所付的价格，绝不会超过，而且也很少达到他宁愿支付而不愿得不到此物的价格，所以，他从购买此物所得的满足，通常超过他因付出此物的代价而放弃的满足，这样，他就从购买此物中得到一种满足的剩余。他宁愿付出而不愿得不到此物的价格，超过他实际付出的价格的部分，是这种剩余满足的经济衡量，这个部分可以称为“消费者剩余”。可以用公式表示为：

消费者剩余 = 买者对商品的评价 - 买者的实际支付。

以买电脑为例，虽然人们都知道梦想公司的笔记本电脑质量不错，但是，愿意支付的价格是有差异的，同一个性能的电脑，甲愿意出 9 000 元的价格购买；乙愿意出 8 700 元；丙愿意出 8 300 元；丁只愿意出 8 000 元购买。假如现在梦想公司就只有 1 台笔记本电脑可卖，由 4 位买者竞价，最后的胜出者肯定是甲，当他以 8 750 元买到这台电脑的时候，他的额外收益是多少呢。与他愿意出的 9 000 元相比，他还得到了 250 元的“消费者剩余”[①]。

① 从《经济学演义》一书中的比喻改编而来。

如图3－10所示，当以 P_m 的价格买到80单位的商品时，此时的消费者剩余为 $1/2(100-P_m)\times 80$①，即整个阴影部分。

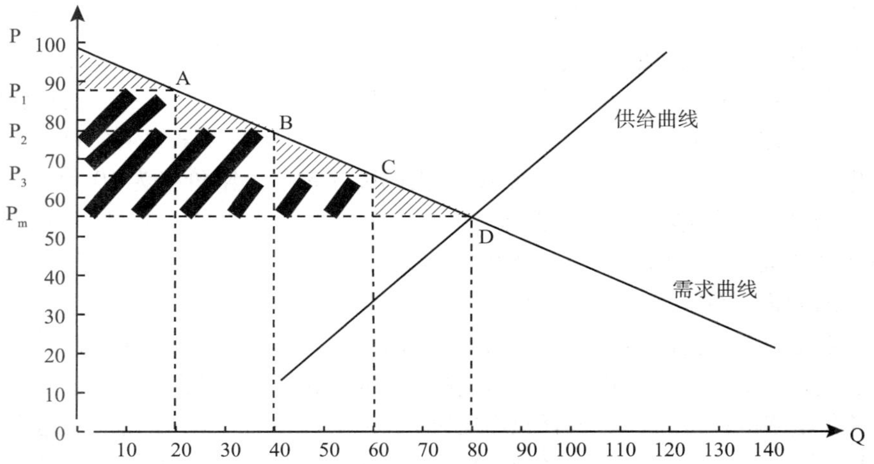

图3－10　消费者剩余

我们来看生活中的应用。

李君在海口时很想买一个电子辞典，逛了数码商城之后，相中了一款名叫“名人310”的产品。逛了几家发现这一款价格都在600元以上，而且打折的余地很小。李君虽然很喜欢这部电子辞典，但由于价格不够理想，所以还不能下决心购买它。

到上海学习期间，李君住的地方不远处也有一家数码城，有一天下午逛街时就进去了，在电子辞书的专售柜台果然有“名人310”在出售，标价580，比海口便宜一点，看了机器之后李君便开始了讨价还价，李君坚持的底线是530元，当李君最后报出来后，小姑娘请示了一下领导，就答应卖给他。小姑娘态度的突然转变反使李君产生了一丝犹豫。因为一是李君还没有货比三家，二是根据买东西的经验，正在不想买的当头，商场看门的大爷不耐烦地嚷嚷道：“早就下班了，要关门啦！”李君正好顺水推舟，溜之大吉。

最后李君来到了一家叫“大润发”的规模很大的超市。一进超市，首先看到了一条很醒目的提示标语：“如果您在周边地区购买了比我处更便宜的同类商品，请持有关证明，大润发无条件为您补差价！”看到这条承诺，李君心里一下子轻松了，看来可能不虚此行。

找到了数码柜台，果然看到了“名人310”。更使李君惊喜的是，上面赫然标价378元！这是李君从来没有见过的低价，而且是在一家有信誉的大超市。物美价廉，李君还犹豫什么？立刻决定买下。当售货员拿出机器后，李君发现不是

① 从零开始，每买一个单位的商品，价格就从图上的100减少一些，当买到第80个单位的商品时，价格降到了 P_m，从微积分的角度来看，80个单位的商品一次性购买的消费者剩余就是 P_m 价格线以上而需求曲线以下的三角形面积。

自己喜欢的颜色，而且再没有别的颜色了。李君问售货员："下午还会有别的颜色吗?"售货员说不清楚，因为下午不是她的班。李君只好遗憾地回去了。中午休息后，李君突然萌生了再去一趟"大润发"的念头。到了"大润发"后，李君发现柜台换了一位小伙子，李君问他："'名人310'有没有淡绿色的?""有啊!"果然他拿出了李君最喜欢颜色的一款。这回大功告成，李君终于如愿以偿。那天李君很快乐，因为通过购买"名人310"，他得到了152元（530－378）的消费者剩余。①

比如，你在爬山过程中口干舌燥，特别希望有瓶水能用来解渴，这时你在心里设想：要是有卖矿泉水的，一瓶10元我都买（你的上限价格为10元，要是超过10元就忍了，不买了）。后来山上小亭子里果然有卖水的，而且一瓶水5元，这时你赶紧买下一瓶水解渴。本来10元你都愿意买的水只花了5元！你心里很开心，因为你得到了5元（10－5）的消费者剩余。

一般地，假设商品的价格为P，消费者认为消费第一单位该商品的价值为R_1，但他或她只需支付P，他或她在第一单位的消费中获得"剩余"R_1-P；他或她对第二单位消费的评价为R_2，同样只需支付P，他或她在第二单位的消费中获得"剩余"$R_2-P\cdots$。把他或她所选择的n单位商品的剩余加总，得到总的消费者剩余：

$$CS=(R_1-P)+(R_2-P)+\cdots+(R_n-P)$$

其中，R_i称为商品的保留价格，保留价格的和表示该商品的效用$U(n)$，上式记为$CS=U(n)-nP$。

从另一个角度，商品的市场需求曲线可以看成为了使消费者选择某个消费水平，商品所必须具有的价格，把价格视为数量的函数，对应于反需求函数$P^d=P^d(Q)$。总的消费者剩余可以用市场需求曲线以下、市场价格线之上的面积来表示，如图3－11中阴影部分面积所示。

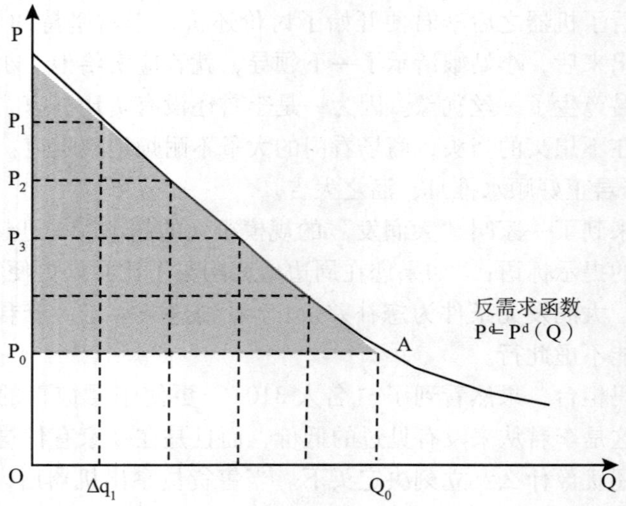

图3－11　消费者剩余

① 根据李仁君《消费者剩余与买东西的乐趣》改编而成，载于《海南日报》2004年8月25日。

在图 3－11 中，需求曲线以反需求函数的形式给出，表示消费者对每一单位商品所愿意支付的最高边际价格，或者说每一单位商品对消费者的边际价值。P_1 是消费者愿意为 Δq_1 单位的商品支付的最高价格，在 Δq_1 很小的情况下，消费者最多愿意支付 $P_1\Delta q_1$ 来购买 Δq_1 单位商品。$P_i\Delta q_i$ 相当于再消费 Δq_i 单位商品给消费者增加的价值，即边际价值。消费者的总价值为 $P_1\Delta q_1+P_2\Delta q_2+\cdots+P_n\Delta q_n$，在图上表示为以 P_i 和 Δq_i 为边长的细长条矩形的面积之和。当 Δq_i 很小时，这些矩形面积之和近似于由需求曲线、直线 Q_0 和两轴所围成图形的面积。当价格为 P_0 时，消费者购买了 Q_0 单位的商品，消费者实际支付的货币数为 P_0Q_0，其大小由矩形 OP_0AQ_0 的面积表示。这两块面积的差额，即图 3－11 中的阴影部分面积，就是消费者剩余。

在现实生活中消费者并不总是能够得到消费者剩余的。在竞争不充分的情形下，厂商可以对某些消费者提价，使这种利益归厂商所有。更有甚者，有些商家所卖商品并不明码标价，消费者去购买商品时就漫天要价，然后再与消费者讨价还价。消费者要想在讨价还价中获得消费者剩余，在平时就必须注意观察各种商品的价格和供求情况，在购买重要商品时甚至要货比三家并与其卖主讨价还价，最终恰到好处地拍板成交，获得消费者剩余。

从企业角度来讲，要获得竞争力，就应该努力为消费者创造更多的消费者剩余价值。著名的经济学家张维迎曾说："企业之间的竞争，是为消费者创造剩余价值的竞争。"消费者剩余越高，消费者从中得到的益处越多，就越愿意消费该种商品。在市场竞争中，只有为消费者提供更大、更多、更优越的产品或服务，企业才会拥有不同于同行或其他竞争对手的市场竞争力，而这些能力具体表现在技术的创新、组织的构造、企业文化的建设以及资金运营等各个方面，以形成企业的响应能力、战略决策能力、核心生产能力、市场营销能力、组织协调能力、品牌构建能力以及核心服务能力等各个方面的有利因素，最终形成一个企业的核心竞争力。

从政府角度来说，对于一个能够充分考虑并尊重消费者偏好的明智政府来说，"消费者剩余"无疑成为决定政府所要实施的各项社会发展计划权衡成本—收益的重要因素。假如一条新的公路的修建方案正在考虑之中，由于公路对所有人免费，它并不带来任何收入。使用公路的人所得到的价值在于时间的节省、便利和更加舒适、安全，而这些感觉又都可以用"消费者剩余"来衡量。假定有1万个使用者，它们在所有方面都相同，每一个人都可以从公路的修建中获得相当于350美元的"消费者剩余"。如果修建公路的成本小于350万美元（10 000 × 350），修建这条公路无疑会提高消费者经济福利，反之，如果修建这条公路的成本大于350万美元，从而"消费者剩余"为负，公路的修建将会使消费者的经济福利下降，理性的政府将不会实施这项计划。

理解消费者剩余时要注意两个问题：

第一，消费者剩余并不是实际收入的增加，只是一种心理感觉。

第二，生活必需品的消费者剩余大。因为消费者对此类物品的效用评价高，愿意付出的价格也高，但此类物品的市场价格一般并不高。

【即问即答】

烟台突降早霜使苹果减产，这时评估市场的消费者剩余会有什么变化?

【内容提要】

◆ 欲望是一种缺乏的感觉与求得满足的愿望。它是一种心理感觉。在现实中，消费者的欲望表现为偏好，即喜欢什么或不喜欢什么。

◆ 消费者的偏好表现为对一种物品或几种物品组合的排序。这种排序表示了消费者对不同物品或物品组合的喜好程度，或者说欲望的强烈程度。

◆ 效用是消费者从消费某种物品中所得到的满足程度。效用是一种心理感觉，是一种主观评价，因人、因时、因地而不同。

◆ 基数效用论是研究消费者行为的一种理论。其基本观点是：效用是可以计量并加总求和的，因此，效用的大小可以用基数（1、2、3…）来表示。基数效用论采用的是边际效用分析法。

◆ 序数效用论是为了弥补基数效用论的缺点而提出来的另一种研究消费者行为的理论。其基本观点是：效用作为一种心理感受无法计量，也不能加总求和，只能表示出满足程度的高低与顺序，因此，效用只能用序数（第一、第二、第三……）来表示。序数效用论采用的是无差异曲线分析法。

◆ 总效用是指从消费一定量某种物品中所得到的总满足程度。边际效用是指每增加一单位某种物品的消费所增加的满足程度（即总效用的变动量）。

◆ 当边际效用为正数时，总效用是增加的；当边际效用为零时，总效用达到最大；当边际效用为负数时，总效用减少。

◆ 随着消费者对某种物品消费量的增加，他从中所得到的边际效用是递减的。这种现象普遍存在，被称为边际效用递减规律。

◆ 消费者均衡所研究的是消费者在既定收入的情况下，如何实现效用最大化的问题。在运用边际效用分析法来说明消费者均衡时，消费者均衡的条件是：消费者用全部收入所购买的各种物品所带来的边际效用，与为购买这些物品所支付的价格的比例相等，或者说每1单位货币所得到的边际效用都相等。

◆ 无差异曲线是用来表示两种商品的不同数量的组合给消费者所带来的效用完全相同的一条曲线。

◆ 消费预算线又称家庭预算线，或等支出线，它是一条在消费者收入与商品价格既定的条件下，消费者所能购买到的两种商品数量最大组合的线。消费预算线表明了消费者消费行为的限制条件。这种限制就是购买物品所花的钱不能大于收入，也不能小于收入。

◆ 如果把无差异曲线与消费预算线放在一个图上，那么，消费预算线必定与无数条无差异曲线中的一条相切于一点，在这个切点上，就实现了消费者均衡。

◆ 消费者愿意对某物品所支付的价格与他实际支付的价格的差额就是消费

者剩余。它并不是消费者实际收入的增加，只是一种心理感觉。

◆ 在其他条件不变的情况下，某种商品的价格与其需求量呈反方向变化。即曲线向右下方倾斜。

【关键概念】

效用　基数效用　序数效用　无差异曲线　消费者剩余

【单项选择题】

1. 当总效用增加时，边际效用应该（　　）。

A. 为正值，且不断增加　　B. 为正值，但不断减少

C. 为负值，且不断增加　　D. 为负值，且不断减少

2. 当某消费者对商品 X 的消费达到饱和点时，则边际效用 MU_X 为（　　）。

A. 正值　　B. 负值　　C. 零　　D. 不确定

3. 无差异曲线为斜率不变的直线时，表示相结合的两种商品是（　　）。

A. 可以替代的　　B. 完全替代的　　C. 互补的　　D. 互不相关的

4. 一位消费者从额外 1 单位的苹果所获得的额外效用永远等于从额外 3 单位的香蕉所获得的额外效用。如果香蕉数量用横轴表示，苹果数量用纵轴表示，那么无差异曲线是（　　）。

A. 一条以 -1/3 为斜率的直线　　B. 一条以 1/3 为斜率的直线

C. 一条以 -3 为斜率的直线　　D. 一条以 3 为斜率的直线

5. 预算线的位置和斜率取决于（　　）。

A. 消费者的收入　　B. 商品价格

C. 消费者的收入和商品的价格　　D. 消费者的偏好、收入和商品的价格

6. 假定其他条件不变，如果某种商品的价格下降，根据效用最大化原则，则消费者会（　　）这种商品的购买。

A. 增加　　B. 减少　　C. 不变　　D. 不确定

7. 消费者剩余是消费者的（　　）。

A. 实际所得　　B. 主观感受

C. 没有购买的部分　　D. 支出的货币的总效用

8. 当商品价格不变而消费者收入变化时，连接消费者各个均衡点的线称为（　　）。

A. 需求曲线　　B. 价格—消费曲线

C. 收入—消费曲线　　D. 恩格尔曲线

【复习题】

1. 什么是效用？什么因素影响效用？
2. 基数效用论的主要内容是什么？
3. 序数效用论的主要内容是什么？
4. 不同预算条件下消费如何变化？
5. 如何实现效用最大化？
6. 什么是消费者剩余？如何得出消费者剩余？

【问题与应用】

1. 一位大学生即将参加三门功课的期末考试，他能够用来复习功课的时间只有6小时，设每门功课占用的复习时间和相应会有的成绩见下表，请问他应如何分配时间才能总分最高？

小时数	0	1	2	3	4	5	6
经济学分数	30	44	65	75	83	88	90
数学分数	40	52	62	70	77	83	88
统计学分数	70	80	88	90	91	92	93

2. 王老师每天的收入是90元，今天他需要购买黑豆和黄豆两种商品，而它们的价格分别为20元和10元，为了实现效用最大化结合下表分析王老师各买黑豆和黄豆多少。

物品单位数	1	2	3	4	5	6	7
MU（黑豆）	10	8	6	4	3	1	-1
MU（黄豆）	8	7	6	5	4	3	1

3. 同事小张每月收入1 200元，全部花费于面包和牛奶两种商品，他的效用函数为U = XY，X（面包）的价格是20元，Y（牛奶）的价格是30元，求为使获得的效用最大，他购买的面包和牛奶各为多少？

参考文献

[1] 高鸿业．西方经济学［M］．北京：中国经济出版社，1996.
[2] R. S. 平狄克．微观经济学（第三版）［M］．北京：中国人民大学出版社，1997.
[3] 哈尔·瓦里安．微观经济学（高级教程第三版）［M］．北京：经济科学出版社，1997.
[4] 胡代光．西方经济学说的演变及其影响［M］．北京：北京大学出版社，1998.
[5] 厉以宁．西方经济学［M］．北京：高等教育出版社，2000.
[6] 王秋石．微观经济学原理（第三版）［M］．北京：经济管理出版社，2000.
[7] 平新乔．微观经济学十八讲［M］．北京：北京大学出版社，2001.
[8] 蒋自强，史晋川．当代西方经济学流派（第二版）［M］．上海：复旦大学出版社，2003.
[9]［美］萨缪尔森，诺德豪斯．经济学（第十七版）［M］．纽约：麦格鲁—希尔公司，2005.
[10]［英］亚当·斯密．国民财富的性质和原因的研究［M］．北京：商务印书馆，1997.
[11]［英］马歇尔．经济学原理（上）［M］．北京：商务印书馆，1983.
[12]［德］戈森．人类交换规律与人类行为准则的发展［M］．北京：商务印书馆，2000.
[13] 杨德明．当代西方经济学基础理论的演变［M］．北京：商务印书馆，1988.
[14] 杰文斯．政治经济学理论［M］．北京：商务印书馆，1997.

第四章　企业组织及行为

我们先来看两则故事。

故事一：寒带地区有一种体形健硕的豹，它们奔跑的速度非常快，在追逐猎物的时候，它们不会因为自己的速度而锲而不舍地追捕猎物。比如，追逐一只野兔，如果追了200米还追不上，它就会放弃。

故事二：20世纪初，工人怠工的情况经常发生，令许多工厂主头痛不已，为了杜绝工人怠工，工厂主雇佣了工头来监督工人，只要发现怠工立刻开除工人，然而这样严厉的惩罚却没有起到杜绝怠工现象发生的作用。后来，福特汽车公司采用了一种新的方法，在员工中实行效率工资，这种激励行为让怠工现象奇迹般地消失了。

这两个故事看上去风马牛不相及，但却都包含着一个经济学中较为普遍的分析方法，那就是"成本—收益"分析方法。成本—收益分析是指以货币单位为基础对投入与产出进行估算和衡量的方法。它是一种计划方案，是预先作出的。在市场经济条件下，任何一个企业在进行经济活动时，都要考虑具体经济行为在经济价值上的得失，以便对投入与产出关系有一个尽可能科学的估计。成本—收益分析是一种量入为出的经济理念，它要求对未来行动有预期目标，并对预期目标的概率有所把握。

故事一中的豹为何追了200米追不上的话就会放弃猎物呢？因为豹这种动物虽然奔跑速度非常快，但由于体型的原因，消耗的能量也很大，在追了200米后，即使它再跑一段就可以追到猎物，但吃到猎物所获得的能量也无法弥补追逐过程中所消耗的能量了。因此，200米是成本与收益均衡的一个点。

故事二告诉我们激励与惩罚这两种措施达到的效果是不一样的，在这个故事中，也运用到了"成本—收益"分析方法。怠工的成本是被发现后开除的风险，收益是少支出劳动的享受。当时的企业都是支付市场工资，也就是各个企业相同岗位的工资都是相同的，因此，一个工人由于怠工被开除后可以在其他企业找到相同工资的工作，而且，工头少，工人多，被发现怠工的可能性不大，因此，怠工的成本低，也就司空见惯了。福特公司采用效率工资后，工人拿到的工资同他们的工作效率直接挂钩，效率高，工资就高，这样一来怠工现象也就不存在了。尽管效率工资要高于以前企业所支付的工资，但用这种激励手段可以使公司获得比以前高出很多的利益。

福特汽车公司将"成本—收益"运用得恰到好处，利用"成本—收益"产生的激励机制也成了当今企业中管理员工的好方法，给员工制定工作目标，对员工一段时间的业绩进行考核，不仅可以提高员工的工作效率，还可以给员工超越自我的机会，让企业与员工共同进步。

厂商生产的目的是实现利润最大化，厂商要实现利润最大化就要涉及两个问题：一是投入的生产要素与产量之间的物质技术关系；二是生产中耗费的成本随着产量而变化的情况。本章我们学习关于厂商的投入产出关系和成本变化情况。

第一节 经济学家眼中的企业

我们先提出几个问题，企业规模是不是越大越好？如果不是越大越好，那么企业的边界应该停留在哪里？企业和市场是什么关系？一个企业是不是需要生产所有的零部件，而不向其他企业去采购？

我们看到的现实情况是，一个国家、一个地区有很多企业，并不是被一个巨型企业所取代。很多企业也都已经全球化，表现为生产要素和销售的全球化。我们以中华轿车为例，它的轮胎用的是固特异的，发动机是三菱的，钢板是日本进口的双面镀锌铁，音响是西门子的，外观由意大利宾尼法瑞那设计，底盘是由保时捷进行调校的。

一个企业为什么会选择适度规模而不是无限扩张？为什么会向其他企业购买很多零部件，而不是全部自己生产？这就涉及一个关键问题——企业的性质问题。

企业是与市场结合却又不同于市场的协调资源配置的另一种必不可少的机制。企业的成长构成了一国经济发展和经济繁荣的基础。我们必须对企业本身进行认识，企业为什么会产生？企业的性质是什么？企业的边界应该在什么位置？不同的经济学理论对这些问题有着不同的解释。

【案例分析】

乐视危机

——贾跃亭疯狂扩张付出的代价！①

乐视究竟是被巨浪吞没还是把海洋煮沸？很多人在拭目以待。乐视的多事之秋，最开始是由供应链传闻引发的蝴蝶效应。乐视欠供应商 100 多亿元，已经被拒绝供货。随后，乐视资金链风波持续发酵。4 个工作日，乐视网连跌近 15%，市值已蒸发 128 亿元。贾跃亭发布了5 000 多字的内部信，信里诸如“粮草供应不及时”“后劲已经明显乏力”，很坦然地承认乐视确实存在资金不够用的问题，并称永远只领 1 元年薪。乐视陷入舆论漩涡中心，质疑声一浪高过一浪，围绕着乐视资金链的讨论更是层出不穷。

短短几年间，乐视将摊子铺得这么大，烧了那么多钱，却几乎没有几项是赚钱的。其中哪个业务或生态是行业中最强的呢？阿里、腾讯、百度等，自身都拥有绝对强势的核心业务，

① http：//news. hiapk. com/internet/s595a95d60a20. html。

但乐视现在的核心业务是什么？核心竞争力是否足够强？核心业务足够强是互联网公司的根基，也是最后的底牌，这张底牌让企业进可攻退可守，也是企业的信心所在，初期乐视的信心来自乐视电视而后逐渐完成生态构建和企业经营边际的扩张，让乐视整体看起来非常强大。可一旦失去了市场光环之后，乐视就暴露出了核心业务能力不够突出的尴尬。

台湾地区首富郭台铭的富士康撤出乐视致新，体奥动力公告因乐视体育欠钱终止向乐视体育提供中国队等比赛信号，如今各大媒体又都在报道贾跃亭乐视系三家公司和贾跃亭、甘薇夫妇名下银行存款共计人民币 12.37 亿元被冻结。

这些年贾跃亭家族已经通过减持乐视上市公司乐视网套现 100 多亿元，虽然打着减持为无息贷款给公司发展的大旗，但实际资金流向数据无从考证。

如今贾跃亭让出乐视控股的法人代表，再加上遭遇资产冻结，恐进一步引发供应商、债主们对乐视体系的资金追讨。

一个做视频网站的什么都想搞，手机、汽车、电视，应了那句话，欲速则不达！

问题：

1. 一个企业想要扩张的原因有哪些？
2. 你认为一个企业在规模扩张时应该注意哪些问题？

一、古典经济学观点

古典企业理论要追溯到亚当·斯密。亚当·斯密在 1776 年所出版的划时代巨著《国富论》（*An Inquiry into the Nature and Causes of the Wealth of Nations*）中，对企业的本质进行了阐述。斯密的“市场容量限制劳动分工”的论断被称作“斯密定理”，并在分工的基础上论述了企业的经济性。

随着产业的扩张，报酬递增功能会逐渐大到足以使某一厂商去专门承担某项生产任务，从而为新企业的出现创造了条件，企业的出现则是因为企业内部分工与协作所导致的生产力的提高。正是由于有了分工，才使得每个人不是各自为政地工作再将制成品授予有需求的他人，而是将生产过程分割成几个小步骤，由工人在企业中分工作业，从而获得比市场交易更高的效率。亚当·斯密给出了他所观察到的制针业的典型案例：既未受过职业训练，又不熟悉机器使用的工人，尽其所能，一天可能生产不了一根针。现在制针业是这样运作的，整个制针工作被当作一个专门职业，且这项工作被分割为若干个部分，其中大部分同样是专门职业。第一个人抽出铁丝，第二人拉直，第三个人切割，第四个人削尖，第五个人打磨成针头，仅磨成针头就需要两到三道独立的工序，穿孔又是一道独立的工序，擦亮又是一道工序，甚至把针放到纸上包起来也是一道独立的工序。这样，制针的诀窍是把它分为若干个鲜明的工序。这些工序，在有些工厂中，每个程序由不同的工人完成，而在有些工厂中，有时同一个工人负责两到三道工序。我曾经看到一家小型制针厂，它只雇用 10 个工人，有些工人完成两个或者三个相连续的独立工序……如果竭尽全力，他们一天能生产 12 磅针，或者一天最高生产 4 800 枚针。

亚当·斯密认为，劳动分工能够大幅度提高生产效率的原因源于三种不同情况，其一是由于各个工人熟练程度的提高；其二是节省了转换工种过程中损失的时间；其三是大量机器的发明便利和节约了劳动力，使一个人能做许多人的工作。亚当·斯密因而认为，只要引入劳动分工，在任何企业中，劳动生产率都能相应提高。并且由于劳动分工的结果，各种产品产量大增。

马克思实际上认为企业的本质包括两个方面。一方面，企业是一种生产职能的组织形式，是劳动和生产资料两大生产要素结合发挥生产职能的组织形式，从这种意义上说，企业是社会生产力的基本组织形式；另一方面，企业是资本雇佣劳动进行生产而使自己增值的场所，是产权的组织和实现的一种契约形式，是生产资料所有者交易所拥有的生产要素的场所。因而我们可以认为，马克思率先指出了企业本质中的生产属性与交易属性这两个方面。

马克思的企业理论认为，企业既是一个协作生产组织，又是一个生产价值和剩余价值的场所。但更根本的在于，分工协作使企业得以产生并扩大规模，因为协作可以提高生产力或节约生产成本，资本集中则加速了单个资本向联合资本的转化，从而使资本主义古典企业向现代企业过渡。概而言之，在马克思看来，生产力提高或生产成本节约是企业产生的根本原因。

二、新古典经济学观点

新古典经济学认为，市场是充分竞争的，生产要素是充分流动的，企业需要的所有要素都可以通过市场公开获取，由此也决定了企业之间的模仿是无成本的。在长期均衡中，市场是出清和充分有效率的，企业将不可能获得超额利润信息是充分的，如同个体的完全理性特征，企业对未来的预期是完全确定的，决定企业行为的唯一变量是价格，企业仅仅是价格的接受者。

在新古典经济学看来，企业是一个通过投入产出来追求利润最大化的专业化生产组织。由于完全竞争性市场的存在，这个生产组织可以做到精确地计量出生产要素的投入和产出，可以在其认为是最适合于需求条件和成本条件的产量水平上运行，在市场价格的决定作用下，要以使其在边际成本等于边际收益即市场价格的状态下运行，从而实现利润最大化。但由于生产要素的完全竞争性，企业之间无成本的模仿行为将使超额利润在长期均衡状态下消失，即企业在长期竞争中只能获得正常利润水平。

新古典经济学厂商理论，与其说是理论，不如说是对专业化生产者行为的两个基本假设。它们可以用一个生产函数式和一个目标函数式表示：

$$Q = Q(L, K) \tag{4-1}$$

$$Max\pi = R - C \tag{4-2}$$

其中，Q、P 和 C 分别代表企业产品的产量、价格和平均生产成本；L 和 K 表示企业生产所需的两种要素劳动和资本；π 代表企业的利润，它是产量、价格和成本的函数。公式（4－1）表示企业是包括两类要素投入的既定生产技术条件下的生产函数或生产组织形式。公式（4－2）则表示企业行为的唯一目的是实现资本所有者或股东利润的最大化。把两个公式综合起来，新古典经济学厂商理论的核心观点可以表述为，企业是以追求股东利益最大化为目标的专业化生产者。

新古典经济学对企业所做出的两个最基本的抽象，一是对企业本质的抽象，即企业在本质上是一个专业化生产者；二是对企业行为的抽象，即企业是完全同质的最优化行为者。

三、新制度经济学观点

一般认为，只有到了科斯之后，西方经济学中才有了真正的企业理论，因而新制度经济学派的企业理论被称为现代企业理论。同时我们也应该看到，对企业本质的研究是新制度经济学派的重要起源，新制度学派的“帝国主义”与其在企业理论上的巨大成功紧密相连。

（一）交易成本理论

1937 年，科斯发表了《企业的性质》（*The Nature of Firm*）的经典论文，首创了“现代企业理论”。科斯认为，在新古典经济学所描述的世界里，交易是没有摩擦的即零交易费用，信息可以无成本地获得，从而任何交易都可以在市场上达成，根本不需要一个企业来协调各要素之间的交易。科斯因而进行了质疑，并由此提出两大问题：什么是企业？什么是企业的边界？科斯的思考结果是，企业要想出现，交易费用必须大于零，而事实上，利用价格机制是有成本的。市场上的交易成本和企业内部的交易成本是不一样的，当市场上的交易成本过高时，放到企业内部则有可能下降，因为企业可以节约交易费用，所以市场上交易成本高的活动就内化到企业中来了。企业节约交易费用的原因在于企业配置资源的特征是“权威”，这一点是不同于市场的，这点不同决定了在某些情况下企业配置资源的费用会低于市场，但这存在一个限度，这个限度即企业的边界，其分析方法是一种边际分析法，由于存在着“管理收益递减”的因素，企业将倾向于扩展直到在企业内部组织一笔交易的成本，等于通过在公开市场上完成同一笔交易的成本或在另一个企业组织同样交易的成本为止。科斯还将企业视为一个契约，企业是用一个长期契约替代市场上的一系列契约，用企业家的权威指挥替代价格机制的协调，因而企业的本质是一种和市场相区别的交易活动的契约形式，企业的显著特征就是作为价格机制的替代物。

威廉姆森作为科斯的追随者，进一步发展了交易成本理论。他提出了资产专用性这个概念来分析纵向一体化，即企业的边界问题。威廉姆森认为，由于某些投资只有用在某些地方才能产生最大的价值，即具有资产专用性，这种投资会弱化投资方在投资完成后的谈判地位，因为专用性投资有“拴住”效应，投资方没有办法防止另一方的机会主义行为。由于投资方会预期到这个结果，从而会减少投资。这样，由于契约无法达到完全规避签约方机会主义的完备程度，从而使得纵向一体化变得必要。纵向一体化可以防止市场交易中的机会主义，从而节约了交易费用。威廉姆森的理论也被称为资产专用性理论。

（二）间接定价理论

张五常在另一个方向上发展了科斯企业替代市场的理论。张五常不认为企业不同于市场，也不认为企业会减少市场的机会主义。他认为，企业是一种契约，这种契约是生产要素所有者签署的，而市场上的契约则是中间产品商签署的。要说有什么不同的话，只不过是生产要素市场和中间产品市场之间的不同罢了，在中间产品市场上进行的是产品的直接定价，而在企业内部则是用企业的剩余权利来代替直接定价，是一种间接定价，只有当间接定价的费用（一种市场上的交易费用）小于直接定价的费用（另一种市场上的交易费用）时，企业才会出现。企业的边界也是两种费用边际比较的结果。因此，张五常认为，企业是市场价格机制的替代物的观点并“不十分确切”，而应视为“一种契约形式取代另一种契约形式”，或者说是用劳动市场代替中间产品市场。人们把这一观点称作是张五常对科斯企业理论的重要发展，张五常的理论的重要意义在于指出科斯关于企业替代市场的观点不完全正确，企业也是一种市场制度，其性质在于以要素市场取代中间产品市场，提高了交易效率，企业家或代理人依据合约赋予的有限的要素使用权来指挥生产。由于他强调企业与市场没有本质上的不同，关键在于市场是一种直接定价机制而企业是一种间接定价机制，他的理论也被称为间接定价理论。

（三）团队生产理论

阿尔钦和德姆塞茨认识到了企业的生产性质，认识到要素之间的联合生产可以带来合作剩余，在这个基础上，他们提出了团队生产理论。团队生产理论认为，企业区别于市场的本质原因在于企业具有团队生产性质，即它同时使用几种类型的生产要素，团队产出并不是团队各要素产出的简单之和，团队的生产要素并不属于同一个人。团队生产的问题就在于由于上述团队中团队成员的贡献在技术上具有不可分性，团队中各个成员的贡献是难以测量的，每个成员都有偷懒的动机，这样，就需要一个监督者，但谁来监督监督者呢？为了解决这个问题，最好是将其他成员的收入用合同固定化，然后赋予另一个人“剩余索取权”，由于剩余索取权与团队总产出呈现正相关的关系，所以这种产权安排是有效率的，团队理论进而定义企业所有权即“剩余索取权”。由于团队生产理论经常被用来证明“资本指非人力资本雇佣劳动包括人力资本”的逻辑。因而阿尔钦和德姆塞茨也被誉为产权理论的创始人。

【案例分析】

百丽鞋业赢在纵向一体化

——企业与市场的替代①

由于大环境的影响，2008 年以来，国内已有不少鞋企关门歇业。有业内人士测算，保守估计，倒闭鞋企的比率或达 30%。

不过也有例外，百丽国际就是逆境中强势发展的代表企业。根据其 2008 年 9 月中旬发布的业绩报告：上半年，百丽国际控股有限公司总收入为 82.28 亿元人民币，高于上年同期的 51.31 亿元，同比增长 60.4%。其中鞋类业务销售额由上年同期的 28.03 亿元增加至 42.53

① 资料来源：百度文库，2013－05－19。

亿元，运动服饰业务销售额由上年同期的 23. 28 亿元增加至上年的 39. 75 亿元。鞋类业务及运动服饰业务的毛利率分别为 65% 及 35. 6%，与上年同期相差无几。尽管低于市场预期，但这仍然算得上是一份比较漂亮的业绩。

那么，推动百丽强势成长的重要因素是什么？它占据了价值链上哪个最具价值的环节？

掌控整体产业链

百丽鞋业于 1991 年 10 月创立，主要从事订单加工及鞋类产品的制造，与现在的绝大多数订单生产企业并无两样。1997 年，在鞋类制造方面积累了丰富经验后，百丽开始拓展全球零售网络，并开始打造自有品牌。之后几年，百丽女鞋逐渐成为中国市场同类产品中的领先品牌。

为了进一步加强对零售终端的掌控力，2002 年，百丽与分销商共同组建了百丽投资有限公司，以股权为纽带，将销售终端与百丽的发展捆绑在一起。

2004 年，百丽投资旗下的 1 681 家零售店通过改签租约的方式，转移至离岸公司百丽国际旗下；百丽投资旗下的办公设备等无形资产也出售给了百丽国际。2005 年，重组之后的百丽国际获得了摩根士丹利旗下两家基金公司的注资，在充足的资本支撑下，开始迅猛扩张，成为中国最大的女鞋零售商，拥有百丽、思加图、天美意、他她等自有品牌和真美诗、Bata 等授权品牌。2007 年 5 月，百丽在香港联交所挂牌上市。

纵向一体化模式，是百丽在中国鞋企中脱颖而出的重要发展模式——从产品的设计到开发、生产、营销、推广、分销、零售等产业链上的各个环节，全部由百丽自己承担。在倡导产业链分工协作的今天，这种模式似乎有点另类。实际上，它是百丽获得高额利润的保证。

在这种模式支撑下，百丽赚足了产业链上每一个关键环节的利润，企业的综合毛利率高于行业平均水平，比国内鞋业的其他优秀企业高出 10 个百分点左右。更重要的是，在瞬息万变的市场环境中，对零售网络的直接控制，使百丽在企业与消费者之间搭起了一个随处可见的高效运作平台，能够随时获得和掌控市场信息，把握市场趋势，在竞争中赢得主动。

同时，这种模式还可以让百丽最大限度地控制供应链，使产品一开始就比在国外研发的产品提前 4 个月左右上市。

在对销售环节进行强势掌控的同时，百丽并没有忽视对制造环节的投入。“2006 年，百丽投资 5 亿元兴建百丽工业园。这样做的目的，是将制造环节牢牢地掌握在自己手中，可以使企业在供应链后端发力，辅助前端很好地迎合市场。”百丽 CEO 盛百椒说。

打造极速供应链

化解库存。在服装鞋帽行业，库存是企业的“敌人”。而对库存的严格控制，正是百丽提高利润率的秘密武器。在这个过程中，西班牙品牌 ZARA 是百丽的标杆——以研究客户需求为中心，以市场需求为导向，满足时尚产品的平民化需求，其运作模式讲究团队高效协调、沟通无阻及运作的高速化，大大降低了库存压力。快速对标加之自己的创新，使百丽形成了自己独特的极速供应链。

小批量、多品种。目前在百丽，一款鞋从生产到上架只需 20 多天；任何一款产品的首批订单永远只做 50%，其余通过补单的形式完成——首批产品上架后，各地零售终端的销售情况会迅速反馈到企业，根据这些信息，来决定其余 50% 产品的生产。另外，各产品的设计师也会在第一批货投入市场后迅速赶到一线，听取消费者的声音，并根据市场需求对产品设计进行改进。“小批量、多品种”的产品投放方式，成为百丽的一个重要特征。而构筑百丽强大市场能力的，正是遍布全国各地的零售网点，它们是百丽研究消费模式的直接窗口，也是百丽打造极速供应链的重要保障。对市场需求多样化的高度迎合，使百丽轻装上阵，将令行业普遍头痛的库存问题尽量化解。

大城市多开店，小城市开大店。令同业震撼的，还有百丽的开店速度。当然，与这种速度相匹配的，还有百丽独特的开店理念。“做品牌首要的是抓好产品的供应链，”盛百椒说，“大城市开店成本高，且进入的品牌多，竞争激烈，一个品牌无法以压倒性的优势占领市场，我们的策略是多开店，让品牌逐渐深入人心；小城市房租和人工都便宜，在较好的位置开大店，形成旗舰。”

多品牌制胜。有了这么多的零售店，如何在极速扩张的同时，把每个零售点的业绩做足？百丽的策略是：不断引进新的知名品牌，通过并购、代理等方式占据更多的细分市场份额。百丽旗下的品牌几乎都在国内市场赫赫有名，前段时间，百丽又并购了妙丽、森达等四个知名品牌，并新增四个代理品牌。多品牌策略为百丽赢得了广泛的客户群和细分市场的稳定收益。

扁平化决策。为了迎合各地消费者的不同需求及审美情趣，百丽将全国分为 10 大销售区，并将采购及销售权彻底下放。这种扁平化的决策程序，使百丽得以快速适应市场变化，提升了销售和盈利能力。

利用品牌、供应链和强势渠道，再加上精细化的管理，使百利摆脱了多数鞋企所遭遇的微利尴尬。“凡是女人路过的地方，都要有百丽。”这是盛百椒的目标——他计划每年在全国新开 1 000 家新店，其中包括建立更多的零售商城。

问题：

1. 根据科斯的理论，企业和市场是一种替代关系：企业的规模由市场交易成本和企业内部交易成本的对比来决定。请以图示方式表示百丽鞋业的市场替代规模和产业链的延伸，并分析其成功的主要原因是什么。

2. 目前百丽的扩张和对整个产业链的掌控与许多跨国公司的外包做法，似乎反其道而行之，你认为这种策略的持续性如何？为什么？

【参考资料】

有关企业目标的争议

在微观分析中，假定企业目标是追求利润最大化。这一基本假定是经济学中理性人和完全信息的假定在厂商理论中的具体化。

关于利润最大化的假定，存在一些争议。比如在现实生活中，存在信息不完备。厂商面临的市场需求是不确定的，厂商也有可能对产量变化所引起的生产成本的变化情况缺乏准确了解，于是，厂商生存的经验做法也许就是实现销售收入的最大化和市场销售份额的最大化，以此取代利润最大化的目标。

在公司制企业中，厂商的所有者往往不是厂商的经营者，厂商的日常决策由厂商的经营者做出。厂商的所有者和经营者之间是委托人和代理人的关系。由于信息的不完全性，所有者并不能完全监督和控制公司经理的行为，经理会在一定程度上偏离厂商利润最大化的目标。例如，经理会追求自身效用的最大化，追求豪华舒适的办公环境，讲究排场。他们也可能追求销售收入最大化和销售收入持续增长，扩大厂商的生产规模，以此增加自己的收入，提高社会地位。

不管在信息不完全条件下实现利润最大化的策略有多么困难，也不管经理的偏离利润最大化目标的动机有多么强烈，但是，在长期，一个不以利润最大化为目标的厂商最终会被市场淘汰。所以，实现利润最大化是一个厂商竞争生存的基本准则。

【即问即答】

经济学关于企业目标的假定是什么？你观察到的企业的目标和经济学里关于企业的目标有什么不同吗？

第二节　理解生产的真谛

【新闻摘录】

酷热天气拉动“夜经济”空调销售火爆①

石家庄连续几天40摄氏度左右的高温使人们再次感受到了“火炉”的威力，人们为了寻得凉爽，纷纷抢购空调等清凉电器，空调销售出现井喷；另外，凉爽的商场成了晚上消暑的好去处。加上石家庄各大商场的大力促销，多年不温不火的石家庄“夜经济”终于火了起来。

来自北国电器的消息说，在北人集团十年大庆第一阶段，找准顾客消费特点，加大家电夜场团购力度，以6月25日、6月26日、6月27日三大连续夜场团购，无疑是最吸引人眼球的，各大家电品牌纷纷投入资源，北国电器团购夜场打出的“套餐满5 000元送1 100元北人集团礼金券”，其礼金券在百货类全场都能使用，让消费者蜂拥而至来抢低价优质的家电产品，在炎热的夏季，在凉爽的卖场内购买家电产品让消费者感到非常的惬意。

一方面，北国电器同时延长促销时间是方便假期出行消费者的需求；另一方面，则是北国电器不断寻求差异化竞争，通过调研看到了夜晚消费成交比例占到了整体的56%这一消费商机，通过提前开始和不断打造夜场活动，增加夜场活动的丰富多彩，激发居民夜间消费热情，最大化地提升销售份额，拉动省会“夜经济”的发展。

酷热的天气拉动了华北空调的销售，据了解6月下旬格力、美的、海尔、海信、格兰仕等各大品牌的销售都有大幅度增长。

据河北格兰仕空调总经理史泉介绍，4月、5月、6月三个月，格兰仕空调销量与去年同期相比增长51.83%。6月，格兰仕大篷车活动的全面发力成为空调市场的最大亮点，河北格兰仕空调销量全面上扬、再创新高，平均每周销售都能突破2 000余套，此数字再次突破格兰仕空调大篷车销量的历史纪录。

大篷车活动一向是格兰仕独特的营销方式，据了解，进入旺季，河北格兰仕空调加大大篷车活动力度。3月、4月、5月全国空调销量在大篷车活动的拉动下实现突破增长。到了6月，伴随气温的逐步升高，河北格兰仕空调大篷车活动由热身期进入全面发力期。为此，6月2日，格兰仕总部派出百余名突击队员支援河北战区大篷车活动。

“格兰仕空调第一周全国实际开展大篷车活动70余场，实现销量2 000余套，第二周85场，销售3 500余套；第三周场次翻倍，销量翻倍。我们第四周的目标是力争活动场次突破200场。”近日，格兰仕空调大篷车相关负责人向记者介绍。

假如某一年夏天格外炎热，人们对空调的需求大幅增加，空调生产供不应求，生产厂家会怎么做呢？它当然会增加生产，满足需求，同时自己增加了收益和利

① 资料来源：燕赵都市报，2010－07－02。

润。一般的做法是让现有工人加班加点工作，或是在人力市场上临时招募大批工人，来增加生产。从长期看，如果海尔预测到未来几年社会对空调需求量持续增加，那么，它会作出扩建厂房，增加流水线等进一步提高产能的决策，以满足市场的需求。

从企业角度看，企业生产的真谛是满足社会需求，获取高额利润；从经济学理论上讲，企业生产的真谛是以最优资源配置满足社会需求。它涉及生产要素的合理选择和投入的最佳组合问题。

企业投入生产要素主要是获取自己想要的产出，反过来，生产要素投入的组合与数量和它所能生产出来的产量之间存在着一定的依存关系。生产要素的投入与产出之间的关系，在经济学中用生产函数表示。准确地讲，生产函数是表示在生产技术状况给定条件下，生产要素的投入量与产品的最大产量之间的函数关系。一般记为：

$$Q = f(X_1, X_2, X_3 \cdots X_m) \qquad (4-3)$$

其中，X_1，X_2，X_3，…，X_m 分别代表各种生产要素投入品，如农产品生产的土地、种子、农具等的数量；Q 代表任一既定数量的投入品在给定技术条件下所生产出来的产品（如水稻）的最大产量。所以生产函数的投入和产出都是指物质数量，而不是用货币表现的价值。任何生产函数都是以一定时期内的生产技术水平为前提的。因此，一旦出现生产技术进步，以致一定量投入会产出更多产量，或者既定产量所需投入比以前减少，则表现成新的生产函数。为了论述简便，我们在下面假定投入的要素只有两种，即资本（K）和劳动（L），生产出一种产品。这样，生产函数可记为：$Q = f(K, L)$。

生产函数可以分为短期生产函数和长期生产函数。短期不是指时间的长短，而是指生产的一种运行状态，指所有生产要素中至少有一种生产要素投入是固定不变的。同短期一样，长期也不是指时间的长短而是指生产的一种运行状态，指所有生产要素都是可变的，没有一种生产要素投入是固定不变的。

生产函数一般可分为两种类型：一是固定比例生产函数；二是可变比例生产函数。如果生产一种产品使用的 L 与 K 的组合比例是固定不变的，就是说，要扩大（或缩减）产量，L 与 K 必须同比例增加（或减少）。例如，生产 100 单位的产量需要投入 2 单位的资本和 3 单位的劳动；若将产出水平扩大为原来的 2 倍，即生产 200 单位，则资本和劳动投入也需要扩大为原来的 2 倍，即投入 4 单位的资本，6 单位的劳动。

但大多数产品的生产，劳动与资本的组合比例是可以变动的。例如，为了生产出一定数量的产品，可以采用多用劳动少用资本的劳动密集型生产方法，也可以采用多用资本少用劳动的资本密集型生产方法，这样的生产函数称为可变比例的生产函数。

一、认识产量曲线

表 4－1 表示生产要素投入与产出之间的关系。

表 4-1 生产要素投入与产出之间的关系

劳动量（L）	劳动的总产量（TP_L）	劳动的平均产量（AP_L）	劳动的边际产量（MP_L）
0	0	0	0
1	8	8	8
2	20	10	12
3	36	12	16
4	48	12	12
5	55	11	7
6	60	10	5
7	60	60/7	0
8	56	7	-4

根据表 4-1，我们可以用描点法做出相关曲线。横轴表示劳动力，纵轴表示产量，如图 4-1 所示。

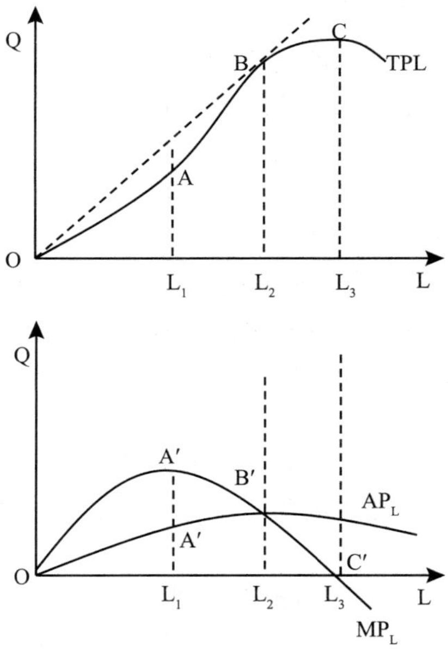

图 4-1 短期产量曲线关系

【总产量】

总产量是指与一定的可变要素的投入量相对应的最大产量。

【平均产量】

平均产量是指平均每一单位可变要素的投入量所生产的产量。

【边际产量】

边际产量是指变动一单位可变要素的投入量所引起的产量的变动量。

图4－1显示了劳动力的总产量曲线（TP_L）、平均产量曲线（AP_L）和边际产量曲线（MP_L）。这三条曲线的形态特征都是先呈上升趋势，达到最高值后，再呈下降趋势。

◆ 当边际产量大于平均产量（$MP_L > AP_L$），平均产量不断递增（图4－1中AP_L曲线的OB′段）。表现为MP_L曲线位于AP_L曲线的上方，MP_L曲线将AP_L曲线拉上。

◆ 当边际产量小于平均产量（$MP_L < AP_L$），平均产量不断递减。表现为MP_L曲线位于AP_L曲线的下方，MP_L曲线将AP_L曲线拉下。

◆ 边际产量和平均产量相交于平均产量的最大值之点。在平均产量从递增转为递减的转折点B′，即平均产量处于不增不减的点，这意味着边际产量等于平均产量（$MP_L = AP_L$），这在图4－1表现为这两条曲线相交于AP_L曲线的最高点B′。它也表示投入劳动为L_2时，平均产量达到极大值。

二、边际报酬递减规律

球队球员的变化改变着球队的平均身高。比如一个足球队有15名队员，平均身高为1.75米（平均量）。现在新增一名替补队员的身高为1.9米（边际量），这将使该队16名队员的平均高度（新的平均量）提高到1.76米，大于原来的平均高度（1.75米）。由此我们说边际量大于平均量，引起平均量上升。相反，如果新增一名队员的身高只有1.7米，这将引起现在全队的平均高度降为1.747米。由此我们说边际量小于平均量，引起平均量下降。

对于一种可变要素的生产函数来说，边际产量表现出先上升而最终下降的特征，这一特征称为边际报酬递减规律，也叫作边际产量递减规律或边际收益递减规律。

当两种（或两种以上）生产要素相结合生产一种产品时，若一种要素可以变动，其余要素固定不变，则随着可变要素增加，可变要素的边际产量一般经历两个阶段：

◆ 可变要素的边际产量可能出现递增现象。如表4－1所示，当投入劳动从零开始逐渐增为3个单位，投入劳动每增加1个单位引起的总产量的增加量从0递增为16。在这个阶段的边际产量出现递增现象的原因可以归结为固定要素的配合比例不恰当，即固定要素相对太多，而可变要素相对不足，因而增加使用可变要素可以使每增加一个单位的可变要素所增加的产量递增。

◆ 可变要素边际产量递减阶段。当可变要素逐渐增加，到了可变要素的数目达到了足以使固定要素得到最有效的利用后，继续增加可变要素，意味着固定要素与可变要素的组合比例中可变要素相对过多，而固定要素则相对不足，这时继续增加可变要素（固定要素不变）虽然可以使总产量增加，但总产量的增加量则出现递减现象。当可变要素增多到一定限度以后，再继续增加可变要素，反而会引起总产量减少，即边际产量成为负数。

【即问即答】

你能举例说一说边际报酬递减规律的原因吗？你觉得边际报酬递减规律科学吗？

三、要素的替代能力

在长期中，生产要素是可以相互代替的，如生产一定数量的一种产品，需要使用资本（K）与劳动（L）两种生产要素，在技术满足生产的条件下，我们既可以多用资本少用劳动，也可以多用劳动少用资本。在技术水平不变的条件下生产相同产量的两种生产要素投入量的所有不同的组合，我们称之为等产量曲线。两种可变投入要素的等产量曲线的函数表达式为：

$$Q^0 = f(L, K) \tag{4-4}$$

其中，Q^0 代表既定的产量水平；L 和 K 分别代表劳动力和资本的投入量。

如图 4-2 所示，横坐标表示劳动投入量（L），纵坐标表示资本投入量（K），图中有三条等产量曲线 Q_1、Q_2、Q_3，分别代表生产 40 单位、80 单位、120 单位产量的各种生产要素的组合。以 $Q_1=40$ 的等产量曲线为例进行分析，该曲线上的 A、B、C 点代表的产量相同，劳动力和资本的要素投入量不同。A 点使用的要素组合是 OL_1 单位的劳动力和 OK_1 单位的资本，B 点使用的要素组合是 OL_2 单位的劳动力和 OK_2 单位的资本，C 点使用的要素组合是 OL_3 单位的劳动力和 OK_3 单位的资本，从 A 点到 C 点移动，劳动的投入量逐渐增加，资本的投入量逐渐减少，即用劳动替代资本。

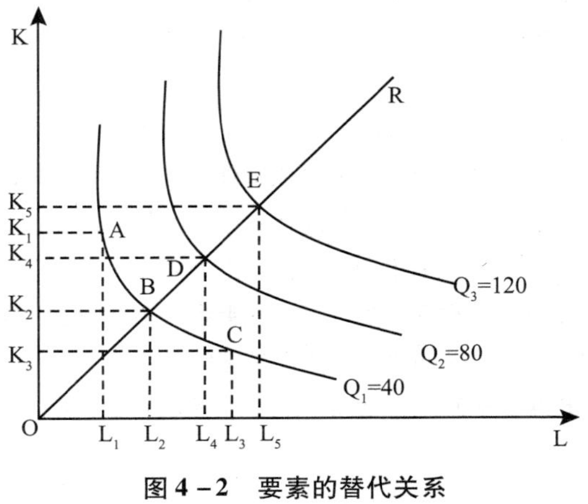

图 4-2 要素的替代关系

等产量线说明的是投入品数量与产出量之间的纯技术关系，它表示要生产出一定数量的产品，等产量线上每一点所代表的两种要素数量组合都是有效率的。因此，等产量线具有三个特点。

◆ 由于生产函数是连续的，因此，任意两条等产量曲线之间有无数条等产量曲线。这些无差异曲线之间的数量关系是，离原点越远的无差异曲线代表的产量越高。例如在图 4－2 中无差异曲线 $Q_3>Q_2>Q_1$。

◆ 在同一坐标平面内，任意两条等产量曲线不相交。

◆ 等产量曲线的形态特征是向右下方倾斜而且凸向原点。等产量曲线向右下方倾斜，表明曲线每一点的斜率为负值。曲线凸向原点的形态特征表明，等产量曲线斜率的绝对值递减。

等产量曲线表示一个既定产量水平可以由两种可变要素的不同组合生产出来。为了表示投入要素资本与劳动之间相互替代的关系，经济学把为使维持产量给定不变，等产量线上资本与劳动之间相互替代的比率称为两种生产要素的边际技术替代率（$MRTS_{LK}$），即增加一单位某种生产要素投入所减少的（所能替代的）另一种生产要素的投入数量。

如生产要素的边际报酬递减规律一样，生产要素的边际技术替代率 $MRTS_{LK}$ 也是递减的。边际技术替代率递减的原因是，任何一种产品的生产技术都要求各要素投入之间有适当的比例。这里有两种力量在起作用，一是当用较多劳动和固定数量的资本时，劳动的边际产量递减；二是使用较多劳动时，却用较少的资本，这使劳动的边际产量递减得更快。

【案例分析】

用技术和资本替代劳动力①

嘉善通达密封件实业有限公司是家 10 多年的老厂，一直使用手工机床生产，年产值常年徘徊在 500 万元左右。最近，每年春节后总有一成左右的工人不回来，老板张根良将工资从每天 60 元涨到 120 元，却还是招不到人。后来他听朋友的建议购买了两台数控机床，尝到了甜头。

张根良说，过去一个工人只能操作一台手工机床，一天生产 100 件产品。手工机床全靠工人凭手眼配合的经验操作，这个行当向来采取师傅带徒弟的培养模式。这样就带来两个问题，一是学徒培养期往往长达一年以上，其间还会生产大量的残次品；二是熟练师傅经常被其他工厂高薪挖走。引进数控机床后不到一个月，好处就体现出来了，这种设备不需要工人有经验，加工图纸输入电脑生成程序以后，工人只要会开关机器就能操作。更重要的是，同样的时间内单台数控机床加工产品的效率是手工机床的 2 倍，一个工人同时可以操作 2 台设备。同时加工精度大幅提高。2010 年，张根良的工厂实现产值 800 万元，成为当地密封件行业的龙头企业。

问题：

1. 结合材料，请从边际技术替代率递减规律分析厂商用技术和资本替代劳动力的原因。
2. 试分析用技术和资本替代劳动力给社会福利可能带来的影响。

① 资料来源：都市快报，2011－03－01。

四、寻找最优生产要素组合

假设每单位资本（如一台机器）的价格 P_K 为 20 000 元，每单位劳动的价格（年工资）P_L 为 40 000 元，总成本为 240 000 元，你如何设计生产要素组合？

令 K 代表资本的投入量，L 代表劳动的投入量，则可以购买到的两种生产要素的各种不同数量的组合表示为：$240\,000 = 20\,000K + 40\,000L$，或 $K = 12 - 2L$。

这 24 万元的资金，如果全部买进机器（即 $L = 0$），则机器的数量 $K = 12$；或者，如果全部雇用劳动（即 $K = 0$），则劳动力的数量 $L = 6$。同理，对于 L 的任一数值，可以从 $K = 12 - 2L$ 这个方程中求出相应的 K 的数值，该方程反映的是在既定的成本和既定生产要素价格条件下生产者可以购买到的两种生产要素的各种不同数量组合的轨迹，我们把这条线叫等成本线，如图 4－3 所示。在这条直线上的任一点表示当劳动的价格（P_L）与资本的价格（P_K）为已知时，花费某一固定量总成本（C）所能购买的劳动量与资本的组合。

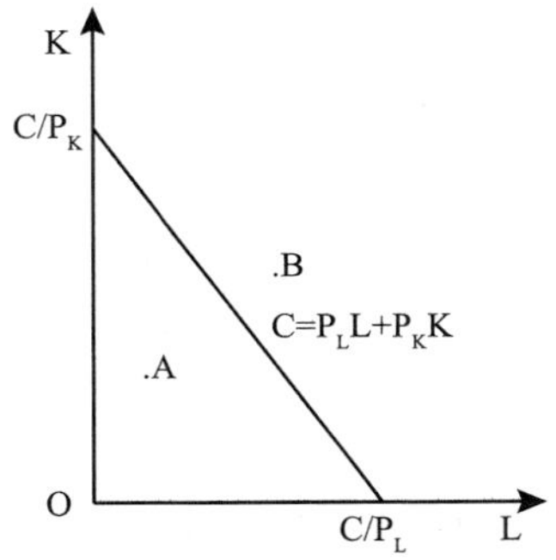

图 4－3 等成本曲线

由于等成本线斜率的绝对值等于两种生产要素价格的比率，因此，只要生产要素价格给定不变，任意一条等成本线的斜率均相同。总成本的增加（或减少）表现为等成本线向右上方（或左下方）平行移动。离原点越远的等成本线表示的总成本越大。另外，等成本线以内区域中的任何一点，如 A 点，表示既定的成本用于购买劳动和资本后还有剩余。等成本线以外区域中的任何一点，如 B 点，表示既定的成本用于购买劳动和资本的组合是不够的。只有等成本线上的任何一点表示既定的全部成本恰好用于购买劳动和资本的组合。

（一）最优生产要素组合：产量既定所花费的成本最小

厂商的理性的决策就是确定一个他所购买的两种要素数量的组合，以实现用最低的总成本来生产既定数量的产品，或者使花费给定数量的总成本生产的产量最大。

假设我们事前设想生产的产品产量确定，经济学上我们用一条确定的等产量曲线表示，如图4－4中的Q_1。并假定购买生产要素的价格已知，在不同的总成本约束下可以得出不同的等成本曲线，如图4－4中的AB、A_1B_1和A_2B_2曲线。各曲线所对应的总成本分别是$\overline{C}$、$\overline{C}_1$和$\overline{C}_2$，显然$\overline{C}>\overline{C}_1>\overline{C}_2$。现在的问题是：为了生产出一定数量的产品，厂商如何使用生产要素组合以期达到所花费总成本最小的目的？

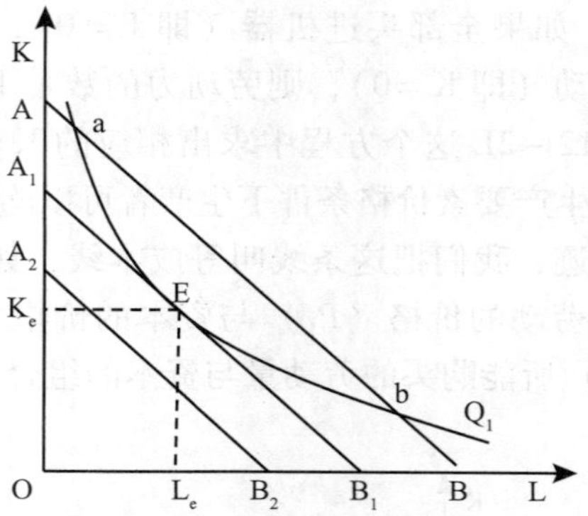

图4－4 最优生产要素组合Ⅰ

根据上述已知条件，在众多的等成本线中必有一条（也只有一条）等成本线与既定的等产量线相切，如图4－4中A_1B_1与Q_1相切于E点，E点所代表的资本量（OK_e）和劳动量（OL_e）乘以各自的价格相加所费总成本（C_1），是厂商生产Q_1单位的产品的最小成本。这是因为，A_2B_2所代表的总成本虽然小于A_1B_1所代表的总成本，但A_2B_2线上任何一点的资本量与劳动量的组合都无法生产出Q_1单位的产品，而位于A_1B_1右上方的任何等成本线所代表的总成本又大于A_1B_1，不能满足最小成本这一条件。

因此，厂商生产出既定量产量耗费最小成本的均衡条件Q_1是：厂商购买的劳动和资本的数量应是等产量曲线上和等成本线的切点（如E点）。

（二）最优生产要素组合：既定成本条件下的最大产量

如图4－5所示，生产要素价格为已知，花费总成本给定，从而等成本线AB为既定。根据生产技术要求的等产量曲线为Q_1、Q_2、Q_3，则为了使花费一定量总成本获得的产量最大，均衡点将是既定的AB与Q_2相切的点E。显然，Q_3所代表的产量虽然大于Q_2，但所需总成本大于既定的总成本，如c点所示。至于等产量曲线Q_1与AB的交点，如a点和b点，总成本并不增加，其产量只有Q_1，即小于Q_2的产量，从点a或点b向E点滑动，产量将增加。因此，和上述均衡条件一样，厂商采用的两种生产要素的最优投入组合是等产量曲线Q_2和等成本线的切点（如E点）。

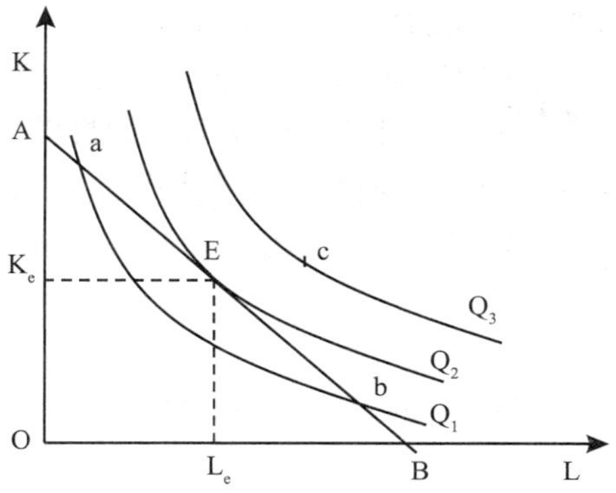

图 4－5　最优生产要素组合Ⅱ

（三）要素最优组合（生产者均衡）的条件

企业在追求利润最大化的过程中，可以得到最优的生产要素组合。这一点可以用数学方法证明：我们对于利润函数求一阶导数，并令其分别等于零，即可推导出结论。

我们设产品在市场上出售价格为P，资本价格为r，劳动力价格为w，利润函数为 $\pi(L, K) = P \cdot f(L, K) - (wL + rK)$。

那么，利润函数取得极大值的条件是：

$$\begin{cases} \dfrac{\partial \pi}{\partial L} = P\dfrac{\partial f}{\partial L} - w = 0 \\ \dfrac{\partial \pi}{\partial K} = P\dfrac{\partial f}{\partial K} - r = 0 \end{cases}$$

整理可得：

$$\frac{\dfrac{\partial f}{\partial L}}{\dfrac{\partial f}{\partial K}} = \frac{MP_L}{MP_K} = \frac{w}{r}$$

这与我们通过图示观察得出的结论是一致的。

我们还可以用边际分析的方法得出这个结论。试想，给定企业的成本支出水平和要素价格水平，企业所能做的是调整劳动和资本的购买进而投入数量来追求产量最大。我们来考察企业投入的最后一元钱（假设生产要素可以无限细分），如果这一元钱购买劳动投入生产所产生的边际产量大于购买资本投入生产带来的边际产量，企业就会把这一元钱购买劳动。这个时候再比较劳动和资本的边际产量，如果购买劳动的最后一元钱带来的边际产量仍然高于购买资本的最后一元钱带来的产量，企业就仍会把这一元钱由购买资本转而继续购买劳动。这个过程会无限进行下去吗？当然不会，不管购买劳动的最后一元钱带来的边际产量和购买资本的最后一元钱带来的边际产量在最初的差距有多大，在边际报酬递减规律的作用下，随着劳动数量的增多，新增一元钱购买劳动所能增加的边际产量将不断减少，而随着资本数量的下降，减少一元钱购买资本所引起的边际产量降低幅度将不断增加。最终，当购买劳动的最后一元钱所带来的边际产量与购买资本的最后一元钱所带来的边际产量相等的时候，企业用劳动替代资本的过程就会终止，在这一点企业实现了生产者均衡。那么，购买劳动的最后一元钱所带来的边际产量可以表示为 MP_L/P_L，购买资本的最后一元钱所带来的边际产量可以表示为 MP_K/P_K，两者相等，即：$MP_L/P_L = MP_K/P_K$，则带来了 $MP_L/MP_K = P_L/P_K = w/r$。

【即问即答】

生产理论中的长期是指时间的长短吗？长期中要实现最优生产要素组合的两个条件是什么？

第三节　经济学中的成本

厂商是追求最大利润的，在此前提下提供产品供给。厂商要追求最大利润，其中最主要的影响因素之一就是成本，成本是厂商生产中必须要考虑的因素。消费者、企业、政府以及整个社会面临各种选择。经济主体做出决策就是在一个目标和另一个目标间权衡取舍的过程。正如一句谚语所说"天下没有免费的午餐"。为了得到我们喜爱的一件东西，通常就不得不放弃另一件东西。由于人们面临权衡取舍，作出决策前需要比较行动方案的成本和收益。

一、生产成本与机会成本

【案例分析】

上大学的成本

——从机会成本角度看上大学的成本

王凯同学在一所大学国际经贸专业学习4年，其个人耗费的经济资源是：4年时间、5万元钱等。如果王凯同学把这些相同的经济资源不是配置在上大学方面，而是配置在其他领域、其他用途上，所能获得的收益如下：A. 炒股票，收入20万元；B. 开餐馆，收入15万元；C. 经商，收入13万元。

问题：

1. 王凯上大学的代价或者成本用5万元钱来衡量准确吗？
2. 上大学的机会成本是多少？
3. 既然上大学的机会成本这么高，为什么他还要上大学？

成本是厂商在生产决策中需要考虑的重要因素。厂商生产某种产品或提供某种劳务所花费的成本，是企业购买各种生产要素的货币支出，即等于投入要素的数量与每单位要素价格的乘积。

由于经济资源是稀缺的，当一个企业或社会用一定的资源生产一种产品时，这些资源就不能用于其他的生产用途。因此，生产X产品所费成本，就是为了生产出该产品而放弃（或牺牲）了另一种最佳替代物 Y 的生产。生产出 X 产品的机会成本（opportunity cost）是生产者所放弃的使用相同生产要素在其他最佳生产用途所获得的收益。例如，农民使用相同数量的土地、农具、种子、肥料等投入生产出 500 千克小麦时，就不能用相同数量的资源生产出 100 千克棉花，农民生产 500 千克小麦的机会成本就是所放弃的最佳用途的 100 千克棉花。假定农民在种植棉花中所获得的报酬为 1 000 元，则可以说生产 500 千克小麦的机会成本为 1 000 元。经济分析中把厂商生产某种产品的生产成本（production cost）与生产出该产品的机会成本这两个词作为同义词。

机会成本就是我们为了得到一种东西所放弃的另一种东西。我们考虑是否上大学的决策，就必须运用成本—收益方法进行分析。大学教育的收益是丰富知识、提高能力和将来有更好的工作机会。但成本是什么呢？你可能会把学费、住宿费和伙食费加总起来。这些费用并不是上大学的真正成本。即使你离开学校，你仍然需要支付住宿和膳食费用，大学的伙食和住宿费可能还低于你自己生活所支付的房租和食物花费。这种分析忽略了上大学的最大成本——时间，当你把上大学的时间用于听课、读书和写文章时，你就不能把这些时间用于工作。为了上大学而放弃的工资就是接受大学教育的机会成本。

【拓展阅读】

会计利润、正常利润和经济利润

与成本的不同考量标准相对应，利润的考察也有多种准则。会计利润由企业从销售收入中扣除会计成本得到；正常利润则是业主自有资源的机会成本，通常包括企业主对自己提供的企业家才能所支付的报酬或者还有对自己提供的其他自有资源（资金、设备等）的报酬；经济利润是从销售收入中扣除机会成本而得到的利润。根据成本和利润之间的关系我们可以得到：

正常利润＝业主自有资源机会成本＝隐性成本

经济利润＝收益－机会成本

＝收益－会计成本－隐性成本

＝会计利润－隐性成本

＝会计利润－正常利润

二、显成本与隐成本

【案例分析】

烟台永盛建材城某商户的经营困境

——显成本、隐成本和经济利润

小李是烟台永盛建材城香港某品牌灯具的代理商，从大学毕业后，在烟台市莱山区一家外企从事机械加工技术工作，虽说比较辛苦，但收入尚可，月工资 2 000 多元。2008 年以来由于金融危机，企业经济状况亦每况愈下。公司为降低成本，开始对员工减薪以渡过难关。小李的工资最初被减为 1 200 元，几个月后又降到 800 元。想到又苦又累的工作，小李认为

800 元太低了，不甘心就这样下去，一气之下辞职走人，心想：自己干什么也比这 800 元强。辞职没多久，刚好他姐姐的同学想在烟台市为香港某品牌的灯具寻找代理商。创业心切的小李便很快与人家签了合同，以每年 4 万元的租金承租了永盛建材城的一家店铺。由于社会阅历浅，也没有做生意的经验，签合同没有注意到价格问题。由于灯具进价太高，一年下来他的销售收入只有 1 万元。由于生意差，他一直没敢雇人，而且每月水电费也得上百元。无奈之下，有时也跑跑车给人拉货赚些钱补贴家用。合同期满后，他打算经营其他品牌的灯具，看能否扭转目前的局面。

问题：

1. 小李过去一年的经济利润是多少？
2. 显成本、隐成本各是多少？
3. 单从经济层面看，你认为小李是否应该辞职？
4. 从小李的经历中，你还有哪些体会？
5. 你认为创业需要具备哪些基本条件？小李失败在哪里？

生产成本由两种类型的成本构成，一是显成本（explicit cost）；二是隐成本（implicit cost）。显成本指厂商在生产要素市场上购买或租用所需的生产要素的实际支出。这些支出是在会计账上作为成本项目记入账上的费用，包括支付给劳动力的工资、购买原材料、燃料、动力和运输等所支付的费用，以及借入资本支付的利息。与显成本相对的隐成本指厂商自己提供的资源所必须支付的费用。例如，为了进行生产，厂商除了雇用一定数量的工人，从银行借入资本和租用土地外，还动用了自有资金和土地，并亲自管理企业。既然借入资本需要支付利息，租用他人的土地需要付地租，那么厂商使用自有生产要素也应得到报酬。这些为自有生产要素支付的费用是隐成本。其中，厂商自己管理企业也应获得报酬，厂商对自己所提供的企业家才能的报酬支付是正常利润（normal profit）。正常利润属于隐成本。我们可以从机会成本的角度理解正常利润。当企业所有者拥有管理才能时，他面临两种选择：一种是在自己的企业当经理；另一种选择是在别人拥有的企业当经理。如果在自有企业当经理，会失去在其他企业当经理的所能获得的报酬，而失去的这份报酬就是管理自有企业的机会成本。那么：

生产成本（机会成本）= 显成本 + 隐成本

= 作为成本项目列入会计账的成本 + 隐成本

三、沉没成本

【案例分析】

看电影的经济学

你对看《三枪拍案惊奇》电影的评价是 50 元，而其票价是 40 元。有一天你花 40 元买了一张电影票去看电影，进电影院验票时，你才发现电影票丢了。

问题：

1. 在这种情形下，你应该再买一张电影票继续看电影呢？还是马上回家？

2. 当你买完电影票后，你看这场电影的沉淀成本是多少？
3. 看电影的机会成本是多少？

我们在做出决策时必须考虑机会成本。与之相对应的沉没成本正好相反，决策时可以忽略沉没成本。在生活中，或许有人会对你说“覆水难收”，或者“过去的事就让它过去吧!”，这些谚语含有理性决策的深刻道理。当成本已经发生而且无法收回时，这种成本叫做沉没成本。由于它是无法收回的，因而不会影响经济主体（如企业、个人）的决策。

【参考资料】

七种短期成本

所谓短期是指这样一段时期，在该时期内，厂商无法改变其固定设备所限定的规模。不同行业的短期，时间长短可能差异很大，例如钢铁业的短期可能是好几年，而从事小型运输业的短期可以只有几个月。由于在短期内，厂商的固定设备是无法改变的，所以一家厂商的短期成本包含两类，一是固定成本；二是可变成本。而所谓长期则是指在该时期内，包括固定成本在内的所有的成本项目都是可以变动的。

在短期，厂商的总成本分为固定成本和可变成本。具体地，短期总成本有以下七种：总固定成本（TFC）、总可变成本（TVC）、总成本（TC）、平均固定成本（AFC）、平均可变成本（AVC）、平均总成本（ATC）和边际成本（MC）。

【总固定成本】

总固定成本（total fixed cost，TFC）是厂商在短期内为生产一定数量的产品对固定要素所支付的成本。总固定成本是即使暂时关闭工厂，什么也不生产也要支付的费用，包括厂房设备、投资的利息，折旧费和维修费，各种保险费和一些税金。总固定成本是一个常量，不随产量的变化而变化。

【总可变成本】

总可变成本（total variable cost，TVC）是厂商在短期内为生产一定数量的产品对可变要素所支付的成本。例如，厂商对原材料、燃料和工人工资支付的费用。可变成本则是指随产量而变动的成本，这类成本包括工人的工资，厂商为购进原料以及其他物品而发生的支出，以及电力费、营业税和短期借款的利息等。

【平均固定成本】

平均固定成本（average fixed cost，AFC）是厂商在短期内平均每生产一单位产品所消耗的固定成本。随着产量的增加，平均固定成本越来越小。

【平均可变成本】

平均可变成本（average variable cost，AVC）是厂商在短期内平均每生产一单位产品所消耗的可变成本。

【平均成本】

平均成本（average cost，AC）是厂商在短期内平均每生产一单位产品所消耗的全部成本。它等于平均固定成本和平均可变成本的和。

【边际成本】

边际成本（marginal cost，MC）是厂商在短期内增加一单位产量所增加的总成本。边际产量表现出先递减后递增的U型特征。其主要原因是边际报酬递减规律。

注：长期成本相对复杂，放在经济学后续课程学习。

【内容提要】

◆ 企业内部的运行也会有交易成本，企业也不是越大越好，企业的规模会停止在企业内交易成本和市场交易成本相等之点，企业以最大利润为目标。

◆ 企业的组织形式有个人企业、合伙制企业和公司制企业，各有优缺点，大有大的缺点，小也不是一无是处，我们看到市场上有各种规模的企业。

◆ 企业要追求最大利润，就要注意投入产出关系。在短期内企业要把可变要素投入最经济的区域，以实现短期最大利润。在长期生产中，厂商要实现最优生产要素组合，就要实现：一定成本实现条件下的最大产量从而得到最大收益、最大利润；或一定产出水平下的最小成本从而得到最大利润。

【关键概念】

生产函数　短期与长期　边际报酬递减规律　等成本曲线　机会成本

【单项选择题】

1. 当劳动的总产量下降时，（　　）。

A. APL是递减的　B. APL为零　C. MPL为零　D. MPL为负

2. 如果连续增加某种生产要素，在总产量达到最大时，边际产量曲线（　　）。

A. 与纵轴相交　B. 经过原点

C. 与平均产量曲线相交　D. 与横轴相交

3. 当APL为正但递减时，MPL是（　　）。

A. 递减的　B. 负的　C. 零　D. 上述任何一种

4. 下列说法中错误的是（　　）。

A. 只要总产量减少，边际产量一定是负数

B. 只要边际产量减少，总产量也一定减少

C. 随着某种生产要素投入量增加到一定程度，边际产量的下降一定先于平均产量

D. 边际产量曲线一定与平均产量曲线的最高点处相交

5. 下列说法中正确的是（　　）。

A. 生产要素的边际技术替代率递减是由规模报酬递减造成的

B. 边际收益递减是由规模报酬递减造成的

C. 规模报酬递减是由边际收益递减规律造成的

D. 生产要素的边际技术替代率递减是由边际收益递减规律造成的

6. 规模报酬递减是（　　）情况下发生的。

A. 按比例连续增加各种生产要素

B. 不按比例连续增加各种生产要素

C. 连续地投入某种生产要素而保持其他生产要素的投入量不变

D. 上述说法都正确

7. 如果等成本曲线与等产量曲线没有交点，那么要生产等产量曲线所表示的产量，应该（　　）。

A. 增加投入　　B. 保持原投入不变

C. 减少投入　　D. 上述三者都不正确

8. 经济学中短期与长期划分取决于（　　）。

A. 时间长短　　B. 可否调整产量

C. 可否调整产品价格　　D. 可否调整生产规模

【复习题】

1. 举例说明企业的短期与长期有什么不同。

2. 企业的目标是什么？你还能说出企业其他的哪些目标？

3. 谈谈你对机会成本的理解，最好是以现实问题加以说明。

【问题与应用】

1. 一个和尚挑水吃，两个和尚抬水吃，三个和尚没水吃，说说这种情况生产的边际报酬率变化情况。

2. 以下因素发生变化时，成本会如何变化？

（1）生产要素价格下降；

（2）技术水平提高；

（3）政府税收减少。

3. 某制鞋公司固定成本为10 000元，可变成本如下表所示。

产量（双）	1 000	2 000	3 000	4 000
可变成本（元）	50 000	95 000	120 000	140 000

如果鞋子价格每双50元，产量多大以后才有利润？在这里能看到平均可变成本、平均成本的变化趋势吗？

参考文献

[1] 尹伯成．西方经济学简明教程［M］．上海：上海人民出版社，2006.

[2] 高鸿业．西方经济学［M］．北京：中国人民大学出版社，2007.

[3] 何忠伟．微观经济学［M］．北京：中国农业科学技术出版社，2008.

[4]［美］曼昆．经济学原理［M］．北京：北京大学出版社，1999.

[5]［美］斯蒂格利茨．经济学（上、下册）［M］．北京：中国人民大学出版社，1997.

[6]［美］萨缪尔森．经济学［M］．北京：人民邮电出版社，2008.

第五章 市场效率

在生活中我们见过各种各样的市场，最常见的是农产品市场。假如你去农贸市场买菜，你会发现几乎所有相同品种的蔬菜的价格都是一样的，没有哪一个卖主会擅自提高价格。因为大家的蔬菜没有什么差别，一旦提高价格就不会有人来购买。但也存在像铁路或者旅游景点那样的市场，铁路部门曾经在春运时涨价，在淡季时降价。每年的“五一”假期或“十一”长假，旅游景点的价格也会大幅提高。通过比较我们可以发现：农产品市场与铁路或者旅游景点之间存在差别，菜农不能控制价格，而铁路部门或旅游景点却可以控制价格。农产品市场与铁路市场或旅游市场的区别是显然的，正是由于市场结构的不同导致了在这些市场经营的企业采取了不同的定价与生产策略。

在这一章我们的主要任务是了解有哪些不同类型的市场，每一种市场类型都有什么特点，在不同类型的市场中企业是如何进行价格和产量决策的。

第一节 市场与市场结构

【案例分析】

老张的玉米

老张的玉米地产量为 1 吨，收获后他去市场销售，发现市场价格是 1 000 元每吨。

问题：

老张的玉米会卖多少钱？假如老张的玉米地获得了丰收，产量变为了 2 吨，他的收入是多少？假如那一年风调雨顺，所有农民的玉米都丰收了，玉米的价格会不会变化？

【案例分析】

铁道部公布春运票价实行政府指导价实施方案①

铁道部公布了春运票价实行政府指导价的具体实施方案，旅客列车实行票价上浮的范围、幅度、时间均未超过上一年。

---

① 资料来源：人民网，2002－01－27。

硬座上浮幅度为 15%，较上年有较大幅度降低，硬卧、软座和软卧上浮 20%。同时，凡节后票价上浮的列车，在 2 月 11 日至 13 日（农历除夕至正月初二）实行票价下浮，幅度为 10%。对临客返程方向的列车，可由担当铁路局确定下浮日期和幅度。

学生票、革命伤残军人票价不上浮。铁路局管内列车票价上浮，由各铁路局按照经过运输能力紧张线路，在客流高峰期可适当上浮的原则，根据历年客流规律从严掌握，制订具体上浮方案。

上浮时间较去年有较大幅度减少，节前上浮日期为 2 月 4 日至 10 日，共 7 天。节后上浮日期为 2 月 14 日（初三）以后，节前已上浮方向的列车节后上浮天数不超过 13 天，节前未上浮方向的列车节后上浮天数不超过 15 天。

问题：

铁道部为什么要调整火车票价格？铁道部和老张的决策有什么区别？

根据这两个案例，我们可以发现两种市场的不同。老张对价格没有任何影响力，无论他个人的玉米产量增加还是减少。而铁道部却可以影响价格。其原因在于市场结构的不同，前者是竞争性市场，后者是垄断市场。

我们要明白什么是市场。什么是市场呢？简单地说，市场就是买卖商品（或劳务）的交易场所和地点。这是个古老的定义，随着时代的发展，市场被赋予了新的意义。例如，它可以指有形的市场，如农贸市场；也可以指无形的、用现代化通信工具进行交易的接洽点，如股票市场或外汇市场。股票和外汇可以进行网上交易，无须具体的地点。

除了日常所见的人们购买商品或劳务的市场外，还存在一个通常被忽略的市场——要素市场。劳动、资本和土地是基本的生产要素，这些要素在要素市场内交易。大学生毕业后要去招聘会寻找工作，招聘会就是一个劳动市场；企业去银行借钱，银行就是一个资本市场；各级政府常常对土地进行拍卖，这告诉我们存在一个土地市场。在这一章我们主要考虑商品（或劳务）市场，要素市场在下一章讨论。

根据市场结构的不同，商品市场可以分为多种类型。农产品市场与铁路市场分别代表了两种类型：完全竞争和垄断。完全竞争也可以简称为竞争市场，其本质特征是在该市场中的厂商非常多；垄断市场则相反，该市场中的厂商只有一个。我们还可以找到别的类型，如洗发水市场和石油市场。洗发水市场中的厂商数量也很多，这一点类似于完全竞争，但一旦你忠诚于某种洗发水，即使它提高价格，你还是会购买它。这是一个关键的不同。这样的市场我们称为垄断竞争市场。中国的石油市场类似于垄断市场，但不完全是垄断，因为至少存在三家石油公司，它们在一起垄断了中国的石油市场，我们称这样的市场为寡头市场。这样我们至少可以得到四种市场：完全竞争市场、垄断市场、寡头市场和垄断竞争市场。我们依次展开讨论。

第二节　完全竞争市场

我们回到老张的玉米地。玉米市场有什么特点？

首先，为什么老张无法控制玉米的价格？那是因为有很多人在出售玉米，老张无法提高价格，如果提高价格，销售量就会降为零。当然，也有很多人在消费玉米。任何一个单独的消费者也无法控制玉米的价格。

其次，老张的玉米和别人的玉米没有什么区别。当然，有的玉米颜色是黄色的，而有的玉米是白色的。但它们在本质上没有什么不同。

最后，生产玉米不需要太多的资本，因此，才会有很多人从事这个行业。假如老张离开玉米市场，他也不会损失太多。于是，我们可以总结出来完全竞争市场的如下特点。

• 市场上有很多的生产者和消费者。

任何一个生产者或消费者都不能影响市场价格。由于存在着大量的生产者和消费者，与整个市场的生产量（即销售量）和购买量相比较，任何一个生产者的生产量（即销售量）和任何一个消费者的购买量所占的比重都很小，因而，他们都无法影响市场的产量和价格。

• 厂商或生产者提供的商品没有什么差别。

由于市场上有许多企业，每个企业在生产某种产品时不仅是同质的产品，而且在产品的质量、性能、外形、包装等方面也是无差别的，以至于任何一个企业都无法通过自己的产品具有与他人产品的特异之处来影响价格而形成垄断，从而享受垄断利益。

• 市场的门槛很低，进入或退出这个市场不需要太多的成本。

任何一个生产者，既可以自由进入某个市场，也可以自由退出某个市场，即进入市场或退出市场完全由生产者自己自由决定，不受任何社会法令和其他社会力量的限制。

由于上述特点，所有的买者和卖者都是价格的接受者。这是一个无个性的市场，事实上，由于卖者都是价格的接受者，所以也就不存在真正的竞争。

【即问即答】

在完全竞争市场，每一个单独的买者或卖者都是价格的接受者，但实际上完全竞争市场的价格却是变化的，那么市场价格究竟由谁决定呢？

一、需求曲线与收益曲线

无论是哪一种市场，该市场中的企业都要追求利润最大化，而利润等于总收益减去总成本。要记住，这是个颠扑不破的真理。我们在前面的章节里已经对成本有所了解，这里我们要考虑竞争企业的收益。我们仍以玉米生产者老张为例。

老张的玉米地产量为 Q，并以市场价格 P 销售每吨玉米。因此，玉米的总收益就是 P×Q。例如，每吨玉米 1 000 元，老张出售 5 吨，则总收益（total revenue，TR）为 5 000 元。

这样我们得到一个概念：

总收益 $TR = P \times Q$

注意，每吨玉米的价格不是老张所能决定的，他只是接受当前的价格。即使他的玉米销售量变得更多或更少，价格仍然是1 000元（当然如果市场价格变成了500元，他也只能无奈地接受）。因此，总收益与产量同比例变动。

此外，我们还可以问一个问题：老张每卖1吨玉米得到多少钱？或者说，每吨玉米的平均收益是多少呢？答案很简单，就是1 000元。

于是我们又得到一个概念：

平均收益（average revenue，AR）是平均每一单位产品销售所得到的收入。

平均收益 = 总收益/销售量

或者说：

平均收益 = $P \times Q/Q = P$

对老张来讲，当前价格不变，平均收益就等于价格。实际上，对于任何企业来讲，平均收益都等于价格。最后再问一个问题，老张每多出售一吨玉米会得到多少钱？答案还是1 000元。我们可以得到一个新的概念：

边际收益（marginal revenue，MR）是每多出售一单位产品所引起的总收益变动量。

对于竞争性市场而言，由于价格是给定的，边际收益总等于价格。

表5-1表示了老张出售玉米获得的收益情况。第一列表示价格，第二列表示产量（或销售量），第三列表示总收益，第四列表示平均收益，第五列表示边际收益。根据该表可以得到如下结论：

- 竞争性企业的总收益与产量同比例变动。
- 竞争性企业的平均收益等于价格。
- 竞争性企业的边际收益也等于价格。

表5-1　　竞争性企业的总收益、平均收益和边际收益

价格（元）	产量（吨）	总收益（元）	平均收益（元）	边际收益（元）
1 000	0	0	—	—
1 000	1	1 000	1 000	1 000
1 000	2	2 000	1 000	1 000
1 000	3	3 000	1 000	1 000
1 000	4	40 000	1 000	1 000

【即问即答】

假如老张的玉米销售量为5吨或更多，平均收益和边际收益是否会变化？假如所有卖玉米的人都大幅度扩大销售量，平均收益和边际收益是否会变化？

二、利润最大化

要记住，任何企业的最终目标都是利润最大化，而利润等于总收益减去总成本。我们根据利润和成本的概念来推导利润最大化的条件。我们利用表 5－2 中的例子来分析竞争性企业利润最大化的产量和价格（实际上价格对它来讲总是给定的）。

表 5－2　　老张的利润最大化

价格（元）	产量（吨）	总收益（元）	总成本（元）	利润（元）	边际收益（元）	边际成本（元）
1 000	0	0	1 000	－1 000	—	—
1 000	1	1 000	1 100	－100	1 000	100
1 000	2	2 000	1 500	500	1 000	400
1 000	3	3 000	2 500	500	1 000	1 000
1 000	4	4 000	4 100	－100	1 000	1 600
1 000	5	5 000	6 000	－1 000	1 000	1 900

第一列表示价格；第二列表示产量（或销售量）；第三列表示总收益；第四列表示总成本；第五列表示利润，由总收益减去总成本得到；第六列表示边际收益；第七列表示边际成本。

老张如果要实现利润最大化，应该生产（销售）多少产量？

如果老张生产 0 吨，总收益是 0，利润是－1 000 元（想一想，这是为什么?）；如果老张生产 1 吨，总收益是 1 000 元，利润是－100 元；如果老张生产 2 吨，总收益是 2 000 元，利润是 400 元……显然，老张应该生产（销售）3 吨，此时最大利润为 500 元。

在销售量为 3 吨的时候，还能发现什么？边际收益等于边际成本。

边际收益的定义是每多出售一单位产品所得到的收入；边际成本的定义是每多生产一单位产品所消耗的成本。当边际成本小于边际收益时，增加生产并销售产品是合算的；当边际成本大于边际收益时，增加生产并销售产品并不合算。因此，只有边际收益等于边际成本时，利润才是最大的。实际上，任何企业的利润最大化都要满足边际收益等于边际成本的条件。

三、进入和退出市场的条件

短期均衡，即短期内厂商利润最大化时的状态。在完全竞争厂商的短期生产中，不仅要素和产品的市场价格是给定的，而且生产规模也是给定的。所以，在短期生产中厂商只能是通过调节产量来实现 MR＝SMC 的利润最大化均衡条件。

当厂商的生产水平保持不变时，厂商达到并处于均衡状态。在短期里，产品市场价格既定或给定，并且生产中的不变要素投入量无法改变，因此，厂商只能是通过对产量的调整或者说厂商只能通过变动可变要素的投入量来实现 MR = MC 的利润最大化均衡条件。在完全竞争的市场中，市场供给和需求相互作用形成的产品价格，存在着高于、等于、低于厂商的平均成本三种可能，因此，在短期内，厂商出售产品就有可能处于盈利、盈亏平衡或亏损等不同状态。完全竞争厂商短期均衡时的盈亏状态可以用下面 5 个图来说明。

下图中的成本曲线表示厂商短期内既定的生产规模，通过分析我们可以看到，完全竞争厂商短期均衡的基本条件满足 MR = MC 的原则，但不同的市场价格水平将直接影响既定规模下的厂商短期均衡的盈亏状况。

第一种情况，价格或平均收益大于平均总成本，即 P = AR > SAC，厂商处于盈利状态。如图 5－1 所示，当市场价格达到 P_1 时，厂商面临的需求曲线为 d_1，厂商为获取最大利润根据 MR = SMC 的利润最大化原则进行生产，把产量确定在 Q_1 上，则 SMC 曲线与 MR_1 曲线的交点 E_1 即为厂商的短期均衡点。这时厂商的平均收益为 OP_1，平均总成本为 Q_1F，单位产品获得的利润为 E_1F，总收益为 $OQ_1 \times OP_1$，总成本为 $OQ_1 \times Q_1F$，利润总量为 $OQ_1 \times E_1F$，即图中矩形 HP_1E_1F 的面积。如果产量超过 OQ_1 以后，$MC > P_1$，增加产量会降低总利润，若产量小于 OQ_1，增加产量都能增加总利润，只有使产量确定在 OQ_1，MR = P = SMC，总利润达到最大。

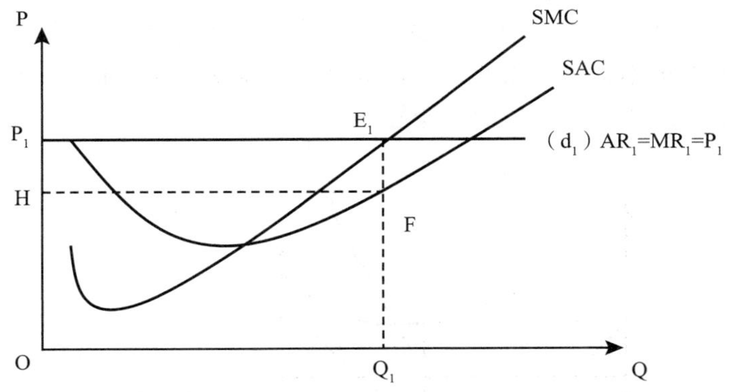

图 5－1 完全竞争厂商短期均衡（a）

第二种情况，价格或平均收益等于平均总成本，即 P = AR = SAC，厂商的经济利润恰好为零，处于盈亏平衡状态。当市场价格为 P_2 时，厂商面临的需求曲线为 d_2。如图 5－2 所示，厂商的需求曲线 d_2 相切于 SAC 曲线的最低点 E_2，恰好这点也正是 SMC 曲线和 SAC 曲线的交点，所以 E_2 点就是 MR = SMC 的利润最大化的均衡点，相应的均衡产量确定在 Q_2。在 Q_2 产量上，平均收益等于平均成本，总收益也等于总成本，如图 5－2 中矩形 $OP_2E_2Q_2$ 面积。在这种情况下，厂商既无利润也无亏损，所以 SMC 曲线和曲线 SAC 的相交点 E_2 又被称作厂商的“盈亏平衡点”或“收支相抵点”。

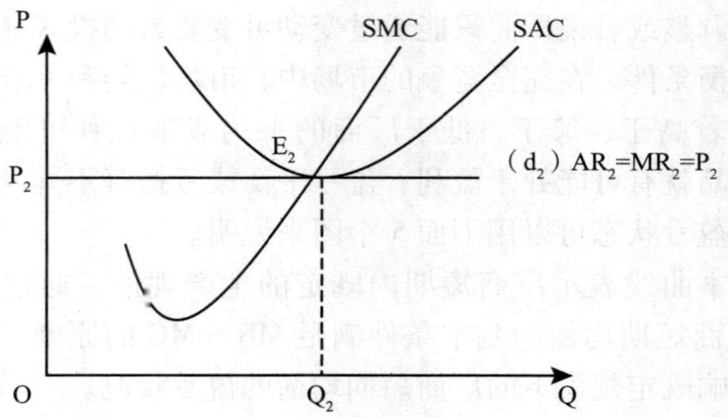

图 5-2 完全竞争厂商短期均衡（b）

第三种情况，厂商平均收益小于平均成本，厂商处于亏损状态，但仍大于平均可变成本，即 AVC < AR < SAC，厂商还应继续生产。当市场价格为 P_3 时，厂商的平均总成本已经高于产品的市场价格，整个平均总成本曲线 SAC 处于价格 P_3 线之上，出现了亏损。为使亏损达到最小，产量由 SMC 曲线和 MR_3 曲线的相交的均衡点 E_3 决定，在 Q_3 的均衡产量上，平均收益为 OP_3，平均总成本为 OG，总成本与总收益的差额构成厂商的总亏损量，如图 5-3 中矩形 P_3GIE_3 面积。虽然出现亏损，厂商仍会继续生产，因为此时厂商获得的全部收益，不仅能够弥补全部的可变成本，还能够收回一部分固定成本，即厂商继续生产所获得的收益超过继续生产所增加的成本。当然，如果某厂商一旦停止生产，成本就会变为零，并且所有的不变成本都可以收回，也就是说，厂商没有沉没成本，那么只要价格降到平均总成本水平以下，厂商就会停止生产。

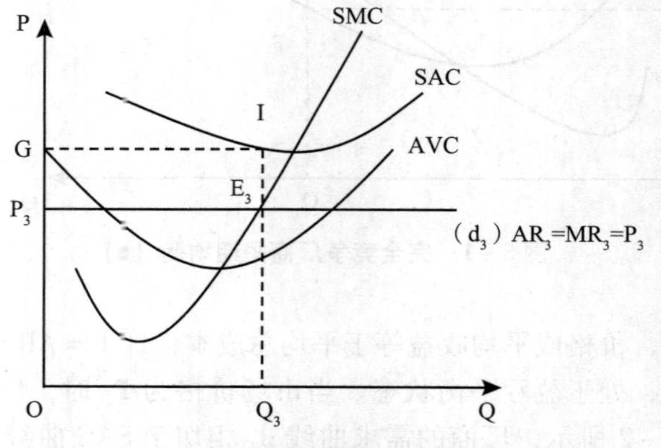

图 5-3 完全竞争厂商短期均衡（c）

第四种情况，价格或平均收益等于平均可变成本，即 P = AR = AVC，厂商处于亏损状态，且处于生产与停产的临界点。如图 5-4 所示，当价格为 P_4 时，厂商面临的需求曲线为 d_4，此线恰好切于平均可变成本 AVC 曲线的最低点，SMC 曲线也交于该点。根据 MR_4 = SMC 的利润最大化原则，这个点就是厂商短期均衡

点 E_4，决定的均衡产量为 Q_4。此时，厂商可以继续生产，也可以停止生产，即生产和不生产的结果是一样的。这是由于生产结果的全部收益仅能弥补全部可变成本，不变成本得不到任何弥补；而如果不生产，厂商不必支付可变成本，而全部不变成本依然存在。由于在均衡点 A 点上，厂商处于关闭企业的临界点，所以也被称作“关闭点”或“停止营业点”。

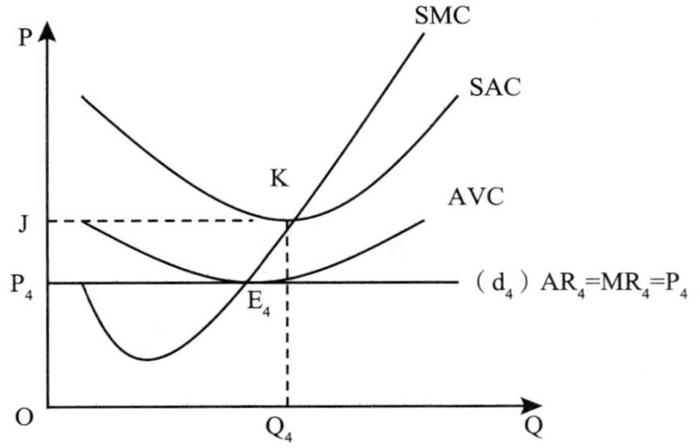

图 5－4　完全竞争厂商短期均衡（d）

第五种情况，价格或平均收益小于平均可变成本，即 AR < AVC，厂商处于亏损状态，且停止生产。如图 5－5 所示，当价格进一步下降至 P_5 时，厂商面临的需求曲线为 d_5，MR_5 曲线与 SMC 曲线相交之点为短期均衡点 E_5，相对应的产量为 Q_5。在这一产量上，平均收益已小于平均可变成本，停止生产，因为在这样一种亏损状态下，如果厂商还继续生产，则全部收益将无法弥补可变资本，也就谈不上对固定资本的弥补了。而只要厂商停止了生产，可变资本就可以降为 0。所以，显然停产比生产要强。

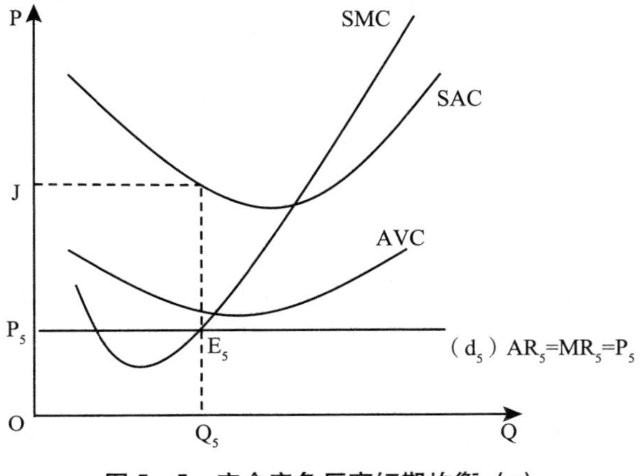

图 5－5　完全竞争厂商短期均衡（e）

综上所述，完全竞争厂商的短期均衡的条件为：MR = SMC，其中 MR = AR =

P，即竞争性市场的企业进入或退出一个行业的条件就是价格是否高于平均成本的最低点。在短期均衡时，厂商所获得的利润可以大于零，也可以等于零，或是小于零。

实际上，由于竞争的存在，一旦价格高于平均成本的最低点，就会存在超额利润，就会有大量企业进入，从而造成供给增加，在需求不变的情况下，必然会导致价格下降，超额利润消失；一旦价格低于平均成本的最低点，就会出现亏损，就会有大量企业退出，从而导致供给减少，在需求不变的情况下，必然会导致价格上升。竞争的最终结果是价格等于平均成本的最低点，超额利润为零。

【案例分析1】

餐馆的经营

假如你经营一家餐馆，每月房租是2 000元，各种税费是400元。由于你还在上学，因此，你雇用了一位同学为你服务，每天你要支付给他20元。房租、税费已经事先支付。简便起见，原料、水电等其他费用忽略不计，也不考虑你经营餐馆的机会成本。

问题：

1. 每天最少要收入多少钱，你才会将餐馆经营下去？
2. 每天最少要收入多少钱，你才会有盈利？

经简单计算可以发现：

每天你至少收入20元，才能弥补你支付给同学的20元工资，当然无法完全弥补房租和各种税费。如果你能够保证每天超过20元的收入，你至少要经营一个月。由于房租、税费已经事先支付，如果你在第一个月就停止经营，那么你房租、税费方面将无法得到补偿。每天至少20元的收入不会让你盈利，但可以让你暂时经营下去。

但是，如果过了一个月，餐馆的经营没有任何改善，你还会经营下去吗？

不会，你应该关闭餐馆，因为房租和各种税费会让你难以应付。退出这个行业，专心你的学业。所以我们的结论是：完全竞争厂商在一定时间内可忍受亏损，但如果总是这样就不会忍受，它会选择退出。

【案例分析2】

丁慎毅：出口西服利润为零再触品牌之痛①

2016年年底，在浙江诸暨市的枫桥镇又有9家企业停产关门，其中，7家都是纺织服装厂。诸暨市枫桥镇浙江开尔制衣董事长何志江算了一笔账，一种普通的毛料西服在英国市场零售价格为150欧元，折合人民币约1 120元。但是，每件西服的代工出口价格只有470元，并且，这个价格十年来一直没有变动。去除各种成本，生产企业已经没有利润可剩了（利润为零）。

---

① 资料来源：荆楚网（武汉），2017-03-07。

问题：

1. 试分析导致西服生产企业零利润的原因有哪些?

2. 你有什么办法可以解决枫桥镇服装企业的困境?

第三节　垄断市场

谈到垄断，我们首先想到的是什么？食盐、烟草、铁路、自来水、电力……垄断的例子比比皆是。我们去购买食盐，无论它的价格如何变化，我们只能接受；火车票的价格上涨了，我们也只能接受。这意味着类似商品的价格不是由消费者决定的，而是由出售该商品的生产者决定的，这些企业不是价格的接受者而是制定者，这是垄断市场与竞争性市场的根本不同。

在竞争性市场，每一个单独的买者或卖者的行为对整个市场的价格和交易量的影响都是微不足道的。所有的买者和卖者都是价格的接受者。而在垄断市场，如盐业公司没有接近的竞争者，他们就可以直接制定价格。

当然，这并不意味着消费者对此完全无能为力。当铁路票价由 100 元提高到 120 元时，旅客数量不会减少太多。但提高到 200 元，也许会有相当多的人会考虑坐汽车或飞机旅行了。同样，食盐价格由每斤 1 元提高到 1.5 元后，市场上的私盐就开始增加。这告诉我们，垄断者并不能达到他们想达到的任何利润水平，高价格会减少消费者的购买量，人们会寻找替代品或者选择去黑市。

【新闻摘录】

终结食盐专营体制符合市场原则①

在新年来临之际，一个对普通老百姓可能是利好的消息传出：中国盐业体制改革在即，食盐专营的体制或将终止，市场食盐价格很可能因竞争机制的引入而下降。记者 6 日从重庆盐业总公司相关人士处获悉，中盐总公司已要求各省级公司作好放开专营的准备。

一直以来，食盐都由各地盐业公司垄断经营，而垄断经营的直接后果是造成食盐的高价格。据了解，制盐企业出售给盐业公司的食盐价格约为四五百元一吨，而盐业公司往其中加碘只需投入二三十元，但加碘食盐供应给零售终端的批发价即涨至约 2 000 元一吨，零售商卖给普通消费者再涨至约 2 800 元一吨，前后价格涨了近六倍。据统计，全国消费者每年为食盐专营多支付了大约 130 亿元人民币，这些额外支出的 80% 以上流向了盐业公司。如果放开盐业市场，让制盐企业参加竞争，食盐价格的下降将不可避免，而这无疑会给消费者尤其是低收入家庭带来直接利好。

有人担心放开食盐市场会造成私盐泛滥，从而影响民众身体健康，这样的担忧没有必要。因为私盐泛滥的根本原因在于食盐由于垄断经营导致价格过高，而食盐垄断经营造成的暴利，正是促使一些人贩卖私盐的诱因。所以，放开食盐市场实际上只会有利于解决私盐泛滥问题。至于有些人担心放开食盐市场会导致加碘盐缺乏同样没有必要。因为我国消除碘缺乏病的目

---

① 资料来源：燕赵晚报，2010－01－08。

标在2000年已经实现，之后几乎没有再发现碘缺乏病，相反倒是部分高碘地区的民众在遭受“一刀切”的加碘盐的损害。所以，盐业市场放开，由消费者根据自身需要选择购买加碘盐或不加碘盐，反而更有益于民众身体健康。

市场经济的最主要特征之一就是消除垄断，将市场可以提供的商品与服务交由市场，如此才能优化各类资源配置，降低成本提高效率，减少与预防腐败发生，并让消费者得到最大的实惠。也正因为如此，当前不但盐业市场应当尽快终结专营体制，卷烟、电力、石油等日常消费品经营也应尽力破除垄断，让这些与民众切身利益密切相关的消费行业尽快走向市场。

一、为什么会产生垄断

如果一个企业是其产品的唯一的卖主，而且其产品没有相近的替代品，这个企业就是垄断企业。垄断市场是指整个行业中只有唯一的一个厂商的市场组织。很显然，垄断的根本原因是进入该市场的壁垒难以逾越或者说存在进入障碍。其他企业不能进入该市场与垄断企业竞争。进入障碍或壁垒又有如下几个原因：

- 独家厂商控制了生产某种商品的全部资源或基本资源的供给。
- 独家厂商拥有生产某种商品的专利权。
- 政府的特许。
- 自然垄断。

（一）对资源的控制

假如所有资源都被一家企业所占有，垄断就会成为必然。例如我国的土地资源。我国法律规定，土地为全民所有或集体所有，但政府往往成为了“全民”或“集体”的代表。于是各级政府通过拍卖土地来获得财政收入。这被称为“土地财政”。

对资源的垄断通常不会发生在全世界范围内，如某一家公司垄断了全球某种资源的所有权。对资源的垄断也常常发生在一个国家或地区。比如一个地区是与外界隔绝的，这个地区只有你家院子里的水井才有水，这样你就垄断了该地区的水资源。你会怎么做？虽然从井里打一桶水的成本几乎是微不足道的，但你几乎必然会提高水的价格以获得高额利润。

【新闻摘录】

透支未来，“土地财政”还能维持多久①

当不断上涨的高房价日益成为舆论焦点、百姓之痛时，人们越来越发现，除了享受暴利的开发商，高价出让土地的地方政府同样是大赢家。由此引发的“土地财政”问题，受到越来越多的人关注和质疑。

央企也好，民企也罢，疯狂拿地、推高地价房价的背后，总能看到一些地方政府的影子。今年两会上有代表委员透露，2009年全国土地出让收入约达14 239亿元，一些城市年土地出让收益占到了财政收入的五六成之多。据记者了解，西部某城市年财政收入为200余亿元，

① 资料来源：新华网，2010-04-01。

而其年经营土地的收入竟超过了100亿元。

仅凭所谓“经营城市”的口号，通过“收储土地”和高价拍卖，转手就能获得巨额收益。更何况，与其他实体投资项目相比，房地产开发当年就能见效，对GDP的“贡献”显著。这就不难理解地方政府为何热衷于卖地。如此情况下，又如何寄希望于地方政府主动控制房价?

把出让土地作为地方的主要财源，在某种程度上是一种“一荣俱损”的短期行为。一方面，在滚滚而来的财政收益和“政绩”面前，百姓的买房承受能力、耕地保护红线都显得苍白无力；另一方面，一届政府把今后50 ~70年的土地收益一次性收取，实际上是预支了未来若干年的土地收益总和。这种“透支”必然影响资本、资源的合理配置，损害地方经济协调发展。

高地价、高房价，最终都会增加消费者负担，加剧百姓住房难；地价过快上涨吹大房地产泡沫，为经济社会协调发展埋下隐患。

温家宝总理在两会《政府工作报告》中明确提出，要“大力整顿和规范房地产市场秩序，完善土地收入管理使用办法，抑制土地价格过快上涨。”要做到这一点，需要打破地方政府和房地产开发商的利益共享链条。

解决“土地财政”问题，当务之急是从制度安排上弱化地方“以地生财”的冲动。一方面，亟待完善土地收入管理使用办法，变寅吃卯粮式的一次性“透支卖地”为每年都有土地收入的平稳开发，并且严格管理和规范使用卖地资金，确保卖地收入更多地用于改善民生；另一方面，按照事权和财权相匹配的原则，给予地方更多的资金支持，使其能够有财力支撑地方经济社会各项事业的发展。

（二）专利与版权

政府有时为保护公共利益而创造垄断，专利与版权就是政府支持垄断的例子。《中华人民共和国专利法》第四十二条规定：发明专利权的期限为20年，实用新型专利权和外观设计专利权的期限为10年，均自申请日起计算。

如果你发明了一个自动学习的机器，你可以向专利部门申请专利，当你的专利被批准后，你就可以生产并销售这种机器，在20年内别人在获得你的允许之前不得生产和销售它。当然，你可以将专利出售给别人或者在收取费用后允许他人生产。关于版权的保护有些相似。《中华人民共和国著作权法》规定，著作权保护的期限为作者的终生以及死亡后50年。

政府支持专利与版权是对创造性活动的奖赏，试想一下，如果没有专利与版权的保护，人们从事创造性活动的动力就会大大减少。

【即问即答】

既然政府支持专利与版权是对创造性活动的奖赏，那么专利和版权的保护期限是否越长越好?

（三）政府的特许

政府有时在某些行业只允许某些指定的人进入，而不让其他人进入，这不同于专利与版权，政府对这些行业实行垄断特许不是出于公共利益的考虑，而是出于别的目的，如一些国家的邮政、食盐、电力、铁路、矿产等。政府之所以让这些行业采取垄断，可以有种种难以在经济学上得到证明的理由，例如政府可以说要控制经济命脉，而这些行业恰恰就是所谓的经济命脉。

实际上，目前被政府特许垄断经营的很多行业在经济学上都可以证明是竞争性行业，或者说，在这些行业引入竞争将会更有效率。以铁路为例，在春运期间，假如你买到了站票，虽然你的票价和坐票是一样的，但是你无法得到同样的服务，你不会和列车员争论，因为争论是没有结果的。但是如果铁路由多家公司在服务（不一定是私营公司），公司的经营者就不得不考虑服务质量的问题，因为如果它的服务质量不能让消费者满意，消费者就会“用脚投票”——离开它而选择别的企业。

当然，政府仍然可以找出别的理由，如政府可以说铁路、邮政等行业之所以由国家垄断乃是出于政治、军事等普通公民无法详细理解的理由或考虑，但是无论出于什么考虑，垄断既然是政府的考虑，那么垄断的代价就应该由政府来承担，而不是由普通消费者来承担。普通消费者可以忍受铁路、邮政等部门的低效率，但必须得到补偿，我们可以命名为垄断补偿。

【案例分析】

目前我国人均占有铁路里程仅有一支过滤嘴卷烟那么长的55 毫米，不到6 厘米。从1980 年年末到2007 年年末的27 年间，我国铁路营运里程净增2. 81 万公里，年递增1. 67%，而此间我国GDP 年递增在9%左右，铁路发展远低于经济增长的速度。

问题：

你认为原因何在?

（四）自然垄断

顾名思义，自然垄断不是出于资源的独占，也与政府无关，当一个企业能够以比其他企业更低的成本提供商品或劳务时，这个行业便存在自然垄断。自然垄断一般与规模经济有关，当规模经济产量很大时，就会产生自然垄断。自然垄断与规模经济密切相关，如图5 -6 所示。

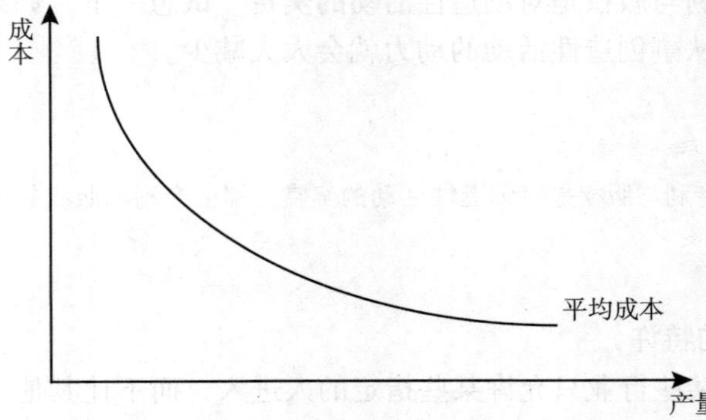

图5 -6　规模经济导致自然垄断

任何企业进行生产时，它总会面临生产成本问题。企业的平均成本并不是不变的，除了技术等因素的作用，企业的单位生产成本（平均成本）也可以随着生产总产量的增加而趋于下降，原因在于当企业的总产品不断扩大时，原先的固定成本被逐渐摊薄。这在固定成本投资较大的企业表现得尤为明显。例如自来水行业，如果建设一个自来水厂仅仅是为一个家庭提供自来水，那么可以想象成本和价格将高得惊人；但当这个自来水厂为100万个家庭供水时，成本和价格就可以下降很多。

当平均总成本随着产量的增加而降低时，规模经济就出现了。此时，一个企业来提供产品比两个或更多的企业提供产品更加合算，因此这个行业就会只存在一家企业。这种垄断就是自然垄断。

当然，规模经济或者说平均成本下降是存在自然垄断的充分条件。有些时候，即使平均成本不下降也存在自然垄断。即使规模经济不存在，或平均成本上升，但只要单一企业供应整个市场的成本小于其他企业分别生产的成本之和，即由单个企业垄断市场的平均成本最小，该行业就仍然是自然垄断行业。

【即问即答】

举出两个垄断的例子，并解释各自的原因。

【拓展阅读】

马歇尔冲突

马歇尔经济理论中关于规模经济和垄断弊病之间矛盾的观点。马歇尔认为：自由竞争会导致生产规模扩大，形成规模经济，提高产品的市场占有率，又不可避免地造成市场垄断，而垄断发展到一定程度又必然阻止竞争，扼杀企业活力，造成资源的不合理配置。因此，社会面临一种难题：如何求得市场竞争和规模经济之间的有效、合理的均衡，获得最大的生产效率。"马歇尔冲突"适用于收益递增（成本递减）的行业，如电信业、银行业。

二、垄断企业的均衡

（一）垄断者所面对的需求曲线

在这里，我们要把垄断与完全竞争相比较。在完全竞争市场中，市场上每一个单独企业的行为对整个市场的价格和交易量的影响都是微不足道的，所有的企业都是价格的接受者。因此，完全竞争市场中企业所面对的需求曲线是一条水平线。而垄断企业却不同，由于市场中只有一个厂商，那么市场的需求曲线就是垄断厂商所面临的需求曲线。该曲线向右下方倾斜。在这里，我们要明白垄断者对市场价格的操纵并不是绝对的，提价后需求量自然会减少，如图5－7所示。

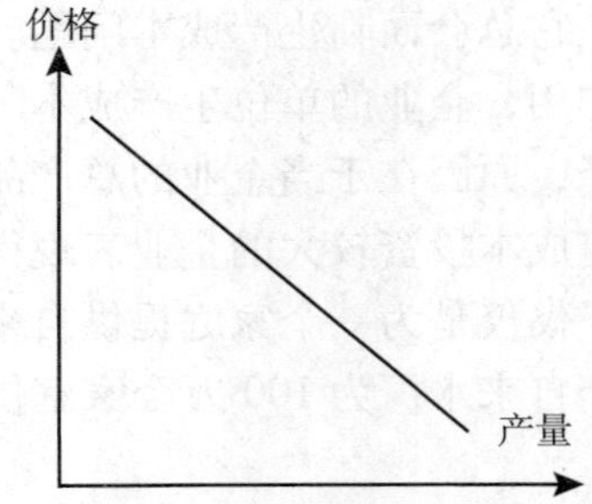

图 5－7　垄断企业面对的需求曲线

（二）垄断企业的收益

垄断企业的总收益、平均收益和边际收益分别表示如下：

总收益为 TR，就是价格与销售量的乘积 P×Q。

平均收益 AR 是平均每一单位产品销售所得到的收入。

平均收益＝总收益/销售量

或者说：

平均收益＝P×Q/Q＝P，平均收益总等于价格。

边际收益 MR 是每多出售一单位产品所引起的总收益变动量。或者说，边际收益 MR＝ΔTR/ΔQ。

需要注意的是，在完全竞争市场，价格总等于平均收益也等于边际收益。而在垄断市场，由于价格不再是给定的而是产量的函数（注意图 5－2 的需求曲线）。因此，平均收益仍然等于价格，但边际收益不再等于价格。

我们考虑这样一个例子。假设某厂商在某个行业实现了垄断。如表 5－3 所示，要注意观察收益随产量变化的情况。

表 5－3　　垄断企业的收益情况

产量（个）	价格（元）	总收益（元）	平均收益（元）	边际收益（元）
0	110	0	—	—
1	100	100	100	100
2	90	180	90	80
3	80	240	80	60
4	70	280	70	40
5	60	300	60	20
6	50	300	50	0
7	40	280	40	－20
8	30	240	30	－40

表 5－3 中第三列表示总收益，计算方法为价格乘以产量；第四列表示平均收益，计算方法为总收益除以产量；第五列表示边际收益，计算方法为企业每增

加一单位产量所得到的收益。

可以发现，垄断企业的平均收益总等于价格。

垄断企业的边际收益与完全竞争不同。在这个例子中，垄断企业的边际收益是递减的，而且总小于价格（至多是等于）。这是为什么？

当垄断企业出售 1 单位产品时，总收益是 100 元，价格是 100 元。

当它想出售 2 单位产品时，就必须以 90 元的价格同时出售这 2 单位产品，这里，第二单位产品的价格是 90 元，这构成了边际收益的一部分，但第一单位产品的价格由 100 元下降到了 90 元，减少了 10 元，因此，边际收益 =90 - 10 =80（元）。

当它想出售 3 单位产品时，就必须以 80 元价格出售这 3 单位产品。第三单位产品的价格是 80 元，这构成了边际收益的一部分，但第一单位产品的价格由 90 元下降到了 80 元，减少了 10 元，第二单位产品的价格也由 90 元下降到了 80 元，也减少了 10 元，因此，边际收益 =80 - 10 - 10 =60（元）。

当它想出售 4 单位产品时，就必须以 70 元价格出售这 4 单位产品。第四单位产品的价格是 70 元，这构成了边际收益的一部分，但第一单位产品、第二单位产品、第三单位产品的价格都由 80 元下降到了 70 元，总共减少了 30 元。因此，边际收益 =70 - 30 =40（元）。

以此类推。

当边际收益大于 0 时，总收益是增加的；当边际收益等于 0 时，总收益达到最大，为 300 元；当边际收益小于 0 时，总收益递减。

总结如下：

- 垄断企业的平均收益等于价格。
- 垄断企业的边际收益不大于价格。
- 垄断企业的边际收益递减。
- 当边际收益大于 0 时，总收益增加；当边际收益等于 0 时，总收益达到最大；当边际收益小于 0 时，总收益递减。

图 5 - 8 显示了垄断企业的需求曲线与边际收益曲线。

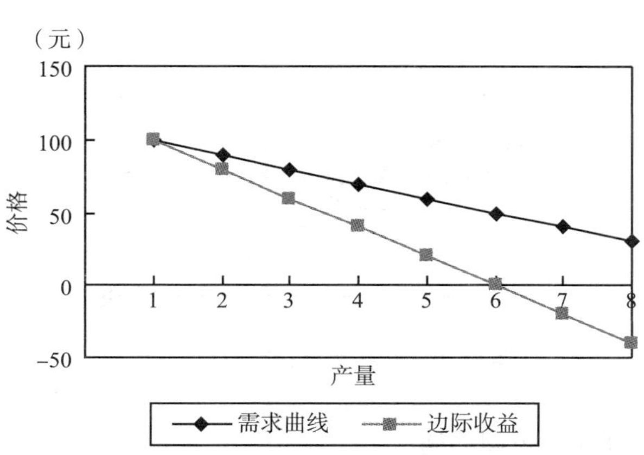

图 5 - 8　垄断企业的需求曲线与边际收益曲线

【问题讨论】

为什么垄断企业不能把产品价格任意抬高?

从理论上讲，垄断企业是价格的制定者，其产品没有替代品，其他厂商无法进入垄断行业，厂商是产品的唯一卖者。

然而，在实际中，如果垄断企业任意提价，定价过高，购买量就会下降，从而使总收益和利润下降；其他厂商看到有丰厚的利润会眼红，尽管垄断企业的产品没有良好替代品，但相似的替代品其他厂商总是会生产的，因而垄断企业如果定价过高，会使自己产品失去销路，市场被相似替代品夺走；同时，国家也会对垄断企业的定价加以控制，有些国家会通过制定反垄断法，规定最高限价，还可用征税等办法加以控制。因此，垄断企业不能把产品价格任意抬高。

（三）垄断企业的短期均衡

完全垄断厂商也必须遵循 MR = MC 的原则来获得最大的利润。在短期内，垄断厂商无法改变不变要素投入量，垄断厂商是在既定生产规模下通过对产量和价格的调整，来实现 MR = SMC 的利润最大化原则。在短期中，完全垄断厂商存在着可能获得超额利润，可能只获得正常利润，还可能存在亏损三种情况，我们通过下面三个图示分别说明。

1. 存在超额利润的短期均衡。

图 5 - 9 中，d 为厂商需求曲线，MR 为边际收益曲线，SAC、SMC 为短期平均成本曲线、边际成本曲线。当 d 位于 SAC 之上或与 SAC 相交时，垄断厂商根据 MR = SMC 的利润最大化均衡条件，将产量和价格分别调整到 Q_1 和 P_1 的水平。在短期均衡点 E 上，垄断厂商的平均收益为 AQ_1，平均成本为 BQ_1，平均收益大于平均成本，垄断厂商获得利润。单位产品的平均利润为 AB，总利润为 $CP_1 \times OQ_1$，相当于图中阴影部分 $ABCP_1$ 的矩形面积。

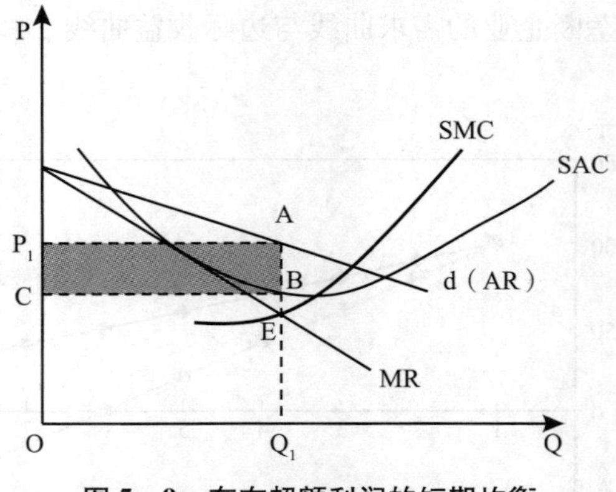

图 5 - 9　存在超额利润的短期均衡

2. 得到正常利润的短期均衡。

假定垄断厂商的成本曲线保持不变，而其需求曲线向左下方移动，在不断移动的过程中，一定会出现需求曲线 d 与短期平均成本曲线 SAC 相切的状况，如图 5－10 中的 A 点。垄断厂商根据 MR＝SMC 的利润最大化均衡条件，将产量和价格分别调整到 Q_1 和 P_1 的水平。在短期均衡点 E 上，垄断厂商的平均收益为 AQ_1，平均成本也为 AQ_1，平均收益等于平均成本，垄断厂商获得正常利润。

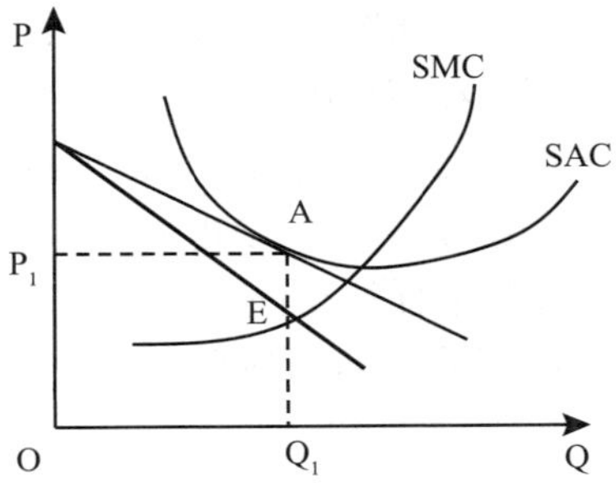

图 5－10　得到正常利润的短期均衡

3. 存在亏损的短期均衡。

在 MR＝SMC 的短期均衡点上厂商也未必一定盈利，当垄断厂商的需求曲线低于短期平均成本曲线时也会出现亏损的情形。造成垄断厂商短期需求曲线低于短期平均成本曲线出现亏损的原因，可能是既定生产规模的成本过高（表现为相应成本曲线的位置过高），也可能是垄断厂商所面临的市场需求过小（表现为相应需求曲线的位置过低）。

我们通过图 5－11 来分析厂商在 MR＝SMC 的短期均衡点上生产出现亏损的情形。如图所示，厂商需求曲线 d 在短期平均成本曲线 SAC 之下，厂商遵循 MR＝SMC 的原则进行生产，将产量和价格分别调整到 Q_1 和 P_1 的水平。在短期均衡点 E 上，垄断厂商的平均收益为 BQ_1，平均成本为 AQ_1，平均收益小于平均成本，垄断厂商是亏损的。这时单位产品的平均亏损额为 AB，总亏损额为 $CP_1 \times OQ_1$，相等于图中矩形 ABP_1C 的面积。

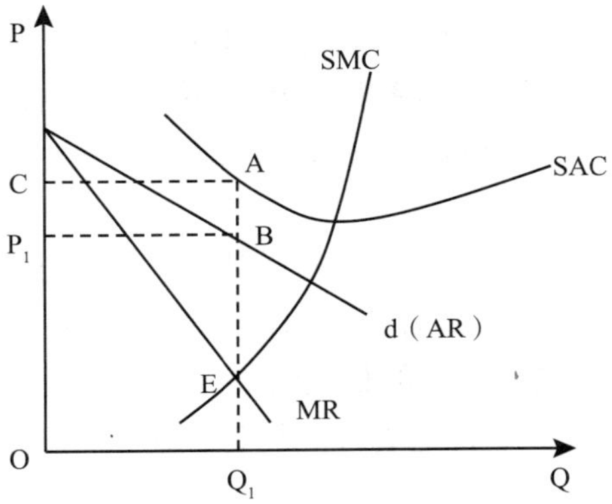

图 5－11　存在亏损的短期均衡

综上所述，在完全垄断市场上，厂商达到短期均衡的条件是 MR = SMC。完全垄断厂商在短期均衡点上可能获得超额利润，可能只获得正常利润，还可能蒙受亏损。

（四）垄断企业的长期均衡

垄断厂商在长期内可以调整全部生产要素的投入量即生产规模，从而实现最大化利润。与完全竞争市场不同，垄断行业只有一个厂商，排除了其他厂商加入的可能性，因此，如果垄断厂商在短期内获得利润，那么其利润在长期内不会因为新厂商的加入而消失，垄断厂商在长期内是可以保持利润的。如果垄断厂商在长期内只能获得正常利润或存在亏损，在长期内厂商可以通过调整规模来获得超额利润或者消除亏损。假如无论怎样调整都有亏损，垄断厂商会离开该部门转移到有利的部门。因此，垄断厂商的长期调整只有两种情况：要么进行自身调整，要么退出市场。

如图 5－12 所示，图中的 d 曲线和 MR 曲线分别表示垄断厂商所面临的市场需求曲线和边际收益曲线，LAC 曲线和 LMC 曲线分别为垄断厂商长期平均成本曲线和长期边际成本曲线。

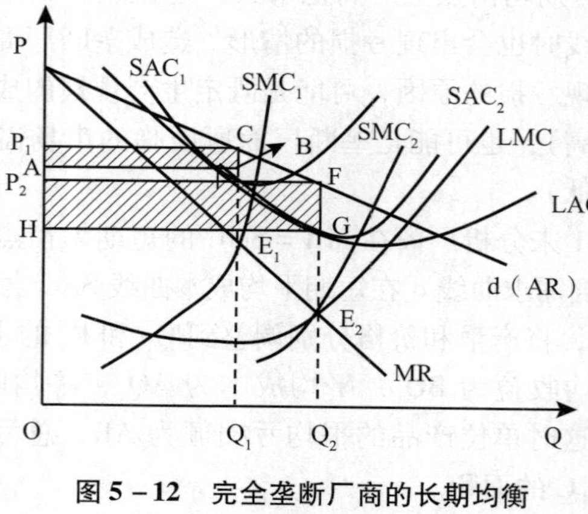

图 5－12 完全垄断厂商的长期均衡

假定开始时垄断厂商是在由 SAC_1 曲线和 SMC_1 曲线所代表的生产规模上进行生产。在短期内，垄断厂商只能按照 MR = SMC 的原则，在现有的生产规模上将产量和价格分别调整到 Q_1 和 P_1。在短期均衡点 E_1 上，垄断厂商获得的利润为图中的矩形面积 AP_1CB。

在长期中，垄断厂商通过对生产规模的调整，进一步增加利润。按照 MR = LMC 的长期均衡原则，垄断厂商的长期均衡点为 E_2，长期均衡产量和均衡价格分别为 Q_2 和 P_2，垄断厂商所选择的相应的最优生产规模由 SAC_2 曲线和 SMC_2 曲线所代表。此时，垄断厂商获得了更大的利润，其利润量相当于图中的矩形面积 HP_2FG。

由此可见，垄断厂商之所以能在长期内获得更大的利润，其原因在于长期内企业的生产规模是可变的和市场对新加入的厂商是完全关闭的。

从图 5－12 可知，在垄断厂商的 MR = LMC 的长期均衡产量上，代表最优生产规模的 SAC 曲线和 LAC 曲线相切，相应的 SMC 曲线、LMC 曲线和 MR 曲线相交于一点。所以，垄断厂商的长期均衡条件为：MR = LMC = SMC，垄断厂商在长期均衡点上可以获得利润。

总之，关于垄断企业的均衡，我们需要明白以下两点。

第一，垄断企业利润最大化的原则也是边际收益等于边际成本。当边际成本小于边际收益时，增加生产并销售产品是合算的；当边际成本大于边际收益时，增加生产并销售产品是不合算的。因此，只有边际收益等于边际成本时，利润才最大。

第二，一般来讲，垄断企业的利润总是大于零，如果利润小于零，则该行业就不会存在。

【例题分析】

假定一个垄断者的产品需求曲线为 P =50 －3Q，成本函数为 TC =2Q，求该垄断企业利润最大化时的产量、价格和利润。

答：由题设 P =50 －3Q，得：

总收益 $=50Q-3Q^2$　边际收益 =50 －6Q。又 TC =2Q，得 MC =2。

利润极大时要求 MR =MC，即 50 －6Q =2，得均衡产量 Q =8

于是，价格 P =50 －3Q =50 －3 ×8 =26，利润 π =TR －TC =26 ×8 －2 ×8 =192。

三、价格歧视

有一样东西可能在很多人的钱包里都有，那就是会员卡。它可以让消费者享受到不同的优惠：在商场购买流行服饰时可以享受到 9 折优惠；当进入饭店就餐时只需付 8 折的价格……对于这种同样的产品、同样的服务，针对不同的顾客，价格却有一定差别的现象，经济学上称之为“价格歧视”。价格歧视（price discrimination），一般来说，价格歧视是指一家厂商在同一时间对同一产品或服务索取两种或两种以上的价格。

价格歧视可以分为三类：一级价格歧视、二级价格歧视和三级价格歧视。

一级价格歧视，又称完全价格歧视，就是每一单位产品都有不同的价格，每一个价格都是消费者所愿意支付的最高价格。

在图 5－13 中，d 为需求曲线，如对一定量商品索取相同价格时，消费者按 OP_m 价格购买 OQ_m 数量的商品，这时消费者剩余为 P_mAB。假定垄断厂商实行一级价格歧视，若厂商销售第一单位产品 Q_1 时取价 P_1，销售第二单位产品 Q_2 时取价 P_2……最后对 Q_m 单位产品取价 P_m，即以价格 P_m 销售第 m 单位产品。这样，需求曲线 d 成为垄断厂商的边际收益曲线，在同一价格下的消费者剩余由于实行一级价格歧视而全部转为垄断厂商增加的收益。体现这种情况的典型事例是西方社会的个体自由职业者，如律师、医生、会计师等，一般根据当事人的经济状况收取劳务费。

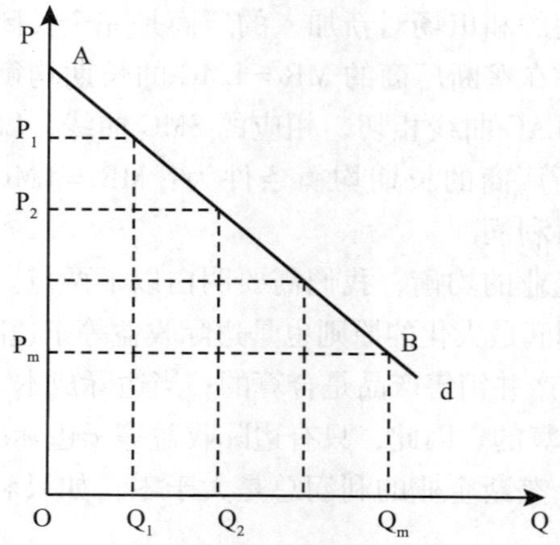

图 5－13　一级价格歧视

回想一下我们所学过的消费者的需求曲线，需求曲线上的点表示什么含义？实际上它指在每一个消费量上消费者所有愿意支付的最高价格。假如你非常饥饿，准备买馒头吃，而世界上只有一个卖馒头的，同时这个馒头销售者还明确地了解你对馒头的需求曲线。他就会问你：第一个馒头你准备掏多少钱？比如说是10元。然后再问你，第二个馒头你准备掏多少钱？假设是5元。然后再问你，第三个馒头你准备掏多少钱？假设是2元。这样，他销售了3个馒头，总价格为17元。而如果他并不了解你的需求曲线，通常的购买行为是这样的：我买三个馒头，总价格是6元。可见一级价格歧视可以大幅度提高垄断者的利润。当然，这是一种极端的情况，现实中很少发生。

二级价格歧视是企业把产品分成几组，按组制定差别价格。在二级价格歧视下，消费者随着购买量的不同，其所支付的价格也不同。一般来说，购买量越大，支付的平均价格越低。在移动通信市场，那些企业都有类似的消费条款，用户的通话费或通话时间在一定范围内必须支付一个比较高的价格，超过这个范围则可以享受一定比例的折扣。你可能会为电信运营企业的此类规定而高兴，但实际上他们这样做是为了吸引你消费从而增加企业利润。因为无论再低的价格，都要超过他们的平均成本。

如图5－14所示，我们以电力公司定价为例对二级价格歧视进行分析。假定当消费者的耗电量在 Q_1 以下时，他需按价格 P_1 付电费；当耗电量达到 Q_2 时，其超过 Q_1 部分的电费按价格 P_2 支付；当耗电量达到 Q_3 时，价格可进一步降低，按 P_3 付费。从图中可见，与一级价格歧视不同的是，二级价格歧视厂商不是对每一不同单位制定不同价格，而是对不同数量制定不同价格。那么，二级价格歧视的垄断利润如何计算呢？假定厂商的平均成本等于 P_3，当消费者的耗电量在 Q_1 以下时，利润应为矩形面积 P_3P_1AB，由此类推，厂商垄断利润应该是三角形面积 P_3DC 中的阴影部分，而其余部分是消费者剩余。因此，在二级价格歧视下，厂商只是把部分消费者剩余转化成了垄断利润。

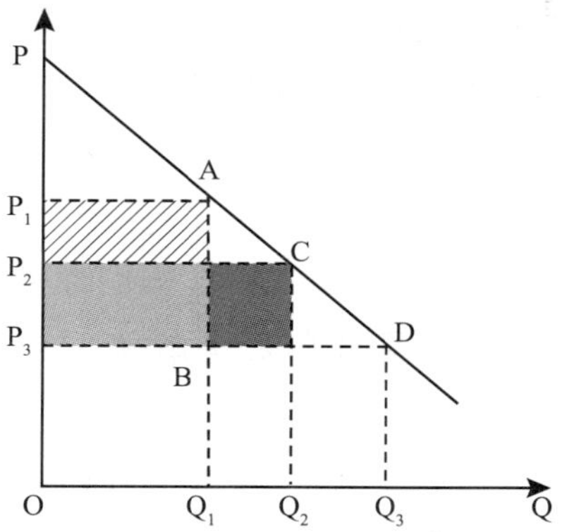

图 5－14 二级价格歧视

三级价格歧视是指这样一种状况，在此之中，一个垄断者在不止一个市场上销售商品并且这种商品不能从一个市场转移到另一个市场上再销售，因此，厂商可以在不同市场上制定不同的价格。即对于同一商品，完全垄断厂商根据不同市场上的需求价格弹性不同，实施不同的价格。例如电厂对于弹性较大的工业用电实行低价格，而对弹性较小的家庭用电采用高价格。航空公司对商务旅客收取较高的价格，对普通旅客收取较低的价格，因为商务旅客可以报销自己的机票，因而对机票价格的高低不敏感，因而弹性较小。而普通旅客自己花钱买机票，对机票价格的高低敏感，因而弹性较大。

【即问即答】

火车票设立儿童票、学生票和成人票属于哪种价格歧视？电网公司设定高峰电价属于哪种价格歧视？

四、对垄断的评价

垄断被认为是经济效率最低的一种市场结构，从资源配置的效率来看，垄断使产量不足、市场价格偏高，因而缺乏效率。

首先，垄断市场上价格大于边际成本，消费者被迫支付更高的价格，这意味着增加生产，社会由此获得的福利大于生产成本，社会福利可以得到进一步增加。但垄断企业为了维持市场上的高价格不可能扩大生产，因而供给短缺。

其次，一般来讲，垄断市场上市场价格高于厂商最低的平均成本，这意味着厂商没有利用现有的生产技术进一步降低生产成本。因此，垄断厂商在技术使用上缺乏效率。

此外，垄断厂商不存在竞争的压力，技术创新的压力不足无形中增加了社会成本。

由于垄断可以使厂商获得更多的利润，因而为了保持这种超额利润，垄断厂商往往会采取各种形式的维持垄断的措施。其中包括游说政府制定更有利于自身的政策。这种为了寻求额外的利润而进行的活动被称为寻租行为，寻租不仅要花费成本，而且会滋生政府腐败。由此经济学家断言，垄断是缺乏效率的，建议政府采取反垄断政策。

【参考资料】

中国出台反垄断法

中华人民共和国第十届全国人大常委会第二十九次会议于 2007 年 8 月 30 日表决通过了反垄断法草案，至此，有“经济宪法”之称、历经 13 年长期反复博弈的反垄断法终于破土而出。反垄断法自 2008 年 8 月 1 日起施行。共分为 8 章 57 条，包括：总则、垄断协议、滥用市场支配地位、经营者集中、滥用行政权力排除、限制竞争、对涉嫌垄断行为的调查、法律责任和附则。

反垄断法明确规定，禁止大型国企借控制地位损害消费者利益，国有经济占控制地位的关系国民经济命脉和国家安全的行业以及依法实行专营专卖的行业，国家对经营者的经营行为及其商品和服务的价格依法实施监管和调控，以维护消费者利益。

【案例分析】

可口可乐并购案①

中国商务部 2009 年 3 月 18 日正式宣布，根据中国反垄断法禁止可口可乐收购汇源。据悉，这是反垄断法自去年 8 月 1 日实施以来首个未获通过的案例。

商务部依据《中华人民共和国反垄断法》的相关规定，从市场份额及市场控制力、市场集中度、集中对市场进入和技术进步的影响、集中对消费者和其他有关经营者的影响及品牌对果汁饮料市场竞争产生的影响等几个方面对此项集中进行了审查。审查工作严格遵循相关法律法规的规定。审查过程中，充分听取了有关方面的意见。

经审查，商务部认定：此项集中将对竞争产生不利影响。集中完成后可口可乐公司可能利用其在碳酸软饮料市场的支配地位，搭售、捆绑销售果汁饮料，或者设定其他排他性的交易条件，集中限制果汁饮料市场竞争，导致消费者被迫接受更高价格、更少种类的产品；同时，由于既有品牌对市场进入的限制作用，潜在竞争难以消除该等限制竞争效果；此外，集中还挤压了国内中小型果汁企业的生存空间，给中国果汁饮料市场竞争格局造成不良影响。

为了减少集中对竞争产生的不利影响，商务部与可口可乐公司就附加限制性条件进行了商谈，要求申报方提出可行的解决方案。可口可乐公司对商务部提出的问题表述了自己的意见，提出初步解决方案及其修改方案。经过评估，商务部认为修改方案仍不能有效减少此项集中对竞争产生的不利影响。据此，根据《反垄断法》第二十八条的规定，商务部做出禁止此项集中的决定。

---

① 资料来源：中新网，2009－03－08。

问题：

1. 商务部否决可口可乐收购汇源的主要原因是什么？
2. 商务部否决可口可乐收购汇源是否与民族主义等因素有关？

第四节 寡 头

如果你拥有汽车，当你的汽车需要加油时，你是否注意过加油站的大牌子上的标志？在中国，除了少数的民营企业，几乎所有的加油站都属于中石油和中石化两大公司。中石油、中石化以及中海油三家公司则瓜分了中国从陆地到海洋的石油资源。

我们该如何描述中国的石油市场呢？首先，它不是完全竞争。在完全竞争市场上，每家企业如此之小，以至于不能影响其产品的价格，因此，只能接受市场价格。其次，它不是垄断。在垄断市场上，一个企业为整个市场供给某种物品，而且，企业可以根据市场需求曲线选择任何一种价格和数量。

石油市场既不适合于竞争模型，也不适合于垄断模型。完全竞争和垄断是市场结构的极端形式。当市场上有许多提供基本相同产品的企业时就出现了竞争；当市场上只有一家企业时就出现了垄断。但许多行业如石油、汽车、洗发水等，介于这两种极端之间。这些行业中的企业有竞争者，但又没有面临着使它们成为价格接受者的激烈竞争。经济学家把这种状况称为不完全竞争。

不完全竞争包括两种情况：寡头和垄断竞争。前者与垄断较为接近，指只有少数几个卖者的市场；后者与完全竞争接近，指卖者很多，但没有达到使它们成为价格接受者的程度，例如，日用品、电影、CD 和电脑游戏机市场。在垄断竞争的市场上，每家企业都垄断着自己生产的产品，但许多其他企业也生产争夺同样顾客的相似产品。不完全竞争是市场的常态。

【即问即答】

分别举出两个寡头和垄断竞争的例子，并说明其区别。

一、寡头的合作

由于寡头市场只有几个买者，所以寡头的关键特征是合作与竞争之间的冲突。如果寡头采取合作的策略，那么整个市场就和垄断一样，这对合作者都有好处——可以分割垄断带来的超额利润。但由于每个寡头只关心自己的利润，所以有一种强大的激励在起作用，这使寡头之间很难维持垄断的结果。

我们分析一个存在两个寡头的市场，这被称为双头。双头的结论可以推广到更多的寡头。

假设实力相当的 A 和 B 两个厂商瓜分了一个市场，而且，为简单起见，假设他们的成本为零，这样，他们各自的收益就等于利润。该市场的需求量、价格以及总收益如表 5－4 所示。

表 5－4　　寡头市场的需求状况

需求量	价格	总收益（总利润）
1	11	11
2	10	20
3	9	27
4	8	32
5	7	35
6	6	36
7	5	35
8	4	32
9	3	27
10	2	20
11	1	11
12	0	0

如果 A 和 B 采取合作态度，那么两个厂商就构成对市场的垄断。从表 5－4 中可以看出，当产量为 6 时，利润最大，为 36。如果双方达成协议，因为双方实力相当，那么 A 和 B 将各自生产 3 单位，价格为 6，利润都是 18。我们称这种寡头之间的合作为卡特尔。一旦形成了卡特尔，实际上就变成了垄断市场。

【即问即答】

举出一个卡特尔的例子，并说明其存在的原因。

二、寡头之间的竞争

虽然我们的分析证明：寡头间如果形成卡特尔就可以赚到垄断利润，但这往往是不可能的。首先有反垄断法的限制，寡头之间的公开协议是反垄断法要对付的重点。另外，卡特尔成员之间的勾心斗角也使它们之间的协议成为不可能。

要在某个市场上形成卡特尔，至少需要具备以下三个条件。

第一，卡特尔必须具有提高行业价格的能力。只有在预计卡特尔会提高价格并将其维持在高水平的情况下，企业才会有加入的积极性。这种能力的大小与卡特尔面临的需求价格弹性有关，弹性越小，卡特尔提价的能力越强。

第二，卡特尔成员被政府惩罚的预期较低。只有当成员预期不会被政府抓住并遭到严厉惩罚时，卡特尔才会形成，因为巨额预期罚金将使卡特尔的预期价值下降。

第三，设定和执行卡特尔协定的组织成本必须较低。使组织成本保持在低水平的因素有：涉及的厂商数目较少；行业高度集中；所有厂商生产几乎完全相同的产品；行业协会的存在。

我们还是以前文中 A 和 B 两个厂商为例。

根据卡特尔的协议，因为双方实力相当，那么 A 和 B 各自生产 3 单位产品，价格为 6，利润都是 18。

A 厂商会想：如果 B 遵守协议，生产 3 单位，那么自己可以不遵守协议，而偷偷生产 4 单位。这样，总产量为 7，价格为 5。B 得到利润 15，A 得到利润 20。这时，A 厂商的利润要高于双方都遵守协议时的利润。

同样，B 厂商也会这样想，如果 A 遵守协议，生产 3 单位，那么自己可以不遵守协议，而偷偷生产 4 单位。这样，总产量为 7，价格为 5。A 得到利润 15，B 得到利润 20。这时，B 厂商的利润要高于双方都遵守协议时的利润。

但如果双方都这样想，结果是什么呢?

结果是双方都不遵守协议，都生产 4 单位，总产量为 8，价格为 4。总利润为 32，各自的利润为 16。可以看出，双方都不遵守协议的代价是利润减少。

但事情并没有结束。双方都生产 4 单位究竟是不是均衡呢?

考虑 A，假如给定 B 生产 4 单位，A 会不会再度改变产量? 如果 A 生产 5 单位，总产量为 9，价格为 3，A 的利润为 15，利润减少。如果 A 生产 3 单位，总产量为 7，价格为 5，A 的利润仍为 15，利润减少。可见 A 既不会增加也不会减少产量。

对于 B 也是如此，既不会增加也不会减少产量，因此，双方都生产 4 单位是某种均衡。我们可以用两个表来展示各种情况下的产量和利润。

表 5 –5 说明了寡头市场可能的产量，双方都遵守协议时产量均为 3，但双方都想在对方遵守协议的时候自己不遵守协议，于是结果是双方都不遵守协议，产量均为 4。

表 5 –5　　寡头市场可能的产量

		B 遵守协议	B 不遵守协议
A	遵守协议	3，3	3，4
A	不遵守协议	4，3	**4，4**

表 5 –6 说明了寡头市场可能的利润，双方都遵守协议时利润均为 18，但双方都想在对方遵守协议的时候自己不遵守协议，于是结果是双方都不遵守协议，利润均为 16。

表 5 –6　　寡头市场可能的利润

		B 遵守协议	B 不遵守协议
A	遵守协议	18，18	15，20
A	不遵守协议	20，15	**16，16**

这个例子说明了合作和竞争之间的冲突。合作并达到垄断的结果会使寡头的状况更好，但由于他们追求自己的私利，最后不能达到垄断结果，并不能使他们共同的利润最大化。每一个寡头都有增加生产并占有更大市场份额的欲望，当他们每一个都这样做时，总产量增加，利润下降。

【参考资料】

寡头垄断的中国牙膏市场①

中国的牙膏市场基本上走过了完全竞争——垄断竞争——寡头垄断的过程。

第一阶段为完全竞争时代，时间段为 20 世纪 80 年代初至 90 年代初。

20 世纪 80 年代中期以来，中国日化行业经历了前所未有的繁荣，全国范围内，较有名气的有上海的中华，天津的蓝天六必治，重庆的冷酸灵，广西柳州的两面针，广州的洁银、黑妹，丹东的康齿灵，哈尔滨的三颗针……由于计划经济的原因，几乎每个省都有自己的牙膏厂。大部分牙膏的品质较差、包装粗糙，没有明确的品牌概念，品牌的含金量也谈不上，只是单纯地追求销量，并没有市场份额等概念，仿佛是群雄逐鹿的春秋年代。

第二阶段是垄断竞争时代，时间段为 1994 年至 90 年代末期。

1994 年，美国高露洁公司在广州黄埔的工厂破土动工。2000 年，高露洁就以超过 20% 的市场份额，站在了国内牙膏市场的冠军台上。

1996 年 7 月，宝洁公司推出佳洁士牙膏。高露洁和佳洁士的加入，使得中国的高端牙膏市场彻底启动。在高露洁和佳洁士的大集团营销攻势下，国内的品牌在市场上都溃不成军。曾经声名显赫的中华，不得不与联合利华公司合资。经过角逐，佳洁士在 2005 年超越高露洁，变为市场第一名。

从此，中国的牙膏市场进入两雄争霸年代；兵败如山倒的是国内的众多国产品牌，几乎全军覆没。但哪怕如此，由于中国市场实在是太大了，两强在总份额中占的比重也不大。

第三阶段是寡头垄断时代，时间为 2005 年之后。

2005 年之后，佳洁士新品不断，促销攻势一浪高过一浪；高露洁则兵败如山倒，份额很快下滑到 17%，勉强排在第二位。两匹“黑马”是联合利华的中华牙膏和好来化工的黑人牙膏。到 2005 年后半年，佳洁士、高露洁、黑人和中华四个品牌占据了国内 70% 的市场份额，大的战略格局终于形成。

国内牙膏市场实际上形成了三大板块：一是外资及合资强势品牌板块，主要由高露洁、佳洁士、黑人、中华组成。二是民族传统品牌板块，包括两面针、冷酸灵、黑妹、蓝天六必治、田七等。三是新兴品牌，如竹盐、纳爱斯、舒爽等。

虽然理论上是三大板块，实际上 2008 年最新的市场份额显示，高露洁、佳洁士、黑人、中华这排在前四位的品牌合计份额已经超过了 70%。

第五节 垄断竞争

假如你需要一台电脑，而去了电脑市场，在那里你会发现电脑有很多品牌，

---

① 资料来源：百度文库—垄断竞争案例，2013 - 05 - 15。

当然也有无品牌的产品（你最好不要选择）。那么，电脑市场属于何种类型？

一方面，电脑市场看起来是极富竞争性的。联想、清华同方、方正、神舟等是国产品牌，来自国外的更多，如苹果、惠普、戴尔、索尼等；另一方面，电脑市场看起来也有垄断性。因为每种电脑都是有差别的。电脑生产商在某种程度上可以左右销售价格。这个市场上的卖者是价格决定者，而不是价格接受者。而且实际上电脑的价格大大超过了边际成本。例如，一台普通配置的笔记本电脑价格在3 000元左右，但生产一台这样的笔记本成本不会超过1 000元。

与电脑市场类似，图书、日用品等都既有竞争特点又有某些垄断特点，这样的市场我们称为垄断竞争市场。

一、垄断竞争市场的均衡

垄断竞争与完全竞争比较接近。它是这样一种市场组织，市场中有许多厂商销售有差别的同种产品。

垄断竞争有以下特征：

- 市场上有许多卖者，有许多企业争夺同样的顾客群体。
- 产品之间存在差别，每个企业生产的一种产品至少与其他企业生产的这种产品略有不同。因此，每个企业面临的需求曲线不是水平的，而是面临一条向右下方倾斜的需求曲线。
- 自由进入。企业可以没有限制地进入（或退出）一个市场。因此，当经济利润大于零时，就会有厂商进入，导致利润下降，最终市场上企业的数量要一直调整到经济利润为零时为止。

（一）垄断竞争厂商的短期均衡

在短期内，垄断竞争厂商是通过对现有生产规模下产量和价格的同时调整来实现MR = SMC的均衡条件。现在通过对图5 – 15的分析来说明垄断竞争厂商的短期均衡的形成过程。

如图5 – 15（a）中所示，其中SMC曲线和SAC曲线表示代表性企业的现有生产规模，d曲线和D曲线表示代表性企业的两种需求曲线，MR_1曲线是相对于d_1曲线的边际收益曲线，MR_2曲线是相对于d_2曲线的边际收益曲线。

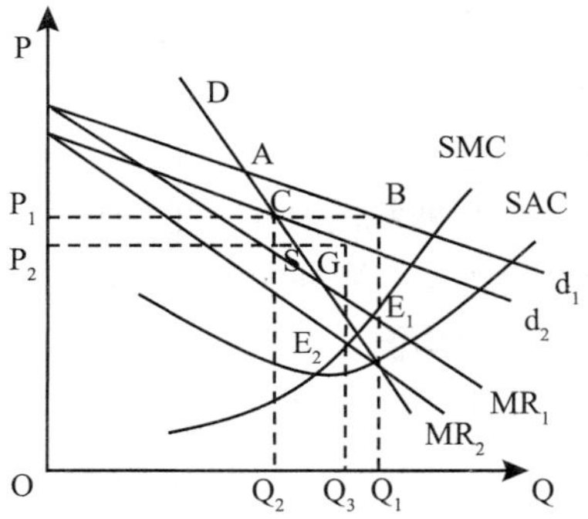

（a）

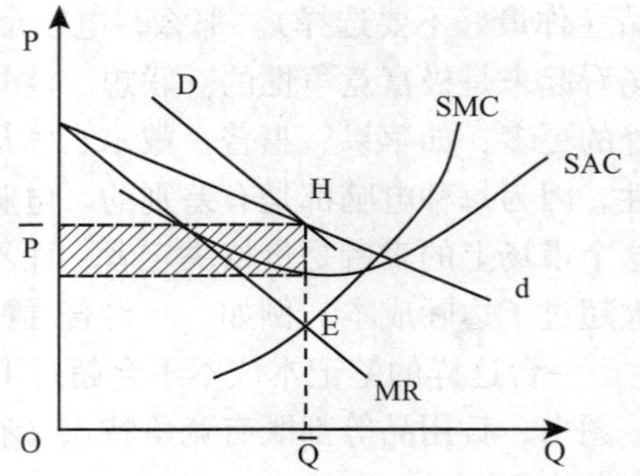

（b）

图 5-15 垄断竞争市场代表性企业的短期均衡

现在假定代表性企业最初在 d_1 曲线和 D 曲线相交的 A 点上进行生产。如图所示，就该企业在 A 点的价格和产量而言，与该企业实现利润最大化的条件 $MR_1 = SMC$ 的均衡点 E_1 所要求的产量 Q_1 和价格 P_1 相差很远。现在假定该厂商想通过改变产品的价格来增加自己产品的销售量，该厂商将生产由 A 点沿着主观需求曲线调整到 B 点，即将价格降低为 P_1，将产量增加为 Q_1。

但是，如果每个企业都是在假定自己改变价格而其他企业不会改变价格的条件下采取了相同的行动，即都把价格降为 P_1，计划生产 Q_1 的产量。随着整个市场的价格下降为 P_1，每个企业的产量都毫无例外是 Q_2，而不是 Q_1。相应地，每个企业的 d_1 曲线也都沿着 D 曲线运动到了 d_2 的位置。所以，该次降价的结果是使代表性企业的经营位置由 A 点沿 D 曲线运动到 C 点。

在 C 点位置上，d_2 曲线与 D 曲线相交，相应的边际收益曲线为 MR_2。如图所示，C 点上的代表性企业的产品价格 P_1 和产量 Q_2 仍然不符合在新的市场价格水平下的 $MR_2 = SMC$ 的均衡点 E_2 上的价格 P_2 和产量 Q_3 的要求。为了实现利润最大化，该企业又会再一次降价，该企业的生产将沿着 D 曲线由 C 点运动到 G 点。相应地，d_2 曲线将向下平移，并与 D 曲线相交于 G 点。代表性企业为了实现 MR = SMC 的利润最大化的原则，会继续降低价格，d 曲线会沿着 D 曲线不断向下平移，并在每一个新的市场价格水平与 D 曲线相交，一直持续到代表性企业所追求的 MR = SMC 的均衡条件实现为止。如图 5-15（b）所示，代表性企业连续降价的最终结果，将使得 d 曲线和 D 曲线相交于 H 点，该点恰好是 MR = SMC 的均衡点 E 所要求的产量 $\overline{Q}$ 和价格 $\overline{P}$。此时，该企业便实现了短期均衡，获得了利润，利润量如图 5-15（b）所示的阴影部分。垄断竞争厂商短期均衡的条件是：MR = SMC。在短期均衡的产量上，必定存在 d 曲线和 D 曲线的交点，它意味着市场上的供求相等。此时，垄断竞争厂商可能获得最大利润，可能利润为零，也可能蒙受最小亏损。

（二）垄断竞争厂商的长期均衡

在长期内，垄断竞争厂商可以调整生产规模，还可以加入或退出生产集团。这就意味着，垄断竞争厂商在长期均衡时的利润必定为零，即在垄断竞争厂商的长期均衡点上，d 需求曲线必定与 LAC 曲线相切。简单地看，这些情况与完全竞争厂商是相似的。但由于垄断竞争厂商所面临的是两条向右下方倾斜的需求曲线，因此，垄断竞争厂商的长期均衡的实现过程及其状态具有本身的特点。

垄断竞争厂商的长期均衡的形成过程可以用图 5－16 来说明。在图 5－16（a）中，假定代表性企业开始时在 I 点上经营。在 I 点所对应的产量 Q_1 上，最优生产规模由 SAC_1 曲线和 SMC_1 曲线所代表；企业的边际收益 MR 曲线、长期边际成本 LMC 曲线和短期边际成本 SMC 曲线相交于 E_1 点，即存在均衡点 E_1；d 曲线和 D 曲线相交于 I 点，即市场供求相等；企业获得利润，其利润量相当于图中的阴影部分面积。

由于市场内存在着利润，就会激励新的厂商加入市场中来。生产集团内企业数量的增加，使得市场内产品生产的数量增加。在市场需求规模不变的条件下，每个企业的市场销售份额相应地就会减少，这一情况使得 D 曲线向左下方平移（如图 5－16（a）所示）。D 曲线的移动使原有的均衡点 E_1 的位置也会发生动摇，市场内企业为建立新的均衡会相应地降低价格，这又使得 d 曲线沿着 D 曲线也向左下方平移（如图 5－16（a）所示）。D 曲线和 d 曲线不断地向左下方的移动过程一直要持续到市场内的每个厂商的利润为零，即不再吸引新厂商加入为止。最后，厂商实现长期均衡，均衡点在图 5－16（b）中的 E_2 点。D 曲线与 d 曲线也相交于 J 点，即意味着市场上的供求相等。

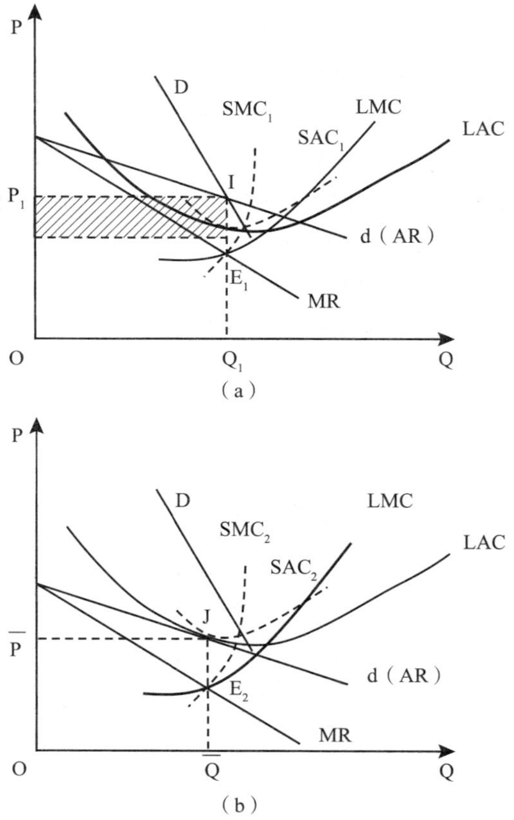

图 5－16　垄断竞争市场代表性企业的长期均衡

总之，垄断竞争厂商的长期均衡条件为：

• MR 曲线、LMC 曲线和 SMC_2 曲线相交于同一均衡点 E_2：MR = LMC = SMC。

• d 曲线与 LAC 曲线相切于 LAC 曲线与 SAC_2 曲线的切点 J：AR = LAC = SAC，厂商的超额利润为零。

并且，在长期的均衡产量上，垄断竞争厂商的利润为零，且存在一个 d 需求曲线和 D 需求曲线的交点。

二、产品变异与广告

垄断竞争企业有时并不采取价格或产量竞争的形式，而是采取别的非价格竞争手段。由于每一个厂商生产的产品都是有差别的，所以，垄断竞争厂商往往通过改进产品品质、精心设计商标和包装、改善售后服务以及广告宣传等手段，来扩大自己产品的市场销售份额，这就是非价格竞争。例如产品变异和推销。

产品变异是指变换产品的颜色、款式、质地和服务等来改变原有的产品，以形成产品差别。推销是指企业促进销售而采取的手段。例如送货上门、陈列样品、展销、广告等，其中广告最为重要。

当企业销售有差别产品并收取高于边际成本的价格时，每个企业都有以做广告来吸引更多消费者的激励。

关于广告的作用，经济学家褒贬不一。广告的批评者认为，企业做广告是为了操纵人们的嗜好。许多广告是心理性的，而不是信息性的。例如，某些品牌软饮料的典型电视商业广告，它的内容只是一群年轻人在沙滩上边玩耍边喝该品牌的饮料。它不要告诉观看者产品的价格或质量，而是传递一个信息："只有你喝我们的产品，你才能在沙滩上享受幸福。"广告的拥护者认为，企业用广告向顾客提供信息，广告提供用于销售的物品的价格、新产品的存在，以及零售店的位置。这种信息可以使顾客更好地选择想购买的物品，从而提高了市场有效配置资源的能力。

【参考资料】

广告在竞争中的作用①

——谈百事可乐与可口可乐百年广告战

百事可乐作为世界饮料业两大巨头之一，100 多年来与可口可乐上演了一场蔚为大观的两乐之战。两乐之战的前期，也即 20 世纪 80 年代之前，百事可乐一直惨淡经营，由于其竞争手法不够高明，尤其是广告的竞争不得力，所以被可口可乐远远甩在后头。然而经历了与可口可乐无数交锋之后，百事可乐终于明确了自己的定位，以"新生代的可乐"形象对可口可乐实施了侧翼攻击，从年轻人身上赢得了广大的市场。

---

① 资料来源：摘自《中外企业家》，2005 年第 3 期。

1983 年，百事可乐公司聘请罗杰·恩里克担任总裁，他一上任就把目光盯在了广告上。对软饮料而言，百事可乐和可口可乐的产品味觉很难分清孰优孰劣，因此，焦点便在塑造商品性格的广告上了。

为了确定自己的产品定位，百事公司作了一次市场调查。调查人员发现：当消费者在挑选软饮料时，他们实际上做出了三项选择，第一他们拿定主意喝软饮料，而不是果汁、水或者牛奶；接着他们选择了可乐，而不是雪碧、七喜或者其他软饮料。只有在这时，他们才开始从百事可乐和可口可乐及其他可乐中挑选。同时，调查结果还表明，消费者认为百事可乐公司是一家年轻的企业，具备新的思想，富有朝气和创新精神，是一个发展很快、赶超第一的企业，不足之处是鲁莽，甚至有点盛气凌人。而可口可乐得到的积极评价是：美国的化身，可口可乐是“真正的”正牌可乐，具备明显的保守传统；不足之处是老成迟钝、自命不凡，还有点社团组织的味道。

随即，恩里克查阅了 BBDO 广告代理公司接受百事可乐委托后写的一份名为“领带备忘录”的报告。其要点是：男人之所以花那么多时间和精力购买领带，是因为领带表达了买主的性格。领带并没有使买主对领带的制造商产生好感，但它使他对自己感到满意。所以，别吹捧你的产品有多好，而应吹捧选择了你产品的消费者。弄清楚他是谁，然后称赞这个人。

于是，恩里克决心选择青少年作为自己的形象，年轻人充满情趣，令人振奋，富有创新精神，正是百事可乐生机勃勃、大胆挑战的写照，他决心重新启动 60 年代“百事的一代”这一广告战略。

经过与广告代理公司 BBDO 的多次接洽，最终将“百事可乐：新一代的选择”作为广告主题。围绕这一主题，BBDO 为百事创作了许多极富想象力的电视广告，如“鲨鱼”“太空船”等，这些广告，针对战后高峰期出生的美国青年要独树一帜的消费方式、独特的消费品、鲜明地和老一代划清界限的叛逆心理，提出“新一代”的消费品位及生活方式。结果使百事可乐的销售量扶摇直上。

1994 年，百事可乐又投入 500 万美元聘请了流行乐坛巨星麦克尔·杰克逊拍摄广告片。此举被誉为有史以来最大手笔的广告运动。而且调查表明，这也是有史以来最成功的广告片，这部广告片开播不到 30 天，百事可乐的销售量就开始上升。

从百事可乐的广告攻势看，一直保持着咄咄逼人的进攻优势。同时这一攻势集中而明确，都围绕着“新的一代”而展开，从而使广告的进攻具备极大杀伤力。“二战”结束时，可口可乐与百事可乐市场销售额之比是 3.4∶1，到了 1985 年，这一比例已变为 1.15∶1。

【内容提要】

◆ 市场就是买卖商品（或劳务）的交易场所和地点。市场可以分为多种类型。根据市场结构来分，可以分为完全竞争、垄断、寡头和垄断竞争四种类型。

◆ 任何企业的利润最大化都要满足边际收益等于边际成本的条件，即 $MR=MC$。

◆ 对于完全竞争市场来讲，由于厂商是价格的接受者，其需求曲线是一条水平线。均衡时，厂商可以获利，也可以亏损。但竞争的最终结果是使得超额利润为零。

◆ 可以有多种原因导致垄断。对于垄断企业来讲，由于市场中只有一个厂商，那么市场的需求曲线就是垄断厂商所面临的需求曲线。该曲线向右下方倾斜。一般来讲，垄断厂商的经济利润大于零。垄断被认为是经济效率最低的一种市场结构，从资源配置的效率来看，垄断使产量不足市场价格偏高，因而缺乏效率。

◆ 寡头市场接近于垄断，但寡头厂商的行为模式是不确定的：如果寡头之间采取真诚的合作态度，那么该市场就等同于垄断；但这种合作通常是不稳固的，由于它们追求自己的私利，通常不能达到垄断结果。

◆ 垄断竞争市场接近于完全竞争市场。该市场中的厂商面临一条向右下方倾斜的需求曲线。均衡的条件是边际收益等于边际成本，利润可以大于、小于、等于零，但垄断竞争的最终结果也是利润为零。

【关键概念】

完全竞争　垄断　寡头　垄断竞争　自然垄断　价格歧视

【单项选择题】

1. 对于一个垄断厂商而言，下述说法不正确的是（　　）。
   A. 一个厂商提供全部的市场供给量　　B. 利润最大化时，MR = MC
   C. 垄断竞争厂商有一条水平的需求曲线　　D. MR < P
2. 完全垄断市场上，厂商的需求曲线是一条（　　）。
   A. 向右下方倾斜的曲线　　B. 与横轴平行的线
   C. 与横轴垂直的线　　D. 与 MR 重叠的线
3. 在完全垄断市场，厂商长期均衡的条件是（　　）。
   A. MR = LMC　　B. MR = SMC
   C. MR = LMC = SMC　　D. MR = LAC
4. 无论在竞争性市场还是完全垄断市场，（　　）厂商将扩大其产出水平。
   A. 价格低于边际成本　　B. 价格高于边际成本
   C. 边际收益低于边际成本　　D. 边际收益高于边际成本
5. 以下不是垄断竞争行业特征的是（　　）。
   A. 有进入限制　　B. 企业以利润最大化为目标
   C. 向右下方倾斜的需求曲线　　D. 企业生产有差别产品
6. 完全竞争和垄断竞争之间的重要相同点是（　　）。
   A. 长期中，价格等于平均成本，边际收益等于边际成本
   B. 长期平均成本上使厂商利润最大化的点是相同的
   C. 产品异质的程度
   D. 以上都对
7. 垄断竞争厂商短期均衡时（　　）。
   A. 厂商一定能获得超额利润　　B. 厂商一定不能获得超额利润
   C. 只能得到正常利润　　D. 三种情况都能发生
8. 广告作用最大的是（　　）。
   A. 完全竞争市场　　B. 垄断竞争市场
   C. 寡头垄断市场　　D. 完全垄断市场

9. 无论是竞争性企业，还是垄断性企业，要扩大产出应该（　　）。

A. $P>MC$　　B. $P<MC$　　C. $MR>MC$　　D. $MR<MC$

10. 寡头垄断厂商的产品是（　　）。

A. 同质的　　B. 既可以是同质的，也可以是有差异的

C. 有差异的　　D. 以上都不对

【复习题】

1. 完全竞争市场要满足什么条件？
2. 完全竞争厂商面临的需求曲线为什么是一条水平线？
3. 利润最大、亏损最小的原则为什么是边际收益等于边际成本？
4. 为什么垄断企业不能把产品价格任意抬高？
5. 寡头之间为什么不能长久合作？
6. 垄断竞争市场的特征是什么？

【问题与应用】

1. 为什么企业在短期内亏本还会继续经营？企业短期内在什么情况下应当关门？企业能否长期亏本经营？

2. 完全竞争市场被认为是有效率的、最完美的市场。思考一下，完全竞争市场有哪些缺陷？

3. 与产品销售相比，劳务的销售中价格歧视的现象更普通，如医疗服务可按人们收入的不同收取不同的费用；交通运输服务可按年龄不同分别进行定价。试解释这种现象。

4. 假设警方逮捕甲、乙两名嫌疑犯，但没有足够证据指控二人有罪。于是警方分开囚禁嫌疑犯，分别和二人见面，并向双方提供以下相同的选择：

若一人认罪并作证检举对方，而对方保持沉默，此人将即时获释，沉默者将判监 10 年。

若二人都保持沉默，则二人同样判监 1 年。

若二人都互相检举，则二人同样判监 2 年。

利用寡头之间竞争的知识分析一下甲、乙可能的选择和结果。

5. 有人说，垄断竞争企业在长期均衡时，其长期成本曲线必然与需求曲线相切，这句话对吗？

参考文献

[1]［美］曼昆．经济学原理（上）[M]．北京：北京大学出版社，1996.

[2] 朱善利．微观经济学 [M]．北京：北京大学出版社，1994.

[3]［美］布拉德利·希勒．经济学基础（第 4 版）[M]．北京：人民邮电出版社，2004.

[4] 尹伯成．西方经济学 [M]．上海：上海人民出版社，2008.

[5] 高鸿业．西方经济学 [M]．北京：人民大学出版社，1999.

第六章　收入分配：效率与平等

当你大学毕业后，你的收入将主要由你从事哪一类工作来决定。如果你成为一个证券公司的职员，你将赚得比你成为商店营业员时多。广州一家合资银行的普通员工在2009年全年收入为22万~24万元，而陕西一个中学教师的工资全年为2万元左右。工资差别是显而易见的。我们要思考一下为什么会这样？是什么决定了工资之间的不同？

我们知道，生产要素包括三种：劳动、资本和土地，这三种要素带来的收入分别是工资、利息和租金。工资收入并不是唯一的收入来源，人们可以以各种方式赚到收入。假如你有多余的钱，可以将钱存入银行获得利息或通过投资股票市场来赚钱（虽然可能性并不太高），这种收入被称为利息（或资本收入）。假如你有多余的土地，可以将土地租给别人使用以获得租金，这种收入被称为租金收入。

工资、利息和租金的高低由什么决定？正如经济学中的大部分问题一样，对这些问题的回答仍取决于供给与需求。劳动、土地和资本的供给与需求决定了支付给工人、土地拥有者和资本所有者的价格。

这里，我们要明白，企业对生产要素的需求是一种派生需求，即它是由消费者对企业生产的商品的需求中派生出来的。假如消费者增加对汽车的需求，那么汽车厂对工人的需求就会增加。另外，对生产要素的需求还有“共同性”，即对生产要素的需求通常是共同的、相互依赖的需求。企业的生产通常既需要资本，也需要劳动和土地。光有机器，什么也生产不出来。

我们首先观察要素市场是怎样决定要素价格的，然后再分析收入不平等的状况、原因以及解决办法。

第一节　劳动市场的均衡

经济学家总是认为价格是由供给和需求共同决定的，劳动也是一样。如图6-1所示，横轴是劳动的数量，纵轴是劳动的价格。向上倾斜的曲线为劳动的供给曲线，向下倾斜的曲线为劳动的需求曲线。两者的交点决定了劳动的价格与数量。

但是，我们要问的是：劳动的需求曲线为什么向下倾斜？供给曲线为什么向上倾斜？

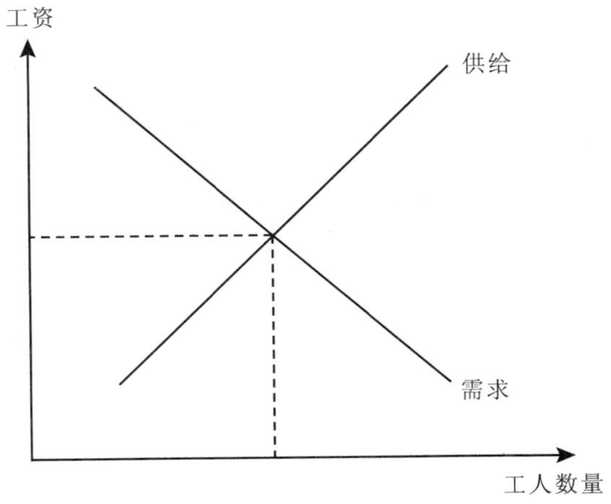

图 6－1　劳动的供给与需求

一、企业对劳动的需求

首先，我们要做一个基本的假设，企业是价格接受者，一个企业对它出售商品的价格以及对所付出的工资几乎没什么影响。换句话说，企业无论是在产品市场还是在劳动市场都是完全竞争的。因为一旦从产品市场的分析扩展到产品市场加要素市场，则仅仅是产品市场完全竞争还不足以说明厂商的完全竞争性，还必须要求要素市场也是完全竞争的。例如：要素的供求双方人很多；要素没有区别；要素可以自由流动等。这样，企业只能接受劳动市场所决定的工资。

其次，第二个假设是企业以利润最大化为动机。它只关心利润，利润等于销售产品取得的总收益减去生产这些产品的总成本。

最后，我们这里假设厂商只使用一种可变要素即劳动，没有其他投入。

【即问即答】

现实中的劳动市场是完全竞争吗？为什么？

（一）边际产量

为得到企业对劳动的需求，我们必须回顾一下此前学过的边际产量。假如你有一片樱桃园，某一年到了收获的季节，你需要雇人帮你摘樱桃。当你雇用第一个工人时，他在单位时间内（比如说一天）可以摘樱桃 50 斤。你可能觉得一个工人不够，于是又雇用一个工人，两人的总产量为 90 斤。那么，第二个工人的边际产量就是 40 斤。

你可能觉得奇怪，两人的总产量为什么不是 100 斤呢？原因很简单。当你雇用第一个工人时，他会选择最容易采摘的樱桃；第二个工人就不得不采摘高处较难采摘的樱桃。因此，第二个工人单位时间的产量会下降。因此，边际产量的概念就是：

边际产量指增加一单位劳动所带来的产量增加。

边际产量起初也可能是增加的，但最终必然递减。例如给一块地施化肥，一亩地施 1 斤，边际产量不大，然后边际产量随着化肥的增加而逐渐增加。但总有一个限度，比如施了 1 亿斤肥，庄稼肯定会死。一个车间，当工人的人数增加时，最初，边际产量会增加，但当车间里挤满了工人时，边际产量肯定要下降。

边际产量递减规律指一单位投入的边际产量最终会呈现递减的趋势。

理论上讲，对于短期生产，固定要素与可变投入有一个最佳比例。开始时，可变要素为零，还远不到最佳比例，随着可变要素的增加，逐步接近最佳比例，到达最佳比例时，边际产量最大。此后逐渐递减，最终会变为负值。

（二）劳动需求

为了理解企业对劳动的需求，我们还是以樱桃园为例，简便起见，假设你除了雇用工人需要花钱外没有其他的成本。

你的第一个任务是和工人讨论工资。工人说，每天的工资不能低于 100 元。没有办法，你只能接受。这也说明劳动市场是竞争性的，厂商只能接受当前的工资率。

你的第二个任务是确定雇用多少工人，这是个相当棘手的问题。我们假设樱桃的价格是每斤 10 元。

当你雇用一个工人，其产量为 50 斤，当然边际产量也是 50 斤，这些边际产量值多少钱呢？50 乘以樱桃的价格 10 就是 500 元。这个工人为你创造了 500 元的价值，但你只支付了他 100 元，显然，这是有利可图的。利润为 400 元。

当你雇用两个工人，其总产量为 90 斤，第二个工人的边际产量为 40 斤，价值 400 元。但你只为他支付了 100 元工资。可见，增加雇用工人是合算的。

当你雇用三个工人，其总产量为 120 斤，第三个工人的边际产量为 30 斤，价值 300 元。但你只为他支付了 100 元工资。应该继续增加雇用工人。

当你雇用四个工人，其总产量为 140 斤，第四个工人的边际产量为 20 斤，价值 200 元。但你只为他支付了 100 元工资。还可以继续增加雇用。

当你雇用五个工人，其总产量为 150 斤，第五个工人的边际产量为 10 斤，价值 100 元，而你为他支付的工资也是 100。这已经到了临界点，你应该停止增加劳动雇用量。

但是由于你性格比较古怪，不顾樱桃园已经人满为患、人浮于事的现实，坚持雇用第六个工人，此时总产量为 155 斤，第五个工人的边际产量为 5 斤，价值 50 元，而你为他支付的工资却是 100。显然，这不合算，工人数量太多了。

我们将这些数据放在表 6 - 1 中。根据表 6 - 1，我们可以发现，你的最佳雇用量是 5。

表 6－1　边际产量与劳动需求

劳动（人）	产量（斤）	边际产量（斤）	产品价格（元/斤）	边际产量的价值（元）	单位劳动的工资（元）
0	0	—	10	—	100
1	50	50	10	500	100
2	90	40	10	400	100
3	120	30	10	300	100
4	140	20	10	200	100
5	150	10	10	100	100
6	155	5	10	50	100

【即问即答】

你能从表 6－1 中发现樱桃园在每一个劳动雇用量下的利润吗？

在第二年，你的樱桃园又丰收了，又需要雇人采摘。因此，你不得不重复去年的事情，于是找到工人，有了去年的经验，你以为不用再讨论工资，也不用费心去考虑最佳劳动雇用量了。但是很不幸，工人说，每天的工资不能低于 200 元。你愕然，问，为什么？工人说，别人的樱桃园都是每天 200 元的工资。没有办法，你只能接受（我们就知道，工资不是单个企业决定的，而是由整个劳动市场决定）。

如果樱桃的价格还是每斤 10 元，工人的工作能力和上年比没有变化，你今年的最佳劳动雇用量还是 5 吗？

如果你还是雇用五个工人，其总产量仍然是 150 斤，第五个工人的边际产量仍然为 10 斤，价值 100 元，而你为他支付的工资却是 200。显然，工人数量太多了。你必须减少雇用工人。

比如说，减少到四个工人，其总产量为 140 斤，第四个工人的边际产量为 20 斤，价值 200 元。但你为他支付了 200 元工资。刚刚好，四个工人就是最佳雇用量。

第三年，如果工资变为每天 300 元，最佳雇用量是多少？如果工资为每天 400 元、每天 500 元呢（当然，没有哪一个樱桃园会支付这样高的工资，只是假设）？

可以发现，每天 300 元、每天 400 元和每天 500 元最佳雇用量分别是 3 个、2 个和 1 个。

最后，如果你足够细心，可以在你的樱桃园日志上整理出这样一个数据系列：

工资为 100 元，最佳劳动雇用量为 5；

工资为 200 元，最佳劳动雇用量为 4；

工资为300元，最佳劳动雇用量为3；

工资为400元，最佳劳动雇用量为2；

工资为500元，最佳劳动雇用量为1。

恭喜。你发现了这样的一个关系，即工资和劳动需求量之间的关系：当工资较高时，劳动需求量较低；当工资较低时，劳动需求量较高。

也可以根据这些数据画出劳动的需求曲线，如图6－2所示。

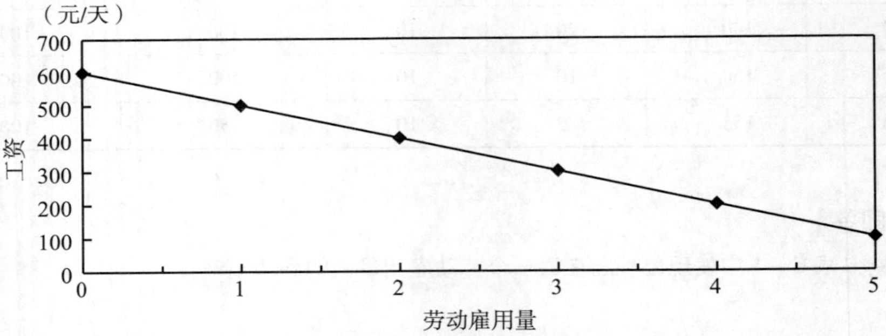

图6－2　劳动的需求曲线

【即问即答】

在你找到最佳劳动雇用量时，此时劳动边际产量的价值与单位劳动的工资之间存在什么关系？

二、劳动的供给与工资的决定

与一般的商品类似，劳动的供给与工资也有密切关系。一般而言，工资越高，劳动供给量越高。工资越低，劳动的供给量越低。

但劳动供给有其特殊之处。当工资较低时，随着工资的上升，消费者为较高的工资吸引将减少闲暇，增加劳动供给量。在这个阶段，劳动供给曲线向右上方倾斜。但是，工资上涨对劳动供给的吸引力是有限的。当工资涨到一定量时，消费者的劳动供给量达到最大。此时如果继续增加工资，劳动供给量非但不会增加，反而可能会减少。其原因在于当工资较高时，工人收入也较高，从而可能增加闲暇的消费，从而减少劳动供给量。

当然，对于整个社会而言，如果某个行业的工资提高，想从事该行业的人数就会增加，从而劳动供给量会增加。同理，如果某个行业的工资下降，劳动供给量会减少。

【即问即答】

法国实行7小时工作制，每周工作五天。他们的平均工资要高于中国，但工作时间短于我国，这是为什么？

【拓展阅读】

供给曲线的求解过程

劳动力的所有者是个人或消费者，追求的是效用最大化。必须注意的是，个人拥有的要素数量在一定时期内总是既定不变的，例如，个人一天提供的劳动不可能超过24个小时，个人拥有的收入或财富也受到约束，不可能满足无限的当期消费与投资，等等。因此，对于个人或消费者而言，所谓要素供给问题的实质，可以看成个人（或消费者）在一定的要素价格水平下，将其全部既定资源在“要素供给”和“保留自用”两种用途上进行分配，以获得最大效用。下面以个人提供劳动这一要素为例说明劳动的供给行为。

（1）要素供给者的供给行为。假定个人在某一时期内的时间总量为$\bar{L}$，分为“劳动供给”与“闲暇”时间两部分，劳动的价格为W，劳动供给量为L，“闲暇”时间为l。劳动的供给可以获得收入$y(L)=WL$，“闲暇”也有效用，效用函数可用$U(y, l)$表示。这样，个人的选择就是在劳动价格W既定的条件下，选择最优的l（或L），使得效用最大化。其预算约束条件为：$L=-l+\bar{L}$。

两边同乘以W，上式可改写为：$y=Wl+W\bar{L}$。

我们现在采用无差异曲线分析个人（或消费者）的劳动供给行为。以横轴l表示“闲暇”时间，纵轴y表示要素供给所带来的收入，表明个人实际上是在“收入”与“闲暇”之间进行选择，因而可作出无差异曲线U_1、U_2、U_3，如图6－3所示，其中$U_1<U_2<U_3$。

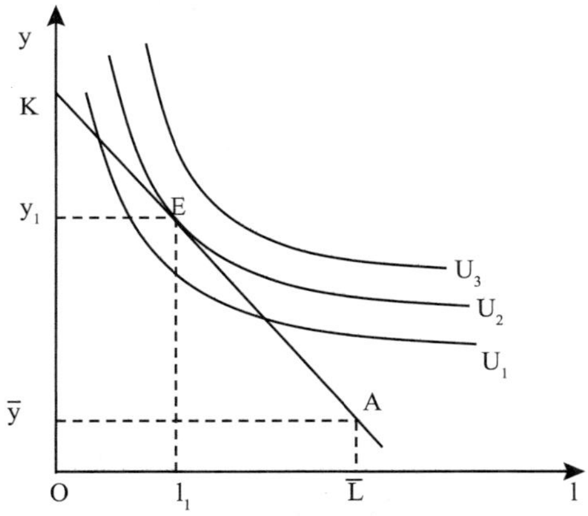

图6－3　个人的要素供给

再假设个人在开始时拥有$\bar{L}$单位的时间和$\bar{y}$单位的固定非要素收入（如不变的财产收入，即图中的$\bar{y}$A）。如果l为0，即全部时间用于劳动的供给，将得到的要素收入则为$\bar{L}\cdot W$，从而全部收入为$K=\bar{L}\cdot W+\bar{y}$；同样地，如果$l=\bar{L}$，那么，全部收入为$\bar{y}$，即点A。因此，连接点K、A的直线，就是该消费者的预算线。

显然，最优的收入y与l的组合点是E，即无差异曲线与预算线EA的切点。在这一点，无差异曲线的斜率等于预算线的斜率。预算线的斜率为：$-(W-\bar{y})/\bar{L}=-\bar{L}\cdot(W/\bar{L})=-W$。

从而，我们有：

$$\frac{dy}{dl}=-W$$

由于$l=\bar{L}-L$，我们可将上式改写成：

$$-\frac{dy(L)}{d(\bar{L}-L)}=W$$

（2）劳动供给曲线。上式即是一个关于 W 与 L 的关系式，表明二者存在一一对应的关系，因而正是我们要寻找的要素供给函数。注意式中$\frac{dy(L)}{d(\bar{L}-L)}$总为负。假定开始时，上式是满足的，即个人处于最优状态。现在假定 W 上升，为了继续满足上式，$\frac{dy(L)}{d(\bar{L}-L)}$的绝对值必须上升。根据边际替代率递减规律，l 必须下降，也即 L 必须上升。反之亦然。这样，我们就得到了劳动供给曲线向右上方倾斜的结果（见图 6－4）。

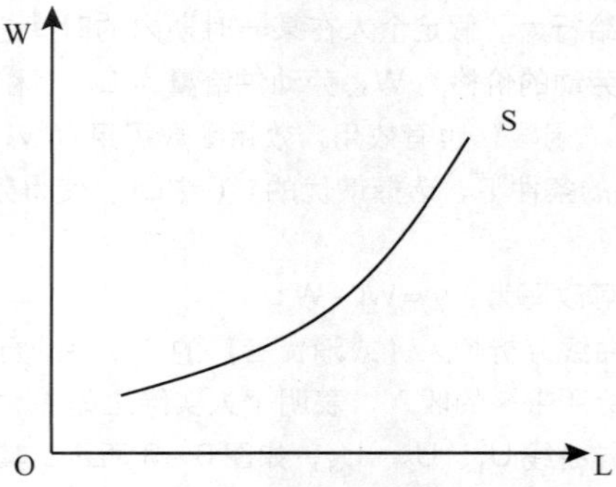

图 6－4　个人的劳动供给曲线

将劳动供给曲线与劳动需求曲线结合，就可以得到均衡的工资与均衡的就业量。如图 6－5 所示，供给曲线 S1 与需求曲线相交，得到均衡的工资和劳动量分别为 W_1 和 L_1。如果其他因素不变，则 W_1 和 L_1 就保持不变。

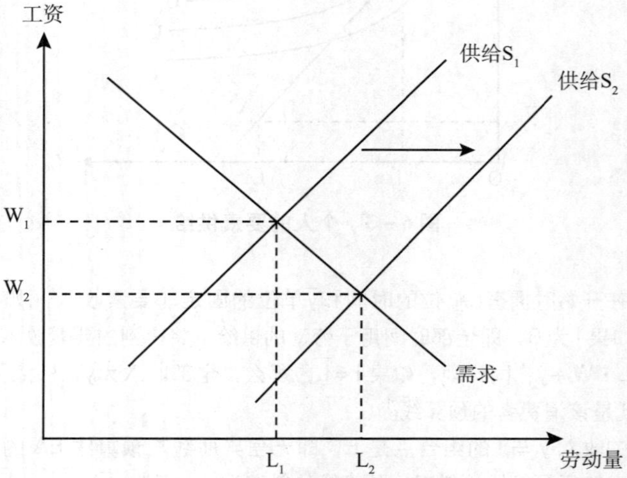

图 6－5　均衡工资及其变化

如果劳动的供给发生了变化，比如说增加。那么劳动的供给曲线就会向右移动，从 S_1 到 S_2，此时均衡工资将下降，劳动量增加。

【思考】

如果劳动供给减少，供给曲线会怎样变化？均衡工资和均衡劳动量将如何变化？

同样，如果劳动的需求增加或减少，也会影响均衡的工资与劳动量。劳动需求增加，需求曲线向右移动，均衡工资和劳动量都增加；劳动需求减少，需求曲线向左移动，均衡工资和劳动量都减少。

【案例分析】

“二孩”政策全面放开①

党的十八届五中全会决定：坚持计划生育的基本国策，完善人口发展战略，全面实施一对夫妇可生育两个孩子政策，积极开展应对人口老龄化行动。这是继 2013 年，十八届三中全会决定启动实施“单独二孩”政策之后的又一次人口政策调整。

为何要再次调整人口政策？李少君认为：一是人口红利消失。低出生率及人口老龄化令人口红利逐渐消失。支撑人口红利的两大要素——高劳动人口占比和低抚养率分别在 2010 年、2011 年出现拐点，即劳动人口占比降低、抚养率提高。人口红利的逐渐消失主要受低生育率和人口老龄化影响，低生育率主要由“计划生育”倡导的“少生”“优生”政策以及育儿成本的提高造成，人口老龄化主要由首次“婴儿潮”新生儿开始迈入老龄人口（65 岁以上）造成。二是老龄化加速。老龄人口增速上升主要受“婴儿潮”人口进入老龄人口数量增加以及人均寿命延长影响，首批“婴儿潮”出生人口在 2014 年开始进入老龄人口，同时，2010 年第五次人口普查显示我国人口平均预期寿命为 74.83，高于发展中国家平均水平。

问题：

1. 人口红利的消失对劳动力的供给有什么影响？
2. 全面开放“二孩”政策将对未来劳动力供需平衡产生怎样的影响？

第二节　土地与资本市场的均衡

除了劳动，等待考察的还有土地和资本。这里要明白，土地和资本都有两个价格——所有权转让的价格和使用权转让的价格，或者说是出售价格和出租价格。比如说在国外的大城市，一块 0.1 平方公里的土地出售价格可能是个天文数字，但出租价格将会大大降低。资本（这里指厂房、机器设备等）也有两个价格，将一台机器出售和将其出租显然是不一样的。我们仅仅讨论土地和资本的出租价格，土地的出租价格称为地租，资本的出租价格称为利息率。

经济学中的土地不仅仅指现实的土地，而是指一切不可再生的自然资源。因此，从总量上讲，土地的供给量是不变的，或者说是一条垂直线。这样，土地的价格（租金）高低就仅仅取决于对土地的需求。如图 6－6 所示，均衡租金为 P，均衡土地量为 Q。

① 资料来源：百度文库，2015－10－31。

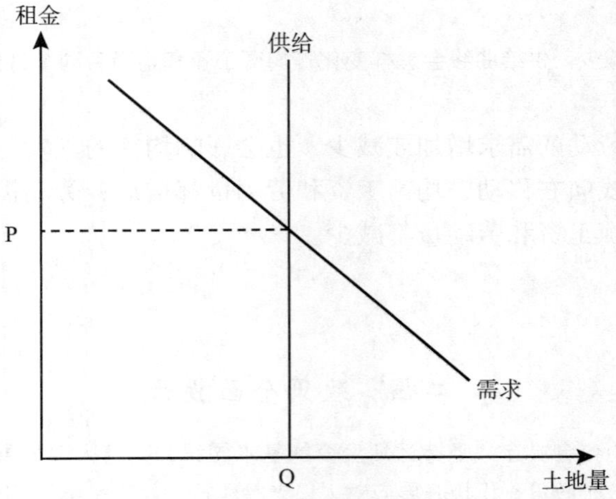

图 6－6　土地市场的均衡

与土地相比，资本还是有些不同之处。

第一，资本有实物资本和金融资本两种，实物资本是指厂房、机器设备等，金融资本是指以货币为形式的资本。实物资本和金融资本之间可以互相转化。

第二，资本与经济体制有关，同样一台机器，在市场经济体制下可以作为资本，但在非市场经济体制下就仅仅是一台机器而已。资本是由经济制度本身生产出来并被用作投入要素以便进一步生产更多的商品和劳务的物品。

第三，资本的数量是可变的，可以通过经济活动生产出来。厂房、机器设备的数量可以改变，另外，人们可以通过储蓄来改变金融资本的数量。当人们减少消费，增加储蓄，金融资本就会增加。

资本的需求和供给都与利息率密切相关。利息率是使用资本的价格。当资本的供给增加，利息率会下降；当资本的供给减少，利息率会提高。当资本的需求增加，利息率会提高；当资本的需求减少，利息率会下降，如图 6－7 所示。

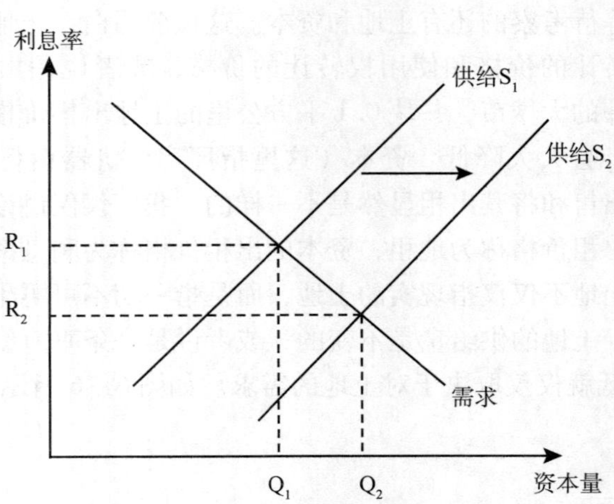

图 6－7　均衡利息率及其变化

在图 6－7 中，资本的供给曲线 S_1 与需求曲线相交，得到均衡的利息率和资本量分别为 R_1 和 Q_1。如果其他因素不变，则 R_1 和 Q_1 就保持不变。当资本的供给增加时，资本的供给曲线就会向右移动，从 S_1 到 S_2，此时均衡利息率将下降，资本量增加。

【即问即答】

如果资本供给减少，供给曲线会怎样变化？均衡利息率和均衡资本量将如何变化？

【新闻摘录】

住房和城乡建设部部长谈房价控制①

在 2010 年 3 月 8 日举行的记者招待会上，住房和城乡建设部部长姜伟新表示，部分城市房价过高、房价上涨过快，最主要的可能还是供给、需求和管理上的问题。如何抑制房价？

首先，还是要增加供给，第一要加快普通商品住房的建设，增加普通商品住房的供应。第二就是加快、加大经济适用住房的建设，扩大经济适用住房的供应范围。第三就是加大、加快限价房的建设，进一步扩大限价房的供应范围。第四就是公共租赁住房从今年开始也要加快建设。

其次，还是要抑制一下投机性的需求，目前恐怕要对第二套房的消费有一些经济的办法，进行一些控制。

最后，加强管理方面，首先还是增加土地供应，现在已经在开发商手里的土地要加快进行开发。要解决建成了住宅之后的捂盘惜售的问题。从宏观层面上，中央现在已经给各个地方下达了任务，要加快保障性住房建设和解决房价过高、过快上涨。今年资金的供给，包括新增银行贷款，国家计划比上年有所减少，这也在一定程度上对住房的需求产生一定的影响。

姜伟新认为，由于中央政府和地方政府对房价过高、过快上涨采取了一系列的政策措施，相信今年的房地产市场应该是一个比较平稳发展的状况。现场记者提及的土地财政模式，实际上谈到的问题是财政和土地的关系，“本质上说的是地方市长、市委书记靠土地增加财政收入，房价高、地价高，他很高兴，你的房价怎么降得下来？”他认为不能否认土地价格的上涨和房价的上涨确实会给地方财政增加很多收入。但一定还要看到另外一个方面，就是房价过高、过快上涨会引起不稳定，地方的任务、责任是非常重的。作为城市的政府，既要保持经济发展，保持社会稳定，又要面对房价或者是土地价格上涨，是一个两面的问题。

对于未来房价，他认为中国未来 20 年房价上涨的压力仍然是很大的，由于未来 20 年是中国城镇化、工业化的快速发展时期，需求较大，而土地供应是有限的，房价上涨的压力仍然是很大的。但是中央政府抑制房价过快上涨的决心更大。

第三节　收入差异

在完全竞争市场的假设下，每个人的工资都是相同的，但实际上是这样吗？在目前的中国，虽然足球水平并不高，但中超联赛的主力队员至少可以拿到年薪 20 万元人民币以上，中国大城市的医生平均赚到至少 10 万元以上，而工厂工人

① 资料来源：广州日报，2010－03－09。

平均赚到1万~2万元。这三个例子说明在我们经济中收入的巨大差距非常普遍。究竟是什么因素引起人与人的收入差别如此之大?

决定工资差异的因素很多，但我们首先要讨论为什么要分析工资差异，因为工资差异并不能完全代表收入的差异。在这里我们要明白，带来收入差异的全部因素可以包括工资差异、权利差异（或权力差异，包括阶层之间的差异）和机遇之间的差异等。但抛开偶然性因素不谈，比如说有人可以在路上捡到100万元或者买彩票中大奖，机遇的不同在一定程度上可以归结为权利差异（或权力差异），而导致权利差异（或权力差异）的原因又在一定程度上可以归结为你的先辈之间的工资差异。在一个相对完善成熟的市场体制下，工资差异在一定程度上决定了目前和以后的收入差异。

经济学家把导致工资差异的因素归结为这样几种：劳动质量的差异、非货币利益的不同或补偿性工资差别、劳动市场的不完全竞争以及歧视。

一、劳动质量的差异

人们之间总存在差别，智力、体力等方面的不同导致了劳动质量的不同从而导致了劳动边际产量的不同，因此，工资就出现了差异。假如一个工作是把50公斤的沙袋搬上10楼，搬得越多，工资越高，那么那些身强力壮的人无疑会赚得更多。假如工作是编制一个非常复杂的电脑程序，这个工作将主要与智力有关，而与身高体重关系不大。

除了智力、体力这些几乎是天生的因素外，受教育程度、受训练程度的不同也是导致劳动质量差异的重要因素。受教育程度较高、受训练程度较高的人可以称为人力资本。毫不奇怪，人力资本较多的工人平均收入高于人力资本少的工人。例如，美国大学毕业生的收入比高中毕业的工人平均高65%。这种巨大差额在世界上许多国家都得到证明。在发展中国家这种差距往往更大。发展中国家解决不平等的一个重要途径就是让教育惠及每一个人。

二、非货币利益的不同或补偿性工资差别

当一个工人决定是否接受某个工作时，工资仅仅是这个工人考虑的许多工作因素之一。有些工作轻松、有趣又安全；而另一些工作艰苦、枯燥又危险。无疑，喜欢从事前者的人会更多。这样，那些艰苦、枯燥又危险的工作的劳动供给就会相对减少，因而工资也应该更高。消防员的工作虽然充满刺激，但同样充满危险，因而消防员的工资是比较高的。这种差别被称为补偿性工资差别。煤矿工人得到的工资高于其他有相似教育水平的工人，他们的高工资用来补偿采煤的枯燥和危险性，以及煤矿工人所具有的长期健康问题。同样，为什么有那么多人热衷于做歌星、影星？除了潜在的巨大货币利益外，还能满足人类几乎普遍具有的虚荣心。

三、市场的不完全竞争

现实中的劳动力市场往往是不完全竞争的。在完全竞争市场的假设下，要素

的流动是无障碍的，实际上却不是这样。在中国，企业很多时候在招聘时要求应聘者有当地户口，这就将很多人排除在外。同样，完全竞争市场所要求的完全信息也不能得到满足，也许有一份工作非常适合你，但你不知道，这就是信息的不完全。另外，即便工作很好，你也可能会考虑生活环境问题。假如有一份工作是在撒哈拉沙漠上收集垃圾，工资为每天 1 000 元，但你首先考虑的可能是自己能否适应那里干燥的环境。

【拓展阅读】

要素市场非完全竞争条件下的要素供给与价格决定

我们知道，产品市场上的销售者常常具有某种垄断势力，同样地，要素市场的供应者也可以拥有某种卖方垄断势力。但一般来说，要素市场上的垄断因素要远远小于产品市场。下面我们来分析具有卖方垄断势力的要素市场均衡。要素市场的供应者可以拥有某种卖方垄断势力，西方经济学往往选用的一个例子是工会具有卖方垄断特征。

在完全竞争条件下，均衡点为 A，L^* 的工人将在 W^* 的工资下被雇用（见图 6 –8）。

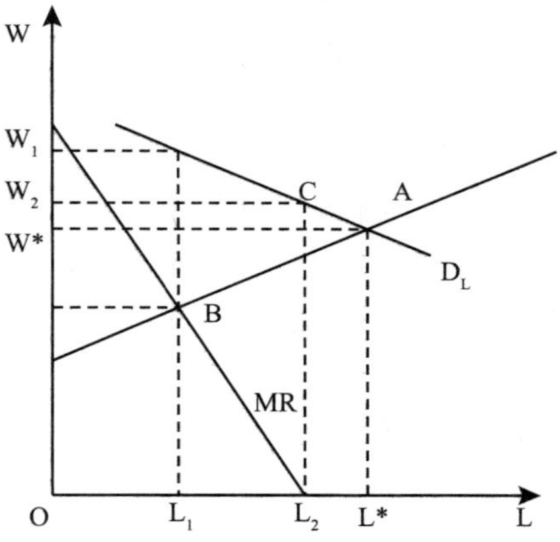

图 6 –8 卖方垄断下的要素供给（工会）

现在假定工会具有卖方垄断势力。它可以任意选择工资率和劳动供给数量。那么，劳动供给量将取决于工会目标。如上节所述，作为产品市场上的卖方垄断者，其边际收益曲线一定在需求曲线的左下方。工会作为要素的卖方垄断者，则有出卖劳动力的边际收益曲线 MR 也位于劳动需求曲线 DL 的左下方，并假定与横轴相交于 L_2。假定如果工会的目标是雇用工人数目最大化，它将选择 A 点的竞争性结果。假定工会追求“利润”最大化，那么它将选择边际收益等于边际成本的点，此时的均衡点为（L_1，W_1）。这时，$W_1 > W^*$，而 $L_1 < L^*$。假定工会追求的目标是所有工人的工资总额最大化，那么它将选择 L_2 点，此时出卖劳动的边际收益 MR 为 0。均衡点为（L_2，W_2）。仍然有 $W_2 > W^*$，$L_2 < L^*$。

由此可以得出结论，在不完全竞争要素市场上，要素的均衡价格往往高于竞争性价格，而要素提供量则小于竞争性数量。不存在连续的劳动供给曲线。

四、歧视

工资差异的另一个来源是歧视。这包括种族、宗教、性别、年龄等方面。一部分歧视反映了某些人对某个社会群体的偏见，如种族、宗教歧视；另一部分可能存在真实的经济学原因，如性别、年龄歧视。

种族、宗教歧视常常是个社会性问题，与文化有关，而与经济学关系不大。同样的劳动质量，美国黑人工人的平均工资比白人工人的平均工资低20%左右，这属于种族歧视。在某些国家，工作机会只向特定阶层的人开放，这可以称为阶层或阶级歧视。这些都是多文化、多种族、多宗教国家所面临的重大问题。

性别和年龄歧视普遍存在。很多企业在招聘员工时宣称：只要男性、25岁以下等。实际上工作性质与性别、年龄没有关系。但企业为什么要这样做呢？因为女性也许要面临比男性更多工作以外的问题，比如生育、养育孩子等，企业或许是出于经济学的考虑而更喜欢男性。年龄问题同样是这样，25岁以下几乎可以保证潜在的员工没有家庭的负累。实际上，这样做的企业通常是短视的，因为结婚以后的男人（女人）更有责任感，无论是对工作还是对家庭。当然，中国的企业之所以敢于这样做，还有一个重要原因，即劳动力供给几乎是无限的。无论条件多么苛刻，企业总有足够的挑选空间。

另外一些歧视看起来匪夷所思，如身高歧视。有些企业在招聘员工时宣称：男性要求1.70米以上、女性要求1.65米以上（这也许可以解释人们的身高为什么普遍增加，因为身高不足的人面临更少的工作机会，根据“自然”选择理论，这些人逐渐被淘汰，只留下高个子。这与长颈鹿脖子为什么那么长的解释相类似）。也许企业在这样做的时候是在考虑公司的形象，但员工身高与公司业绩不存在什么明显的联系。还有残疾人歧视，尽管有些残疾并不影响岗位工作需要。有调查显示，超过70%的残疾人在就业过程中有过被歧视经历，其中32%的人表示经常受到歧视待遇。

【参考资料】

就业歧视“花样翻新” 学者建议制定专门法律①

2010年1月7日，在焦作调研的河南省委书记卢展工到焦作市人力资源市场“微服”体验应聘媒体发展人员，尽管他和职业介绍服务中心的工作人员反复摆出“年龄虽大，但经验很丰富，与媒体联系很多”等有利条件，但还是因年龄过大被拒绝。

很多人将此事解读为一个有意思的就业歧视样本。而年龄歧视相对时下各种类型的就业歧视而言，仅仅是“冰山一角”。

就业歧视种类繁多

2008年1月1日起施行的《就业促进法》明确规定：劳动者就业，不因民族、种族、性别、宗教信仰、年龄、身体残疾等因素而受歧视。然而，实施两年多以来，这一条文在反就

---

① 资料来源：法律快车，2010－08－21。

业歧视领域发挥的作用有限，就业歧视依然花样翻新且涉及人数较广。据介绍，目前问题比较严重的有以下几类。

残疾人歧视。根据《就业促进条例》的规定，用人单位安排残疾人就业的比例不得低于本单位在职职工总数的 1.5%，达不到比例的，用人单位应当缴纳残疾人就业保障金。与此同时，国家对安置残疾人就业的企业有一定的税费返还。但是，这些措施往往并不能实现保障残疾人就业的目的。现实中，一些用人单位甚至在招聘启事上明示“不录用残疾人”。

乙肝歧视。中国大约有 1.2 亿名乙肝病毒携带者，他们在入学、就业、婚姻等各个方面受到不同程度的不平等待遇，其中就业歧视最为严重，由此引发的劳动争议案件屡见报端。北京益仁平中心发布的《2007 年度中国公民健康状况与就业权报告》显示，在 4 711 份有效问卷中，有 45.69% 的乙肝病毒携带者在就业过程中因此受到歧视。该中心就业歧视法律援助中心主任于方强表示，尽管近年来我国相继出台了多部法律、部门规章，保护乙肝病毒携带者就业权利的力度明显加大，然而乙肝就业歧视现象并没有明显减少。一些用人单位仍在招聘入职时设置体检环节，将乙肝五项检查作为必查项目，然后对查出的乙肝病毒携带者拒绝录用。一些已经入职的劳动者在单位提供的福利体检中，因被发现为乙肝病毒携带者而遭辞退。

性别歧视。据北大妇女法律援助中心律师张帅介绍，女性从被招聘录用到离职退休的过程中，会遭遇各种各样的歧视。比如，男女录用比例上的差异，一些单位或明示或隐性地招用更多男性；男女同工不同酬；女性在怀孕期、哺乳期等特殊时期容易被排挤或者辞退；在职务升迁上，对女性要求的条件比男性严苛；在退休年龄上，女性普遍早于男性……

歧视表现形式多样

第一，就业机会歧视，即可以提供给特殊群体的就业机会和岗位相对较少。比如，一些地方直接对残疾人就业的总量进行控制，对职业和工种进行限制。在 2005 年 1 月《公务员录用体检通用标准（试行）》施行以前，几乎所有的残疾人都不符合报考公务员的条件，或不符合公务员体检标准。

而在《公务员录用体检通用标准（试行）》（以下简称《标准》）实施之后，部分残疾人可以通过公务员录用体检，但该《标准》把有精神残疾史和视力、听力残疾的人一律排除在公务员录用的大门之外，无论有精神残疾史的人是否已康复，无论正常履行职责对听力或视力是否有要求。在 2009 年《食品安全法》实施以前，乙肝病毒携带者一直被禁止从事餐饮行业。

第二，就业待遇歧视。一些用人单位为了享受免税待遇，名义上安置了残疾人就业，但实际上残疾人并不上岗，而只是发给其很少的生活费，有的连生活费也不发；北大妇女法律援助中心的调查显示，15% 的调查者表示，他们所在的单位存在男职工比女职工获得更高报酬的现象；33.9% 的被调查者称其单位的男职工获得培训机会、提拔机会比女职工多。

第三，就业服务与工作环境歧视。不少用人单位以没有无障碍设施为由拒绝招聘和录用残疾人。一些就业服务机构没有为残疾人就业创造良好的无障碍环境，还有不少用人单位以没有无障碍设施为由拒绝招聘和录用残疾人。“无障碍通行权最常用的就是无障碍设施。没有无障碍设施，残疾人怎么参与社会生活？道路上没有无障碍设施，残疾人怎么出门、怎么去上班？工作场所没有无障碍设施，残疾人怎么就业？”四川大学法学院教授周伟认为，无障碍通行权的保障是残疾人实现就业的前提。此外，一些女职工受到职场性骚扰困扰，并且在孕期、哺乳期容易遭到排挤。

反就业歧视立法亟待完善

虽然我国现行法律法规，如《劳动法》、《妇女权益保护法》、《残疾人保障法》、《就业促进法》等，都有关于劳动者平等就业权利的规定，但目前来看，这些规定不能完全适应社会发展的需要，存在诸多问题。

我国现有法律中关于反就业歧视的规定，基本上是一些权利性的宣告，缺少程序上的保障和实施机制。比如，歧视女性是《宪法》、《劳动法》、《妇女权益保障法》均严加禁止的，但当有关单位明目张胆地拒绝雇用女性时，受害者除了向妇联投诉外，没有别的办法。这一现象困扰着不少公益律师。因为《劳动法》和《民法》没有规定对私营企业的歧视行为可以提起诉讼，因此，当一个私营企业公然歧视劳动者时，是没有法律途径可以救济的。即便是雇用期间有歧视行为，也只能以劳动纠纷的名义提起劳动仲裁和劳动诉讼，而不能以受到就业歧视为由提起诉讼。

当法官碰到职场性别歧视案件、乙肝歧视案件的时候，完全没有歧视的概念。一个很普遍的现象是，法官把反乙肝歧视案件作为劳动案件来对待，这是很典型的。并非法官看不到劳动争议背后的歧视因素，而是法官只能依据现有法律的明确规定去审判，尽管有一些法律条文称反对就业歧视，但具体到究竟哪些歧视是就业歧视，举证责任如何分担等问题，从现有法律法规看，都没有明确的答案。

我国迫切需要制定一部反就业歧视领域的专门法律，针对当前突出的就业歧视问题作出规定，明确就业歧视的概念、种类、法律责任，建立反就业歧视的专门机构，促使用人单位尊重劳动者的平等就业权。

第四节　如何解决收入不平等

收入不平等是一个世界性的问题。国与国之间、地区与地区之间的贫富差别是明显的。美国人均收入是埃塞俄比亚人均收入的100倍左右。同一国家的居民收入差距同样明显，1995年美国最富裕的5%的家庭平均年收入在11万美元以上，而最穷的20%的家庭平均年收入不到1.5万美元。

中国同样存在着严重的收入差距。在中国，得到最高收入的20%人口的平均收入是得到最低收入的20%人口的平均收入的10.7倍左右，而美国是8.4倍，俄罗斯是4.5倍，印度是4.9倍，最低的是日本只有3.4倍。改革开放以来，我国由世界上居民收入最平均的国家之一，变成世界上居民收入差距较大的国家之一，城乡、区域、行业、群体之间的收入差距持续扩大。

例如在中国最大的城市之一——上海，街头有很多外乡的少年，在等红绿灯的间隙，穿梭在拥挤的车流中，向宝马、奥迪兜售小商品。他们中的一部分人就以城市的桥洞为家。在非洲和拉丁美洲一些国家的首都，这是司空见惯的景象。而在上海，这种情况在过去是非常少见的。实际上，任何一个中国大城市的地下通道都有大量这样的人群。他们的存在令人记起，还有接近8 000万中国人生活在国际贫困线之下。在经济低迷的景况下，可想而知，他们的生计将更加艰难。

一、如何衡量收入的不平等

为衡量一个国家或地区的贫富差距程度，奥地利统计学家洛伦兹提出了著名的洛伦兹曲线。

在一个经济总体（国家、地区）内，首先对全部人口按收入高低排队，比如说可以分为5组，每一组人口均为总人口的20%。第一组20%人口的收入是最低的，第二组相对高一些，依次类推。我们假设一个国家有这样的分配资料。

第一组20%人口的收入占该国总收入的4.6%；

第二组20%人口的收入占该国总收入的10.6%；

第三组20%人口的收入占该国总收入的16.5%；

第四组20%人口的收入占该国总收入的23.7%；

第五组20%人口的收入占该国总收入的44.6%。

然后，再对上述资料进行累计：

第一组20%人口的收入占该国总收入的4.6%；

第一组加第二组（合计为40%）的收入占该国总收入的15.2%；

第一组加第二组加第三组（合计为60%）的收入占该国总收入的31.7%；

第一组加第二组加第三组加第四组（合计为80%）的收入占该国总收入的55.4%。

全部相加（合计为100%）的收入占该国总收入的100%。

根据上面所给出的数据，可以画出如图6－9所示的图形。图中横轴是OH表示人口（按收入由低到高分组）的累积百分比，纵轴OI表示收入的累积百分比，弧线ODL为洛伦兹曲线。

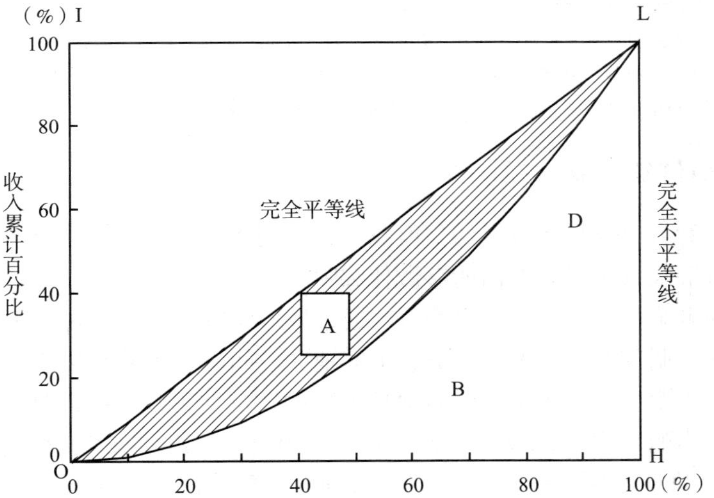

图6－9　洛伦兹曲线

洛伦兹曲线的弯曲程度有重要意义。一般来讲，它反映了收入分配的不平等程度。图中洛伦兹曲线与45度线OL围成的阴影面积是“不平等面积”。此面积越大，收入分配越不平等。反之则相反。

特别是，如果所有收入都集中在一人手中，而其余人口均一无所获时，收入分配达到完全不平等，洛伦兹曲线成为折线OHL。另外，若任一人口百分比均等于其收入百分比，从而人口累计百分比等于收入累计百分比，则收入分配是完全平等的，洛伦兹曲线成为通过原点的45度线OL。

通常情况下，一个国家的收入分配，既不是完全不平等，也不是完全平等，而是介于两者之间。相应的洛伦兹曲线，既不是折线OHL，也不是45度线OL，而是像图中这样向横轴突出的弧线OL，尽管突出的程度有所不同。

【案例分析】

关于收入差距的讨论①

据国家发改委的一项报告显示，当前中国城市居民收入差距的基尼系数已到合理值的上限，达0.4左右。中国居民收入差距拉大，怎么正确看待这个问题？

樊纲：收入差距拉大这一趋势将会持续很长时间，至少在将来5～10年内不会逆转。现在，一个人绝对收入水平在提高，但是相对于整个社会来讲，和其他人比较起来，他的收入增长没有其他人快，与高收入者的差距在拉大。

吴敬琏：我认为，唤起对收入差距拉大问题的重视，促使大家去思考这个问题并提出解决办法，是很有必要的。收入差距扩大到现在这种程度，表明我们这个社会确实是生病了。

李实：这种论断缺乏对背后原因的深入分析。首先我们需要了解收入分配差距本身的构造。造成当前收入分配差距的一个很重要的原因是城乡差距。我们的分析结果显示，中国的城乡收入差距占全国收入差距的40%左右。

萧灼基：我认为，目前我国的基尼系数虽然比较高，应该十分重视，但是也不要感到有多么严重、可怕。从我国的具体情况来说，这种基尼系数引起社会动乱的可能性不大。

请你试着分析造成我国收入差距拉大的原因及其影响有哪些？

二、如何解决收入的不平等

政府尽管有时候是不可靠的，但我们遇到问题的时候还总是会想到政府。那么政府在解决收入不平等方面能够做什么呢？

再分配政策可以是一个重要手段，通过政府税收和转移支付政策，对收入进行二次分配，调节收入在不同人群、不同地区之间的分配关系。这里的税收主要是指个人所得税，而个人所得税通常是累进的。例如，政府可以规定2 000元为起征点，当你的月收入2 500元时，超过2 000的那500元按5%纳税，纳税额是25元；当你的收入是3 500元时，那么1 500元要纳税，其中500元按5%纳税，另外1 000元按10%纳税，纳税额是125元。从理论上看，累进的个人所得税可以有效地遏制收入的不平等。

另外，健全的社会保险、社会救助机制也是必要的。通过构建社会安全网，保护弱势群体。当然，中国的问题非常复杂，政策设计要求全面而灵活。首先对于因丧失或缺乏劳动能力而陷入困难的群体，如残疾人、慢性病患者、老年人等进行救助。其次是在劳动者生命周期的不同阶段进行平衡共济，如退休职工领取

① 资料来源：成都商报，2006－08－10。

养老金，失业人员领取保险金等。其次是对由于政策因素承受特殊冲击群体进行补贴或救助，如对于资源枯竭型产业与企业脱离劳动关系的工人进行补偿。最后是对由于历史和自然原因造成的困难对象进行特殊支持和扶持。

但无论是再分配政策，还是社会保险、社会救助机制都是事后的补救，遏制收入不平等的根本手段还是如何保证起点的公平以及机会的均等。其中普及性的教育可能是有作用的。

【参考资料】

茅于轼：累进税在中国没有起到应有作用①

理论上来说，实行累进税制是一个实现公平避免社会矛盾激化的完美方案。但著名经济学家茅于轼却认为累进税在中国的实施并没有起到应有的作用。

国家向老百姓征税有多种方法。比如人头税，是按人头征收；流转税是按交换的额度征收；还有个人收入调节税（下称“个税”）是按个人的收入征税。个税较之前者有两大优点。第一，它瞄准了谁，谁就得缴税，不像流转税可以转嫁给别人——如果流转税是向商品的出售方征收，出售方很容易把价格提高，有一部分税负就转嫁给了消费者。这正是我国的情况。

个税的第二个也是最主要的优点，是可以调节贫富差距。个税一般都设计成累进制，收入多的人税率高一点，收入低的人税率低一点，这样就能做到“劫富济贫”。

我国的个税从设计上也是为了调节贫富差距。它将月收入分成10个台阶，每个台阶的税率不同，从最低的0（月收入在2 000元以下），到最高的45%（月收入在10万元以上的部分）。可实际执行下来却起了相反的效果——收入最高的那部分人基本上没交多少税，税负主要是由一般的工薪阶层负担。

原因在哪里？在于税务局无法察知每个人的月收入。税务局唯一能够掌握的个人收入信息是各单位申报的工资，所以只有工资是按章缴纳了累进所得税的。可是高收入的人工资往往不是主要收入，而主要靠财产，比如买卖股票所得、投资黄金所得、开办公司所得等，这部分的收入税务局根本无法掌握。结果是理论上先进的累进制所得税，在执行中其征税对象仅仅针对了一般收入的工薪阶层。

这样就能理解为什么中国的个税只占总税收的7%了，这个数字远远低于大多数国家50%的平均水平。可以说累进税在中国讽刺性地成了“累退税”。这也说明了中国的税收体系存在巨大漏洞。

鉴于此，茅于轼认为，中国应该学习俄罗斯2001年个税改革的成功经验把个税税率统一。但这样的政策在茅看来可能也会引起争议。

俄罗斯在2001年以前也是实行累进所得税制，起征点为3 168卢布，在此以上到5万卢布的税率为12%，5万~15万卢布的税率为20%，超过15万卢布的那部分税率为30%。改革以后起征点提高到4 800卢布，而且取消了所有高于12%的税率，改为统一12%的所得税税率。按理讲，起征点提高了，高税率取消了，税收收入应该大幅度降低，可事实上改革后当年的税收增加了25%，而当年的GDP只增加了5%。这是由于降低了税率，原来逃税的人变为缴税，所以总税收才能增加。

---

① 资料来源：中国日报，2010－04－01。

我国的情况与俄罗斯很相似，都是从计划经济转向市场经济，老百姓过去都是不缴个人所得税的，征管都很薄弱。俄罗斯降低税率反而增加了税收收入的道理是强加征管不如让人们自发遵守。低税率配以强征管必定能收到效果。从理论上讲，累进税制是一个先进的税制，但只在征管问题解决后才是先进的。我国的征管问题并没有解决，累进税的先进性完全是理论上的。因此，我们不妨汲取俄罗斯税改的经验，重新思考我国的个税税制。等税务机关掌握了高收入者的收入情况之后，再转成累进税制，可能是一条走向成功的道路。而累进税的实施需要人们有良好的缴税“习惯”，目前看来，国人当中有此种“习惯”的人非常少。

当然茅于轼认为，这种表面上有利于富人的理性逻辑可能并不能被中国社会所接受，政策制定者们届时也肯定会面临数量庞大的中低收入人群的异议。但尽管如此，他仍认为这个表面“媚富”的政策实际上会带来更大的公平。

【内容提要】

◆ 经济学家总是认为价格是由供给和需求共同决定的。三种生产要素——劳动、土地和资本的价格也是由供给和需求决定的。

◆ 在完全竞争假设下，企业对劳动的最佳需求量是与工资相等的边际产量价值所对应的劳动量。

◆ 与一般的商品类似，劳动的供给与工资也有密切关系。一般而言，工资越高，劳动供给量越高。工资越低，劳动的供给量越低。但劳动的供给有其特殊之处。当工资达到一定高度时，劳动供给量非但不会增加，反而可能会减少。其原因在于当工资较高时，工人收入也较高，从而可能增加闲暇的消费，从而减少劳动供给量。

◆ 土地和资本都有两个价格——所有权转让的价格和使用权转让的价格，或者说是出售价格和出租价格。

◆ 经济学中的土地不仅仅指现实的土地，而是指一切不可再生的自然资源。因此，从总量上讲，土地的供给量是不变的，或者说是一条垂直线。这样，土地的价格（租金）高低就仅仅取决于对土地的需求。

◆ 经济学家把导致工资差异的因素归结为这样几种：劳动质量的差异、非货币利益的不同或补偿性工资差别、劳动市场的不完全竞争以及歧视。

◆ 洛伦兹曲线可以用来分析收入不平等程度。

【关键概念】

边际产量　边际产量递减规律　歧视　洛伦兹曲线

【单项选择题】

1. 生产要素所有者得到的收入是劳动的工资与（　　）。

A. 资本的利润和货币的利息　　B. 资本的红利和货币的利息

C. 资本的利息和土地的地租　　D. 资本的利润和土地的地租

2. 增加 1 单位资本使用所引起的总收益的变动是（　　）。

A. 资本的边际产量　　B. 资本的边际收益

C. 资本的边际收益成本　　D. 资本的边际收益产量

3. 在实现了利润最大化的均衡时，下列不正确的是（　　）。

A. 边际收益等于边际产量

B. 边际收益等于边际成本

C. 要素的边际收益乘以边际产量等于要素的边际成本

D. 要素的边际收益产品等于要素的边际成本

4. 假定一个利润最大化的企业在竞争的劳动市场上雇用劳动。如果劳动的边际收益产量大于工资，企业将（　　）。

A. 提高工资率　　B. 降低工资率

C. 增加雇用的劳动量　　D. 减少雇用的劳动量

5. 使地租不断上升的原因是（　　）。

A. 土地的供给、需求共同增加　　B. 土地供给不断减少，而需求不变

C. 土地的需求日益增加，而供给不变　　D. 以上全不对

6. 洛伦兹曲线越是向横轴凸出，表示（　　）。

A. 基尼系数越大，收入就越不平等　　B. 基尼系数越大，收入就越平等

C. 基尼系数越小，收入就越不平等　　D. 基尼系数越小，收入就越平等

【复习题】

1. 企业关于劳动的需求曲线为什么向下倾斜？

2. 土地的供给曲线为什么是一条垂线？

3. 如果劳动工资较低时，增加工资，劳动供给量增加；当工资较高时，增加工资，而劳动供给量减少。那么，劳动的供给曲线应该是什么形状的？

4. 决定工资差异的因素有哪些？

5. 在一个竞争性的劳动市场上，如果最低工资高于均衡工资，会出现什么后果？

【问题与应用】

1. 作图显示劳动需求增加和减少时均衡工资和均衡劳动量的变化。

2. 用土地的需求、供给曲线解释一下我国房地产价格的持续上升。

3. 你的家庭主要收入来源是什么？与邻居相比，收入存在差异吗？如果存在差异，你认为原因何在？

4. 在我国，城乡居民收入差距持续扩大，由20世纪80年代中期的1.8∶1左右，扩大到3∶1以上，你认为应该如何解决这个问题？

参考文献

[1]［美］曼昆．经济学原理（下）［M］．北京：北京大学出版社，1996.

[2] 朱善利．微观经济学［M］．北京：北京大学出版社，1994.

[3]［美］布拉德利·希勒．当代经济学［M］．北京：人民邮电出版社，2004.

[4] 尹伯成．西方经济学［M］．上海：上海人民出版社，2008.

[5] 高鸿业．西方经济学［M］．北京：人民大学出版社，1999.

第七章　市场失灵和政府微观经济政策

当今没有什么东西可以取代市场来组织一个复杂的大学经济。问题是，市场既无心脏，也无头脑，它没有良心，也不会思考，没有什么顾忌。所以要通过政府制定政策，来纠正某些由市场带来的经济缺陷。

——保罗·萨缪尔森

第一节　市场失灵与垄断

一、市场失灵的含义与垄断

市场机制在现实社会的很多场合不能导致资源的有效配置。这种情况被称为“市场失灵”（market failure）。

通常认为，导致市场失灵的原因主要在于以下四个方面：

1. 垄断。对于经济生活中存在的垄断的利弊得失，直到目前不同的人也是观点各异。不过，目前大家在某些问题上的观点基本一致，那就是：某些具有自然垄断特性的行业，如电力、电信，实行一定的垄断经营是必要的，但对于绝大多数的竞争性行业，实行垄断弊大于利，通常认为会降低效率。

2. 外部性。在市场经济里，外部性使个人利益与社会利益不一致，因此，对个体是最优的决策，对社会不是最优的，从而无法实现资源的最优配置。

3. 公共物品。公共物品具有的非排他性和非竞争性属性决定了很难通过市场机制来实现其有效供给。

4. 信息不对称。完全竞争模型的一个重要假定就是信息完全。信息不对称的存在使经济活动的参与人具有的信息是不同的，一些人可以利用信息优势进行欺诈，这会损害正当的交易。当人们对欺诈的担心严重影响交易活动时，市场的正常作用就会丧失，市场配置资源的功能也就失灵了。此时市场一般不能完全自行解决问题，为了保证市场的正常运转，政府需要制定一些法规来约束和制止欺诈行为。

本章的下面几节将从以上四个方面入手，逐一讨论政府应对市场失灵的相关微观经济政策。

【即问即答】

造成市场失灵的原因主要有哪些？

二、垄断的低效率与对策

垄断为人们所诟病的主要原因在于其会影响经济运行的效率。垄断厂商的低效率主要表现为以下四个方面。

1. 产出受到限制，价格升高。图 7－1 表示一个典型垄断厂商的利润最大化情况。曲线 D 和 MR 表示该厂商面临的需求曲线和边际收益曲线。此外，为简单起见，假设厂商的边际成本与平均成本相等且固定不变，由图中水平直线 AC = MC 表示。

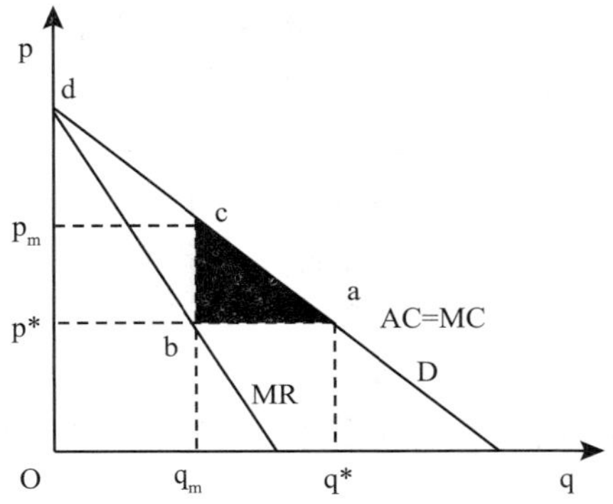

图 7－1　垄断和低效率

垄断厂商利润最大化的原则是 MR = MC。因此，厂商利润最大化的产量为 q_m，与之相对应的垄断价格 p_m，显然高于厂商的边际成本。

显而易见，上述垄断厂商利润最大化时的状况并没有达到帕累托最优状态。由于在利润最大化产量 q_m 上，价格 p_m 高于边际成本 MC，这表明：消费者愿意为增加额外一单位产量所支付的价格超过生产该单位产品所引起的成本。因此，存在帕累托改进的空间。

现在，我们来考虑一下：是否有某种方式可使垄断厂商和消费者的状况都变好呢？如果让垄断厂商再多生产一单位产量，让消费者以低于垄断价格但大于边际成本的某种价格购买该产品，则垄断厂商和消费者都会从中得到好处。由于最后一单位产量给垄断厂商带来的收益大于它支出的成本，因此，其利润进一步得到提高；另外，消费者对最后一单位产量支付的价格低于他本来愿意支付的价格，其福利也得到进一步提高。

既然垄断产量和垄断价格不满足帕累托最优条件，那么什么位置符合帕累托最优状态呢？答案是：q^* 点。在 q^* 点，需求曲线与边际成本曲线相交，即消费者为额外一单位产品愿意支付的价格等于生产该单位产品所需的额外成本。此时，不存在任何帕累托改进的空间。因此，q^* 是符合帕累托最优的产量，p^* 则是符合帕累托最优的价格。相对于完全竞争条件下帕累托最优时的社会福利水平 aP^*d 来说，垄断状态下的福利水平 $bcdp^*$ 缩水了，abc 所代表的区域就是福利缩水部分。

【即问即答】

为什么垄断会造成产量降低，价格升高?

2. 容易导致寻租行为。寻租行为是垄断厂商广受诟病的另一个重要方面，也是垄断造成低效率的一个重要原因。

根据传统的经济理论，垄断虽然会造成效率损失，但是这种损失从数量上看并不是很大，仅仅相对于图中的小三角形 abc。传统垄断理论的局限性在于其着重分析垄断的“结果”，而忽略了获得和维持垄断的“过程”，因而大大低估了垄断所造成的效率损失。如果将垄断企业获得和维持垄断的“过程”也考虑进来，垄断的经济损失不仅包括“纯损失” abc，还包括垄断厂商的经济利润 bcp_mp^*。这是因为，为了获得和维持垄断地位获得好处，厂商通常要付出一定的代价。例如，向政府官员行贿，或者雇用有影响的相关人士向政府游说。

这种非生产性的寻利活动被概括为所谓的“寻租”活动，即为获得和维持垄断地位从而获得垄断利润的活动。寻租活动的经济损失到底有多大呢?

【案例分析】

开发商用各种“招数”行贿地方官员①

2017 年 5 月，安徽省芜湖市原副市长洪建平受贿案在蚌埠市中级人民法院公开开庭审理。蚌埠市人民检察院指控，1995 ~2013 年，被告人洪建平利用其担任芜湖市计划委员会副主任、主任（兼任安徽汽车零部件工业公司副总经理)、芜湖市副市长等职务上的便利，为一些企业和个人在企业经营、项目立项、规划审批等事项上提供帮助。

而受到洪建平帮助的多是开发商。据起诉书显示，安徽省中联房地产开发有限公司、安徽伟星置业有限公司、安徽杰成房地产开发有限责任公司、安徽金鼎工程有限责任公司、上海正地投资集团、安徽天泰置业集团有限公司、安徽柏庄控股集团公司的高层人员曾向洪建平“求助”过，送去好处费 1 万 ~35 万元不等。除了现金、购物卡外，有的开发商还使出了低价卖房、包装修等“招数”。如 2011 年年底，洪建平购买安徽伟星置业有限公司开发的左岸小区住房，购买价比市场销售价低了 20 多万元。2003 年 8 月 ~2011 年年底，洪建平接受安徽杰成房地产开发有限责任公司为其个人住房装修，共花费 9 万余元。

除了房企，洪建平还与石油、汽车公司以及雕塑学会保持长期的“合作关系”。1995 ~2012 年，洪建平接受安徽二环石油集团有限公司董事长刘青山的请托，为该公司项目选址、规划及向上汽集团奇瑞汽车有限公司供应油品等事项提供帮助，收受刘青山给予的现金、购物卡共计折合人民币 3. 5 万元以及芜湖市二环石油有限公司 100 万元股金证。2000 ~2012 年，洪建平接受安徽安奇汽车销售服务有限公司董事长蒋伟刚的请托，为该公司在汽车销售

① 资料来源：法制日报，2017 - 05 - 22。

及售后服务、搬迁选址等事项上提供帮助，以借用名义收受蒋伟刚给予的价值人民币 8 万余元汽车一辆，2 万余元的保险费、税费也由公司承担。

问题：

企业为什么要贿赂地方官员？

3. 不利于创新。在竞争的市场环境中，厂商为了获得竞争优势，一方面，需要通过不断创新、开发新的技术和工艺来提高资源的配置效率，降低生产成本；另一方面，可以通过创新来提高产品质量、推出更符合市场需求的新产品，从而扩大自己的市场份额。与完全竞争厂商不同，垄断厂商凭借自己的垄断地位就可以获得高额的垄断利润，很难有足够的动力去创新。因此，垄断厂商在研究开发方面投入的费用通常要小于竞争厂商。在第二次世界大战结束时，美国的汽车工业和钢铁工业已经在世界上占有主导地位。在享受了多年的高额垄断利润之后，美国的这些产业逐渐丧失了其主导地位，占世界市场的份额大幅降低。究其原因，除了美国汽车和钢铁工人高昂的用工成本之外，其普遍缺失的创新精神也是造成其衰落的一个重要原因。

表 7－1 列出了美国不同规模的企业在 1983 年和 1997 年的研发费用情况。从中可以看出，充满竞争的中小企业似乎有更大的动力去增加创新投入。

表 7－1　　美国不同规模的企业的研发费用情况

企业的规模（雇员的人数）	研发费用占销售额的比例（%）		1997 年企业研发费用总额（十亿美元）
	1983 年	1997 年	
少于 500	2.2	6.3	24.0
500～999	—	3.0	4.9
1 000～4 999	2.0	2.7	19.6
5 000～9 999	1.3	2.5	14.3
10 000～24 999	2.3	2.6	21.5
25 000 以上	3.4	3.9	73.1

资料来源：保罗·萨缪尔森等. 经济学［M］. 北京：人民邮电出版社，2006.

【案例分析】

方兴东：垄断行为严重阻碍中国互联网创新发展①

互联网实验室董事长方兴东所领导的互联网实验室在 2015 年公布了《中国互联网行业垄断状况调查及对策研究报告》。该报告指出，我国互联网产业已经出现了垄断现象。报告透露，中国互联网行业出现的垄断现象主要集中在搜索、即时通信、电子商务三大领域：2010 年第三季度，百度占据搜索引擎市场份额的 72.30%；腾讯 QQ 占据即时通信市场份额的

① 萨缪尔森，诺德豪斯. 宏观经济学（第 16 版）. 北京：华夏出版社，1999.

76.56%；阿里巴巴集团旗下三家子公司阿里巴巴 B2B、淘宝、支付宝分别占据各自领域市场份额的54.39%、94.7%和71%。

方兴东告诉记者，中国互联网行业出现的垄断状况，挤压了创业环境，打击了创新意愿，压制了行业发展。他认为，大企业不断扩大自己的业务领域，“一些中小企业丧失了发展的空间，只有死路一条”。

业内人士透露，部分互联网企业涉嫌滥用市场领先地位的行为，已经招致同行们的指责。2月15日，百度推出了“百度影音”，对此，360董事长周鸿祎在其微博中指出，百度凭借自身的专属权利，将业务延伸扩充到多个行业，“是要消灭暴风、迅雷、PPS、PPTV、QVOD啊”。

当当网总裁李国庆则在自己的微博中批评百度广告费乱涨价，利用竞价排名人为控制搜索结果，导致了市场的混乱。京东商城总裁刘强东对李国庆上述言论表示支持：对“京东”“当当”几个本属于我们自己品牌的关键词，百度不应该收取数百万的年“保护费”。

另据方兴东透露，在《中国互联网行业垄断状况调查及对策研究报告》调研过程中，有40多家企业对百度的竞价排名表示非常不满。

《中国互联网行业垄断状况调查及对策研究报告》还指出，腾讯公司在2010年11月的3Q事件中要求用户“二选一”的行为是为了排除竞争对手而直接侵害消费者选择权的典型案例。

问题：

互联网行业垄断对该行业的创新产生了哪些不利的影响？

4. 组织的低效率。垄断企业的低效率已成为世人的共识。产业经济学界通常用“X－非效率”来描述垄断企业的这种低效率状况。

“X－非效率”是美国哈佛大学教授勒伯斯坦提出的反映大企业内部效率及水平状况的一个概念。他认为，大企业特别是，垄断性的大企业，外部市场竞争压力小，内部层次多，关系复杂，机构庞大，加上企业制度安排方面的原因，使企业费用最小化和利润最大化的经营目标难以实现，导致企业内部资源配置效率降低。勒伯斯坦称这种状态为“X－非效率”（X－Inefficiency）。

垄断企业中产生“X－非效率”的原因主要是以下三方面。

（1）两权分离的制度安排，往往易于产生“内部人控制”问题，即企业经营者置企业所有者利益于不顾，片面追求规模扩大，过度投资和耗用资产；不注意降低成本和过分的在职消费，导致企业利润费用化；工资、奖金增长过快，侵蚀企业利润等。

（2）垄断性的大企业与中小企业相比，公司绩效与职工物质利益不易直接挂钩。当市场竞争压力较小时，企业就倾向于用增加人员和提高工资的办法来维持生产经营规模，通过提价的办法向消费者转嫁增加的那部分成本，从而导致企业整体效率的降低和竞争力的削弱。

（3）随着垄断企业规模扩大，管理层次增加信息交换传输量和组织协调的工作量将按几何级数增加。与此同时，由于信息传输或转换中某些障碍，有意或无意地出现错误的可能性也将大大增加。

三、政府应对垄断的微观经济政策

垄断不仅会造成资源配置的扭曲，降低经济运行效率，而且通过垄断获得超额利润对社会其他成员也是不公平的。因此，目前世界各国都普遍对垄断行为进行管制。管制的方法主要有价格管制、数量管制和反垄断法。其中，在实践中应用最多的是价格管制和反垄断法。

（一）价格管制

在现实中，电力、电信等自然垄断行业通常都属于垄断经营，需要政府对其进行价格管制。自然垄断行业的一个非常显著的特点就是固定成本很高，边际成本很低，因此，其平均成本通常是随产品数量的增加而不断下降的。下面，我们就以一个自然垄断厂商为例，介绍政府价格管制的具体思路。

如图 7－2 所示，由于自然垄断行业平均成本曲线 AC 一直在下降，故边际成本曲线 MC 总位于其下方。在不存在政府价格管制的情况下，根据 MR＝MC 的利润最大化原则，垄断厂商最优的产量和价格分别为 q_m 和 p_m。此时，由于消费者愿意付出的价格 p_m 大于垄断厂商的边际成本 MC，因此没有达到帕累托最优状态。为了实现帕累托最优，政府需要对垄断厂商的价格进行管制，使其边际成本 MC 等于消费者愿意付出的价格 AR，也就是价格 p^*，此时垄断企业厂商的产量为 q^*。值得注意的是，此时，垄断厂商的平均收益小于平均成本，从而出现亏损。因此，在这种情况下，政府必须对垄断厂商的亏损进行补贴。

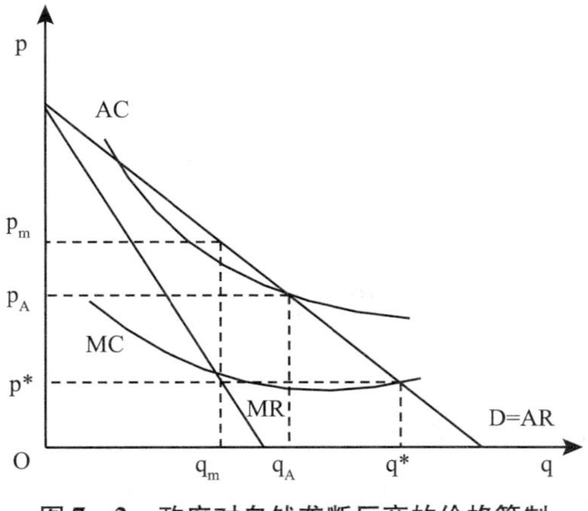

图 7－2　政府对自然垄断厂商的价格管制

（二）反垄断法

当前，包括中国在内的很多国家都制定了反垄断法，以打破个别企业对市场的垄断，维护正常的市场秩序。其中，美国是世界上较早出台反垄断法的国家之一。

2007 年 8 月 30 日，中共十届全国人大常委会第二十九次会议表决通过了反垄断法，并于 2008 年 8 月 1 日起正式实施。

中国的反垄断法包括了各国反垄断法一般所具备的主要内容，如确定了反垄断法律制度三大支柱，即禁止垄断协议、禁止滥用市场支配地位和控制经营者集中。此外，根据我国经济发展的现状，反垄断法对滥用行政权力排除、限制竞争行为，即行政性垄断行为也作了禁止性规定。相应地，在借鉴国际经验和充分考虑我国实际情况的基础上，反垄断法确立了垄断协议豁免制度、市场支配地位推定制度、经营者集中申报制度、经营者承诺制度等，明确了我国反垄断法的基本法律框架，为今后更好地执行法律奠定了基础。

在中国，由国务院设立的反垄断委员会，负责组织、协调、指导反垄断工作，相关执法工作由发改委、商务部和国家工商总局分头负责。这样一个权力分散的执法格局必然会造成相关部门的相互掣肘，影响执法效果。中国的反垄断工作才刚刚起步，未来任重道远。

【扩展阅读】

美国的反垄断法案

19 世纪末 20 世纪初，美国企业界出现了一次兼并浪潮，形成了一大批实力雄厚的大企业。一些行业（如汽车、钢铁等）内的大企业又联合在一起，形成垄断市场的“托拉斯”。垄断的形成和发展，深刻地影响到美国社会各个阶层的利益。

1890 ~1950 年，美国国会通过一系列法案，反对垄断。其中包括《谢尔曼法案》（1890）、《克莱顿法案》（1914）、《联邦贸易委员会法案》（1914）、《罗宾逊－帕特曼法案》（1936）、《惠特－李法案》（1938）和《塞勒－凯弗维尔法案》（1950）。这些法案统称为反托拉斯法案。

美国的这些反托拉斯法案规定，限制贸易的协议或共谋、垄断或企图垄断市场、兼并、排他性规定、价格歧视、不正当的竞争或欺诈行为等，都是非法的。

美国反托拉斯法案的执行机构是联邦贸易委员会和司法部反托拉斯局。前者主要反对不正当的贸易行为，后者主要反对垄断活动。对犯法者可以由法院提出警告、罚款、改组公司直至判刑。

第二节　外　部　性

一、外部性的含义与分类

市场经济活动是以互惠的交易为基础，因此，市场中人们的利益关系实质上是同金钱有联系的利益关系。例如，甲为乙提供了物品或服务，甲就有权向乙索取补偿。当人们从事这种需要支付或获取金钱的经济活动时，还可能对其他人产生一些其他的影响，这些影响对于他人可以是有益的，也可以是有害的。然而，无论有益还是有害，都不属于交易关系。这些对处于交易关系之外的其他人的影响被称为外部影响，也被称为经济活动的外部（在）性。例如，建在河边的工厂排出的废水污染了河流对他人造成损害。工厂排废水是为了生产产品赚钱，工厂同购买它的产品的顾客之间的关系是金钱交换关系，但工厂由此造成的对他人的损害却可能无须向他人支付任何赔偿费。这种影响就是工厂生产的外部影响。当这种影响对他人有害时，就称为外部不经济。当这种影响对他人有益时就称为外部经济。比如你摆在阳台上的鲜花可能给路过这里的人带来外部经济。

外部性通常有两类：正外部性（外部经济）和负外部性（外部不经济）。

1. 正外部性或外部经济：当某一市场主体的经济活动使其他市场主体或社会成员受益，而他自己却又不能由此得到补偿，那么这种行为所导致的外部结果就是“正外部性”，亦称“外部经济”。例如，某个公司支付巨额费用对自己的雇员进行了长期的技术培训后，受训的雇员却“跳槽”到其他单位而又不付给公司任何费用或只付给较低的费用。在此情况下，公司雇员的行为显然会使为培训雇员而支付了巨额费用的公司遭受经济损失，但却给其他公司或社会带来好处。这表明，为培训雇员支付了巨额费用的公司所获得的私人收益一定会小于公司外部的社会收益，而由公司承担的私人成本则会高于公司外部的社会成本，此即为正外部性，亦称外部经济。

2. 负外部性或外部不经济：当某一市场主体的经济活动使其他市场主体或社会成员的利益受损，而又并不为此进行相应的赔偿，那么这种活动所导致的外部影响就是“负外部性”，亦称“外部不经济”。例如，某企业在生产过程中，由于排放大量的烟尘和污水，从而造成严重的环境污染而又不为此付出任何代价或只付出很小的代价，这时，企业所获得的私人收益就会高于社会收益，而私人成本则会低于社会成本，于是就会产生负外部性或外部不经济。

不仅厂商的生产活动会产生外部经济或外部不经济，消费者的消费活动也会产生正的外部影响或负的外部影响。前者被称为生产的外部性，后者被称为消费的外部性。

【案例分析】

史上最强雾霾[①]

2016 年 12 月 16 日，环保部发布预警，从 16 日起至 21 日，京津冀及周边地区将发生今年入秋以来最严重的区域性重污染天气过程。

在这场雾霾正式“发威”的前一天，环保部就于 15 日紧急派出 13 个督察组，分赴 23 个城市督察重污染天气应急响应情况。北京最早启动了“空气重污染红色预警”。在北京之后，华北、黄淮地区共有 40 个城市发布重污染天气预警、23 个城市启动红色预警、17 个城市发布橙色预警。北京、天津、河北、山西、山东、河南 6 省市启动“联合抗霾”。河北省水泥、铸造、钢铁、火电、焦化等重点行业和燃煤锅炉实施停限产措施。山东省各市以火电、钢铁、焦化、建材等企业为重点，依法从严查处各类环境违法行为。山西省分管副省长带队，赴晋中、吕梁暗访重污染天气应急措施落实情况，同时派出 11 个督察组督查应对落实情况。河南省开展大气污染防治攻坚战督导检查。市县两级共派出督查组 900 余个。

16 日下午，“最强雾霾”如期而至。接下来的一周内，华北、东北、黄淮等地相继陷入

---

① 资料来源：新浪财经，2016－12－21。

最“灰暗”的一周。据环保部、中央气象台等官方统计，本轮雾霾面积覆盖 142 万平方公里国土，重度霾的影响区域近 70 万平方公里，17 个省市自治区笼罩在灰霾之下。其中，日均浓度达到重度及以上污染的城市共有 71 个，河北省会城市石家庄更是出现了连续超过 50 小时的严重污染，AQI 指数一度破千。根据环保组织绿色和平的计算，这场今年最严重的大气污染影响了 4.6 亿人口。

问题：

试从外部性角度分析在预防最强雾霾时，为什么政府要限制工业生产？

二、外部性与资源配置

外部性的存在会对资源配置产生什么影响呢？

1. 正外部性或外部经济，通常会使市场主体的经济活动水平低于社会所需要的最优水平。

2. 负外部性或外部不经济，通常会使市场主体的经济活动水平高于社会所需要的水平，并给其他经济主体乃至整个社会带来巨大损失。

无论是外部经济还是外部不经济的存在，都表明资源没有实现最优配置，帕累托最优未能实现。外部性的存在，在很大程度上与产权不清晰有关，而对产权的明确界定，市场机制通常是无能为力的。显然，市场机制在外部性面前失去了或部分失去了自己的作用，市场失灵就是难免的。

（一）正外部性与社会福利损失

下面，通过一个例子来分析正外部性如何造成社会福利的损失。

假定养蜂人和种植苹果的果农相邻而居。由于蜜蜂在采花蜜的同时可以帮助苹果树授粉，增加苹果的产量。因此，养蜂人饲养的蜜蜂越多，苹果的产量就会越高，果农的收益也越多。假设养蜂人养蜂的边际收益、边际成本及给果农带来的边际收益如表 7－2 所示。

表 7－2　　养蜂的边际收益与边际成本

养蜂数量（箱）	边际成本（元）	养蜂人的边际收益（元）	果农的边际收益（元）
10	200	360	55
20	220	320	54
30	245	290	53
40	270	270	52
50	300	250	50
60	335	230	48

根据表 7－2 中的数据，养蜂人为实现其收益的最大化，按照边际收益 = 边际成本的原则，其最优的养蜂数量是 40 箱。此时，每箱蜜蜂能给养蜂人带来的边际收益为 270 元，正好等于其付出的边际成本。但是，从整个社会的角度来看，养蜂的边际收益不仅应该包括蜜蜂给养蜂人带来的边际收益，还包括蜜蜂给

果农带来的边际收益。因此，为实现整个社会的收益最大化，就应该使社会的边际收益 = 社会的边际成本，其最优的养蜂数量是 50 箱。此时，每箱蜜蜂给社会带来的边际收益为 300 元（养蜂人的边际收益 250 + 果农的边际收益 50），正好等于每箱蜜蜂的边际成本 300 元。

在存在正外部性的情况下，私人边际收益小于社会边际收益。如图 7－3 所示，私人边际收益与边际成本相交于图中的 A 点；社会边际收益与边际成本相交于 B 点。如果从养蜂人的角度考虑，其收益最大化的条件是私人边际收益等于私人边际成本，此时最优的养蜂数量是 Q_p；如果从社会收益最大化的角度出发，应该满足社会边际收益等于社会边际成本的条件，此时最优的养蜂数量是 Q_s。

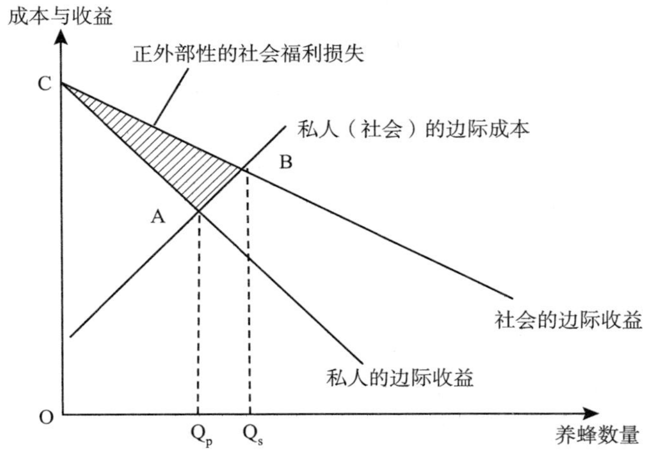

图 7－3 正外部性条件下的社会福利损失

因此，在存在正外部性的情况下，私人的产出水平小于社会最优的产出水平。由于产量从 Q_s 减少到 Q_p，将使社会总收益减少图中阴影部分 ABC 的面积。

（二）负外部性与社会福利损失

接下来，再通过一个例子来分析负外部性如何造成社会福利的损失。

假定养牛人与种植蔬菜的菜农相邻而居。牛群时常越过围栏，破坏蔬菜，给菜农造成损失。养牛人养的牛越多，牛越过围栏的概率越大，给菜农造成的损失也就越大。假如养牛人的边际收益、边际成本及给果农造成的边际成本（损失）如表 7－3 所示。

表 7－3 养牛的边际收益与边际成本

养牛数量（头）	养牛人的边际成本（万元）	养牛人的边际收益（万元）	菜农的边际成本（损失）（万元）
1	1.0	2.2	0.35
2	1.05	2.1	0.38

续表

养牛数量（头）	养牛人的边际成本（万元）	养牛人的边际收益（万元）	菜农的边际成本（损失）（万元）
3	1.15	1.95	0.41
4	1.3	1.75	0.45
5	1.5	1.5	0.5
6	1.75	1.2	0.56

按照表 7－3 的数据，养牛人要获得最大收益的养牛数量是 5 头，此时其私人边际收益 = 私人边际成本，也就是图 7－4 中 B 点。但从整个社会的角度来看，养牛的成本不仅包括养牛人的成本，还包括菜农损失的成本，按照社会边际收益 = 社会边际成本的原则，最优的养牛数量应该是 4 头，也就是图 7－4 中的 A 点。

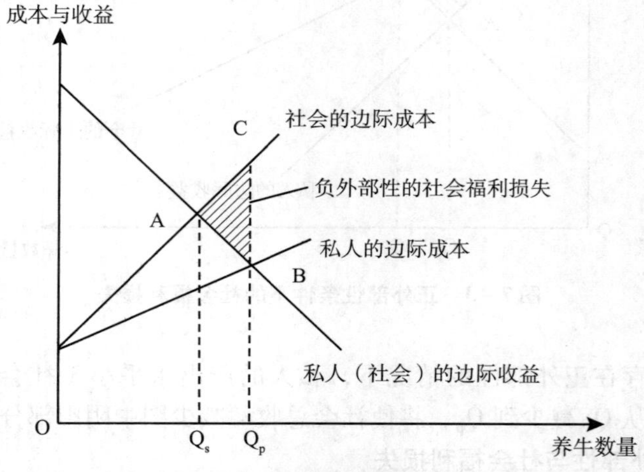

图 7－4　负外部性条件下的社会福利损失

因此，在存在负外部性的情况下，私人的产出水平大于社会最优的产出水平。由于产量从 Q_s 增加到 Q_p，将使社会总收益减少图中阴影部分 ABC 的面积。

（三）外部性与环境效率

如果存在着竞争性市场能够为生产或服务活动进行清晰的定价，使私人生产活动成本和收益与社会成本和收益相等，那么就能够实现资源优化配置达到社会最优产出水平。但是在市场上空气和水等环境资源作为共享资源通常不能被定价，结果是市场通常把这些资源当作免费资源来对待，就造成了对它们的过度使用。在环境问题上表现出广泛和严重的负外部性，一方面造成对环境资源的过度利用，另一方面造成了严重的环境污染和生态环境退化。

使环境恶化的外部性包括化工厂释放的硫黄以及与烟雾剂喷射机和空调相

关的氟利昂排放等。硫黄会造成酸雨，导致树木和鱼类死亡。氟利昂可能导致臭氧层空洞扩大，增加因紫外线照射而导致皮肤病变的机会。农药和化肥的过量使用，不仅造成了严重的土壤污染，而且也给消费者的生命健康带来了威胁。由于生产者在生产决策时，没有考虑生产所带来的环境恶化成本，结果使私人成本低于社会成本，从而造成了对环境资源的过度使用和污染物的过度排放。

现在来比较两个生产冰箱的公司，一个公司采用传统的制冷方法，要用价格相对便宜的氟利昂或其他化合物合成制冷剂，由化学制冷剂和压缩机配套使用，产生制冷效果，我们称为“传统公司”；另一个公司由于考虑到氟利昂等化学制冷剂对环境的破坏，采用了对环境没有污染和价格相对昂贵的先进制冷材料，我们称为“绿色公司”。所以相对于“传统公司”来讲，“绿色公司”的私人成本较高。

在竞争性市场条件下，每个厂商会按照边际收益等于边际成本的原则来进行生产。如图 7－5 所示，由于“绿色公司”边际成本要高于“传统公司”边际成本，因此使“绿色公司”产量更低，产品市场价格更高。对于消费者来说，污染物排放减少并没有使其直接获益，因此理性的消费者不会为了减少污染物的排放而付费，因此，长期来看，只有“绿色公司”和“传统公司”采取相同的市场价格 P_C，产品才能卖得出去。由于存在外部性，“绿色公司”所生产的差别化产品难以通过索取高价格被市场所接受，无法实现公平竞争。

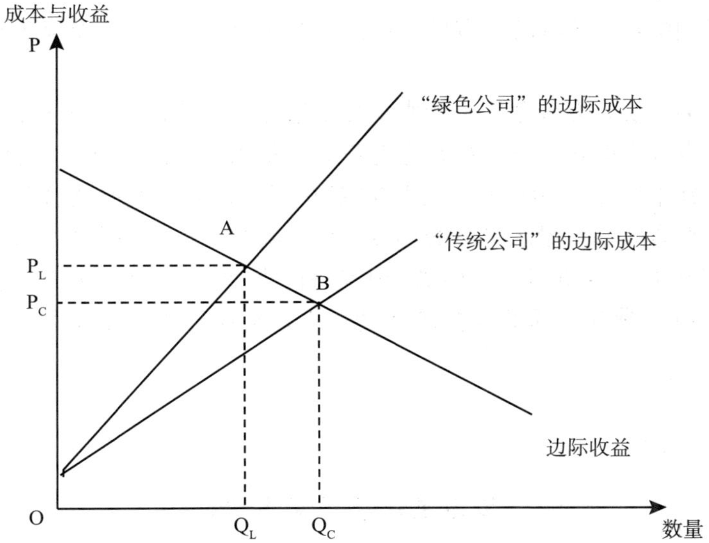

图 7－5　“传统公司”和“绿色公司”的成本收益比较

因此，此时的冰箱市场应该是个完全竞争的市场，市场价格等于最小长期平均私人成本，每个厂商都是价格的接受者。如图 7－6 所示，在完全竞争市场上，厂商的平均收益＝边际收益＝产品价格，每个厂商仍然按照边际收益＝边际成本的原则进行生产，由于“绿色公司”的边际成本和平均成本均高于“传统公司”，此时“绿色公司”决定的产量为 Q_L，“传统公司”的产量水平为 Q_C，两者价格水平均为 P，在此产量和价格水平下“绿色公司”存在着亏损，即 $ABPP_L$ 的面积，而“传统公司”处于盈亏相抵点。因此，从长期来看，“绿色公司”将退出市场。

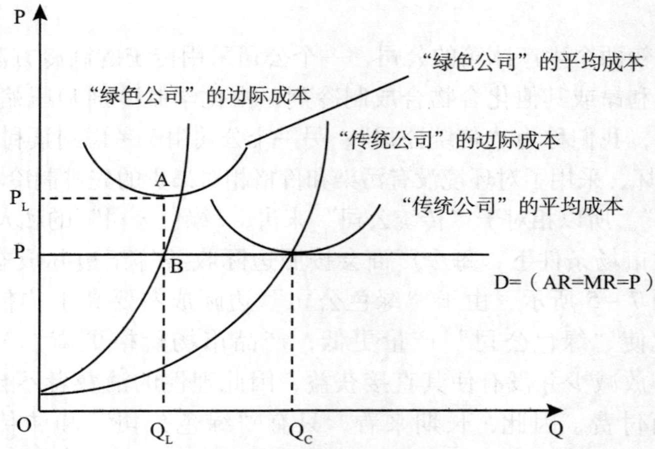

图 7－6　“传统公司”和“绿色公司”的短期均衡

因此，正是由于外部性存在，竞争性市场在资源环境方面表现为无效率，使“绿色公司”由于亏损而退出市场，而给环境带来损害的“传统公司”却继续存在。

对于社会来说，有效率的生产水平是指边际社会收益等于边际社会成本时的产量水平。有效率的污染量是指社会有效率产量水平下的污染量。也就是说，有效率污染量并不等于零污染量，环境效率并不是指对环境毫无损害和破坏的生产，而是指在有效率产量水平下的环境效率。除非停止一切人类活动，否则我们任何的生产和生活活动都将对环境产生影响。因此，在现有生产条件下，如何通过采取相应的措施，降低和控制环境污染，实现环境效率是我们一直探讨的问题。

【案例分析】

腾格里沙漠污染事件①

2017 年 8 月 28 日，震惊全国的腾格里沙漠污染事件最终有了结果，8 家企业承担 5.69 亿元赔偿金，用于修复污染土壤，并承担环境损失公益金 600 万元。5.69 亿元是中国迄今最大数额的环境公益诉讼案赔偿金额，该案也是为数不多的环境污染赔偿案件。这个案件在如火如荼的环保督察中，给那些排污不达标的企业敲响了警钟，也坚定了国家对环境污染一抓

① 资料来源：华夏能源网，2017－09－06。

到底的决心。接下来我们回顾一下腾格里沙漠污染事件始末。

据了解，内蒙古腾格里工业园旧区始建于 1999 年，截至 2013 年 3 月 22 日，该园区有 15 家企业，11 家为化工企业。最早的时候，在 2010 年，就有媒体曝光过宁夏中卫市有企业向腾格里沙漠排放污水的污染事件，处理结果不是很有效。在此后几年间，多家媒体也先后报道过腾格里经济技术开发区污染问题，并且在 2012 年央视对该工业园违规生产曝光后，有 15 家企业停产，另有 6 家污染预处理设备的企业仍可生产。

虽然，有多数媒体曝光，但腾格里沙漠污染并没有多大改善，直到 2014 年 9 月 6 日，媒体报道了内蒙古阿拉善盟腾格里工业园区的环境污染问题，才引起了全国的高度重视。

问题：

1. 请从边际成本角度分析企业向腾格里沙漠排放污水的行为。
2. 为什么直到 2014 年我国才高度重视腾格里沙漠污染事件？谈谈你的看法。

【即问即答】

外部性的存在会对资源配置产生什么影响？

三、科斯定理与解决外部效应的对策

经济学家们普遍认为，外部性的存在会导致市场失灵，使社会资源的配置缺乏效率，但是对于如何纠正这一问题却存在不同的看法。

庇古认为，导致市场配置资源失效的原因是经济当事人的私人成本与社会成本不相一致，从而私人的最优导致社会的非最优。因此，纠正外部性的方案是政府通过征税或者补贴来矫正经济当事人的私人成本。只要政府采取措施使得私人成本和私人利益与相应的社会成本和社会利益相等，则资源配置就可以达到帕累托最优状态。这种纠正外部性的方法也称为“庇古税”方案。

如图 7－7 所示，每单位产出造成私人边际成本为 1 300 元，而社会边际成本为 2 300 元，因此，每单位产出会造成 1 000 元的外部成本。由于生产者没有考

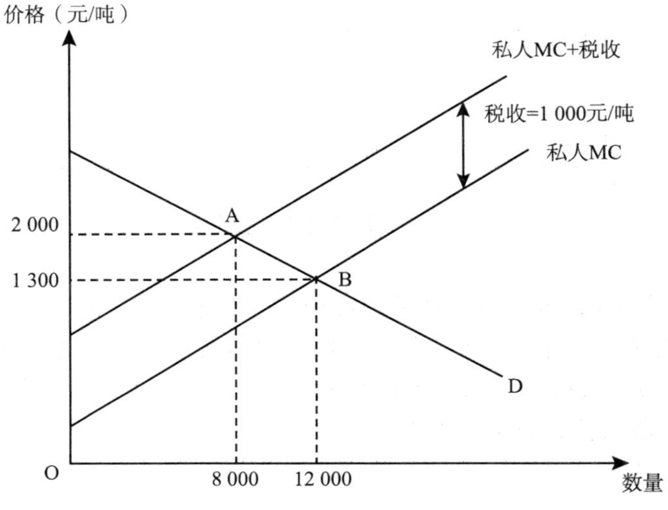

图 7－7　征税后的均衡产出

虑外部成本，私人市场达到均衡时的产出是 12 000 吨/年，远大于社会最优产量水平 8 000 吨/年。

图 7 - 7 反映了同一市场上对每单位产出征收 1 000 元税后的情况。征税使得每个生产者的边际成本曲线上升了 1 000 元，从而使行业供给曲线在每个产量水平上，价格提升了 1 000 元。此时由于征税使私人边际成本等于未征税时的社会成本，均衡产出水平为图中 A 点，因此，私人市场达到的均衡产出水平 8 000 吨/年完全等同于社会最优产量。此时税收之所以能提高经济效率，是因为它迫使生产者考虑到每单位产品给社会造成的 1 000 元外部成本。

同样的道理，对生产者进行补贴能抵消正外部性导致的资源配置不当的影响。正如前面所举的“绿色公司”的例子，如果政府通过补贴增加企业的收益水平，这样就可以保证其获得正常的经营利润，从而使公司生存下去。

如图 7 - 8 所示，假定每单位产出引起外部效益为 6 元/吨，该市场上，社会最优产出水平为 B 点，此时产出等于 1 600 吨/年；但私人市场均衡发生在私人边际成本等于私人边际收益的 A 点，此时产出水平为 1 200 吨/年，比社会最优产量要少 400 吨/年。

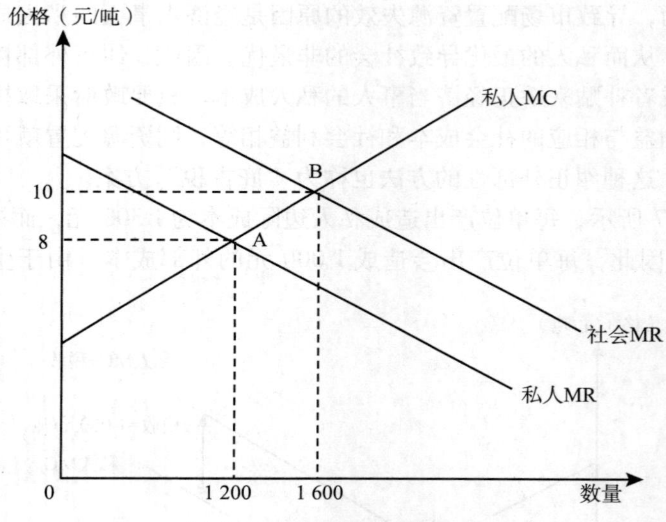

图 7 - 8　补贴前的均衡产出

图 7 - 9 反映了政府实施补贴后的市场均衡产出水平。政府实施补贴以后使私人边际收益提高，因此，新的私人市场达到均衡产出水平为 1 600 吨/年，如图中的 B 点，完全等于社会最优产出水平。由于补贴使生产者考虑了原本被忽视的相关效益，所以补贴提高了经济效率。

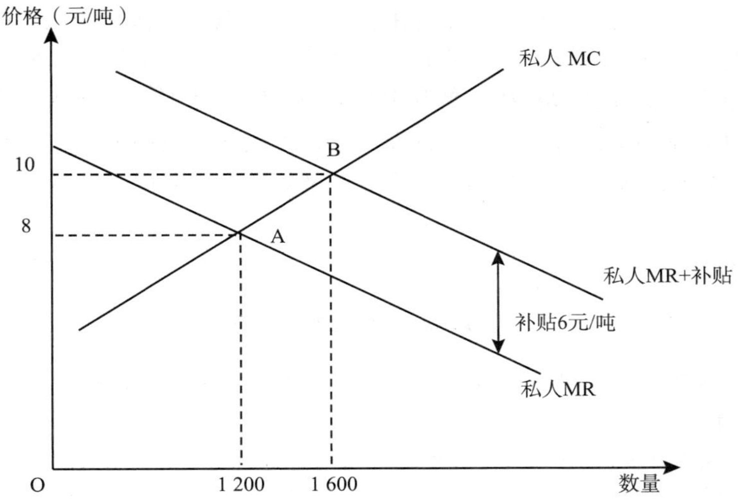

图 7－9　补贴后的均衡产出

【人物介绍】

A. C. 庇古（Arthur Cecil Pigou，1877－1959）是英国著名经济学家，剑桥学派的主要代表之一。

庇古青年时代入剑桥大学学习。最初的专业是历史，后来受当时英国著名经济学家马歇尔的影响，并在其鼓励下转学经济学。毕业后投身于教学生涯，成为宣传他的老师马歇尔的经济学说的一位学者。他先后担任过英国伦敦大学纪念杰文斯讲座讲师和剑桥大学经济学讲座教授。当时他年仅 31 岁，是剑桥大学历来担任这个职务最年轻的人。他任期长达 35 年，一直到 1943 年退休为止。退休后，他仍留剑桥大学从事著述研究工作。另外，他还担任英国皇家科学院院士、国际经济学会名誉会长、英国通货外汇委员会委员和所得税委员会委员等职。

他的著作很多，比较著名的有：《财富与福利》（*Wealth and Welfare*，1912）、《福利经济学》（*The Economics of Welfare*，1920）、《产业波动》（*Industrial Fluctuations*，1926）、《失业论》（*The Theory of Unemployment*，1933）、《就业与均衡》（*Employment and Equilibrium*，1941）等。

而科斯认为，外部性是因为产权界定不明确或界定不恰当而造成的。只要能够界定并保护产权，随后产生的市场交易就能使资源的配置达到最优。

（一）科斯第一定理

针对外部性问题，科斯提出了一个著名的论点：如果产权是明确的，而且谈判协商的成本是零，则无论初始由哪一方拥有产权，都能带来资源的有效配置。这一论点后来被称作“科斯第一定理”。

（二）科斯第二定理

在科斯第一定理中，交易成本为零是一个必要条件。但是，在现实生活中，交易成本常常不能忽略。这样，就出现了“科斯第二定理”：在交易成本大于零的情况下，不同的权利界定会对经济运行的效率产生影响。

科斯第二定理才是科斯产权理论的核心部分。“科斯第二定理”把权利安排即制度形式与资源配置直接对应了起来，使人们认识到权利（产权）的初始界定与经济运行效率之间存在的内在联系。科斯第二定理中的交易成本就是指在不同的产权制度下的交易费用。在交易费用至上的科斯定理中，它必然成为选择或衡量产权制度效率高低的唯一标准。推而广之，不同的产权制度和法律制度，会导致不同的资源配置效率，产权制度是决定经济效率的重要内生变量。

【人物介绍】

罗纳德·哈里·科斯

罗纳德·哈里·科斯（Ronald H. Coase）——新制度经济学的鼻祖，1991 年诺贝尔经济学奖的获得者。

罗纳德·哈里·科斯的主要学术贡献在于，揭示了“交易价值”在经济组织结构的产权和功能中的重要性。他的杰出贡献是发现并阐明了交换成本和产权在经济组织和制度结构中的重要性及其在经济活动中的作用。

科斯的代表作是两篇著名的论文。其一是 1937 年发表的《企业的本质》（*The Nature of Firm*），该文独辟蹊径地讨论了企业存在的原因及其扩展规模的界限问题，科斯创造了“交易成本”（transaction costs）这一重要的范畴来予以解释。所谓交易成本，即“用价格机制的费用”或“利用市场的交换手段进行交易的费用”，包括提供价格的费用、讨价还价的费用、订立和执行合同的费用等。科斯认为，当市场交易成本高于企业内部的管理协调成本时，企业便产生了，企业的存在正是为了节约市场交易费用，即用费用较低的企业内交易代替费用较高的市场交易；当市场交易的边际成本等于企业内部的管理协调的边际成本时，就是企业规模扩张的界限。其二是 1960 年发表的《社会成本问题》（*The Problem of Social Cost*），该文重新研究了交易成本为零时合约行为的特征，批评了庇古关于“外部性”问题的补偿原则（政府干预），并论证了在产权明确的前提下，市场交易即使在出现社会成本（即外部性）的场合也同样有效。科斯发现，一旦假定交易成本为零，而且对产权（指财产使用权，即运行和操作中的财产权利）界定是清晰的，那么法律并不影响合约行为的结果，即最优化结果保持不变。换言之，只要交易成本为零，那么无论产权归谁，都可以通过市场自由交易达到资源的最佳配置。斯蒂格勒（1982 年诺贝尔经济学奖得主）将科斯的这一思想概括为“在完全竞争条件下，私人成本等于社会成本”，并命名为“科斯定理”。科斯被认为是新制度经济学的鼻祖。

【案例分析】

中国的二氧化硫排放控制措施

随着经济发展，能源消耗量增加，中国二氧化硫（SO_2）总排放量从 1985 年的 1 324 万吨增至 2008 年的 2 321 万吨。酸雨污染面积也在不断扩大，已占国土面积的 30% 左右。仅 2008 年 SO_2 和酸雨污染造成的经济损失就高达 1 400 亿元。

中国控制 SO_2 的经济政策主要为排污收费制度。1992 年 9 月，国务院批准颁布了《关于开展征收工业燃煤 SO_2 排污收费试点工作的通知》，确定在酸雨问题比较突出和 SO_2 排放强度较高的广东、贵州两省和重庆、宜宾、南宁、桂林、柳州、宜昌、青岛、杭州和长沙九市

开展 SO_2 排污收费试点工作。1998 年，国家环保局等单位根据《国务院关于 SO_2 排污收费扩大试点工作有关问题的批复》，联合颁发了《关于在酸雨控制区和 SO_2 控制区开展征收 SO_2 排污费扩大试点的通知》，将 SO_2 收费扩大到“两控区”，实施排污就收费的政策，费率为 0.20 元/千克（SO_2）。2000 年颁布和实施的《中华人民共和国大气污染防治法》首次确立了排污收费的法律地位。自从实行 SO_2 收费和总量控制以来，全国的 SO_2 排放总量有所下降。2003 年 7 月 1 日正式实施的《排污费征收使用管理条例》（简称《条例》）取代了 1982 年的排污收费暂行办法。该条例将 SO_2 收费的征收对象由“两控区”试点收费变为全国范围收费；征收方法由超标收费变为总量收费，由以前的单因子收费变为多因子收费；收费标准将逐年提高，自 2005 年 7 月 1 日后提至 0.63 元/千克（SO_2）；明确规定排污费全部用于环境污染防治，征收和使用上严格实行“收支两条线”原则。

此外，对 SO_2 排污权交易也进行了一系列的试点工作。1989 年，国家环保局在 16 个城市开展了大气污染物排放总量控制和排污许可证试点工作。1994 年在 16 市试点的基础上，包头、开远、柳州、太原、平顶山、贵阳六市进行了大气排污交易政策试点。1996 年，国务院将污染物排放总量控制计划列入了“九五”环保规划和 2010 年远景目标。1999 年 9 月，美国环境保护协会与国家环境保护总局在中美合作框架下开展总量控制与排污权交易的研究与试点工作。2000 年 4 月中国修订了《大气污染防治法》，明确了大气污染物总量控制政策和排放许可证制度。2001 年 9 月，江苏省南通市天生港发电有限公司和南通醋酸纤维厂进行了我国首例在《合同法》范围内的 SO_2 排污权交易。2002 年 3 月国家环境保护总局发布文件，与美国环境保护协会一起，在山东省、山西省、江苏省、河南省、上海市、天津市、柳州市以及中国华能集团公司开展“推动中国二氧化硫排放总量控制及排污交易政策实施的研究项目”（简称“4+3+1”项目）。同年 10 月，江苏省环保厅与江苏省经济贸易厅共同制定了《江苏省电力行业二氧化硫排污权交易管理暂行办法》，第一次建立了省级排污权交易的执行依据。12 月，江苏省太仓市的太仓港环保发电有限公司与南京下关电厂进行了我国首例交易双方跨越行政区域的 SO_2 排污权交易。

问题：

1. 从经济学的角度来看，政府为什么要对企业排放 SO_2 的行为进行控制？
2. 中国控制 SO_2 的手段主要有哪两大类？
3. 中国控制 SO_2 分别依据什么经济学原理？

第三节 公共物品

一、公共物品的含义与分类

经济社会生产的产品大致可以分为两类，一类是私人物品，另一类是公共物品。简单地讲，私人物品是只能供个人享用的物品，例如食品、住宅、服装等。而公共物品是可供社会成员共同享用的物品。

公共物品具有两个显著特点。

1. 公共物品的消费具有非排他性。这是指公共物品的消费权或享用权并不是由某个人所独有，而是由整个社会共同所有，一个人对公共物品的享用并不影响另一个人的享用。例如，国防就是公共物品。它带给人民安全，公民甲享用国家安全时一点都不会影响公民乙对国家安全的享用，并且人们也无须花钱就能享用这种安全。

2. 公共物品的供给具有非竞争性。这是指公共物品的消费增加时，成本并不会增加。也就是说，增加一个公共物品使用者的边际成本是零，而不像私人物品那样，增加一个单位的供给，就会增加一定的成本。

公共物品具有的上述特点，决定了公共物品只能主要由政府来提供。因为，公共物品具有的非排他性使每个人都能够免费享用这类物品或服务。

【案例分析】

塞罕坝的奇迹①

首都北京向北400多公里，河北省最北端，一弯深深的绿色镶嵌于塞罕坝。据新华社报道，这片地处风沙前缘的112万亩人工林海，每年为京津地区输送净水1.37亿立方米、释放氧气55万吨，是守卫京津的重要生态屏障。而从昔日飞鸟不栖的荒原，变成世界上面积最大的一片人工林，背后是几代务林人对植树造林55年的坚持。

55年、112万亩、氧气55万吨……这些数字，串起了塞罕坝“绿色奇迹”的梗概：从清朝时皇家猎苑的木兰围场，到后来成了白沙弥天、林木罕见的茫茫荒原，到1962年塞罕坝机械林场肇建，再到今天，是“造福后人”的执念和接力植绿的坚持，孕育了巨变。

如今，当人们在草地恣意奔逐，在林间低吟浅唱，呼吸着清新空气，沉醉于松树的挺拔与白桦林的浪漫时，想必也会有深深的感慨：人间仙境的背后，是一代代造林人、守林人的努力与奉献；看似齐整、规矩的人工林背后，是塞罕坝人同样被格式化的奋斗人生。

从当年红松洼仅有一株挺立百年的落叶松，到如今百万亩苍茫林海；从最初369名开拓者，到如今近2 000人的守业者；从沙尘蔽日的残破猎苑，到“河的源头，云的故乡，花的世界，林的海洋，珍禽鸟兽的天堂”，塞罕坝人55年间只做了一件事情，老一辈筚路蓝缕，以启山林；新一代接力传承，发扬光大。故事很简单，甚至不无老套，脚下的路却是千难万难。

荒原染绿，是个土壤科学、林业技术命题，也是对过度人类活动的警醒；森林存续，也会在开发与保护之间存在诸多维度的诱惑。一片林子能在持续半个多世纪的岁月中，不断扩大，并形成自己的小环境、小气候，牢牢钉在北方风沙的前缘，风可以过，沙尘留下；清水可以过，洪水留下，殊为不易。

塞罕坝从初具规模到蔚为壮观，并非没有波折。赖以支撑塞罕坝人坚持下来并一以贯之的，无非是一种坚执与使命。比如，不少人认为他们“不开窍”，不会“靠山吃山”“靠林吃林”；又如，也有人不理解，那么多知识分子何以会把一生都抛洒在山林，等等。事实上，正是因为有这样的不乏“愚钝”、生死以之的精神，才造就了今天的宏大生态格局。

这也是这个时代最稀缺的精神：摒弃急功近利的“技巧”，放下世俗意义的“成功”，在笃实的坚守中，在缓慢的挺进中，在枯燥的重复中，寻求个体价值的实现。戒急用忍，才能行稳致远。55年，三代人，一片森林，看似平淡的故事背后，有着多少精神的狂飙与情绪的瀚海！

① 资料来源：新京报，2017-08-06。

与自然界的风沙相比，做事情时遇到的狂风暴雨往往更难坚守。“收拾山河”，从来都是从收拾心情开始的。无论是一个人，还是一个团队，做事创业，均不例外。急功近利，或许可以获得一时的辉煌，如不凡的个人履历、亮眼的 GDP，抑或可以借此觅得“向上的台阶”。然而，终成大事者多沉潜，恪守内心的追求，坚守既定的理念，永远都是事业成功的前提。

问题：

1. 从经济学的角度来看，塞罕坝具有什么性质？
2. 用经济学理论解释在塞罕坝建设过程为什么政府的作用远大于市场？

【即问即答】

为什么公共物品只能主要由政府来提供？谈谈生活中你遇到过哪些“搭便车”现象？

二、“搭便车”

公共品的非排他性，决定了公共品不适宜由私人生产；因为不能排他，使收费变得困难，“搭便车”现象在所难免。“搭便车”理论首先由美国经济学家曼柯·奥尔逊于 1965 年发表的《集体行动的逻辑：公共利益和团体理论》（*The Logic of Collective Action Public Goods and the Theory of Groups*）提出。

“搭便车”现象的存在，决定了公共物品的供给应该主要由政府来提供。政府提供公共物品并不等于政府生产全部公共产品。单纯由政府生产和经营公共物品，由于多种原因往往缺乏效率，因此，政府的职能应该是提供公共物品，而不是生产公共物品。特别是对准公共物品，政府常常通过预算或政策安排给企业甚至私人企业进行生产。还有政府也可能通过对生物公共物品的企业进行补贴的方式来鼓励公共物品的生产。公共物品提供的方式主要有以下五种。

1. 政府提供。政府直接向公民提供各种公共物品，这是现实生活中最普遍的方式。如国防、安全、公共道路、给排水等。

2. 政府与私营机构签订合同。这是最普通、范围最大的一种形式。适应这一形式的公共物品，主要是具有规模经济的自然垄断性物品，如大部分基础设施。如国家允许私人企业以建设—经营—转让（BOT）的方式参与公共基础设施及服务的提供，即政府允许私人企业投资建设公共基础设施，并通过若干年的特许独家经营，等到收回自己的投资并获得利润后，再由政府接收该公共基础设施。

3. 政府授予私营机构经营权。政府将现有的公共基础设施以授予经营权的方式，委托给私人公司经营，如自来水、供电等。

4. 政府给提供公共物品的私营机构提供补贴。例如，补助津贴、优惠贷款、减免税收等，政府提供财政补贴的主要领域是科学技术、基础研究、教育、卫生保健、住房、图书馆、博物馆等。

5. 私人提供。以广播节目为例，其是公共物品，既无竞争性，也无排他性，但却有私人提供。在中国的官办电台里，一些节目也承包给私人。提供广播节目的私人，如私人电台或承包官办电台节目的个人或者企业，虽然不能从广播节目的消费者中收取费用，但却可以向广告发布者收取广告费。一些海上灯塔也是有私人经营的，经营者虽然没有办法向使用灯塔的船只收费，但却可以向港口收费，因为如果港口不交费，灯塔经营者就关闭灯塔，从而船只也就不能来你这个港口了。这与广告商愿意交付广告费是同样的道理。这两个例子涉及复杂的合约安排问题，希望详细了解的读者可以学习《新制度经济学》中的合约理论。

三、公共选择理论

公共选择理论（theory of public choice），也称为“公共选择经济学”（economics of public choice）、“政治的经济学”（economics of politics）或“政治的经济理论”（economic theory of politics）等。公共选择理论是当代经济学领域中一个相对较新的理论分支与学说；它帮助人们理解和加深对公共产品、公共权力、公共选择等核心概念的认识，主要从新政治经济学理论的视角介绍国家的起源、政府的权利和义务、公共所有权、公共资源、公共政策、宪法、宪政、共和、民主和自由、市场与国家等方面的基础理论与基本知识。

公共选择理论是在研究现实经济问题的推动下，通过对传统市场理论的批评产生的，并且成功地运用了经济学的分析方法，坚持“经济人”假设，采用个人主义的方法论，用交易的观点来看待政治过程。用其奠基人布坎南（James M. Buchanan）的话来说：“公共选择是政治上的观点，它以经济学家的工具和方法大量应用于集体或非市场决策而产生。”

按照另一个公共选择学者穆勒（Dennis C. Muller）的说法，公共选择理论可以定义为非市场决策的研究，或简单地定义为将经济学运用到政治科学；它所使用的是经济学的方法，其基本假定是经济学的“经济人”假定，即人是自利的、理性的效用的最大化者。

布坎南将公共选择学科所使用的经济学方法归纳为三个方面，或称为研究政治问题的公共选择方法或公共选择思路。

1. 方法论上的个人主义。布坎南强调，无论是在集体活动还是在私人活动中、在市场过程还是政治过程中，个人都是最终的决策者、选择者与行动者，而不管产生总体结果的过程与结构有多复杂。

2. 经济人理性原则与利己主义本性。布坎南认为，理性原则并不总是意味着利己主义或一味追求个人主义。但另一方面，他在理论分析中又实际上把利己主义因素放在主要地位，认为个人即使在公共选择活动中也主要是追求个人物质利益，只是可能比在私人市场活动中要弱一些，但绝不是像传统理论中认为的那样，只存在公共利益而不存在个人利益。不过，布坎南也指出理想行为假设有其局限性，第一，与经济活动相比，政治活动有更大的不确定性，从而难以做到行为理性化，甚至连理性行为的定义都难以给出；第二，与经济活动相比人们在政治活动中对活动的结果承担的责任要轻得多，因而不大会进行理性的比较计算。

3. 政治的交换过程性质。布坎南认为，民主政治活动中的个人活动也具有交换的性质，人们在政治活动中达成协议、协调冲突、制定规则无不建立在自愿的基础上，因而类似市场中的交换，另外，布坎南也特别强调把政治作为一种过程来理解，理解为一个在解决利益冲突时进行交换达成协议的过程。

【拓展阅读】

阿罗不可能定理

阿罗不可能定理源自孔多塞的“投票悖论”，早在18世纪法国思想家孔多赛就提出了著名的“投票悖论”：假设甲、乙、丙三人，面对A、B、C三个备选方案，有如下偏好排序：

甲（A>B>C）　　乙（B>C>A）　　丙（C>A>B）

注：甲（A>B>C）代表，甲偏好A胜于B，又偏好B胜于C。

若取“A”“B”对决，那么按照偏好次序排列如下：

甲（A>B）　　乙（B>A）　　丙（A>B）社会偏好次序为（A>B）

若取“B”“C”对决，那么按照偏好次序排列如下：

甲（B>C）　　乙（B>C）　　丙（C>B）

社会次序偏好为（B>C）

若取“A”“C”对决，那么按照偏好次序排列如下：

甲（A>C）　　乙（C>A）　　丙（C>A）

社会偏好次序为（C>A）

于是我们得到三个社会偏好次序——（A>B）、（B>C）、（C>A），其投票结果显示“社会偏好”有以下事实：社会偏好A胜于B、偏好B胜于C、偏好C胜于A。显而易见，这种所谓的“社会偏好次序”包含有内在的矛盾，即社会偏好A胜于C，而又认为A不如C！

多数人投票和排列—顺序投票这两种方法所存在的问题是，它们的结果可能受机敏的经济行为人操纵。多数人投票方法可以因为改变投票表决顺序以得到合意结果而受到操纵。排列—顺序投票方法可以因为引进新的选择，改变了有关选择的最终顺序而受操纵。所以按照投票的大多数规则，不能得出合理的社会偏好次序。

因此，要寻找这样一种决策机制，即它所产生的结果不受投票程序的影响，同时又不限制投票人的偏好以及进行独立决策，并能最终将所有个人偏好转化为一种社会偏好，这是不可能的。这就是阿罗不可能定理。

【人物介绍】

詹姆斯·麦基尔·布坎南

詹姆斯·麦基尔·布坎南（James Mcgill Buchanan，1919年–），美国经济学家。他将政治决策的分析同经济理论结合起来，使经济分析扩大和应用到社会—政治法规的选择，1986年获诺贝尔经济学奖。

布坎南突出的贡献是创立了公共选择理论。公共选择经济学的基础是一个从根本上说十分简单但却很有争议的思想，即担任政府公职的是有理性的、自私的人，其行为可通过分析其任期内面临的各种诱因而得到理解。这一思想的主要推论是政府不一定能纠正问题，事实上反倒可能使之恶化。公共选择学说受到许多学术界人士的抵制，因为它攻击了势力强大的两大学术集团所珍视的观念：一批经济学家认为政府采用“福利经济学”的处方即可实现公众利益；而另一批政治学家则认为各利益集团之间的多元化竞争将为公众谋得利益。搞政治报道的报界人士也倾向于否定公共选择学说。

公共选择学说是有争议的，因为它推翻了几十年来盛行的政治经济学思想，麻省理工学院的经济学家萨缪尔森是主流派思想的典型，他在其 1958 年出版的著名教材《导论性分析》中赞同政府调节应取代强韧的个人主义以使生活更为人道的观点。

第四节 信息不对称

一、信息不对称

信息不对称（asymmetric information）是指在市场经济活动中，各类人员对有关信息的了解是有差异的；掌握信息比较充分的人员，往往处于比较有利的地位，而信息贫乏的人员，则处于比较不利的地位。一般而言，卖家比买家拥有更多关于交易物品的信息，但相反的情况也可能存在。前者例子可见于二手车的买卖，卖主对该卖出的车辆比买方了解。后者例子比如医疗保险，买方通常拥有更多信息。

信息不对称这一现象早在 20 世纪 70 年代便受到约瑟夫·斯蒂格利茨、乔治·阿克尔洛夫和迈克尔·斯彭斯三位美国经济学家的关注和研究，它为市场经济提供了一个新的视角。现在看来，信息不对称现象简直无处不在，就像周身遍布的各种名牌商品。按照这一理论，名牌本身也在折射这一现象，人们对品牌的崇拜和追逐，从某种程度上恰恰说明了较一般商品而言，名牌商品提供了更完全的信息，降低了买卖双方之间的交易成本。这一理论同样也适用于广告，在同质的情况下，花巨资广而告之的商品由于比不做广告或少做广告者提供了更多的信息，所以它们更容易为消费者接受。

信息不对称理论的价值如下所述。

1. 该理论指出了信息对市场经济的重要影响。随着新经济时代的到来，信息在市场经济中所发挥的作用比过去任何时候都更加突出，并将发挥更加不可估量的作用。

2. 该理论揭示了市场体系中的缺陷，指出完全的市场经济并不是天然合理的，完全靠自由市场机制不一定会给市场经济带来最佳效果，特别是在投资、就业、环境保护、社会福利等方面。

3. 该理论强调了政府在经济运行中的重要性，呼吁政府加强对经济运行的监督力度，使信息尽量由不对称到对称，由此更正由市场机制所造成的一些不良影响。

信息的非对称性可以从以下两个角度进行划分：一是非对称发生的时间；二是非对称信息的内容。从非对称发生的时间看，非对称性可能发生在当事人签约之前（ex ante），也可能发生在签约之后（ex post），分别称为事前非对称和事后非对称。研究事前非对称信息博弈的模型称为逆向选择模型（adverse selection），研究事后非对称信息的模型称为道德风险模型（moral hazard）。从非对称信息的内容看，非对称信息可能是指某些参与人的行为（action），研究此类问题的，我们称为隐藏行为模型（hidden action）；也可能是指某些参与人隐藏信息（hidden knowledge），研究此类问题的模型我们称之为隐藏信息模型。具体如表 7－4 所示。

表 7-4　　信息不对称

	隐藏行为	隐藏信息
事前（ex ante）		1. 逆向选择模型； 2. 信号传递模型； 3. 信息甄别模型
事后（ex post）	4. 隐藏行动的道德风险模型	5. 隐藏信息的道德风险模型

【案例分析】

原价销售法①

被誉为“日本绳索大王”的岛村宁次以五角钱的单价大量购进麻绳，然后以原价卖给东京一带的纸袋工厂，从而赢得了“岛村宁次的绳索真便宜”的好名声，于是订单源源不断。

岛村便拿着购货订单对订户说：“这是我一年来购买绳索的收据，这一年我一分钱也没赚你们的，长期下去，我只好破产了。”订户为岛村的诚信折服，情愿为岛村单价增加五分钱。

然后，岛村又拿着顾客购货单据找到供应商道：“一年来，我是一分钱也没赚到，只是给您做了义务推销员，再干下去，我是受不了了。”供应商翻阅着原价卖出去的单据，感动不已，于是每根绳索降低五分钱供货。如此一来，每根绳索就赚一角钱，利润已经相当可观。

没过几年，岛村成为腰缠万贯的富豪。岛村宁次后来深有感触地认为，只有那些胆识过人的企业家才敢用开始吃亏而后占大便宜的“原价销售法”。

问题：请从信息不对称角度分析岛村宁次成功的秘诀。

【即问即答】

研究信息不对称的模型主要有哪四种？

二、逆向选择

逆向选择（adverse choice）是指由于信息不对称所造成市场资源配置扭曲的现象。经常存在于二手市场、保险市场。虽然“逆向选择”的含义与信息不对称和机会主义行为有关，却超出了这两者所能够涵盖的范围，“逆向选择”是制度安排不合理所造成市场资源配置效率扭曲的现象，而不是任何一个市场参与方的事前选择。

乔治·阿克劳夫（George Akerlof）在1970年发表了名为《柠檬市场：质量不确定性和市场机制》（*The Market of Lemons: Quality Uncertainty and the Market Mechanism*）的论文，被公认为是信息经济学中最重要的开创性文献。在美国俚语中，“柠檬”俗称“次品”，这篇研究次品市场的论文因为浅显先后被三、四家杂志退稿。然而，乔治·阿克劳夫在这篇论文中提出的逆向选择理论揭示了看似简单实际上又非常深刻的经济学道理。逆向选择问题来自买者和卖者有关车的质量信息不对称。在旧车市场，卖者知道车的真实质量，而买者不知道。这样卖

---

① 资料来源：百度文库，2015-05-26。

者就会以次充好，买者也不傻，尽管他们不能了解旧车的真实质量，只知道车的平均质量，愿平均质量出中等价格，这样一来，那些高于中等价的上等旧车就可能会退出市场。接下来的演绎是，由于上等车退出市场，买者会继续降低估价，次上等车会退出市场；演绎的最后结果是，市场上成了破烂车的展览馆，极端的情况一辆车都不成交。现实的情况是，社会成交量小于实际均衡量。这个过程称为逆向选择。

这个例子尽管简单，但给出了逆向选择的基本含义。

1. 在信息不对称的情况下，市场的运行可能是无效率的，因为在上述模型中，有买主愿出高价购买好车，市场这只“看不见的手”并没有实现将好车从卖主手里转移到需要的买主手中。市场调节下供给和需求是总能在一定价位上满足买卖双方的意愿的传统经济学的理论失灵了。

2. 这种“市场失灵”具有“逆向选择”的特征，即市场上只剩下次品，也就是形成了人们通常所说的“劣币驱逐良币”效应。传统市场的竞争机制导出的结论是“良币驱逐劣币”或“优剩劣汰”；可是，信息不对称导出的是相反的结论——“劣币驱逐良币”或“劣剩优汰”。

逆向选择理论深刻地改变了分析问题的角度，可以说给人们提供了逆向思维的路径，会加深市场复杂性的认识，由此能改变很多被认为是“常识”的结论，使市场有效性理念又一次遭受重创。

由于信息不对称在市场中是最普遍存在的最基本事实，因而乔治·阿克劳夫的旧车市场模型具有普遍经济学分析价值。他讲的故事虽然是旧车市场，但也可以延伸到烟、酒等所有产品市场、劳动市场和资本市场等。也能解释为什么假冒伪劣产品充斥这些市场，是因为交易双方的信息不对称，一方隐藏了信息。逆向选择的理论也说明如果不能建立一个有效的机制遏制假冒产品，会使假冒伪劣产品泛滥，形成“劣币驱逐良币”的后果，甚至导致市场瘫痪。

【案例分析】

汽车保险业的逆向选择问题[①]

随着个人购买家庭轿车的数量逐渐增多，汽车保险业务近年增长得很快。这些购买了汽车保险的人由于有了保险，开起车了跟开坦克似的，横冲直撞，反正汽车坏了有保险公司负责修理。结果就是汽车交通事故频繁发生，致使保险公司收取的保险费不够赔付汽车修理公司的汽车修理费。两年下来，××保险公司已经在汽车保险项目上赔了几百万元。通过分析，大家一致认为，汽车保险业务亏损的主要原因是保险费收取得比较低，结果就造成了收入不抵支出。要解决这一问题，唯一的办法是提高保费的额度。然而，保险公司的这一决策不仅没有收到预期的效果，反而使汽车保险的保费收入开始出现下降。这是他们的决策者们所始料不及的。

保险公司的决策者们不知道在经济行为中存在着逆向选择。愿意购买保险的人常常是最

---

① 资料来源：百度文库，2015－10－26。

具有风险的人，而收取较高保险价格会阻止具有较低风险的人购买保险。保险公司的保费收得高，出险率低，再进一步提高保险价格，有些人干脆不买保险了。这种逆向选择效应的根源在于保险公司所掌握的信息是不完全的。尽管公司也知道，在它的顾客中有些人肯定比其他人具有更低的风险，但它不能确切知道谁是风险低的人。也就是说，保险公司知道个人之间肯定存在差别，应该努力把他们划分为较好的和较差的风险类别，并征收不同的保险费。但是它做不到，因为它不能知道哪些人是高风险的，哪些人是低风险的。凡是那些积极买保险的人都是容易出险的人，因为他们容易出事故，所以常常渴望购买保险，以便出险之后有保险公司为他们付费。而出险概率较低的人则往往犹豫不决，如果保险价格提高了，反而会把他们首先拒之门外。这就是典型的逆向选择效应。提高保险价格导致那些事故倾向较小的人退出了保险市场，而高风险顾客比例的上升直接影响的是保险赔付的上升。

三、道德风险

亚当·斯密（1776）在《国富论》（*An Inquiry into the Nature and Causes of the Wealth of Nations*）中就已经意识到了道德风险（moral hazard）的存在，只是没有采用这样一个名词。

道德风险并不等同于道德败坏。道德风险是20世纪80年代西方经济学家提出的一个经济哲学范畴的概念，即“从事经济活动的人在最大限度地增进自身效用的同时做出不利于他人的行为”。或者说是：当签约一方不完全承担风险后果时所采取的自身效用最大化的自私行为。道德风险亦称道德危机。

由于企业中普遍存在的契约的不完备性和信息的非对称性，诱发了员工的机会主义行为，员工会尽可能选择以付出较少的努力换取较多的收入或报酬。假定经理的目标是以利润最大化为准则的，那么他希望工人多努力以增加利润。如果契约是完备的、信息是对称的，个人的行为及目标选择都置于组织的监控之下，那么个人只有通过完成组织目标并在组织目标的约束下才能实现个人目标。但是，企业契约并不能明确规定未来所有各种可能出现的状态及各方的责权利关系，经理并不能完全观测到员工的工作方式和努力程度，那么，对于一个理性的员工来说，他就有动机利用契约的“漏洞”和行为的不可观测性为谋求自身效用最大化而背离经理所希望的目标。工人可以采用偷懒或“磨洋工”的方式，甚至利用组织资源（如偷窃、泄露企业技术秘密等）为个人谋取福利。这样，个人目标偏离组织目标，人力资源道德风险也由此而生。

企业中普遍存在契约的不完备性。由科斯开创的被称为“企业的契约理论”（Coase，1937）中一个基本命题是：企业是一系列契约（合同）的组合，是个人之间交易产权的一种方式，相对于市场而言，企业是一种不完备的契约（Grossman，Hart，1986）。一个完备的契约是指这种契约准确地描述了与交易有关的所有未来可能出现的状态，以及每种状态下契约各方的权力和责任。具体到人力资源管理，契约的完备性意味着劳动合同不仅要规定工人上下班的时间、每月的工资，还要说明工人每天在什么地方干什么具体的工作；不仅要规定工人通过努力达到预定产出水平时应该得到的报酬，还要规定在未达到预定产出时对应于每一项努力水平应该获得的报酬等。但非常明显的事实是，这样的完备性契约在企业中不可能存在，它源于未来世界的不确定性。在一个不确定的世界里，要在签约时预测到所有可能出现的状态几乎是不可能的，对每种状态下契约各方的权力和责任也不可能得到完全的明确。实质上，一个完备的契约无异于否定企业的存在。劳资合同的不可避免的“漏洞”表明，仅仅依靠契约不能形成对工人的有效管理。

企业中普遍存在着信息的非对称性问题。对称信息是指每一个参与人对其他所有参与人的特征、战略空间及支付函数有准确的知识。各方所拥有的个人信息都成为所有参与人的“共同知识”。在人力资源管理中，对称信息要求经理明确知道每个员工在工作中的知识、技能、努力程度、努力所花费的成本、从事其他工作的机会成本。但一般来说，经理对每个员工在其所从事的业务范围内所拥有的知识和信息并不能清楚地知道；工人的工作方式和努力程度也是很难被观察到的，即使能被观察到，也往往因搜集信息所需成本太高而不可行。

【案例分析】

“谁骗了我的救命钱”①

2017 年 5 月，宜昌市首例骗取医保金案在西陵法院结案，被告人张某因骗保数额巨大被判有期徒刑三年。张某于 2012 年 4 月和 2015 年 1 月两次虚构在北京某医院住院就医，并向市医保局提供虚假病历和发票，分别骗取医保报销 70 783. 89 元和 67 174. 02 元。2016 年 4 月，张某再次向医保局提供虚假病历和发票，经核算可报销 51 786. 1 元。市医保局察觉有问题，随即报警并致函保险公司协助调查。张某行为已构成诈骗罪。鉴于张某有悔罪表现，且落实了帮教措施，可以使用非监禁刑，西陵法院遂判决被告人张某犯诈骗罪，判处有期徒刑三年，缓刑五年，并处罚金 5 000 元。

问题：

1. 什么原因造成医疗保险骗保现象？
2. 要想将这项保险进行下去，你认为采取什么样的措施会比较有效？

四、委托代理问题

委托代理理论是建立在非对称信息博弈论的基础上的。非对称信息（asymmetric information）指的是某些参与人拥有但另一些参与人不拥有的信息。信息经济学把博弈中拥有私人信息的局中人（即参与博弈的人）称为代理人，不拥有私人信息的局中人称为委托人。所谓私人信息，是指被一些局中人掌握，而不被其他局中人掌握的信息。

委托代理理论是过去 30 多年里契约理论最重要的发展之一。它是 20 世纪 60 年代末 70 年代初一些经济学家深入研究企业内部信息不对称和激励问题发展起来的。委托代理理论的中心任务是研究在利益相冲突和信息不对称的环境下，委

① 资料来源：三峡日报，2017－05－12。

托人如何设计最优契约激励代理人。

委托代理理论有一个较为严格的数学模型，以此来研究非对称信息下的激励模型和监督约束机制。莫里斯（Mirrless）用分布函数的参数化法建立了标准的委托代理模型。

标准的委托代理模型抓住委托人与代理人之间的信息不对称这一基本前提。即委托人不能直接观测到代理人的行动，而只能观测到其行动的结果，但结果受到行动和其他因素的共同影响。e 表示代理人的某一特定的努力程度。θ 表示不受代理人控制的外生变量（自然状态），e 和 θ 共同决定一个成果 π（如利润），即 $\pi=\pi(e,\theta)$。e、θ 和 π 中，只有 π 可以准确观察到。S 是委托人付给代理人的报酬，其大小同利润的多少有关，即其为 π 的函数 $S=S(\pi)$。C 是代理人努力程度带来的负效用，为 e 的函数，$C=C(e)$。则委托人和代理人的效用函数分别是 $V=V(\pi-S(\pi))$ 和 $U=U(S(\pi)-C(e))$。

委托人在最优化其期望效用函数时，必须面对来自代理人的两个约束。第一个约束是参与约束，即代理人在接受该委托事务时期待的效用至少不低于其从事其他任何事务的效用；第二个约束是代理人的激励相容约束，即委托人为实现自身效用最大化而要求代理人的努力程度必须也使代理人自身的效用最大化。

简而言之，委托代理模型的基本分析框架就是委托人在考虑“激励相容约束”和“参与约束”两个条件下如何选择激励计划，让代理人的行为符合委托人的利益。

【案例分析】

新三板中标科技夺权之争①

商场如战场，利益面前，曾经的合作伙伴也会走向反目。

2 月 7 日，江苏中标节能科技发展股份有限公司（证券简称：中标科技证券代码：833345）连发 5 条公告，暴露出公司内部正在进行的控制权之争。

中标科技原董事长傅良娟在一步步失去控制权后，向公安机关报案称公司印章涉嫌被伪造。涉嫌伪造公司印章的主体则指向中标科技现任董事长、总经理邹柱峰。傅良娟在发给中标科技主办券商东吴证券的《紧急通知函》中称，“2016 年 8 月，公司总经理邹柱峰谎称中标科技公章及财务专用章遗失，伪造刻制了公章及财务专用章。”

目前，苏州市公安局相城分局黄埭派出所已受理案件并立案。

一位律师对挖贝网表示，如果伪造印章事实成立，根据《中华人民共和国刑法》有关规定，邹柱峰将获三年以下有期徒刑、拘役、管制或者剥夺政治权利，并处罚金。不过，他认为，目前事件仍有疑点，需等待公安机关调查结果。

控制权之争

中标科技“伪造公司印章事件”背后原因指向公司高层傅良娟、邹柱峰之间的控制权

① 资料来源：百度文库，2017－02－09。

之争。

挖贝网新三板研究院资料显示，2014 年 12 月 22 日前，傅良娟、邹柱峰是中标科技仅有的两名股东，傅良娟持股 51%，邹柱峰持股 49%。2014 年 12 月 22 日，傅良娟和邹柱峰分别将所持 20. 4%和 19. 6%的股权转让给苏州弘光投资管理合伙企业（有限合伙）（下称：弘光投资），转让完成后弘光投资成为中标科技控股股东。

据中标科技 2015 年年报显示，弘光投资出资额共 11. 67 万元，同样为傅良娟、邹柱峰等人共同发起，其中，傅良娟出资 5 万元，占出资额的 42. 86%；邹柱峰出资 4. 9 万元，占出资额的 42%。

2015 年 5 月 7 日，弘光投资执行事务合伙人由李亮变更为傅良娟。在担任中标科技总经理、董事长期内且担任弘光投资执行事务合伙人期内，傅良娟被认定为中标科技的实际控制人。此外，傅良娟还是中标科技的法定代表人、财务负责人，可以说，傅良娟牢牢掌控着公司大权。而在 2015 年，邹柱峰持股比例 26. 81%，虽仅次于傅良娟的 27. 9%，却仅为中标科技第三大股东，未担任具体职务。

2016 年 2 月开始，傅良娟一步步失去对中标科技的控制。

2016 年 2 月 20 日，中标科技 2016 年第一次临时股东大会审议通过《关于修改公司章程第八条的议案》，修改为：总经理为公司的法定代表人。还审议通过了《关于改选公司董事会的议案》，同意公司董事黄京辞去公司董事职务，选举邹柱峰为公司董事。

2016 年 4 月 15 日，中标科技 2015 年度股东大会审议通过《关于改选公司总经理的议案》，傅良娟辞去总经理职务，由邹柱峰接任。根据公司章程的规定，担任总经理的邹柱峰成为中标科技法定代表人。

2017 年 2 月 6 日，中标科技召开第一届董事会第八次会议，在 2 名董事缺席的情况下，3 名参会董事全票通过《关于重新选举公司董事长的提议》，同意选举邹柱峰为中标科技董事长。值得注意的是，本次会议并非由当时还是董事长的傅良娟召集和主持，而是由半数以上董事共同推举的董事邹柱峰取而代之。

而早在 2016 年 2 月 6 日，弘光投资执行事务合伙人就已由傅良娟变更为邹柱峰、傅良娟。综合后期中标科技高管变更情况，中标科技主办券商东吴证券认为，公司实际控制人由傅良娟变更为公司不存在实际控制人。

至此，除了财务负责人的职务，傅良娟在中标科技几乎所有职务被邹柱峰取代。

原董事长报案称公司印章被伪造

在邹柱峰忙着召集董事会的时候，傅良娟也没有闲着。

2017 年 2 月 3 日，傅良娟向苏州市公安局相城分局黄埭派出所报称“中标、弘光公司印章被伪造案”一案被受理。2 月 6 日也就是中标科技董事会召开的同一天，“中标、弘光公司印章被伪造案”被苏州市公安局相城分局立案。

值得注意的是，2 月 7 日中标科技发布的《公司印章涉嫌伪造被立案的公告》的真实性、准确性和完整性等并未获得全体董事会成员的保证，公告将董事邹柱峰、邹菊生、苏雪明排除在外。

在向公安机关报案之前的 1 月 17 日，傅良娟向中标科技主办券商东吴证券发送了《紧急通知函》，称“2016 年 8 月，公司总经理邹柱峰谎称中标科技公章及财务专用章遗失，伪造刻制了公章及财务专用章。”1 月 19 日，中标科技股票暂停转让。

一位律师对挖贝网表示，根据《中华人民共和国刑法》第二百八十条规定，伪造公司、企业、事业单位、人民团体的印章的，处三年以下有期徒刑、拘役、管制或者剥夺政治权利，并处罚金。如伪造公司印章属实，邹柱峰极有可能获刑。

值得注意的是，收到《紧急通知函》后，东吴证券即对上述情况进行了核查，了解到中标科技于2016年8月29日在《苏州日报》刊登了遗失公章（编号3205019995682）、财务专用章（编号3205019995683）作废的声明。同日，公司在苏州市公安局进行了公章及财务专用章的备案，重新刻制了公章（编号3205070933555）及财务专用章（编号3205070933556）。

由此，东吴证券认为中标科技新的公章及财务专用章已经向有权机关备案，但新公章及财务专用章的备案流程的合规性及相应的法律后果尚需公安机关立案调查结果才能确定。

上述律师也表示，如果印章是在有作废声明且已备案后刻制，而邹柱峰事实上也有相关职权的话，伪造公司印章是否属实需等公安机关调查结果出来后再做判断。

问题：

1. 请根据委托代理理论，分析董事长和总经理之间为什么会存在权力之争现象？
2. 公司内部权力之争通常透露着哪些问题？

【即问即答】

博弈中，哪一方被称为代理人？哪一方被称为委托人？

【内容提要】

1. 市场机制在现实社会的很多场合不能导致资源的有效配置，这种情况被称为“市场失灵”。造成市场失灵的原因主要有四类：（1）垄断；（2）外部性；（3）公共物品；（4）信息不对称。

2. 垄断企业的低效率体现在四个方面：（1）产出受到限制，价格升高；（2）容易导致寻租行为；（3）不利于创新；（4）组织的低效率，即X－非效率。

3. 经济活动对处于交易关系之外的其他人的影响被为外部影响，也被称为外部性。外部性通常分为正外部性和负外部性两大类。正外部性，通常会使市场主体的经济活动水平低于社会所需要的最优水平。负外部性，通常会使市场主体的经济活动水平高于社会所需要的水平。不管正外部性还是负外部性都会给社会带来福利损失。

4. “科斯第一定理”：如果产权是明确的，而且谈判协商的成本是零，则无论初始由哪一方拥有产权，都能带来资源的有效配置。“科斯第二定理”：在交易成本大于零的情况下，不同的权利界定会对经济运行的效率产生影响。

5. 公共物品具有两大主要特点：（1）非排他性；（2）非竞争性。因为不能排他，使收费变得困难，公共物品消费过程中的“搭便车”现象在所难免。

6. 信息不对称是指在市场经济活动中，各类人员对有关信息的了解是有差异的；掌握信息比较充分的人员，往往处于比较有利的地位，而信息贫乏的人员，则处于比较不利的地位。信息的非对称性可从以下两个角度进行划分：一是非对称发生的时间；二是非对称信息的内容。从非对称发生的时间看，非对称性可能发生在当事人签约之前（ex ante），也可能发生在签约之后（ex post），分别称为事前非对称和事后非对称。研究事前非对称信息博弈的模型称为逆向选择模型（adverse selection），研究事后非对称信息的模型称为道德风险模型（moral hazard）。从非对称信息的内容看，非对称信息可能是指某些参与人的行为，研究此类问题的，我们称为隐藏行为模型；也可能是指某些参与人隐藏，研究此类问题的模型我们称为隐藏信息模型。

【复习与思考】

【名词解释】

市场失灵　外部性　科斯第一定理　科斯第二定理　公共物品　私人物品　“搭便车”　公共选择　信息不对称　逆向选择　道德风险　委托代理

【单项选择题】

1. 认为垄断会造成低效率的资源配置是因为产品价格（　　）边际成本。

   A. 大于　　B. 小于　　C. 等于　　D. 上述情况都存在

2. 为了提高资源配置效率，政府对竞争行业厂商的垄断行为是（　　）。

   A. 限制的　　B. 支持的

   C. 有条件加以限制的　　D. 放任不管的

3. 对自然垄断的管制通常使价格等于（　　）。

   A. 边际收益　　B. 边际成本　　C. 平均收益　　D. 平均成本

4. 某一经济活动存在外部经济效果是指该活动的（　　）。

   A. 私人利益大于社会利益　　B. 私人成本大于社会成本

   C. 私人利益小于社会利益　　D. 私人成本小于社会成本

5. 当人们无偿地享有了额外的收益时，称作（　　）。

   A. 公共产品　　B. 外部不经济　　C. 交易成本　　D. 外部经济

6. 如果上游工厂污染了下游居民的饮水，按科斯定理，（　　），问题就可妥善解决。

   A. 不管产权是否明确，只要交易成本为零

   B. 只要产权明确，且交易成本为零

   C. 只要产权明确，不管交易成本有多大

   D. 不论产权是否明确，交易成本是否为零

7. 公共物品的市场需求曲线是消费者个人需求曲线的（　　）。

   A. 水平相加　　B. 垂直相加　　C. 算术平均数　　D. 加权平均数

8. 交易双方信息不对称，比方说买方不清楚卖方一些情况，是由于（　　）。

   A. 卖方故意要隐瞒自己一些情况　　B. 买方认识能力有限

   C. 完全掌握情况所费成本太高　　D. 以上三种情况都有可能

9. 一旦产权被分配后，市场将产生一个有社会效率的结果，这种观点称为（　　）。

   A. 有效市场理论　　B. “看不见的手”　　C. 科斯定理　　D. 逆向选择

10. 面对不对称信息，下列不能为消费者提供质量保证的是（　　）。

    A. 品牌　　B. 低价格　　C. 长期质量保证书　　D. 气派的商品零售处

【简答题】

1. 简述垄断带来的社会成本。
2. 阐述科斯第一定理及第二定理的内容。

【论述题】

公共物品有什么特点？为什么公共物品只能靠政府来提供？

参 考 文 献

[1] [意] 阿列桑德洛·荣卡格利亚著．罗兰等译．西方经济思想史 [M]．上海：上海社会科学出版社，2009.

[2] 范里安．微观经济学：现代观点 [M]．上海：上海三联书店，1994.

[3] 黎诣远．西方经济学 [M]．北京：高等教育出版社，2003.

[4] 曼昆．经济学原理 [M]．北京：生活·读书·新知三联书店，北京大学出版社，1999.

[5] 平狄克，鲁宾费尔德．微观经济学（第3版）[M]．北京：中国人民大学出版社，1997.

[6] 斯蒂格利茨．经济学上册 [M]．北京：中国人民大学出版社，1997.

[7] 尹伯成．西方经济学简明教程 [M]．上海：人民出版社，2009.

[8] 俞宪忠等．微观经济学 [M]．北京：中国人民大学出版社，2010.

[9] 张维迎．博弈论与信息经济学 [M]．上海：上海人民出版社，2004.

[10] J. Laffont. The Economics of Uncertainty and Information [M]. The MIT Press, 1990.

第八章　国民经济核算

宏观经济是以国民收入的决定为中心，研究整个社会范围内如何充分有效利用资源的问题。那么，现有资源是否得到充分利用，也就是说，国民经济的结构和运行绩效到底如何，这是政府、企业和普通民众所关心的问题。对此，宏观经济学家通常是采用一系列指标（或称为宏观经济目标）来进行描述，宏观经济目标主要包括高水平的和快速的经济增长、充分就业和保持稳定的价格水平三个方面。

第一节　对国内生产总值（GDP）的理解

对于一国经济来讲，经济活动的最终目标是要向人们提供所需要的住房、食品、教育和娱乐等产品和服务。在现实中，在发达国家，如美国、德国和英国等不到10%的人从事农业就可以为人们提供很好的粮食和各种营养，人民的物质生活和精神生活极为丰富；一些国家的国民生活水平显著提高，如“二战”后的日本、韩国以及改革开放以来的中国等；而有些国家长期以来却一直不得不被生活水平下降和贫困问题所折磨，如撒哈拉以南的非洲国家，为了吃饭，需要有60%以上的人口从事农业生产，但仍然摆脱不了饥饿和营养不良。那么，是什么决定了一个国家人们的生活水平呢？答案是，经济增长。经济增长是决定一个国家国民的实际收入和生活水平的关键因素，因此，可以说，经济增长是经济学研究和经济活动的基本目标。

【参考资料】

经济增长的四只轮子①

1870～2002年期间，美国人均实际GDP增长率是2.04%，1870年的2 465美元（按2002年的美元价值计算）增加到2002年的36 292美元，增长了约15倍。那么，是什么因素促进了一个国家的经济增长？实质上，不同国家实现经济增长的路径是存在差异的。譬如，英国是通过工业革命，包括发明蒸汽机、修建铁路和强调自由贸易等实现经济增长；而日本最初是通过模仿外国技术、限制进口、保护国内工业，然后大力发展制造业和电子业，从而

---

① 萨缪尔森，诺德豪斯．宏观经济学（第16版）[M]．北京：华夏出版社，1999.

创造了“二战”后的日本经济增长奇迹；而亚洲“四小龙”则通过保持高投资率、奉行出口导向以及政府倡导型竞争等取得了惊人的经济增长。然而，不管世界上的经济增长存在多少种模式，无论是穷国还是富国，经济增长的发动机必须安装在相同的四只轮子上。这四只轮子，或者说增长的要素分别是：人力资源，包括劳动力的供给、教育、纪律、激励等；自然资源，包括土地、森林、矿产、水以及环境质量等；资本，包括机器、工厂以及道路等基础设施；技术进步，包括科学、工程、管理以及企业家才能等。

一、国内生产总值（GDP）

经济增长是指一国生产潜力的增加，当一个国家或地区在一定时期内所生产的物品和劳务增加了，就出现了经济增长。那么，如何来衡量经济增长的水平呢？通常用一国经济总产出（即生产的商品和劳务总量）的增加来表示。描述一国经济总产出最全面的指标是国内生产总值（gross domestic product，GDP），它是目前最能概括出一个国家或地区的总体经济发展水平和运行情况的总量指标。

【国内生产总值】

国内生产总值是指一个国家在一定时期（通常为一年）内所生产的所有的最终产品和服务的市场价值的总和。

要准确理解国内生产总值概念的真正含义，需要注意以下几个问题：

- GDP 是一个市场价值概念。各种最终产品的价值都是用货币加以衡量的。
- GDP 测度的是最终产品的价值，中间产品价值不计入 GDP，否则就会造成重复计算。

【最终产品】

最终产品指一定时期内生产的并由其最后使用者购买的产品和劳务。

【中间产品】

中间产品指用于生产别种产品用的原材料、辅料等。比如服装是最终产品，而生产它的棉花、棉纱、棉布就是中间产品。

【最终产品的价值计算】

一件服装从生产到最终产品消费要经历五个阶段：种棉、纺纱、织布、制衣、销售。说明各阶段的价值增值的总和就是服装的价值，即最终产品的价值。

如果把中间产品价值计入 GDP，服装的价值将是 160 美元，存在着严重的重复计算。即棉花增值被计了 5 次，为 75 美元；棉纱增值被计了 4 次，为 20 美元；棉布增值被计了 3 次，为 30 美元；增值被计了 2 次，为 30 美元；销售增值被计了 1 次，为 5 美元，合计为 160 美元。实际上，服装销售价值为 50 美元，它恰好等于各生产阶段价值增值的总和（见表 8－1）。

表 8-1　　服装生产的价值增值过程 GDP　　单位：美元

生产阶段	销售收入	中间原料成本	增值（附加值）
棉花	15	0	15
棉纱	20	15	5
棉布	30	20	10
服装	45	30	15
销售	50	45	5
合计	160	110	50

所以，GDP 就是社会全部最终产品的价值总和或社会生产中各种产品的价值增值的总和。

• GDP 是指一个时期内（通常为一年）生产的最终产品的价值，而不是一定时间内所出售的最终产品的价值。因此，GDP 统计不应该计入那些在过去生产的，却在本期销售出去的产品价值，否则就会造成重复计算。例如，你花费 500 元买了同学的一台二手电脑，那么这 500 元就不应计入当期的 GDP，因为这台电脑的价值已被计入该电脑生产出来的那一期 GDP 中去了。

• GDP 是计算期内（往往为一年）生产的最终产品价值，因而是流量而不是存量。流量是一定时期内发生的变量，存量是一定时点上存在的变量。

• GDP 是一国范围内生产的最终产品的市场价值，从而是一个地域概念，而不是国民概念。与国内生产总值（GDP）相似的一个概念是国民生产总值（GNP）。

【国民生产总值（GNP）】

国民生产总值是指一国国民所拥有的所有生产要素在一定时期（通常为一年）内所生产的所有的最终产品和服务的市场价值的总和。

GDP 与 GNP 之间的换算关系是：

GNP＝GDP－外国国民在本国生产的最终产品的价值
＋本国国民在外国生产的最终产品的价值

• GDP 一般仅指为市场而生产的物品和劳务的价值，非市场活动不包括在内。如地下经济活动、家务劳动、自给自足生产等非市场活动均未被计入 GDP 中。

【拓展阅读】

国民生产净值、国民收入、个人收入和个人可支配的收入

1. 国内生产净值（NDP）是国内生产总值减去磨损掉的厂房、机器等资本设备的价值以后的商品和劳务的价值，即国内生产总值－资本损耗（折旧）＝国内生产净值。

2. 国民收入（NI）基本上是从收入方面来衡量的国内生产总值。从国内生产净值中减去间接税就是生产要素所挣到的全部国民收入，即国内生产净值－间接税＝国民收入。

3. 个人收入（PI）是一个国家所有个人实际得到的，也就是真正拿到手的总收入，即：个人收入＝国民收入－未分配利润－公司所得税＋政府转移支付。

4. 个人可支配的收入（PDI），简称可支配收入，是个人收入减去个人所得税以后，个人能够自己支配的收入，即：个人可支配的收入 =个人收入 –个人纳税。

【参考资料】

GDP 指标的缺陷与修正

我们知道，GDP 记录的主要是为市场而生产的物品和劳务的价值，并不包括整个经济所提供的所有能给人们带来满足的产品和服务。近年来，许多批评者指出了 GDP 指标的缺陷。批评者认为，GDP 不仅计入了许多值得怀疑的项目，而且忽略了许多有价值的经济活动。正如有激烈的批评者所言："不要对我讲你的国内生产总值，对我来讲，国内生产总值代表的只不过是国内污染总值。"

是的，此说法虽然过激，但也不无道理。GDP 确实包括了许多不能造福于人类，而却给人类带来战争威胁和其他祸害的东西，譬如，各国生产的核武器、炸弹、导弹、战斗机等国防项目、由于犯罪增多而不得不增加的监视警报系统、大面积的森林砍伐等都被计入 GDP，而且，GDP 根本无法解释气候变暖、空气和江河污染、自然资源耗竭等生态环境恶化以及贫富分化等社会问题。同样，许多家庭活动产生的很多有价值的"准市场性"的产品和服务，如做饭、洗衣和清理家庭卫生等未能计入 GDP。有研究显示，在美国这些没有报酬的家务劳动的价值约是市场性消费总额的 50%，还有些国家未被计入的"地下经济活动"约能占到其 GDP 的 15% ~30%。

因此，正是由于传统 GDP 统计具有上述诸多缺陷，世界主要国家开始探索建立"扩充的国民收入账户"——不仅包括市场性的经济活动，而且包括非市场性的经济活动，如人力资本投资、不支付报酬的家庭劳动以及休闲的价值等。另外，最重要的是，扩充的国民收入账户非常重视经济活动对自然资源和环境的影响，专门设立环境账户（或叫绿色账户），用来统计自然资源和环境资源对国民收入的贡献。

中国从 20 世纪 90 年代初开始关注和研究绿色 GDP 核算问题，所谓绿色 GDP 就是在原来 GDP 统计的基础上扣除自然资本消耗后得到的数字。即 GDP 减去产品资本折旧、自然资源消耗和环境资源消耗后的数值。目前，国内已组织对森林、矿产等自然资源以及环境资源等的核算问题进行了探索，并有了初步进展，但由于其评估的复杂性，操作性较差，因此，要真正建立和完善扩充的国民收入账户还有很长的路要走。

【即问即答】

你对现有 GDP 统计指标是如何理解的？它究竟存在哪些缺陷？如何来弥补？

二、名义 GDP 和实际 GDP

衡量 GDP 的方法有两种，即名义 GDP 和实际 GDP。名义 GDP（nominal GDP）是按现期价格衡量的产品和服务的总价值；实际 GDP（real GDP）是指用一组不变价格（即基年价格）衡量的产品和服务的总价值。

例如，假设一个经济 2000 年只生产了 3 斤苹果和 2 斤香蕉，2009 年生产了 4 斤苹果和 3 斤香蕉，应该如何计算它的名义 GDP 和实际 GDP 呢？因为 GDP 衡量的是所有最终产品和服务的市场价值，显然，在该经济中，GDP 是生产的所有苹果的价值和生产的所有香蕉的价值之和。即：

GDP =（苹果数量 × 苹果价格）+（香蕉数量 × 香蕉价格）

若 2009 年每斤苹果的价格为 2.5 元，每斤香蕉的价格为 3 元，并选择 2000 年价格为基年价格，那么，该经济 2009 年的名义 GDP 则为：

$(名义\ GDP)_{2009} = 4 \times 2.5 + 3 \times 3 = 19$（元）

若 2000 年每斤苹果的价格为 1.5 元，每斤香蕉的价格为 2 元，则该经济 2009 年的实际 GDP 为：

$(实际\ GDP)_{2009} = 4 \times 1.5 + 3 \times 2 = 12$（元）

而 2000 年的名义 GDP 等于其实际 GDP，即：

$(名义\ GDP)_{2000} = (实际\ GDP)_{2000} = 3 \times 1.5 + 2 \times 2 = 8.5$（元）

可见，名义 GDP 的增加既可能是由于价格上升，也可能是由于产品和服务数量的增加；而实际 GDP 不受价格变动的影响，只有当产量变动时不同年份的实际 GDP 才发生变动，它能真实地反映出一个社会所提供的产品和服务的数量。因此，我们通常谈到某个经济的 GDP，一般是指实际 GDP，而不是名义 GDP。

尽管在短期内每个国家都会存在 GDP 波动，但从长期看，世界上多数国家，特别是发达国家的经济一般都呈现出实际 GDP 增长和生活水平改善的趋势，这种进程被称作经济增长。

GDP 折算指数指名义国内生产总值与实际国内生产总值之比。

GDP 折算指数 = 名义 GDP/实际 GDP

实际 GDP = 名义 GDP/GDP 折算指数

国内生产总值折算系数是重要的物价指数之一，它能反映通货膨胀的程度。

在进行经济分析时，要注意区分名义国内生产总值与实际国内生产总值。例如，在研究经济增长率时，要根据实际国内生产总值。这是因为名义国内生产总值既反映了实际产量的变动，又反映了价格的变动。实际国内生产总值只反映产量的变动。只有根据实际国内生产总值，才能准确地反映国民经济的实际增长情况。

【即问即答】

GDP 指标核算的是价值量还是实物量指标？我们可以利用实物量来核算 GDP 吗？为什么？

三、潜在 GDP

潜在 GDP（potential GDP）是指在保持价格相对稳定的情况下一国经济所能生产的最大产量，也被称作充分就业时的产出。潜在 GDP 的大小是由一个经济的生产能力决定的，而生产能力又是由可获得的投入（资本、劳动和土地等）以及该经济的技术效率所决定。当一国经济按照其潜在生产能力运行时，失业率就会比较低而生产水平则会比较高。

在实际中，实际 GDP 与潜在 GDP 往往是不一致的。当实际 GDP 连续 1 ~ 2 年下降，而潜在 GDP 与实际 GDP 之间的缺口并不大时，这种经济下降现象就称为衰退；当产出持续下降，实际 GDP 与潜在 GDP 之间缺口巨大时的经济下降现象就称为萧条。当经济繁荣和战争时期生产能力被开发到极限时，实际 GDP 有可能在短期内高于潜在 GDP，但这往往会带来通货膨胀的压力。

【参考资料】

中国 1990 年以来的经济增长率

改革开放以来，我国的实际经济增长率平均约为 9%。可以说，我国的经济增长先后经历了三个周期。第一个周期是在 1981 ~1990 年，第二个周期是 1990 ~1999 年，第三个周期是 1999 ~2009 年。前两个周期都是 9 年，第三个周期是 10 年。图 8 -1 显示的是后两个周期的情况。1990 ~1992 年是经济扩张期，经济加速增长，实际 GDP 增长率显著上升。1990 年，中国经济增长率下降到 3. 8%，是改革开放以来的最低值。然后，到 1992 年达到峰值 14. 2%，是改革开放以来第二个最高值。1992 ~1999 年是经济收缩期，经济增长速度逐渐放缓，实际 GDP 增长率呈下降趋势，在 1999 年经济增长率下降到 7. 6%，又回归到低谷。第三个周期是从 1999 年的 7. 6%上升到 2007 年的 13%，达到峰值后，到 2008 年经济增长率下降到 9. 0%。

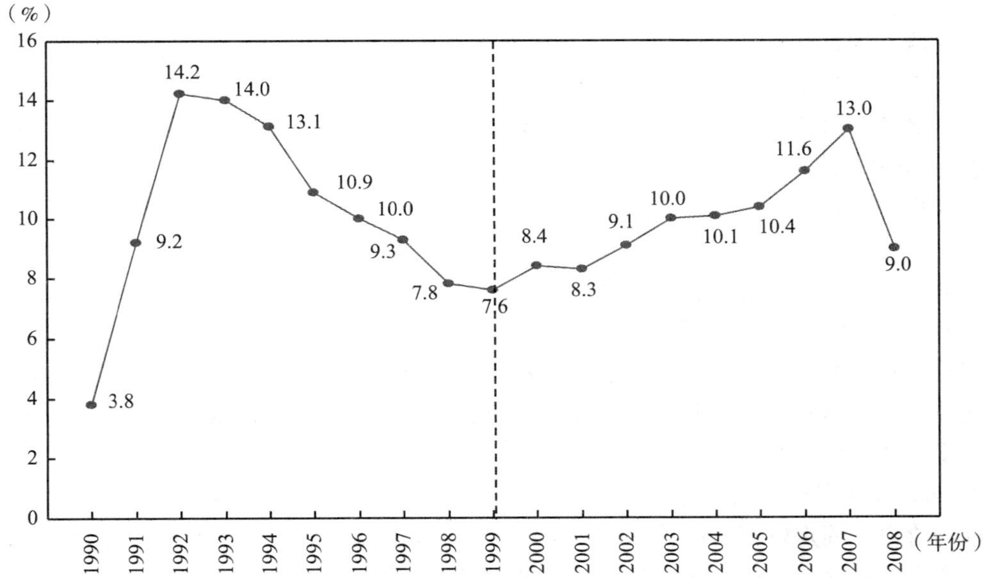

图 8 -1　我国经济增长周期

第二节　国内生产总值的核算方法

国内生产总值的计算方法是国民收入核算体系中的重要内容。世界各国采用的核算方法不尽相同，主要有支出法、收入法与生产法，下面分别加以介绍。

一、生产法

生产法是从生产的角度衡量所有常住单位在核算期内新创造的价值，是国民经济各行业在核算期内新创造的价值和固定资产的转移价值的总和，也即国民经济各行业增加值的总和。用公式表示如下：

GDP（增加值）= 总产出 – 中间消耗

生产法是从生产的角度衡量经济单位在核算期内新创造的价值，这个新创造的价值是通过从核算期内生产的全部货物和服务的价值中扣除同期所投入的全部货物（不包括固定资产）和服务得出，即从总产出中扣除中间投入。

例如，把小麦加工成面包，其中间环节要经历一个面粉的生产过程，假定小麦为最初产出，其最初的增加值为4 000元；如果把它加工成面粉，对面粉而言小麦就是中间产品，其增加值为2 000元；对面包而言面粉就是中间产品，其增加值为4 000元。最终出售的面包市场价值为10 000元（小麦最初的增加值4 000元 + 面粉的增加值2 000元 + 面包的增加值4 000元）。

由于生产法增加值的计算消除了生产各环节之间的重复计算，因此，从全社会来看，不同生产部门的增加值加总的结果就是社会最终产品。

二、收入法

收入法是从生产过程中各生产要素创造收入的角度计算GDP的一种方法。即各常住单位的增加值等于劳动者报酬、固定资产折旧、生产税净额和营业盈余四项之和。这四项在投入产出中也称为最初投入价值。各常住单位增加值的总和就是GDP。计算公式为：

GDP(国内生产总值) = 劳动者报酬 + 固定资产折旧 + 生产税净额 + 营业盈余

1. 劳动者报酬：是指劳动者从事生产活动而从生产单位得到的各种形式的报酬，包括劳动者通过各种渠道从生产单位获得的一切货币形式和实物形式的收入和个体劳动者通过劳动而获得的收入。主要有四种形式：一是工资；二是福利；三是从利润或成本中支付给劳动者个人相当于工资性质的劳动报酬；四是实物性收入，指农民自产并用于个人消费的农副产品的价值，以及劳动者免费或以低于市场价格从单位得到的实物的价值。

2. 固定资产折旧：是常住单位在核算期内生产活动中所消耗固定资产而提取的价值。固定资产折旧并非本期生产活动新创造的价值，而是生产中消耗的固定资产的价值，是属于转移价值。GDP之所以包括这部分转移价值，是由于固定资产折旧是从固定资产中游离出来作为折旧进入成本，计入成本中的折旧也作为折旧基金被提出来用于新的固定资产投资，进入企业的资金循环运动，而不是像其他成本一样消耗完毕，从这个角度讲，它类似于增加值的劳动者报酬和营业盈余。另外，从收入的角度考虑，把折旧计算在增加值中，可以避免由于把折旧计算在中间投入中，因折旧的大小不同而带来营业盈余的大小不一，从而造成增加值的波动。而如果把折旧计算在增加值中就会避免这个问题。因此，如果把折旧计算在增加值中，既可以提高GDP计算的准确性和一致性，也可以增强GDP的可比性。

3. 生产税净额：是指各部门向政府缴纳的生产税与政府向各部门支付的生产补贴相抵后的差额。生产税是政府向各部门征收的有关生产、销售、购买、使用货物和服务的税金。主要有三种形式：一是销售税金；二是进成本的税，指国家对生产单位从事生产活动而征收的税金，但有的行业把这部分税统一作销售税金处理；三是各种附加和规费。生产补贴是政府为控制价格又要扶持生产而支付给某些部门的补贴，包括粮食企业的价格补贴和企业政策性亏损补贴。实行增值税后，生产税中还要包括本期应交增值税（产品销项税额与购买货物、服务进项税额之差）。

4. 营业盈余：是指总产出扣除中间投入、固定资产折旧、劳动者报酬、生产税净额后的剩余部分，它是常住单位所创造的增加值在对固定资产进行了补偿，对劳动者进行了分配和上缴国家税金以后所余下的份额。

三、支出法

支出法是从最终使用的角度来计算 GDP 及其使用去向的一种方法。GDP 的最终使用包括货物和服务的最终消费、资本形成总额和净出口三部分。计算公式为：

GDP(国内生产总值)＝最终消费＋资本形成总额＋净出口

1. 最终消费：是指常住单位在核算期内用于货物和服务的最终消费支出，包括居民消费和政府消费。其中，居民消费是常住单位居民在核算期内为满足个人最终消费需求而购买的全部物质产品和服务，包括商品性消费、文化生活服务消费、住房及水电气消费；政府消费是社会公共服务部门为了满足公共的需要面向全社会提供的服务，以及企业为了满足企业职工的公共需要而向他们提供的服务。

2. 资本形成总额：是指常住单位在核算期内投资支出的合计，分为固定资本形成和库存增加两项。固定资本形成是指常住单位在核算期内购置、建造的固定资产的价值，包括各种有形的固定资产和无形的固定资产。库存增加是指常住单位在核算期末与期初存货变动的价值。

资本形成总额＝固定资本形成＋库存增加

库存增加＝期末库存额－期初库存额

3. 货物和服务的净出口：是指出口总额减去进口总额的差额，如果进口总额大于出口则用负数表示。出口是指常住单位向非常住单位出售及无偿提供的货物和服务总值；进口是指常住单位从非常住单位购买及无偿得到的货物和服务总值。地区净出口还包括流入和流出。

净出口＝货物和服务出口总额－货物和服务进口总额

总之，生产法和收入法都是先测算国民经济各行业的增加值，以行业增加值加总得到国内生产总值，按生产法或收入法测算的生产总值称为生产总值的生产额。支出法是从宏观的角度观察最终产品的去向，通过支出法测算的生产总值是生产总值的支出额。

从理论上讲，上述三种方法计算得到的 GDP 应该是一致的，因为它们是使用不同的方法对同一事物进行核算。但在实际操作中并不如此，因为资料来源的不同以及基础数据质量上的差异，三种方法计算的 GDP 之间存在着一定的计算误差。我国目前以生产法 GDP 为准。

第三节 国民收入核算中的恒等式

在对国民收入核算体系进行了了解和分析的基础上，可以进一步推导出国民收入构成的基本公式，这就是储蓄—投资恒等式。

一、两部门经济的收入构成及储蓄—投资恒等式

要核算一定时期的 GDP，先要弄清的是产出、收入和支出之间的关系。生产要素投入生产过程生产出来的是产出，生产要素获得的是收入，而对于厂商来说是支出。因此，产出 = 收入 = 支出。从另一个角度看，总产出形成总供给，总收入形成总需求，所以总供给 = 总需求。

要弄清如何核算国民收入首先要分析国民收入流量循环的模型。最简单的循环模型是两部门经济中国民收入流量循环模型。假设一个国家只有企业（厂商）和家庭（消费者）两个经济部门，没有政府活动就没有税收，没有进出口，为使分析简化，先不考虑折旧，这样就有 GDP = NDP = NI，都用 Y 代表，国民收入的构成就可以从支出和收入两个方面来加以分析。

一方面，从支出的角度看，由于企业库存的变动作为存货投资，因此，国民收入等于消费加投资，即 $Y = C + I$。

另一方面，从收入的角度看，假设家庭的总收入只有两种用途，不是用于消费，就是用于储蓄，因此，国民收入等于消费加储蓄，即 $Y = C + S$。

由于 $C + I = Y = C + S$，就有 $I = S$，这就是储蓄—投资恒等式。

假设家庭将所取得的要素收入 1 000 亿元不是全部用于消费，而是拿出了 1/10，即 100 亿元用于储蓄，在这种情况下，只有当储蓄全部转化为投资，整个经济社会才能达到总产出 = 总收入 = 总支出，或者说总供给 = 总需求。其循环模型如图 8 - 2 所示。

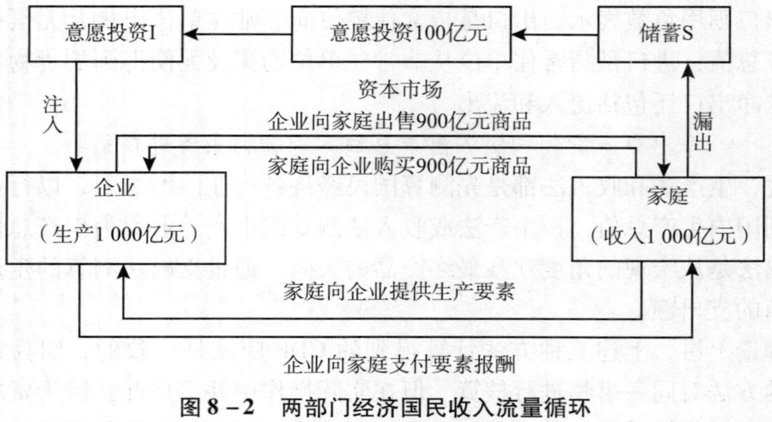

图 8 - 2 两部门经济国民收入流量循环

二、三部门经济的收入构成及储蓄—投资恒等式

在三部门经济中，把政府部门引入经济模型，政府的经济活动表现在：一方面，有政府收入（主要是征税）；另一方面，有政府支出（包括政府购买和政府转移支付）。三部门经济中国民收入的构成也可以从支出和收入两个方面来加以分析。

一方面，从支出的角度看，国民收入就等于消费加投资再加上政府购买和净出口的总和，即 $Y = C + I + G + NX$。

另一方面，从收入的角度看，由于存在政府活动，家庭的总收入只有在交完税以后才能用于消费或储蓄，因此，国民收入等于消费加储蓄再加上税收，即 $Y = C + S + T$。

由于 $C + I + G + X - M = Y = C + S + T$，就有 $I + G = S + T$，或 $I = S + (T - G)$。S 是居民储蓄，(T－G) 是政府储蓄，这就是三部门经济中储蓄—投资恒等式。

假设家庭将所取得的要素收入 1 000 亿元不是全部用于消费了，而是拿出 90 亿元用于储蓄了，向政府缴税 100 亿元，在这种情况下，只有当居民储蓄全部转化为投资，政府税收中的 90 亿元用于政府购买，10 亿元转化为政府投资，整个经济社会才能达到总产出 = 总收入 = 总支出，或者说总供给 = 总需求。其循环模型如图 8－3 所示。

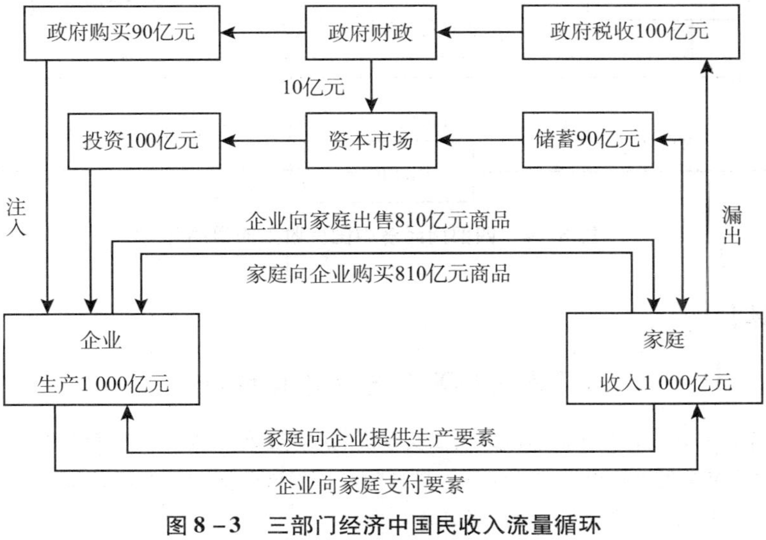

图 8－3　三部门经济中国民收入流量循环

三、四部门经济的收入构成及储蓄—投资恒等式

在四部门经济中，再把贸易部门引入经济模型，贸易的经济活动表现在：一方面，组织本国商品和劳务出口；另一方面，从国外进口商品和劳务。四部门经济中国民收入的构成也可以从支出和收入两个方面来加以分析。

一方面，从支出的角度看，国民收入等于消费、投资、政府购买和出口的总和，用公式表示，即 Y = C + I + G + X。

另一方面，从收入的角度看，由于存在外贸活动，家庭的总收入不仅用于消费、储蓄、缴税，还有可能用于对外国人的转移支付。因此，国民收入总是等于消费加储蓄加税收，即 Y = C + S + T + M。

由于，C + I + G + X = Y = C + S + T + M，就有 I + G + X = S + T + M，或 I = S + (T − G) + (M − X)。其中，S 是居民储蓄；(T − G) 是政府储蓄；(M − X) 是对外贸易储蓄（外国储蓄）。这就是四部门经济中储蓄—投资恒等式。其循环模型如图 8 −4 所示。

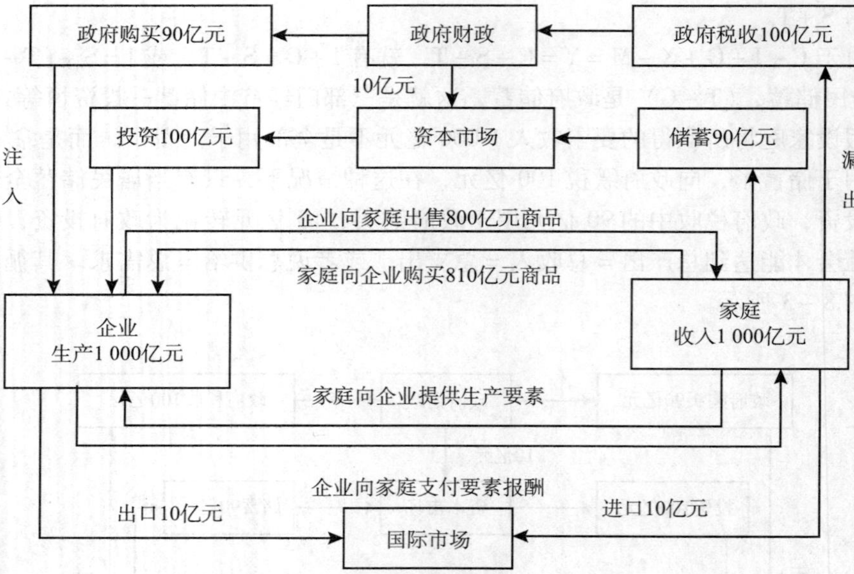

图 8 −4　四部门经济中国民收入流量循环

【拓展阅读】

"绿色 GDP" 警示中国经济[①]

2004 年 3 月 5 日，在十届全国人大二次会议的政府工作报告中，温家宝总理提出，我国要积极实施可持续发展战略，按照统筹人与自然和谐发展的要求，做好人口、资源、环境工作。2004 年国民经济的增长目标为 7% 左右。

众所周知，刚过去的 2003 年，我国国民生产总值增长率为 9. 1%。此前几年，中国经济年均增长也超过了 8%。中国今年为何调低了经济增长速度？全国政协委员、北京大学可持续发展研究中心主任叶文虎教授认为，这与中央政府重视可持续发展有直接关系，表现出了我国调整经济增长方式的决心和行动。

① 资料来源：百度文库，2012 年 11 月 25 日。

叶文虎教授介绍，“可持续发展”亦称“持续发展”，即“满足当代人的需要，又不对后代人满足其需要的能力构成危害的发展”。这一定义得到广泛的认同，并在1992年联合国环境与发展大会上取得共识，可持续发展问题成为世界各国普遍关注的问题。为了量化可持续发展的经济指标，1993年联合国有关统计机构正式出版的《综合环境与经济核算手册》SEEA中，提出了生态国内产出EDP的概念，EDP就是“绿色GDP”，即从现行GDP中扣除环境资源成本和对环境资源的保护服务费用。

叶文虎教授说，现有的经济核算和统计方法中，没有把环境的投入（包括自然资源的投入、生态系统的投入和环境容量的投入）计算在内，因此，得出的经济数据是不准确的，远远高于实际。我国各省市、各部门乃至全国公布的GDP数字中，存在着很大的误差，很可能使我们对全国的经济形态得出偏高、偏乐观的估计。在这样的GDP数字上所作的政策决策，很可能会发生较大的偏差。为了从根本上缓解经济发展和保护环境之间的矛盾，为了促进企业、行业乃至全社会生产力的更新和发展，我们必须尽快推行“绿色GDP”制度，摒弃不将环境投入计入成本的现行的GDP的核算和统计制度。绿色GDP指标，实质上代表了国民经济增长的净正效应。绿色GDP占GDP的比重越高，表明国民经济增长的正面效应越高，负面效应越低，反之则相反。据统计，1985~2000年，中国GDP年均增长率8.7%。但如果扣除损失成本和生态赤字，此期间中国的“真实国民财富”仅为名义财富的78.2%。这意味着，中国GDP的实际年均增长率只有6.5%。

还有学者提出更惊人的观点：中国社会科学院李培林认为，中国的人口密度是世界平均值的3倍，国土严重超载；人均自然资源是世界平均值的约1/2；人均水资源量只有2 500立方米，是世界人均水量的1/4。同时，单位产值的矿产资源消耗与能源消耗却是世界平均值的3倍；单位产值的废物排放量是世界平均值的数倍，而单位面积的污水负荷量是世界平均数的16倍多；中国工人的劳动生产率约为发达国家的1/35。通过这种测算，中国的绿色GDP增长是负数。

【内容提要】

◆ 宏观经济目标主要包括持续快速的经济增长、充分就业和价格稳定三个方面。

◆ 国内生产总值是指一个国家在一定时期（通常为一年）内所生产的所有的最终产品和服务的市场价值的总和。它是目前描述一国经济总产出最全面的指标。

◆ 名义GDP是按现期价格衡量的产品和服务的总价值；实际GDP是指用不变价格衡量的产品和服务的总价值。名义GDP的增加既可能是由于价格上升，也可能是由于产品和服务数量的增加，而实际GDP不受价格变动的影响。

◆ 潜在GDP是指资源充分利用条件下一个经济的最大产出。它由一个经济的生产能力决定，而生产能力又是由可获得的投入（资本、劳动和土地等）以及该经济的技术效率所决定。

◆ 通常用通货膨胀率来表示通货膨胀的程度。与通货膨胀相对应的概念是通货紧缩。

◆ 通常用价格指数来测算通货膨胀率的大小。现实中各国采用的价格指数一般包括消费价格指数、生产者价格指数和GDP平减指数三种。

◆ 失业是经济运行中的常态，充分就业概念并不是指不存在任何形式的失业。

◆ 失业率是失业人口与劳动力人口的比率，失业率与实际国内生产总值之间存在显著的负相关关系。

【关键概念】

国内生产总值（GDP） 国民生产总值（GNP） 绿色 GDP 最终产品 中间产品 名义 GDP 实际 GDP 潜在 GDP

【单项选择题】

1. 在国民收入体系中，测度一定时期内所有最终产品和劳务的货币价值量的是（ ）。

A. 国民收入 B. 国民生产总值 C. 国民生产净值 D. 可支配收入总和

2. 下列各项中不是要素收入的是（ ）。

A. 业主收入 B. 雇员报酬 C. 公司转移支付 D. 股息

3. 为从国民收入中获得个人收入，不用减去（ ）。

A. 社会保险基金 B. 公债利息 C. 公司收入税 D. 公司未分配利润

4. 下列各项中不是转移支付的是（ ）。

A. 退伍军人津贴 B. 失业救济金 C. 贫困家庭补贴 D. 工人的工资

5. 在一般情况下，国民收入核算体系中数值最小的是（ ）。

A. 国内生产净值 B. 个人收入 C. 个人可支配收入 D. 国民收入

6. 下列应计入 GDP 中的选项是（ ）。

A. 面包厂购买的面粉 B. 购买 40 股股票

C. 家庭主妇购买的面粉 D. 购买政府债券

7. 已知：消费额 =6 亿元，投资额 =1 亿元，间接税 =1 亿元，政府用于商品和劳务的支出额 =1.5 亿元，出口额 =2 亿元，进口额 =1.8 亿元。下列各项中，正确的是（ ）。

A. NDP =8.7 亿元 B. GDP =7.7 亿元 C. GDP =8.7 亿元 D. NDP =5 亿元

8. 计入国内生产总值的是（ ）。

A. 家庭主妇的家务劳动折合成的收入 B. 拍卖毕加索作品的收入

C. 出售股票的收入 D. 晚上为邻居照看儿童的收入

9. 在国民收入核算体系中，计入 GDP 的政府支出是指（ ）。

A. 政府购买物品的支出

B. 政府购买物品和劳务的支出

C. 政府购买物品和劳务的支出加上政府的转移支出之和

D. 政府工作人员的薪金和政府转移支出

10. 四部门经济中，如果用支出法来衡量，GDP 等于（ ）。

A. 消费 + 投资 B. 消费 + 投资 + 政府支出

C. 消费 + 投资 + 政府支出 + 净出口 D. 消费 + 投资 + 净出口

11. 国内生产总值与国内生产净值之间的差别是（ ）。

A. 直接税 B. 折旧 C. 间接税 D. 净出口

12. 按最终使用者类型，将最终产品和劳务的市场价值加总起来计算 GDP 的方法是（ ）。

A. 支出法 B. 收入法 C. 生产法 D. 增加值法

【复习题】

1. 什么叫 GDP？如何准确理解 GDP 的概念？

2. GDP 和 GNP 有什么区别？它们之间如何换算？

3. 名义 GDP 和实际 GDP 有何区别？为什么通常用实际 GDP 衡量一个国家的经济增长情况？

【问题与应用】

1. 国家统计局每个季度（每年）都会发布一些重要的宏观经济数据，你注意到没有？你理解这些数据吗？从这些数据中你能得到什么信息？

2. 根据报道的统计资料显示，2006 年我国国内生产总值为 21.94 万亿元，比 2005 年增长 10.7%。2007 前三季度国内生产总值 166 043 亿元，同比增长 11.5%，比上年同期加快 0.7 个百分点。其中，第一季度增长 11.1%，第二季度增长 11.9%，第三季度增长 11.5%。分产业看，第一产业增加值 18 207 亿元，增长 4.3%，回落 0.6 个百分点；第二产业增加值 83 478 亿元，增长 13.5%，加快 0.2 个百分点；第三产业增加值 64 358 亿元，增长 11.0%，加快 1.5 个百分点。

如何解释上述资料中的相关数据？

3. 一个家庭在劳务市场上雇用了一个保姆从事家务劳动，每月为此支出 1 200 元；而另一个家庭妻子没有工作，自己从事家务劳动，丈夫为此每个月给其妻子 1 200 元零花钱。这两个家庭的家务劳动对 GDP 的影响相同吗？

参考文献

[1] 萨缪尔森，诺德豪斯．宏观经济学（第 16 版）[M]．北京：华夏出版社，1999.

[2] 李仁君编．宏观经济学 [M]．北京：清华大学出版社，2009.

第九章　简单的国民收入决定理论

18 世纪初，一个名叫孟迪维尔的英国医生写了一首题为《蜜蜂的寓言》的讽喻诗。这首诗叙述了一个蜂群的兴衰史。最初，蜜蜂们追求奢侈的生活，大肆挥霍浪费，整个蜂群兴旺发达。后来它们改变了原有的习惯，崇尚节俭，结果蜂群凋敝，终于被敌手打败而逃散。

这首诗所宣扬的"浪费有功"在当时受到指责。但在 200 多年之后，这部当时声名狼藉的作品却启发凯恩斯发动了一场经济学上的"凯恩斯革命"，建立了现代宏观经济学和总需求决定理论。

20 世纪 30 年代之前，经济学家信奉的是萨伊定理。萨伊是 18 世纪法国经济学家，他提出供给决定需求，有供给就必然创造出需求，所以，不会存在生产过剩性经济危机。但 20 世纪 20 年代英国经济停滞和 30 年代全世界普遍的生产过剩和严重失业打破了萨伊定理的神话，凯恩斯在批判萨伊定理中建立了以总需求分析为中心的宏观经济学。

凯恩斯认为，在短期内决定国民收入多少的是总需求而不是总供给。引起 20 世纪 30 年代大危机的正是总需求不足，或者用凯恩斯的话来说是有效需求不足。总需求理论的提出在经济学中被称为一场"革命"（凯恩斯革命）。它不仅改变了人们的传统观念，例如，在《通论》中他甚至还开玩笑地建议，如果实在没有支出的方法，可以把钱埋入废弃的矿井中，然后让人去挖出来。同时也打破了市场机制调节完善的神话，肯定了政府干预在稳定经济中的重要作用。

当然，世界上没有什么放之四海而皆准的真理。一切真理都是具体的、相对的、有条件的。只有从这个角度去认识凯恩斯主义的国民收入决定理论才能得出正确的结论。其实就连"蜜蜂的寓言"这样看似荒唐的故事中不也包含了真理的成分吗?

第一节　对于宏观均衡的基本理解

一、最简单的经济体系

最简单的经济体系是指只有家庭和企业两个经济部门的经济体系。为了说明只有家庭和企业两个经济部门的经济体系（一个国家）的生产和收入是如何决定的，需要先作如下假设。

1. 假设所分析的经济中不存在政府，也不存在对外贸易，只有家庭部门（居民户）和企业部门。消费行为和储蓄行为都发生在家庭部门，生产和投资行为都发生在企业部门。还假定企业投资是自发的，即不随利率和产量而变动。

2. 假设不论需求量为多少，经济制度均能以不变的价格提供相应的供给量。这就是说，社会总需求变动时，只会引起产量变动，不会引起价格变动，这在西方经济学中有时被称为凯恩斯定律。由于凯恩斯写作《就业、利息和货币通论》时，面对的是1929～1933年的大萧条，工人大批失业，资源大量闲置，社会需求增加时，只会使闲置的资源得到利用，使生产增加，而不会使资源价格上升，从而产品成本和价格保持不变。因此，凯恩斯定律只适用于短期分析。在短期中，价格不易变动，或者说具有粘性。当社会需求变动时，企业首先调整的是产量，而不是价格。

3. 假定折旧和公司未分配利润为零。

二、两部门经济中的均衡产出

在上述情况下，经济社会的产量或者说国民收入就决定于社会总支出。与总支出相等的产出称为均衡产出。均衡是指一种不再变动的情况，即当一个社会所有企业的生产即总供给等于该社会全体购买者对这些产品的总需求时，就可以说总供给和总需求处于均衡状态。

由于总产出 = 总收入 = 总支出，因此，均衡产出是和总需求相一致的产出，也就是经济社会的收入正好等于全体居民和企业的实际支出。假定企业生产1 000亿美元产品，居民和企业要购买产品的支出也是1 000亿美元，则此1 000亿美元的生产就是均衡产出或者说均衡收入。若用E代表支出，Y代表产出或收入，则经济均衡的条件就是 $AE = Y$ 或 $Y = C + I$，如图9－1（a）所示。在图9－1（a）中，纵轴表示支出，横轴表示收入。从原点出发的45°线上的各点都表示支出和收入相等，例如，A点表示支出和收入各为1 000亿美元。均衡产出指与总需求相等的产出这一点，可在图9－1（b）中得到表现。

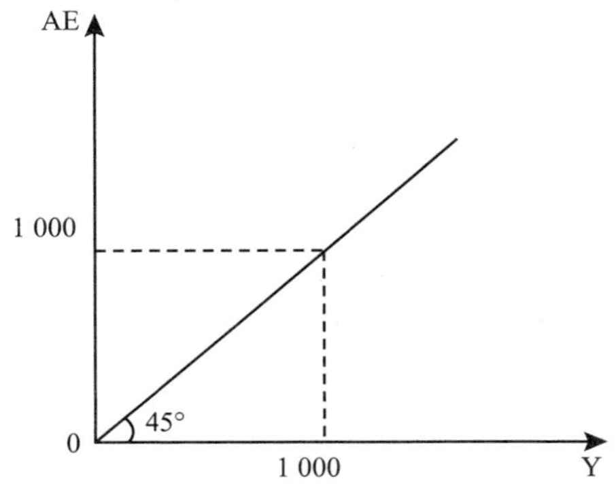

图9－1（a）　支出等于收入的45°线

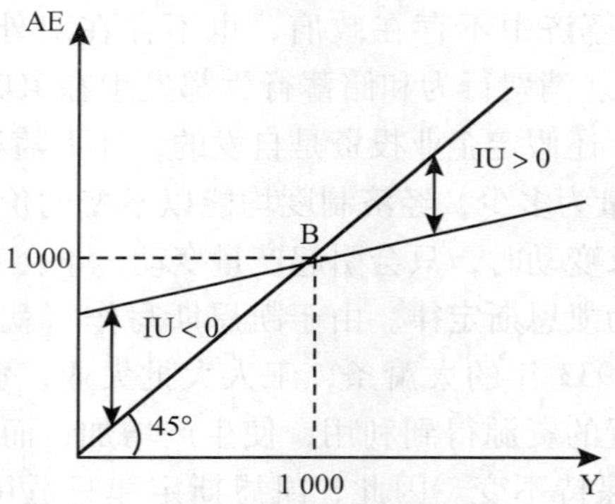

图 9－1（b） 支出决定收入

若生产（供给）超过需求，企业中会增加不希望有的过多的存货，也就是非计划存货投资，这时企业就会削减生产；若生产低于需求，企业库存就会减少，企业就会增加生产。总之，由于企业根据产品销路来安排生产，一定会把生产定在和产品需求相一致的水平上。

在图 9－1（b）中，假定总支出（即总需求量）为 1 000 亿美元，则总产出（总收入）为 1 000 亿美元，B 点是均衡点，与 B 点相对应的支出和收入都是 1 000 亿美元，说明生产数额正好等于需求支出（消费加投资）的数额。若产出大于 1 000 亿美元，非意愿存货投资（图中用 IU 表示）就大于零，企业要削减生产；反之，企业就会扩大生产。因此，经济总是要趋于 1 000 亿美元的产出水平。再假定总需求为 900 亿美元，则均衡产出为 900 亿美元。

【即问即答】

若总需求为 1 000 亿美元，则均衡产出如何变化?

【参考阅读】

均衡条件的推导过程

在两部门经济中，当经济实现均衡时，收入等于产出，即 AE＝Y。计划支出等于计划消费加计划投资，即 AE＝C＋I。生产创造的收入等于计划消费加计划储蓄，即 Y＝C＋S（这里 Y、C、S 都是剔除价格变动的实际收入、实际消费和实际储蓄）。因此，AE＝Y 就是 C＋I＝C＋S，等式两边消去 C，则得：I＝S。

需要再次说明，这里的投资等于储蓄，是指经济达到均衡，计划投资必须等于计划储蓄，而国民收入核算中的 I＝S，则是指实际发生的投资（包括计划和非计划存货投资在内）始终等于储蓄。前者为均衡的条件，即计划投资不一定等于计划储蓄，只有两者相等时，收入才处于均衡状态；而后者所指的实际投资和实际储蓄是根据定义而得到的实际数字，从而必然相等。

第二节　消费函数

一、家庭消费函数

在现实生活中，影响各个家庭消费的因素很多，如收入水平、商品价格水平、利率水平、收入分配状况、消费者偏好、家庭财产状况、消费信贷状况和消费者年龄构成以及制度、风俗习惯，等等。凯恩斯认为，这些因素中有决定意义的是家庭收入。

关于收入和消费的关系，凯恩斯认为，随着收入的增加，消费也会增加，但消费的增加不及收入增加得多，消费和收入的这种关系称作消费函数或消费倾向，用公式表示是 $C=C(Y)$。

假定某家庭的消费和收入之间的关系如表 9-1 所示。收入增加时，消费随着增加，但增加越来越少。增加的消费和增加的收入之比率，也就是增加 1 单位收入中用于增加消费部分的比率，称之为边际消费倾向。表 9-1 中第三列即边际消费倾向，其公式为：$MPC=\Delta C/\Delta Y$。若收入增量和消费增量为极小时，上述公式可写成：$MPC=dC/dY$。

表 9-1　　某家庭消费表　　单位：美元

序号	(1) 收入	(2) 消费	(3) 边际消费倾向（MPC）	(4) 平均消费倾向（APC）
A	9 000	9 110		
B	10 000	10 000	0.89	1.00
C	11 000	10 850	0.85	0.98
D	12 000	11 600	0.75	0.97
E	13 000	12 240	0.64	0.94
F	14 000	12 830	0.59	0.92
G	15 000	13 360	0.53	0.89

表 9-1 中第四列是平均消费倾向。平均消费倾向指任一收入水平上消费在收入中的比率。平均消费倾向的公式是：$APC=C/Y$。根据表 9-1 中数据可绘出消费曲线，如图 9-2 所示。

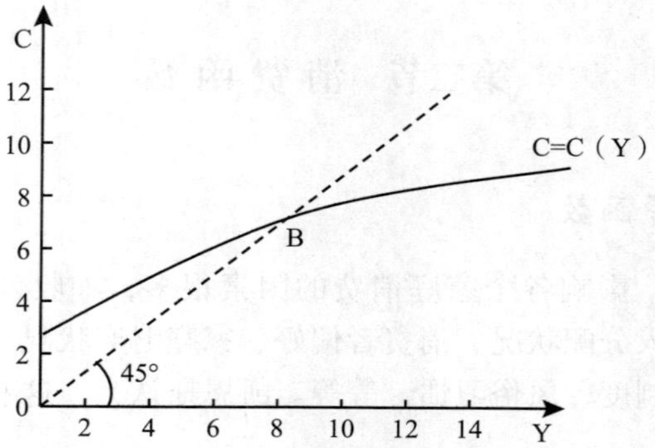

图9-2 消费曲线

在图9-2中，横轴表示收入（Y），纵轴表示消费（C），45°线上任意一点到纵横轴的垂直距离都相等，表示收入全部用于消费。C=C（Y）曲线是消费曲线，表示消费和收入之间的函数关系。B点是消费曲线和45°线的交点，表示这时候消费支出和收入相等。B点左方，表示消费大于收入，B点右方，表示消费小于收入。随着消费曲线向右延伸，这条曲线和45°线的距离越来越大，表示消费随收入增加而增加，但增加的幅度越来越小于收入增加的幅度。消费曲线上任何意一点切线的斜率，就是与这一点相对应的边际消费倾向。而消费曲线上任意一点与原点相连而成的射线的斜率，则是与这一点相对应的平均消费倾向。

当消费和收入之间呈线性关系时，消费函数就是一条向右上方倾斜的直线，可用下列方程表示：$C=a+bY$，如图9-3所示。其中a表示自发性消费部分，即收入为0时举债也必须要有的基本生活消费。斜率b为边际消费倾向，即增加一单位收入引致消费的增加量。由于消费增量只是收入增量的一部分，因此边际消费倾向总大于0而小于1。例如，若已知$a=300$，$b=0.75$，则$C=300+0.75Y$。这就是说若收入增加1单位，其中就有75%用于增加消费。只要Y为已知，就可计算出全部消费量。消费曲线上任意一点与原点相连而成的射线的斜率为平均消费倾向（APC），指一定收入水平上消费占收入中的比率，即$APC=C/Y$。

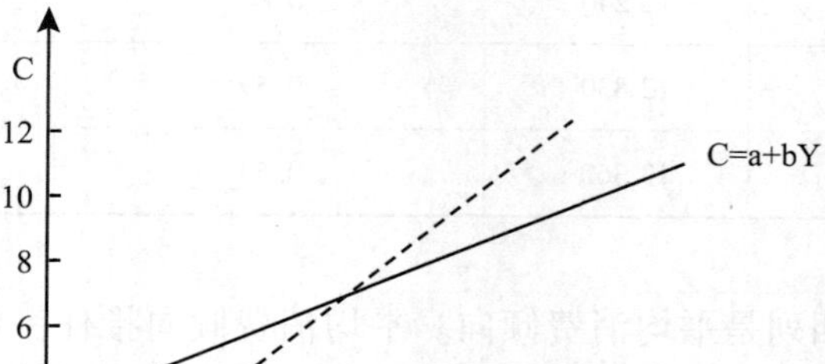

图9-3 消费函数

当消费函数为线性时，APC > MPC 这一点更易看清，因为消费函数上任意一点与原点相连所成射线的斜率都大于消费曲线（这里是直线）的斜率。而且从公式看，$APC = C/Y = (a + bY)/Y = a/Y + b$。其中，b 是 MPC。由于 a 和 Y 都是正数，因此，APC > MPC。随着收入增加，a/Y 之值越来越小，说明 APC 逐渐趋近于 MPC。

【案例分析】

透支消费[①]

福建厦门某学院大二女生小洁因深陷校园贷而自杀。据了解，小洁卷入的校园贷至少有五家，其中，仅在其中一家“今借到”平台借款就有257笔，累计借款超过57万元。因无法偿还巨额债务，小洁走上了不归路。校园贷就这样终结了女孩的生命，让人痛惜。

目前，各种贷款、分期付款平台都将大学生作为目标群体。我们也总能看到有大学生因为透支消费，无法承担高额的利息或者被别有用心的人利用，最后不仅毁了自己，也毁了家庭。

问题：

1. 试分析选择透支消费的大学生的边际消费倾向还是大于0且小于1吗？
2. 你认为大学生是否适合透支消费？

二、储蓄函数

储蓄是收入中未被消费的部分，并随收入增加的比率递增，储蓄函数为：$S = S(Y)$。

根据表9－2中的数据，可画出储蓄曲线，如图9－4所示。在图9－4中，$S = S(Y)$ 曲线表示储蓄和收入之间的函数关系。B 点是储蓄曲线和横轴的交点，表示这时收支平衡。B 点以右有正储蓄，B 点以左有负储蓄。随着储蓄曲线向右延伸，它与横轴的距离越来越大，表示储蓄随收入增加而增加，而且增加的幅度越来越大。

表9－2　　某家庭储蓄表　　单位：美元

序号	(1) 收入 (y)	(2) 消费 (c)	(3) 储蓄 (s)	(4) 边际储蓄倾向 (MPS)	(5) 平均储蓄倾向 (APS)
A	9 000	9 110	-110	—	-0.01
B	10 000	10 000	0	0.11	0
C	11 000	10 850	150	0.15	0.01
D	12 000	11 600	400	0.25	0.03
E	13 000	12 240	760	0.36	0.06
F	14 000	12 830	1 170	0.41	0.08
G	15 000	13 360	1 640	0.47	0.11

① 资料来源：央视网，2017－04－20。

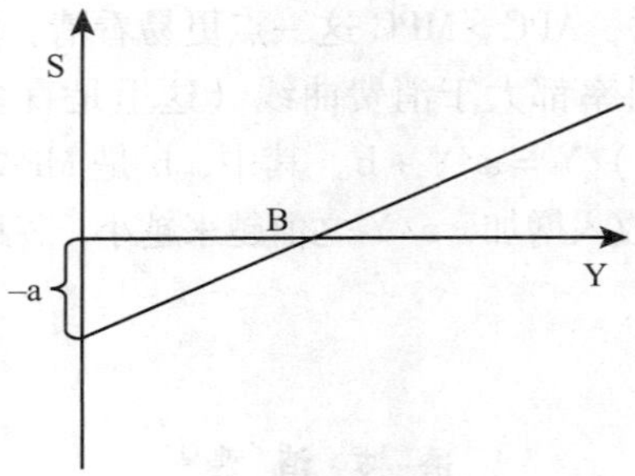

图 9－4 储蓄曲线

储蓄曲线上任意一点斜率是该点上的储蓄增量对收入增量的比率，其计算公式是：$PS = \Delta S/\Delta Y$。如果收入与储蓄增量极小，上述计算公式可写成：$MPS = dS/dY$，此即储蓄曲线上任意一点切线的斜率。

储蓄曲线上任意一点与原点相连而成射线的斜率，则是平均储蓄倾向（APS）。平均储蓄倾向是指一定收入水平上储蓄在收入中所占的比率，其计算公式是：$APS = S/Y$。

【即问即答】

改革开放以来，随着国民收入水平的持续增加，居民储蓄存款更是持续上升。“高储蓄、低消费”成为我国国民收入分配的基本态势，您认为影响我国居民储蓄倾向与消费倾向的基本原因是什么？

三、家庭消费函数和社会消费函数

西方经济学家认为，社会消费函数并不是家庭消费函数的简单加总，从家庭消费函数求取社会消费函数时，还要考虑一系列限制条件。

一是国民收入的分配。人们越是富有，越有能力储蓄。不同收入阶层的边际消费倾向不同，富有者边际消费倾向较低，贫穷者边际消费倾向较高。这样，国民收入分配越不均等，社会消费曲线就越是向下移动，反之亦然。

二是政府税收政策。如政府实行累进个人所得税，将富有者原来可能用于储蓄的一部分收入征收过来，以政府支出形式花费掉，而按西方经济学者的说法，这些支出通常成为公众的收入，最终用于消费。这样，社会中消费数量增加，从而使得消费曲线会向上移动。

三是公司未分配利润所占的比例。公司未分配利润无形中是一种储蓄。如分给股东，则必有一部分被消费掉。因此，公司未分配利润在利润中所占比例大，消费就少，储蓄就多；反之，则消费就多，储蓄就少，即社会消费曲线就会向上移动。

另外，影响社会消费的因素还有其他一些，因此，社会消费曲线并非家庭消费曲线的简单加总。但在考虑了种种限制条件后，社会消费曲线的基本形状仍和家庭消费曲线相似。

以上所述消费函数只是凯恩斯所提出的一种消费函数。由于凯恩斯把消费支出的大小与收入水平联系起来，认为收入的绝对水平决定了消费，因此，一般称之为绝对收入假说。绝对收入假说主要包括五个方面：第一，实际消费支出是实际收入的稳定函数；第二，这里所说的收入是指现期绝对实际收入水平；第三，边际消费倾向是正值，但小于1；第四，边际消费倾向本身是随收入增加而递减的；第五，边际消费倾向小于平均消费倾向。总之，绝对收入假说的中心是消费取决于绝对收入水平，以及边际消费倾向递减。

凯恩斯的消费函数理论在整个凯恩斯主义理论体系中占有十分重要的地位，并对以后的消费函数理论的发展产生了深远的影响。但是，绝对收入假说的最大缺点就是它以心理分析为基础，并在相当大的程度上是一种主观推测，从而缺乏坚实的数据基础。为此，美国经济学家库兹涅茨研究了1869～1933年间每30年左右的长期消费资料，得出了以下一些结论：第一，长期平均消费倾向是稳定的，而不是下降的；第二，边际消费倾向不是下降了而是上升了，边际消费倾向与平均消费倾向基本是相等的。由于以上结论与凯恩斯的绝对收入假说不一致，即出现了“消费函数之谜”的问题。所以，后来的学者在这些研究的基础上，提出了其他一些理论，下面就对此作一些简单的介绍。

四、消费理论的发展

（一）生命周期假说

生命周期假说又称消费与储蓄的生命周期假说，是由美国经济学家F. 莫迪利安尼和R. 布伦贝格（R. Brumberg）等共同提出来的。据F. 莫迪利安尼和R. 布伦贝格在《效用分析与消费函数——对横断面资料的一个解释》（*Utility Analysis and the Consumption Function：An Interpretation of Cross－Section Data*）一文中的论述，生命周期假说认为：消费者是理性的，可以根据效用最大化的原则来使用一生的收入，安排一生的消费与储蓄，使一生中的收入等于消费。这样，消费就不是取决于现期收入而是取决于一生的收入。

因此，按照生命周期假说，消费函数的基本形式可以写成：$C = a \times WR + c \times YL$。其中，WR是财产的收入（或称非劳动收入）；a是财产收入的边际消费倾向；YL是劳动收入；c是劳动收入中的边际消费倾向。这个公式说明，人的消费取决于财产收入和劳动收入，即总收入。但这种收入不是现期收入而是一生的收入。

生命周期假说把消费与一生收入和财产联系起来，具有重要意义和地位。它解释了消费函数之谜，说明了长期消费函数的稳定性及短期中消费波动的原因。具体的，在长期中，财产与可支配收入的比率大致是不变的，可支配收入中劳动收入的比率也是大致不变的，因此，长期平均消费倾向是稳定的，边际消费倾向与平均消费倾向是大致相等的。但在短期中，财产与可支配收入的比率是变动的，其原因主要是资本市场的价格变动。这一理论还可以用来分析货币政策与财政政策对消费和经济活动的影响、不同阶层家庭消费的差别、消费的季节变动等问题。另外，对生命周期假说的批评主要集中在这一假说的一些假设条件上。例如，储蓄无利率、生命周期与预期寿命的确定性、消费者的理性等。

（二）持久收入假说

持久收入假说是美国经济学家弗里德曼在他的《消费函数理论》（*A Theory of the Consumption Function*）中提出来的。持久收入假说的基本思想是：人们的收入可以分为两部分：一部分是暂时收入；另一部分是持久收入（能够保持三年以上的收入），只有持久收入才能影响人们的消费。这就是说，消费是持久收入的稳定的函数。如果用最简单的函数形式来表述持久收入假说，就可以写成：C = c × YP。其中，C 为消费；YP 为持久收入水平；c 为边际消费倾向。持久收入假说的另一个中心内容是说明了持久收入的估算。弗里德曼认为，一定时期的持久收入水平，是在过去的持久收入水平的基础上形成的，当时实际收入的变化也会影响这种持久收入水平。这样就根据过去的持久收入水平与现期的收入水平来估算持久收入水平。由此，持久收入假说解释了短期边际消费倾向与长期边际消费倾向不一致这个消费函数之谜。

首先，用持久收入来代表总收入，即货币需求取决于持久收入，从理论上证明了持久收入的稳定性，所以持久收入假说是现代货币数量论的组成部分。其次，持久收入假说说明了储蓄率并不取决于总收入水平，高储蓄率产生于未来收入的不确定性。最后，持久收入假说从长期结构和短期波动两个方面动摇了凯恩斯主义的理论基础。当然，持久收入假说也还有不完善之处。弗里德曼认为，有关持久收入假说与收入分配的关系，持久收入假说与财富分配的关系，持久收入假说如何适用于对特殊范畴消费品支出的分析，以及收入对消费的回归问题等还有待于进一步研究。

（三）相对收入假说

相对收入假说是 1949 年美国经济学家 J. 杜森贝利（J. Dusenberry）在《收入、储蓄和消费者行为理论》（*Income, Saving and the Theory of Consumer Behavior*）中提出来的。同年，莫迪利安尼在所著的《储蓄—收入比率的波动：经济预测问题》（*The Fluctuation of the Savings - Income Ratio: The Problem of Economic Forecast*）一文中，也独立地提出了类似的观点。其主要内容是，在稳定的收入增长时期，总储蓄率并不取决于收入；储蓄率要受到利率、收入预期、收入分配、收入增长率、人口年龄分布等多种因素变动的影响；在经济周期的短期中，储蓄率取决于现期收入与高峰收入的比率，从而边际消费倾向也要取决于这一比率，这也就是短期中消费会有波动的原因，但长期中由于消费的棘轮作用，收入的减少对消费减少的作用并不大，而收入增加对消费的增加作用较大。

由于消费是一种社会行为，具有很强的示范效应，因此，相对收入假说强调了人们消费行为之间的相互影响，特别是高收入集团对低收入集团的示范效应，这一点是十分有意义的。相对收入假说中关于棘轮效应的论述解释了消费的稳定性，说明了消费对经济稳定的作用。但是，相对收入假说同样缺乏充分而有力的经验证明，弗里德曼认为可以把相对收入假说作为持久收入假说的一个特例。

【案例分析】

如何看待超前消费的问题？[①]

“先消费，后付款”这种消费模式受到越来越多年轻人的青睐。而作为电商消费的新锐力量，年轻群体中“赊账”消费的人群几乎呈爆发性增长。针对年轻群体推出的各类预付款和借款业务令人眼花缭乱，面对这些诱惑，年轻群体是否能够理性消费？如何保障个人信息安全？

“两个月前，我分期购买了一部新手机，花了 4 000 多元。分期下来，每期还款不到 400 元。”某高校大二学生说，除了张口跟家里要钱，这是他目前能获得心仪手机的唯一方式。

他算了一笔账：每月家里给自己 1 000 元生活费，想要买到这部手机需要近五个月的生活费，如果是每月存钱 400 元来购买，也需要近一年时间才能买到。而现在以分期方式购买，即便一年下来需要多付 400 元的利息，但是先用到了手机才慢慢还，每个月也就多还几十元，并没有太大的困难。在他眼里，这是一种非常划算的消费方式。

问题：

1. 试分析超前消费方式是否违背消费理论？
2. 有人说超前消费就是超钱消费，请查阅相关资料，谈谈你对两者的看法。

第三节　两部门经济国民收入的决定

一、使用消费函数决定的均衡国民收入

第一节说明的均衡国民收入是指与计划总支出相等的收入。计划支出由消费和投资构成，即 $y = C + I$。为了使分析简化，在收入决定的简单模型中，可先假定计划投资是一个固定的量，不随国民收入水平变化。根据这一假定，只要把收入恒等式和消费函数结合起来就可求得均衡国民收入。

由于 $Y = C + I$（收入恒等式），$C = a + bY$（消费函数），解联立方程式，就可得到均衡国民收入：$Y = a + I/(1 - b)$。可见，如果知道了消费函数和投资量，就可得到均衡的国民收入。例如，假定消费函数 $C = 1\ 000 + 0.8Y$，自发的计划投资始终为600 亿美元，则均衡国民收入 $Y = (1\ 000 + 600) \div (1 - 0.8) = -8\ 000$（亿美元）。

下面再用列表和作图形式说明均衡国民收入的决定。表 9 - 3 显示了消费函数 $C = 1\ 000 + 0.8Y$ 及自发投资为 600 亿美元时均衡国民收入决定的情况。当 $C = 7\ 400$ 亿美元、$I = 600$ 亿美元时，$Y = C + I = 8\ 000$ 亿美元，说明 8 000 亿美元就是均衡的国民收入。如果收入小于 8 000 亿美元，比方说为 6 000 亿美元时，消费 5 800 亿美元，加上投资 600 亿美元，总支出为 6 400 亿美元，超过了总供给 6 000 亿美元，这意味着企业销售出去的产量大于它生产出来的产量，存货会减少，这时扩大生产是有利可图的。于是，企业就会增雇工人，增加产量，使收入向均衡的国民收入靠拢。相反，如果收入大于 8 000 亿美元时，比方说，为

① http：//www. sohu. com/a/110510633_456009。

10 000 亿美元时，消费 9 000 亿美元，加入投资 600 亿美元，总支出为 9 600 亿美元，说明企业生产出来的产量大于它的销售量，存货会增加，于是，企业便会减少生产，使收入仍向 8 000 亿美元靠近，只有收入达到均衡水平时，既没有非计划存货投资，也没有非计划存货负投资（即存货意外地减少），产量正好等于销量，存货保持正常水平，这就是企业愿意保持的产量水平。

表 9－3　　均衡国民收入的决定　　单位：十亿美元

收入	消费	储蓄	投资
300	340	－40	60
400	420	－20	60
500	500	0	60
600	580	20	60
700	660	40	60
800	740	60	60
900	820	80	60
1 000	900	100	60

均衡国民收入决定也可用图 9－5 表示，此图显示如何用消费加投资曲线和 45°线相交决定收入。

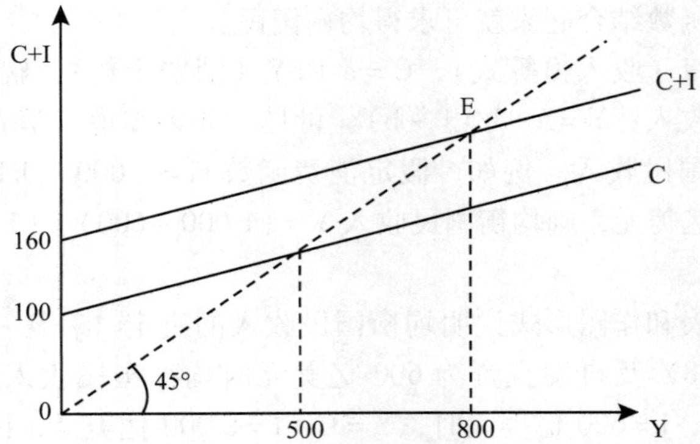

图 9－5　消费加投资曲线和 45°线相交决定收入（单位：十亿美元）

在图 9－5 中，横轴表示收入，纵轴表示消费加投资。在消费曲线（C）上加投资曲线（I）就会得到总支出曲线。由于投资被假定为始终等于 600 亿美元的自发投资，因此，C＋I 曲线所形成的总支出曲线与消费曲线平行，其间垂直距离为 600 亿美元投资，总支出曲线和 45°线相交于 E 点，E 点所决定的收入水平就是均衡的国民收入 8 000 亿美元。这时，家庭部门想要有的消费支出与企业部门想要有的投资支出的总和正好等于收入即产量。如果离开了这个均衡点，企业部门的销售量就会大于或小于它们的产量，从而减少存货投资或增加存货投资，这就会引起生产的扩大或收缩，直到回到均衡点为止。

【拓展阅读】

PPP（public-private-partnership）模式，简称公私合营，是指政府与私人组织之间，为了提供某种公共物品和服务，以特许权协议为基础，彼此之间形成一种伙伴式的合作关系，并通过签署合同来明确双方的权利和义务，以确保合作的顺利完成，最终使合作各方达到比预期单独行动更为有利的结果。

【案例分析】

天津新推 31 个 PPP 项目六大类总投资 1 469 亿元①

2017 年 11 月，天津市政府公布天津市政府和社会资本合作（PPP）2017 年推介项目，共有 PPP 项目 31 个，总投资 1 469 亿元。据市发改委介绍，这些项目多是全市打造的重大项目，本市采取“一揽子”打包方式推出，目的是给社会资本方提供更多的投资选择，为项目地寻找更多更强的投资方，实现优势互补、多方共赢。

据市发改委介绍，这次推介项目涉及交通运输、水利、环境保护、林业、重大市政工程和特色小镇及棚户区六个领域，涵盖中心城区、滨海新区和蓟州、东丽、宝坻等区域。本次公布项目中，包括津石高速公路天津西段项目，东起天津滨海新区南港，与石家庄绕城高速公路衔接，路线全长约 295 公里，总投资约 28. 89 亿元，与河北省段津石高速公路同步通车；地铁 8 号线一期工程项目，沿线设站 25 座，一期工程建设年限为 2017 ~2022 年，计划 2022 年建成通车；滨海新区轨道交通 Z2 线一期项目，长度约 38. 8 公里，车站 12 座；解放南路地区海绵城市建设项目，按规划建设中央绿轴和卫津河公园，对老排水片区进行海绵系统排水改造，配套建设道路 13 条；大沽河净水厂一期工程项目，建设净化河道水体的净水厂一座，该净水厂负责对中心城区海河及二级河道的循环水体进行净化处理的运营，出水水质要达到地表四类水。这些推介项目实施条件成熟，相当一部分项目已具备开工条件。多数项目具有稳定的现金流，预期效益较好，利于社会资本获得长期合理的回报。

截至目前，本市和各区相继设立了 PPP 工作机构。市发改委、市财政局组织行业主管部门、各区筹划了一批项目，建立了全市 PPP 项目储备库。目前，储备库项目总规模达到 164 个，总投资 4 570 亿元，一批公共服务和基础设施项目已经具备合作条件。

试分析 PPP 项目将如何影响天津市的消费和产出？

二、使用储蓄函数决定的均衡国民收入

上面说明使总支出等于总收入（总供给）的方法决定均衡国民收入。下面再用计划投资等于计划储蓄的方法求得均衡国民收入。计划投资等于计划储蓄即 $I=Y-C=S$，而储蓄函数为 $S=-a+(1-b)Y$。

将此两式联立：$I=S=Y-C$（投资等于储蓄），$S=-a+(1-b)Y$（储蓄

① 来源：天津北方网，2017 - 11 - 21。

函数)，解同样可得均衡国民收入：Y=(a+I)/(1-b)。

当 C=1 000+0.8Y 时，S=-1 000+(1-0.8)Y=-1 000+0.2Y。假定 I=600，令 I=S，即 600=-1 000+0.2Y，得 Y=8 000 亿美元。这一结果也可以从表 9-3 和图 9-6 得到。从图和表中可见，只有当收入 Y=8 000 亿美元时，S 和 I 才正好相等，为 600 亿美元，从而达到了均衡。

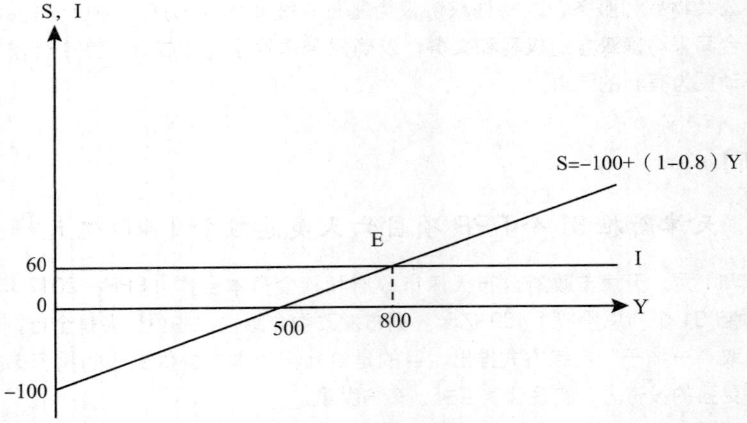

图 9-6　储蓄曲线和投资曲线相交决定均衡国民收入（单位：十亿美元）

用计划投资等于计划储蓄的方法决定收入，也可用图 9-6 表示。在图 9-6 中，横轴表示收入，纵轴表示储蓄和投资。S 代表储蓄曲线，I 代表投资曲线。由于投资是不随收入而变化的自发投资，因而，投资曲线与横轴平行，其间距离始终等于 600 亿美元，投资曲线与储蓄曲线相交于 E 点，与 E 点对应的收入即为均衡国民收入。若实际产量小于均衡的国民收入水平，表明投资大于储蓄，社会生产供不应求，企业存货减少，企业就会扩大生产，使收入水平向右移动，直到均衡的国民收入为止。

相反，若实际生产大于均衡的国民收入，表明投资小于储蓄，社会生产供过于求，企业存货增加，企业就会减少生产，使收入水平向左移动，直到均衡的国民收入为止。只有在均衡的国民收入水平上，企业生产才会稳定下来。

以上两种方法，其实是从同一个关系中引申出来的，因为储蓄函数本来就是从消费函数中派生出来的。因此，无论使用消费函数，还是使用储蓄函数，求得的均衡国民收入是相同的。

【拓展阅读】

消费函数与储蓄函数的关系

由于储蓄被定义为收入和消费之差，因此，第一，消费函数和储蓄函数互为补数；二者之和总等于总收入。从公式看，由于 C=a+bY，且 S=-a+(1-b)Y，所以，C+S=a+bY-a+Y-bY=Y。

下面，我们分别将消费函数的曲线和储蓄函数的曲线画在同一坐标系之中，如图 9 –7 所示。

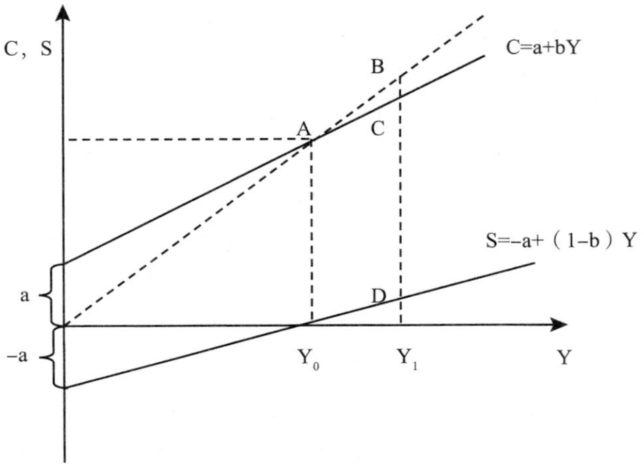

图 9 –7　消费曲线与储蓄曲线的关系

在图 9 –7 中，当收入为 Y_0 时，收支相等，储蓄为 0。当收入为 Y_1 时，消费为 $a+bY_1$，储蓄为 BC 之长度，它等于储蓄曲线和横轴在收入为 Y_1 时的距离 DY_1。在 A 点左方，消费曲线位于 45°线之上，表明消费大于储蓄。在 A 点右方，情况则相反。

第二，若 APC 和 MPC 随收入增加而递减，但 APC > MPC，则 APS 和 MPS 都随收入增加而递增，且 APS < MPS，表现在图形上，储蓄曲线上任意一点与原点连成的射线的斜率总小于储蓄曲线上该点切线斜率。

第三，APS 和 APC 之和恒等于 1，MPC 和 MPS 之和也恒等于 1。

根据以上性质，消费函数和储蓄函数中只要有一个确立，另一个随之确立。当消费函数已知时，就可得到储蓄函数，当储蓄函数已知时，就可求得消费函数。

【人物介绍】

约瑟夫·斯蒂格利茨

约瑟夫·斯蒂格利茨（Simon Smith Kuznets，1943 ~），美国经济学家。他于 1979 年获得约翰·贝茨·克拉克奖，2001 年获得诺贝尔经济学奖。斯蒂格利茨曾担任世界银行资深副总裁与首席经济师，提出经济全球化的观点，他还曾经在国际货币基金组织任职。

他为经济学的一个重要分支——信息经济学的创立做出了重大贡献。他所倡导的一些前沿理论，如逆向选择和道德风险，已成为经济学家和政策制定者的标准工具。他是世界上公共部门经济学领域最著名的专家。他所著的教材是世界上最通行的教材之一，被翻译成多种语言。斯蒂格利茨教授是数以百计的学术论文和著作的作者和编者，包括十分畅销的本科教材《公共部门经济学》（*Economics of the Public Sector*）和与安东尼·阿特金森合著的《公共经济学讲义》。斯蒂格利茨是美国最著名的经济学教育者之一，他先后执教于耶鲁大学、普林斯顿大学和牛津大学，并从 1988 年开始在斯坦福大学任教。他主讲经济学原理、宏观经济学、微观经济学、公共部门经济学、金融学和组织经济学。

三、两部门经济中的投资乘数

I = S 是均衡国民收入的决定条件。若 I > S，生产就会增加；若 I < S，生产就会减少，并最终达到均衡的国民收入水平。上节例子中，若投资从 600 亿美元增加到 700 亿美元，就出现了 I > S 的情况，于是生产和收入就会从 8 000 亿美元增加到 8 500 亿美元，即 $Y = (a + I)/(1 - b) = (1\ 000 + 700) \div (1 - 0.8) = 8\ 500$（亿美元）。

在这里投资增加了 100 亿美元，而收入则增加了 500 亿美元，增加的收入是增加投资的 5 倍。可见，当投资增加时，收入的增量将是投资增量的 K 倍，这个 K 就为投资乘数。可见，投资乘数是指收入的变化与带来这种变化的投资支出变化的比率。

已知均衡国民收入 $Y = (a + I)/(1 - b)$，根据投资乘数定义，当投资增加 1 单位时，收入的变化量即投资乘数 $K = \Delta Y/\Delta I = 1/1 - b$。

可见，投资乘数的大小与边际消费倾向有关。边际消费倾向越大，或边际储蓄倾向越小，则投资乘数就越大。以上是从投资增加的方面说明乘数效应的。实际上，投资减少也会引起收入若干倍数的减少。可见，乘数效应的发挥是两方面的。乘数效应也可用图 9 - 8 来表示。

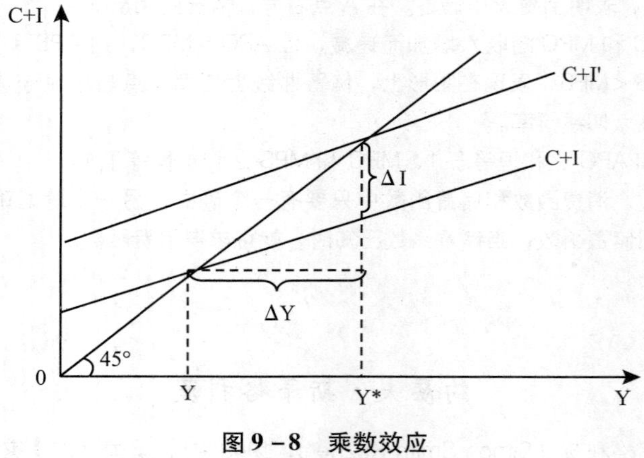

图 9 - 8　乘数效应

在图 9 - 8 中，C + I 代表原来的总支出线，C + I′代表新的总支出线，$I' = I + \Delta I$。原来的均衡国民收入为 Y，新的均衡国民收入为 Y^*，且 $\Delta Y = Y^* - Y = K\Delta I$。沿用上例，当投资从 600 亿美元增加到 700 亿美元，即 $\Delta I = 100$ 亿美元时，国民收入就会从 8 000 亿美元增加到 8 500 亿美元，即 $\Delta Y = 500$ 亿美元，$K = 5$。

以上说明的是投资变动引起国民收入变动这一乘数效应。实际上，总需求的任何变动，如消费的变动、政府支出的变动、税收的变动、净出口的变动等，都会引起国民收入若干倍变动。理解乘数理论有几点需要注意的问题：第一，乘数是一把“双刃剑”，投资扩大可以引起收入倍增，投资减少也可以引起收入的倍减；第二，乘数发挥作用的条件是供给无约束，即社会必须存在闲置资源；第三，从理论上讲，乘数发挥作用是瞬间完成的，但在实际上因传导过程不同，乘数作用效果也不同。

【即问即答】

针对举国上下的拆迁运动，我们能不能理解为地方政府为提高国民收入的一个蹊径?

第四节　三部门和四部门经济国民收入的决定

一、政府的收入和支出

在现实的市场经济中，政府为了使经济尽可能实现充分就业和减轻通货膨胀造成社会不稳定的压力，必然要对经济进行宏观调控。其财政上的手段就是变动税收和支出的数量。

政府税收作为国民收入流量循环中的漏出对总需求起着收缩作用，这是因为增税会使可支配收入减少。可支配收入 Y_D 等于国民收入 Y 减去净税收 T，假定净税收函数 $T = T_0 + tY$（t 为边际税率），则可支配收入的计算公式为：$Y_D = Y - T = Y - T_0 - tY = Y(1 - t) - T_0$。设没有税收时消费函数为 $C = 100 + 0.75Y$，有了税收消费函数变为 $C' = 100 + 0.75Y_D$，若净税收函数为 $T = 40 + 0.2Y$，则有：

$$C' = 100 + 0.75(Y - T) = 100 + 0.75[Y - (40 + 0.2Y)] = 100 - 30 + 0.60Y = 70 + 0.6Y$$

受净税收的影响，消费曲线由 C 变动为 C′，边际消费倾向变小了。正因为边际消费倾向的降低，所以总需求下降，从而导致国民收入的降低，如图 9 - 9 所示。

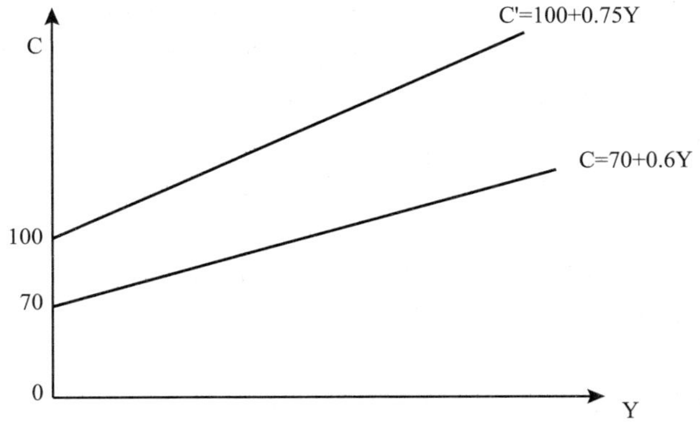

图 9 - 9　净税收与消费函数曲线

政府支出包括政府购买和转移支付。政府购买是指政府在商品和劳务上的支出，它包括政府在教育、卫生、防务、警察和公共投资方面的支出及其他经常性支出。转移支付是指政府把购买力从纳税人手中转移到转移支付的接受者手中，如社会保险、公债利息及其他转移支付。政府支出的变化会引起总需求的增减，但政府购买和转移支付对总需求的影响方式不同。例如，政府购买的增加会直接引起对商品和劳务需求的增多，而转移支付的增加则要通过国民收入的再分配使个人可支配收入增多，进而引起对所消费的商品和劳务的需求增加。但是，政府支出的变化对总需求增减的影响，还要受到边际消费倾向的制约。

【案例分析】

税制改革①

党的十八届三中全会通过的《中共中央关于全面深化改革若干重大问题的决定》（以下简称《决定》），是指导新形势下全面深化改革的纲领性文件。《决定》从推进国家治理体系和治理能力现代化，从优化资源配置、维护市场统一、促进社会公平、实现国家长治久安的高度，对深化税制改革作出全面部署，为更好发挥税收在服务发展大局中的作用指明了方向。

“以财税体制作为改革的突破口，或者主线索，很多问题也都可以在这个线索上求得牵动，求得解决，例如产能过剩问题，经济结构调整问题，地方债问题等。”中国社科院研究员张斌说。

在新一轮税制改革的时间表中，被喻为“税改突破年”的2016年，是个颇有标杆意义的年份。改革走到今天，剩下的难题都是“硬骨头”。在全面深化改革走入“深水区”、全面建成小康社会进入决胜期的今天，税制改革掀起新的篇章。中央政治局会议审议通过《深化财税体制改革总体方案》，重点锁定增值税、资源税、环境保护税等六大税种，吹响了新一轮税制改革的进军号。税务总局以加强顶层设计为前提，明确时间表路线图，统筹兼顾、稳步实施，落实落细深化财税体制改革的各项要求。

2016年以来，税务总局多次召开局领导专题会议，对“营改增”、资源税改革等进行专项研究，要求全系统干部拿出更大的勇气、更实的作风，“打硬仗”、“啃硬骨头”。

坚冰已经打破，航道已经开通。一年来，税务总局通过精心设计改革方案、主动适应和营造改革环境、准确把握改革时机和力度，成功实施了一系列适应经济社会发展要求的税制改革，顺利完成税制改革各项重点任务，推动税制改革不断向纵深推进。

“营业税全面改征增值税的改革目标初步实现。明年起，我们将乘势推进增值税立法等准备工作，从而形成国内完善、国际先进的中国增值税制度。”王军局长在第十届税收征管论坛大会开幕式致辞中指出。下一步，税务总局将根据经济社会形势发展变化，完善和落实服务“创新、协调、绿色、开放、共享”五大发展理念的税收政策，在法治轨道上持续推进税收改革，服务供给侧结构性改革。

“今年以来，我国陆续推出一系列政策性、制度性减税举措，有效降低企业税负，增强市场活力。在进一步推进供给侧结构性改革的大背景下，新一轮税制改革助力企业‘轻装前行’。”税务总局税收科学研究所所长李万甫认为，这轮改革在为企业减负的同时，正从深层次激发中国经济增长的新动力，助推产业升级绿色发展。

问题：

在消费税改革中，政府取消普通化妆品税目，下调高档化妆品税率之后，又对超豪华小汽车加征消费税。试分析，消费税改革将会对消费者的消费函数产生怎样的影响？

---

① 资料来源：国家税务总局办公厅，2017年1月6日。

二、三部门经济国民收入的决定

要弄清政府如何运用税收、政府支出这些财政政策手段来调控总需求，以实现没有通货膨胀的充分就业，就需要把两部门经济模型的分析扩大到有政府活动的三部门经济模型。为此，需要再做出一些假定：

（1）撇开折旧，只讨论国内生产净值 NDP 的决定，所以投资仍指净投资。

（2）分析的经济仍是封闭型经济，不存在进出口。

（3）政府的收入都是个人所得税。间接税、社会保险税和公司利润税都为零，同时撇开政府转移支付。

（4）公司利润全部分配，不存在未分配利润。

根据这些假定，国内生产净值（NDP）、国民收入（NI）和个人收入（PI）都相等，但个人可支配收入（Y_D）却小于个人收入（或国内生产净值），因为个人可支配收入是扣除个人所得税后的收入，即 $Y_D = NDP - T$。

在这样的条件下，宏观均衡的条件是什么呢？

国内生产净值现在按定义是购买最终产品的支出，是消费支出（C）、净投资（I）和政府购买（G）的总和，即：$NDP = C + I + G$。

宏观均衡是总需求（即购买最终产品的支出）和总供给相等，如果用 Y 表示总供给，则宏观经济均衡的条件是：

$Y = C + S + T = NDP = C + I + G$，或 $S + T = I + G$。

假定 C＝6 000 亿美元，I＝2 000 亿美元，G＝2 000 亿美元，总需求＝C＋I＋G ＝10 000 亿美元。如果计划储蓄 S＝2 500 亿美元，T＝2 500 亿美元，那么总供给＝C＋S＋T＝11 000 亿美元，超过了总需求 10 000 亿美元，这时宏观经济就不均衡，储蓄与税收的总额超过净投资与政府购买的总额，其差额就是非意愿存货投资 1 000 亿美元。

明白了三部门经济中宏观均衡的条件，就不难理解三部门经济中国民收入是如何决定了。当存在政府税收和政府购买时，国民收入在一定水平上就会达到均衡，成为均衡的国民收入。假定可支配收入的边际消费倾向 MPC＝0.75，消费函数为 $C = 100 + 0.75Y_D$，意愿投资 I＝2 000 亿美元固定不变，政府支出为 1 300 亿美元，税收函数为 $T = 40 + 0.2Y$，这样，NDP 增加 1 000 亿美元，税收增加 200 亿美元，可支配收入就增加 800 亿美元。根据以上假定，总供给和总需求的变动将如表 9－4 所示。

表 9－4　　总供给和总需求的构成　　单位：十亿美元

国民净产值 Y (1)	税收 T (2)	可支配收入 Y_D (3)	消费支出 C (4)	意愿投资 I (5)	政府支出 G (6)	总需求 C＋I＋G (7)
300	100	200	250	200	130	580
400	120	280	310	200	130	640

续表

国民净产值 Y （1）	税收 T （2）	可支配收入 Y_D （3）	消费支出 C （4）	意愿投资 I （5）	政府支出 G （6）	总需求 C+I+G （7）
500	140	360	370	200	130	700
600	160	440	430	200	130	760
700	180	520	490	200	130	820
800	200	600	550	200	130	880
900	220	680	610	200	130	940
1 000	240	760	670	200	130	1 000
1 100	260	840	730	200	130	1 060
1 200	280	920	790	200	130	1 120

从表9－4中可以看出，均衡的国民收入为10 000亿美元。在这一收入水平上，储蓄 $S=Y_D-C=7\ 600-6\ 700=900$ 亿美元，税收 $T=2\ 400$ 亿美元，两者相加，正好等于投资（2 000亿美元）和政府支出（1 300亿美元）之和，即 $S+T=I+G=3\ 300$ 亿美元。

以上结果，也可用图9－10表示。在图9－10中，横轴表示NDP(Y)，纵轴表示消费支出C、意愿投资I和政府购买G。在图9－10中，三部门经济的总需求曲线C+I+G与消费曲线C平行，因为I和G是固定的，不随收入的变化而发生变化。45°线表示沿此线总供给Y与总需求总相等。于是总需求曲线C+I+G与45°线的交点E决定均衡国民收入为 Y_E。

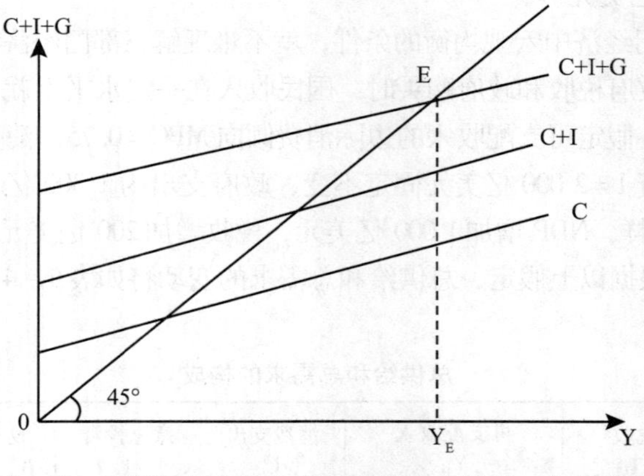

图9－10　三部门经济的均衡国民收入（单位：十亿美元）

值得注意的是，这里的消费曲线C表示的是边际消费倾向MPC一定时消费与可支配收入的变动关系，而图9－10中的横轴表示的是国内生产总值而不是可支配收入，因此，消费曲线 C 表示消费支出与国民收入的关系。但由于可支配收入等于国民收入减去税收，当边际税率 $t = 0.2$ 时，收入每增加 1 美元，税收就增加 20 美分，税后收入的增加额 80 美分就是增加的可支配收入。假定 MPC = 0.75，每增加 1 美元的国民收入，消费支出将增加可支配收入增加额的 75%，即 $0.75 \times 0.80 = 0.60$。消费曲线反映了从国民收入到可支配收入再到消费支出的变动过程，因此，消费曲线 C 的斜率为 0.6。这一斜率表示国民收入（这里是国内生产净值）每增加 1 美元，消费增加 0.6 美元。

如果用 t 表示边际税率，Y_D 表示可支配收入，T 表示税收，b 表示边际消费倾向。消费是可支配收入的函数即 $C = a + bY_D$，可支配收入是个人收入减去税收，即 $Y_D = Y - T$，而税收随着收入的增加而增加，所以税收又是收入的函数，假定这一税收函数为 $T = T_0 + tY$。在这里，消费函数 $C = a + bY_D$ 就可写成：$C = a + b(1 - t)Y - bT_0$。

由于均衡国民收入 $Y = C + I + G$，即 $Y = a - bT_0 + b(1 - t)Y + I + G$。因此，$Y = (a - bT_0 + I + G)/[1 - b(1 - t)]$。这就是三部门经济中均衡的国民收入的代数表达式，如果知道消费函数、税收函数、投资和政府支出，就可以求出均衡国民收入、消费和储蓄。

三、三部门经济中的乘数

从上一节里我们已经知道，乘数就是支出的变动所引起的国民收入变动与支出最初变动量的比值。那么，在三部门经济中，乘数又将如何？

在其他条件不变时，所得税的增加会使得支出乘数变小。比如，假定边际消费倾向为 0.8，税收为零，那么乘数 K 为：$K = 1/(1 - b) = 1/(1 - 0.8) = 5$。如果边际消费倾向为 0.8，而税率为 0.25，那么支出乘数 K 变为：$K = 1/[1 - b(1 - t)] = 1/[1 - 0.8 \times (1 - 0.25)] = 2.5$。这是因为，当有了税收，税收函数为 $T = T_0 + tY$ 以后，均衡国民收入的公式就变成：$Y = (a - bT_0 + I + G)/[1 - b(1 - t)]$。因此，投资 I 或政府支出 G（其实还包含自发消费 a）的任何变动，都会使收入变动 $1/[1 - b(1 - t)]$ 倍。可见，所得税降低了乘数。显然，乘数的降低是因为有了税收，可支配收入减少了。

下面就具体分析一下三部门经济中的乘数。

（一）政府支出乘数

假定消费函数为 $C = 100 + 0.75YD$，税收函数为 $T = 40 + 0.2Y$，意愿投资 I = 200（十亿美元），政府支出 G = 130（十亿美元），则均衡国民收入为：

$$Y = (100 - 0.75 \times 40 + 200 + 130) \div [1 - 0.75 \times (1 - 0.2)]$$
$$= 400 \div 40 = 1\,000 \text{（十亿美元）}$$

如果政府支出从 1 300 亿美元上升到 2 100 亿美元，则均衡国民收入为：

$$Y = (100 - 0.75 \times 40 + 200 + 210) \div [1 - 0.75 \times (1 - 0.2)] = 1\,200 \text{（十亿美元）}$$

政府支出增加 800 亿美元，导致国民收入由 10 000 亿美元增加到 12 000 亿美元，增加 2 000 亿美元，国民收入增加等于政府支出增加的 2.5 倍。

如图 9－11 所示，总需求曲线向上移动 800 亿美元，即从 C＋I＋G 移动到 C＋I＋G′，国民收入就从 10 000 亿美元上升到 12 000 亿美元。总支出增加引起国民收入的增加量和总支出的增加量的比值就是支出乘数，这一乘数的大小是由边际消费倾向和边际税率决定的。若政府支出乘数用 K_g 表示，则政府支出乘数 $K_g=1/[1-b(1-t)]$。

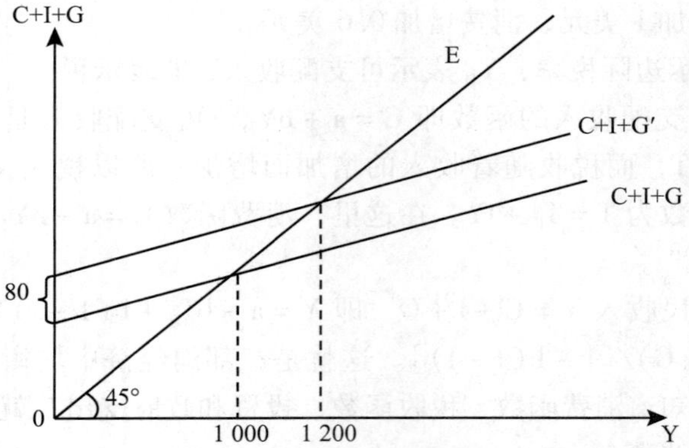

图 9－11　政府支出乘数（单位：十亿美元）

显然，边际消费倾向提高，乘数就要变大。这是因为，边际消费倾向越大，由增加总支出所增加的收入中有更大的部分用作消费。同样，边际税率越高，则乘数越小。这是因为，边际税率越高，说明由增加总支出而增加的收入中税后可支配收入越少，因而用作消费的也越少。没有税收时，支出乘数 $=1/(1-b)$，有了税收以后，支出乘数 $=1/[1-b(1-t)]$。由于边际税率 $0<t<1$，因此，$1/[1-b(1-t)]<1/(1-b)$。

【即问即答】

凯恩斯说，当经济处于萧条时，政府“先雇用一批失业工人挖坑，再雇用一批失业工人把坑填上，这也能增加收入”，你如何理解？

（二）税收乘数

政府除了用增加或减少支出影响总需求，还可用增加或减少税收影响总需求。如果政府减税，就会增加个人可支配收入，随着可支配收入增加，人们就会增加消费，进而会引起收入若干倍增加，所以税收同样也存在乘数效应。

然而，减税 1 美元对收入变化的影响，却没有增加政府支出 1 美元对收入变化的影响那么大。这是因为，政府支出（购买）增加 1 美元，一开始就会使总需求增加 1 美元。但是，减税 1 美元，只会使可支配收入增加 0.8 美元，其余 0.2 美元作为所得税归政府了。在这 0.8 美元中，只有一部分用来增加消费，其他部分用于储蓄。假定可支配收入的边际消费倾向 $b=0.75$，则减税 1 美元所引起的增加的 0.8 美元个人可支配收入中，消费增加 $0.8\times0.75=0.6$ 美元，即总需求只增加 0.6 美元。

税收的变化会影响均衡国民收入。假定上述边际消费倾向 b = 0.75，税率 t = 0.20，如果税收减少 800 亿美元，会引起国民收入增加 1 500 亿美元，这一结果可以用图 9－12 表示。在图 9－12 中，800 亿美元的减税使总支出曲线 C + I + G 向上移动，成为 C′ + I + G 线，结果使国民收入从 10 000 亿美元提高到 11 500 亿美元。

上述变化可用公式表示：$\Delta Y = -[\Delta T \times (-b)]/[1-b(1-t)]$

这里，$\Delta Y/\Delta T = -b/[1-b(1-t)]$ 就是税收乘数，可用 K_t 表示。则有：$K_t = \Delta Y/\Delta T = -b/[1-b(1-t)]$。

在上例中，b = 0.75，t = 0.2，税收乘数就是 $K_t = -0.75 \div [1-0.75(1-0.2)] = -0.75 \div 0.4 = -1.875$。

当 $\Delta T = -800$ 时，$\Delta Y = \Delta T \times K_t = -800 \times (-1.875) = 1\ 500$。

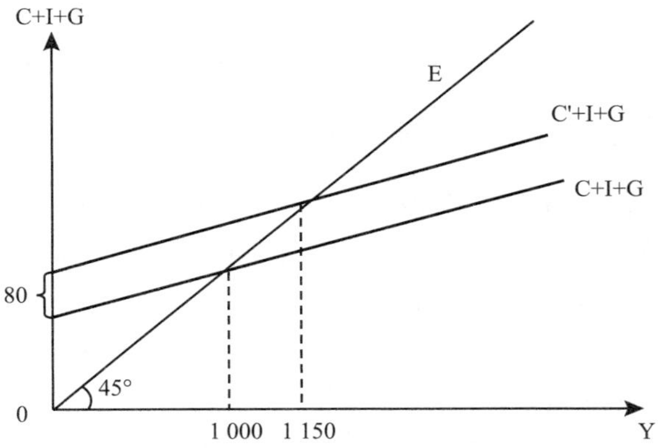

图 9－12　税收乘数（单位：十亿美元）

（三）转移支付乘数

政府转移支付的增加也会增加总需求，从而使产量和国民收入增加。增加转移支付与减少税收的效果相同，即都会引起个人可支配收入增加，而个人可支配收入分为消费支出和储蓄两部分，两部分的比例由边际消费倾向决定。仍假定可支配收入的边际消费倾向 b = 0.75，边际税率 t = 0.2，如果政府增加转移支付 800 亿美元，可支配收入就增加 640 亿美元，引致消费支出增加 480 亿美元（640 × 0.75），这笔增加的支出会使产量和收入增加 480 亿美元。这 480 亿美元收入中有 20% 作为税收交给国家，那么可支配收入增加 384 亿美元，又引致消费支出增加 3 072 亿美元。这样，最终收入仍和减少税收 800 亿美元的增加数相同，为 1 200 亿美元，用公式表示：$\Delta Y = \Delta TR \times b(1-t)/[1-b(1-t)]$。

若用 Ktr 表示政府转移支付乘数，则 $Ktr = \Delta Y/\Delta TR = b(1-t)/[1-b(1-t)]$，所以上例中的转移支付乘数为 1.5。

值得注意的是，税收乘数和转移支付乘数的绝对值虽然相等，但符号相反，因为增加税收，使总需求下降，而增加政府转移支付，则使总需求上升。

（四）平衡预算乘数

如果政府增加购买性支出并增加一笔与该支出相同数额的税收时，预算仍属平衡，但国民收入会增加。增加多少呢？一个有趣的结论是，收入增加量刚好等于政府支出或税收额的增加量，或者说，平衡预算乘数仍是 1。这是因为，政府预算等于税收减去政府购买和转移支付，即 $Bs = T - TR - G$。如果 TR 不变，在预算平衡情况下，就有 $\Delta Bs = \Delta T = \Delta G = 0$，或 $\Delta T = \Delta G$。

因为在平衡预算情况下 $\Delta Y = \Delta G$，或 $\Delta Y/\Delta G = 1$。若用 Kb 表示平衡预算乘数，则：$Kb = \Delta Y/\Delta G = \Delta Y/\Delta T = 1$。

假定政府增加 800 亿美元的购买，收入增加 2 000 亿美元，当税收也相应增加 800 亿美元时，收入减少 1 200 亿美元，因此，预算是平衡的，但国民收入会增加 800 亿美元。

【即问即答】

政府税收乘数、转移支付乘数与消费乘数、投资乘数、政府支出乘数有什么不同?

四、四部门经济国民收入的决定

当今世界各国的经济都是不同程度的开放经济，即与外国有贸易往来或有其他经济往来的经济。在开放经济中，一国均衡的国民收入不仅取决于国内消费、投资和政府支出，还取决于净出口。

净出口是指一国的出口（X）大于其进口（M）的余额。在考虑到净出口后，商品市场的均衡条件就变为：国民收入 = 消费支出 + 投资支出 + 政府支出 + 出口 - 进口，或者 $Y = C + I + G + X - M$。上式中的 $X - M$ 即是净出口，可用 NX 表示，它现在构成了总需求的一个组成部分。其中，出口表示本国商品在外国出售，代表着国外对本国商品的需求。因此，在本国的总需求中应当加进出口的部分。

假定消费 $C = a + bY_D$，可支配收入 $Y_D = Y - T + TR$（T 为税收，TR 为转移支付），税收函数 $T = T_0 + tY$，进口函数 $M = M_0 + mY$（M_0 为自主性进口，m 为边际进口倾向），把出口看作是一个外生变量，即 $X = X'$，$I = I'$，$G = G'$，$TR = TR'$。可得：

$$Y = a + b[Y - (T_0 + tY) + TR] + I' + G' + X' - (M_0 + mY)$$

或：

$$Y = 1/[1 - b(1 - t) + m] \times (a + I' + G' - bT_0 + bTR' + X' - M_0)$$

这就是四部门经济中均衡国民收入决定的公式，由此可得：

$$\Delta Y/\Delta X = 1/[1 - b(1 - t) + m]$$

这就是对外贸易乘数，表示出口增加 1 单位引起国民收入变动多少。由于 $0 < t < 1$ 以及 $0 < m < 1$，因此，$1/(1 - b) > 1/[1 - b(1 - t)] > 1/[1 - b(1 - t) + m]$。

由公式可见，有了对外贸易之后，不仅出口的变动而且投资和政府支出变动对国民收入变动的影响，与封闭经济相比也发生了变化。在封闭经济中，I 或 G 增加，国民收入增加的倍数是 $1/(1 - b)$ 或 $1/[1 - b(1 - t)]$，现在成了 $1/[1 - b(1 - t) + m]$，乘数更小了。这主要是由于增加的收入的一部分现在要用在进口商品上了。

【拓展阅读】

凯恩斯简单的国民收入决定模型的意义

凯恩斯简单的国民收入决定模型仅仅包括产品市场的理论，它可以被用来说明凯恩斯的最主要思想。这一模型的中心内容是产品市场的均衡条件。在两个部门、三个部门和四个部门经济中，产品市场均衡条件的表达式虽然有区别，但它们都是 I = S 这一基本形式的变形。在凯恩斯模型中，I = S 具有十分重要的意义。只要这个均衡条件得到满足，产品市场均衡的实现问题就能解决，社会总产品的流通就能顺利进行。

当投资等于储蓄时，市场机制的自发调节虽然能使社会总产品的供给和需求相等，但是未必能达到充分就业时的社会总产出水平。要保证充分就业的实现，靠市场机制的自发调节是不行的，必须依靠政府采取一定的宏观经济政策。

第五节　潜在国民收入与缺口

一、潜在国民收入

上面讲了两部门、三部门和四部门经济中均衡国民收入如何决定。显然，这里讲的均衡国民收入，就是与两部门、三部门和四部门经济中的总支出相等的或者说相一致的产出，也就是由总需求水平决定的国内生产总值。但必须注意，这一均衡的国民收入不一定就是充分就业状态下的国民收入。

充分就业状态下的国民收入是指利用社会上一切可利用的经济资源（劳力、资本、土地等）所能够生产的产品和劳务的最大量值，也就是一国的经济潜力充分利用或发挥时所能够达到的最大产出量，故又称潜在国民收入。一国的经济资源在一定时期内是一个既定的量，因此，在一定时期总有一个潜在的国民收入水平。

一国在一定时期的潜在国民收入不一定是该国在该时期实际所生产的国民收入。实际国民收入就是上面所说的和总支出水平相一致的均衡国民收入。它由整个社会（该国家）的消费支出、投资支出、政府购买和净出口加总而构成的总需求水平决定。当种种因素决定的总支出（总需求）水平较低时，实际的收入就会低于潜在的收入，尤其在经济萧条时，工人会失业，设备会被闲置。

二、GDP 缺口和通胀及通缩缺口

潜在国民收入和实际的均衡国民收入之间的差距称为国内生产总值缺口（GDP gap）。实际收入低于潜在收入这一缺口可衡量出社会放弃了多少本来可以生产的产品和劳务。这些产品和劳务是有能力生产的，只是由于总需求不足，即产品销路不好，而未能生产出来，因此，GDP 缺口表现出经济萧条时资源闲置的情况。举例来说，假定充分就业的收入或者潜在的国内生产总值为 10 000 亿美元，而实际的或者均衡的国内生产总值（即等于总需求的收入）只有 9 000 亿美元，则 GDP 缺口为 1 000 亿美元。假定简单的支出乘数等于 5，则总需求就要增

加 200 亿美元才能使均衡国民收入达到潜在的国民收入水平，这 200 亿美元可称为通货紧缩缺口。

通货紧缩缺口也可用图 9-13 来表示。假设 Y^* 是充分就业的国民收入，总支出曲线 AE_1 与 45°线交点所决定的均衡国民收入 Y_1 低于充分就业的国民收入，因而存在通货紧缩缺口。通货紧缩缺口的大小，等于为达到充分就业的国民收入 Y^*，总支出曲线 AE_1 必须向上移动至 AE^* 的距离。这一缺口表示了这样的事实：总支出（经济社会在某时期实际存在的总支出，在两部门经济中由消费和投资构成）不足以保证实现充分就业的收入水平，因而必然会出现失业的现象。

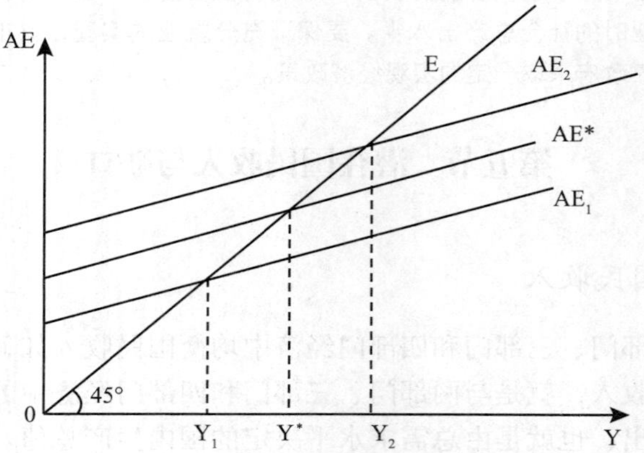

图 9-13 通胀及紧缩缺口

与通货紧缩缺口相反的是通货膨胀缺口。通货紧缩缺口的大小等于超过充分就业的国民收入 Y^*，总支出曲线 AE^* 向上移动至 AE_2 的距离。这一缺口表示了这样的事实：总支出已经超过以保证实现充分就业的收入水平，因而必然会出现通胀的现象。

由于经济社会的产出不能总在充分就业水平上达到均衡，因此，需要政府进行宏观调控，以消除通货紧缩缺口或通货膨胀缺口，实现没有通货膨胀的充分就业。

【即问即答】

根据乘数效应和国民收入决定理论，政府应采取什么方法提高国民收入？

【专家观点】

中国的 GDP 冲动及对策①

2006 年 6 月，“计量经济学之父”、1980 年诺贝尔经济学奖获得者劳伦斯·克莱茵带着中国国内生产总值（GDP）、消费价格指数等最新统计结果来到中国。他在上海发表演讲时表

① 资料来源：东方早报，2017-10-18。

示，当年下半年中国经济仍将保持增长趋势，但总体增长速度将放缓。然而，与劳伦斯的预测大相径庭的事实是，中国 GDP 增长率不但没有放缓，而且呈两位数的上升趋势。2006 年中国 GDP 增速达 11.6%，2007 年更是高达 13%。如今，中国的 GDP 总量已超越日本，跃升世界第二。

回顾新中国成立的 60 余年，我国国内生产总值（GDP）以年均 8.1% 的速度增长，经济总量增加了 77 倍，位列世界第二。改革开放 30 多年来，年均增长 9.8%，远远超出了世界 3% 的增速。但在世界瞩目的 GDP 高速增长背后，我国经济增长却存在着一定隐忧。

——国家宏观调控对经济增长速度目标的弱化与地方政府 GDP 冲动之间的矛盾。“十二五”期间，国家将运用宏观调控手段，弱化经济增长速度目标，即破除唯 GDP 论，将经济增速定为 7%，并下决心在这一“战略拐点”实现华丽转身，努力实现经济增长方式的转变。与此同时，在“十二五”开局之年，地方政府 GDP 冲动却更加热情高涨。2010 年，从 GDP 增速来看，全国有 30 个省区市 GDP 增速达到两位数，其中有 28 个省份增速超过全国增速。

——经济增长高速度与经济增长低质量之间的矛盾。我国经济增长的收敛区间在 8% ~10%。目前，我国经济增长已呈现出“高增长、高通胀”的特征。在 GDP 冲动下，中国 2010 年消费者价格指数上升 3.3%，升幅高于 3% 左右的政府目标。目前，我国 GDP 增长“高速度、低质量”的态势明显。2010 年我国 GDP 增速为 10.3%，美国为 2.9%，日本仅为 2%。与此相对应的是，我国的经济效率却只有美国的 1/3。

——投资率过高与消费率过低的结构失衡性的矛盾。从投资率来看，2001 ~2009 年，我国投资率由 36.5% 上升到 47.7%，消费率却由 61.4% 下降到 48%，其中居民消费率由 45.3% 下降到 35.1%。世界银行数据显示，2008 年，全世界家庭最终消费率为 61%，投资率为 22%，而中国的家庭最终消费率为 37%，投资率为 43%。投资率攀高与消费率趋降使得我国外贸依存度居高不下，随着美国等发达国家经济走低，加剧了输入型通货膨胀的风险。

——经济增长的稳定性与波动性的矛盾。1990 ~2007 年的 17 年中，我国经济增长发生了较大的起伏，出现了两个连续 5 年 10% 以上增速的高速增长期：第一个是 1992 ~1996 年，GDP 年均增长 12.4%，居民消费价格年均上涨高达 13.9%，国民经济运行呈现出“高增长、高通胀”的特征。第二个是 2003 ~2007 年，GDP 增速高达 11.4%，国民经济运行明显是“高投入、高消耗、高排放、难循环、低效率”的粗放型特征。

针对 GDP 冲动带来的一系列矛盾，国家应对地方政府加强调控与引导，促进增长速度和质量的统一。具体来说，可从以下几个方面入手：第一，消除影响我国经济增长方式转变的体制性障碍。一是削弱各级政府保持对重要资源的配置权力；二是不以 GDP 增长作为考核各级政府政绩的主要指标；三是进行税收改革，使得各级政府不再过分关注产值增长。第二，适度控制资源一次配置总量，将速度目标转化为质量目标。我国一些地方政府政绩考核体系不科学，以经济增长速度、招商引资规模等经济指标作为政绩考核标准，更加剧了政府在资源配置过程中的角色错位。宏观政策的选择应考虑市场的情况，适度进行调整。第三，合理引导资源的二次配置，调整好增长速度与增长质量之间的关系。以产业技术结构调整引导技术含量高的产业的发展，在资源配给方面要给予适当的政策倾斜，以保证经济增长过程中的技术含量，实现经济发展的质量效益增长。通过资源二次配置形成新的生产能力，是一个较长的过程，不能因为短期经济效益有限，就认为是不合理的。因此，在进行资源二次配置时，一定要注意资源配置的长远规划性和相对稳定性。①

① 孙咏梅．中国的 GDP 冲动及对策［N］．东方早报，2011 -10 -18.

【内容提要】

◆ 均衡产出是和总需求相一致的产出，也就是经济社会的收入正好等于全体居民和企业的支出。若用 E 代表支出，y 代表收入，则经济均衡的条件是 E = y。这里 E = c + i，即计划支出等于计划消费加投资；y = c + s，即生产创造的收入等于计划消费加计划储蓄（这里，y、c、s 也都是剔除了价格变动的实际收入、实际消费和实际储蓄）。由 E = y 知道 c + i = c + s，即 i = s。需要说明的是，这里的投资等于储蓄，是指经济要达到均衡，计划投资必须等于计划储蓄，而在国民收入核算中的 i = s，则是指实际发生的投资始终等于储蓄。前者为均衡的条件，即计划投资不一定等于计划储蓄，只有二者相等时，收入才处于均衡状态；而后者所指的实际投资和实际储蓄是根据定义而得到的实际数字，从而必然相等。

◆ 凯恩斯主义经济学认为，国民收入的决定主要取决于总支出 AE 的水平，因此在 AE - NI 模型中，总支出 AE 的构成及其水平如何，对国民收入决定在何水平上，都起着决定性的作用。而简单国民收入决定理论就是从消费函数的论述开始的。消费函数是消费与收入之间的依存关系。凯恩斯认为，随着收入的增加，增加的收入中用于消费的数量越来越少，即边际消费倾向呈递减的趋势，这被称为边际消费倾向递减规律。

◆ 在两部门经济（只有家庭部门和企业部门的经济）下，意愿的或计划的总支出 AE 由意愿的或计划的家庭消费支出 C 和企业投资支出 I 构成。当总收入 Y 与总支出均衡时，有 Y = C + I。同时，均衡产出等于意愿的或计划的消费与储蓄之和，即 Y = C + S。均衡收入是总支出与总收入相等时的收入，于是有 C + I = C + S，即 I = S。这就是两部门经济的国民收入均衡条件。

◆ 乘数原理又称倍数原理，是国民收入决定理论的重要组成部分，主要分析支出变动与引起的国民收入变动量之间的数量关系。乘数的大小主要取决于边际消费倾向，边际消费倾向越大，乘数就越大。它包括：投资乘数、政府购买乘数、税收乘数、平衡预算乘数等。

本章的结构框架如图 9 - 14 所示。

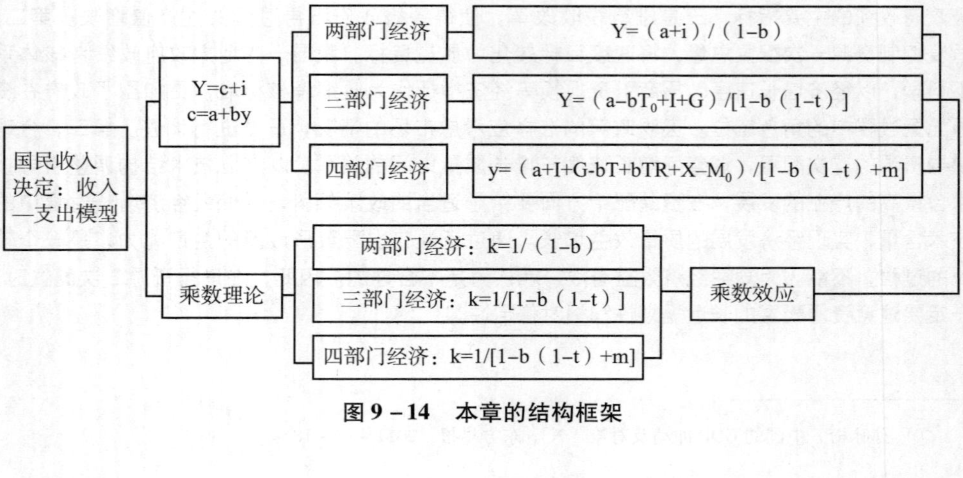

图 9 - 14　本章的结构框架

【复习与思考】

【名词解释】

均衡产出或收入　消费函数　边际消费倾向和平均消费倾向　棘轮效应　边际储蓄倾向和平均储蓄倾向　投资乘数　税收乘数　转移支付乘数　通货紧缩缺口　通货膨胀缺口

【单项选择题】

1. 在两部门经济中，均衡发生于（　　）之时。

A. 实际储蓄等于实际投资

B. 实际的消费加实际的投资等于产出值

C. 计划储蓄等于计划投资

D. 总支出等于企业部门的收入

2. 在产品市场两部门经济模型中，如果边际消费倾向值为0.8，那么自主消费乘数值为（　　）。

A. 1.6　　B. 2.5　　C. 5　　D. 4

3. 存在闲置资源的条件下，如果政府购买支出增加，那么GDP将（　　）。

A. 减少，但其减少量小于政府购买支出的增加量

B. 减少，但其减少量多于政府购买支出的增加量

C. 增加，其增加量小于政府购买支出的增加量

D. 增加，其增加量多于政府购买支出的增加量

4. 假定其他条件不变，税收增加将引起国民收入（　　）。

A. 增加，但消费水平下降　　B. 增加，同时消费水平提高

C. 减少，同时消费水平下降　　D. 减少，但消费水平上升

5. 在产品市场四部门收入决定模型中，政府同时等量地增加购买支出与税收，则GDP（　　）。

A. 将下降，且下降量等于税收的增加量

B. 将下降，但下降量少于税收的增加量

C. 将增加，且增加量等于政府购买支出的增加量

D. 将增加，但增加量少于政府购买支出的增加量

6. 在产品市场收入决定模型中，如果净出口增加，则GDP（　　）。

A. 将下降，且下降量等于净出口的增加量

B. 将下降，且下降量多于净出口的增加量

C. 将增加，且增加量等于净出口的增加量

D. 将增加，且增加量多于净出口的增加量

7. 在短期，实际GDP可能（　　）潜在GDP。

A. 等于　　B. 大于

C. 小于　　D. 等于，也可能大于或小于

8. 在产品市场收入决定模型中，实际GDP低于均衡GDP，意味着（　　）。

A. 储蓄大于实际投资　　B. 储蓄小于实际投资

C. 储蓄大于计划投资　　D. 储蓄小于计划投资

9. 已知某个经济社会充分就业的收入是 4 000 亿元，实际均衡收入是 3 800 亿元。假定边际储蓄倾向为 25%，增加（　　）投资将使经济达到充分就业。

A. 200 亿元　　B. 50 亿元　　C. 100 亿元　　D. 40 亿元

10. 产品市场两部门经济中的投资乘数（　　）三部门经济中的投资乘数。

A. 等于　　B. 大于

C. 小于　　D. 既可以大于也可以小于

11. 产品市场三部门经济中的投资乘数（　　）四部门经济中的投资乘数。

A. 等于　　B. 大于

C. 小于　　D. 既可以大于也可以小于

12. 若其他情况不变，所得税税率提高时，投资乘数（　　）。

A. 将增大　　B. 将缩小

C. 不变　　D. 可能增大也可能缩小

【问答题】

1. 在均衡产出水平上，是否计划存货投资和非计划存货投资都必然为零？

2. 为什么说 i = s 是简单收入决定模型中的基本均衡条件？应当怎样看待这一均衡条件？

3. 简述乘数原理及乘数发挥作用的前提？

4. 在低于充分就业经济中，为什么均衡收入水平随着总需求的变动而变动？在收入的变动过程中，一般价格水平为什么常常保持不变？

参考文献

[1]［美］多恩布什．宏观经济学［M］．北京：中国人民大学出版社，2000.

[2]［美］斯蒂格利茨．经济学［M］．北京：中国人民大学出版社，1997.

[3]［美］霍尔，泰勒．宏观经济学［M］．北京：中国人民大学出版社，2000.

[4]［美］曼昆．经济学原理［M］．北京：北京大学出版社，1999.

[5]［美］萨缪尔森，诺德豪斯．经济学（第十六版）［M］．北京：华夏出版社，1999.

[6] 蔡继明．宏观经济学［M］．北京：人民出版社，2002.

[7] 李友连．国民经济核算学［M］．北京：经济管理出版社，2001.

[8] 许宪春．中国国民经济核算理论方法与实践［M］．北京：中国统计出版社，1999.

【进一步阅读提示】

【报纸】

《国际商报》《国际金融》《中国经济时报》《国际经贸消息》

【杂志】

《经济研究》《经济学动态》《财政研究》《世界经济》《国际经济评论》《金融研究》

【数据来源及分析报告】

《世界经济展望》《世界经济年鉴》《中国统计年鉴》

【网址】

博士咖啡－中国经济学人：http：//doctor-cafe. com；

美国国民经济研究局：http：//www. nber. org；

国际货币基金组织：http：//www. imf. org；

经合组织：http：//www. oecd. org；

联合国贸发会议：http：//www. unctad. org。

第十章 宏观经济政策分析

2007年美国爆发次贷危机，迅速传染到英国、日本、欧洲以及其他发达国家和地区，同时也波及中国等发展中国家，最终演变为全球性金融危机，冲击全球实体经济，引起全球经济增长速度放缓，其影响程度、破坏力度都超过1997年爆发的东南亚金融危机。中国金融市场尚未完全放开，存在资本管制，这次国际性金融危机对中国的直接影响不大，但是对中国的实体经济间接影响却不可小觑。

次贷危机爆发后，中国以及美国、英国等主要发达国家积极采用扩张性财政政策。美、英等国主要是降低个人所得税税率和企业所得税税率，延长税收优惠期限，减少居民、企业税收负担，提高居民消费水平，增加企业可用资金，促进经济复苏。美国提高节能减排、新能源等方面的税收优惠，鼓励发展新能源，促进节能减排，从而抢占经济制高点。此外，美、英等国在实施减税政策的同时提高特定税种税率，如美国提高大型公司企业及高收入人群的所得税税率，英国提高燃油消费税单位税额。中国主要提高出口企业的出口退税率、降低证券印花税率、免征储蓄存款利息所得的个人所得税。中国连续多次提高出口退税率目的是降低产品出口成本，提高国际竞争力，促进对外贸易发展，从而促进经济的快速增长。

同时，各国央行实行了扩张性货币政策。美国、英国等国频繁降息，实施低利率政策，同时向市场大规模注资，增强市场流动性。中国货币政策则由从紧的货币政策变为宽松的货币政策，降低存贷款利率以及存款准备金率，扩大信贷范围，提高信贷额度，维护金融市场的稳定，促进经济增长。由于这次金融危机对各国的金融市场、实体经济的影响程度不同，各国注资规模及其侧重点也不同，但是总体上来说，美、英等国注资频繁，注资规模大，注资期间比较集中，资金投放侧重于金融领域。与美、英等国相比，金融危机对中国的影响较小，主要冲击我国的实体经济，因此，救助规模相对来说比较小，资金投放侧重于实体经济。此外，中国还投入大量资金用于支持灾后重建和解决“三农”问题，保障和提高人民生产、生活水平。

总结比较这些政策措施，可以对如何利用财政政策与货币政策来应对危机得出一些有益的启示。

第一节 宏观经济政策目标

宏观经济政策是国家或政府为了增进社会经济福利而制定的解决经济问题的指导原则和措施。它是政府为了达到一定的经济目标而对经济活动进行的有意识的干预。西方经济学家一般认为宏观经济政策的目标有四个方面，即充分就业、价格稳定、经济持续稳定增长和国际收支平衡。

一、充分就业

充分就业是指包含劳动在内的一切生产要素都以愿意接受的价格参与生产活动的状态。充分就业包含两种含义：一是指除了摩擦失业和自愿失业之外，所有愿意接受各种现行工资的人都能找到工作的一种经济状态，即消除了非自愿失业就是充分就业。二是指包括劳动在内的各种生产要素，都按其愿意接受的价格，全部用于生产的一种经济状态，即所有资源都得到充分利用。失业意味着稀缺资源的浪费或闲置，从而使经济总产出下降，社会总福利受损。因此，失业的成本是巨大的，降低失业率，实现充分就业就常常成为西方宏观经济政策的首要目标。

二、物价稳定

物价稳定是指物价总水平的稳定。一般用价格指数来衡量一般价格水平的变化。价格稳定不是指每种商品价格的固定不变，也不是指价格总水平的固定不变，而是指价格指数的相对稳定。价格指数又分为消费物价指数（CPI）、批发物价指数（PPI）和国民生产总值折算指数（GNP deflator）三种。物价稳定并不是通货膨胀率为零，而是允许保持一个低而稳定的通货膨胀率，所谓低，就是指通货膨胀率在1%～3%，所谓稳定，就是指在相当时期内能使通货膨胀率维持在大致相等的水平上。这种通货膨胀率能为社会所接受，对经济也不会产生不利的影响。

【案例分析】

恶性通胀能有多严重？①

统计显示，总统马杜罗上台的四年里，委内瑞拉货币玻利瓦尔贬值幅度高达99.5%，在黑市，5 100玻利瓦尔才能兑换1美元。

自恶性通胀发生以来，委内瑞拉停止公布通胀数据已达一年之久，如今更是停止每周更新货币供应数据。委内瑞拉央行上月突然公布的数据显示，截至3月24日，该国广义货币总量达到13.3万亿玻利瓦尔，同比上年增长202.9%，创下自1940年有纪录以来的最快增长

---

① 资料来源：华尔街见闻（上海），2017－05－11。

速度。

货币的大幅贬值让委内瑞拉居民的储蓄灰飞烟灭，购买进口商品也成了不可能的事情。有媒体指出，大多数委内瑞拉人如今在商店里甚至买不到厕纸。另据《纽约时报》消息，目前连一些小偷也不会去偷委内瑞拉的钞票。

近期，越来越多愤怒的委内瑞拉人走上街头抗议，他们甚至用粪便制成“炸弹”和警察对抗。

试分析恶性通胀会给生活带来哪些问题。

三、经济稳定增长

经济增长是指在一个特定时期内经济社会所生产的人均产量和人均收入的持续增长。它包括：一是维持一个高经济增长率；二是培育一个经济持续增长的能力。一般认为，经济增长与就业目标是一致的。经济增长通常用一定时期内实际国民生产总值年均增长率来衡量。经济增长会增加社会福利，但并不是增长率越高越好。这是因为，一方面经济增长要受到各种资源条件的限制，不可能无限地增长，尤其是对于经济已相当发达的国家来说更是如此。另一方面经济增长也要付出代价，如造成环境污染、引起各种社会问题等。因此，经济增长就是实现与本国具体情况相符的适度增长率。

四、国际收支平衡

国际收支平衡具体分为静态平衡与动态平衡、自主平衡与被动平衡。静态平衡，是指一国在一年的年末，国际收支不存在顺差也不存在逆差；动态平衡，不强调一年的国际收支平衡，而是以经济实际运行可能实现的计划期为平衡周期，保持计划期内的国际收支均衡。自主平衡，是指由自主性交易即基于商业动机，为追求利润或其他利益而独立发生的交易实现的收支平衡；被动平衡，是指通过补偿性交易即一国货币当局为弥补自主性交易的不平衡而采取调节性交易而达到的收支平衡。国际收支平衡的目标要求做到汇率稳定，外汇储备有所增加，进出口平衡。国际收支平衡不是消极地使一国在国际收支账户上经常收支和资本收支相抵，也不是消极地防止汇率变动、外汇储备变动，而是使一国外汇储备有所增加。适度增加外汇储备看作是改善国际收支的基本标志。同时，一国国际收支状况不仅反映了这个国家的对外经济交往情况，还反映出该国经济的稳定程度。

以上四大目标相互之间既存在互补关系，也有交替关系。互补关系是指一个目标的实现对另一个目标的实现有促进作用。如为了实现充分就业水平，就要维护必要的经济增长。交替关系是指一个目标的实现对另一个有排斥作用。如物价稳定与充分就业之间就存在两难选择。为了实现充分就业，必须刺激总需求，扩大就业量，这一般要实施扩张性的财政和货币政策，由此就会引起物价水平的上升。而为了抑制通货膨胀，就必须紧缩财政和货币，由此又会引起失业率的上升。又如经济增长与物价稳定之间也存在着相互排斥的关系。因为在经济增长过程中，通货膨胀是难以避免的。再如国内均衡与国际均衡之间存在着交替关系。

这里的国内均衡是指充分就业和物价稳定，而国际均衡是指国际收支平衡。为了实现国内均衡，就可能降低本国产品在国际市场上的竞争力，从而不利于国际收支平衡。为了实现国际收支平衡，又可能不利于实现充分就业和稳定物价的目标。

因此，在制定经济政策时，必须对经济政策目标进行价值判断，权衡轻重缓急和利弊得失，确定目标的实现顺序和目标指数高低，同时使各个目标能有最佳的匹配组合，使所选择和确定的目标体系成为一个和谐的有机的整体。

【即问即答】

我国把2012年的经济增长率定位为7.5%，相比过去有了适度的调低，您对此问题是如何看待的?

第二节 财政政策

财政政策的一般定义是：为促进就业水平提高，减轻经济波动，防止通货膨胀，实现稳定增长而对政府支出、税收和借债水平所进行的选择，或对政府收入和支出水平所作的决策。财政政策主要通过政府的财政收支来进行，国家财政包括政府财政收入和财政支出两个方面。

一、财政收入

政府取得收入或获取经济资源的方式主要有征税、收费和借债三种。

（一）税收

在市场经济中，一方面，政府以市场原则购买生产公共产品所需的资源；另一方面，以非市场原则（免费或半免费）向社会提供公共产品和服务，以及进行无偿支出。政府之所以能够这样做的原因是法律赋予了其征税权。通过征税，政府可以强制性地从企业和家庭部门获得一部分经济资源，由此，可以将税收理解为人们购买和消费公共产品及服务的“价格”，虽然它并不是对等的交换。现代社会，税收的存在不仅为了取得财政收入，而且成为政府调节经济主体行为的重要工具。因为政府通过一定的征税方式可以对企业的生产和投资决策、对家庭的消费决策施加影响，比如，以免税或减税激励某种消费或投资行为，以重税抑制某种行为。现代社会的税收制度通常十分复杂，下面仅介绍几个常使用的税收分类。一是从征税对象的角度分为商品税、所得税和财产税。商品税以产品和服务交易额的全部或部分为征税对象，如销售税、增值税等税种。所得税主要包括企业（公司）所得税和个人所得税。财产税则是对持有或转移的财产价值为征税对象。二是直接税和间接税。如果考虑所有的税收负担都最终归属于生产要素所有者，那么，直接税就是对工资、利润、利息等要素报酬的征收，如所得税和财产税，影响生产要素的供给价格；间接税则是对产品市场交易的征收，构成最终产品和服务价格的一部分，间接影响要素的收益。三是税收按平均税率的变化，可以分为比例税、累进税和累退税。比例税的平均税率保持不变，无论征税对象金额是多少。累进税的平均税率随着征税对象金额的增加而上升，累退税则相反。

（二）使用费和规费

为弥补所提供产品和服务的成本或者出于管理社会经济活动的目的，政府也可以通过收费的形式取得部分收入，如学费、水费、过桥费和排污费等。收费仅是财政收入的辅助形式，主要适用于公共企事业部门。

（三）公债

公债是政府凭借信用融资取得的收入。当税收收入不能满足支出需要时，政府可以向公众和企业借债以弥补缺口。公债作为政府收入的一种手段具有自愿和有偿的特点。公共债务与家庭债务是不同的，家庭债务迟早要偿还，因为家庭的行动是一种有终点的行为，而公共债务则不必偿还，因为预算和经济都是一种持续不断的事件，政府凭借实力和信誉可以借新债偿旧债。虽然公债一般都约定期限（短期称为国库券），到期要偿还本金和支付利息，但从宏观经济的角度看，如果债务都为内债，征税以支付利息只不过是将一个人口袋里的钱转移到另一个人的口袋里。

【拓展阅读】

新《预算法》——地方政府举债之门："开与关"①

新预算法是在 2014 年的十二届全国人大常委会第十次会议表决通过了修改决定，新预算法对地方政府债务管理作出明确规定。地方政府发行债券，举债规模必须由国务院报请全国人大或全国人大常委会批准。新预算法规定，经国务院批准的省、自治区、直辖市预算中必需的建设投资的部分资金，可以在国务院确定的限额内，通过发行地方政府债券以举借债务的方式筹措。

地方政府债务问题如何规范，是预算法修改中广泛关注的问题，每一次修改也都触动着各方面的神经。20 世纪 80 年代末至 90 年代初，地方政府债券一度风行，许多地方政府为筹集资金修路建桥。为防范地方政府过度举债，1994 年制定预算法时明确规定，“除法律和国务院另有规定外，地方政府不得发行地方政府债券”（第 28 条），堵上了地方政府发债的道路。但不少地方政府在发展中面临资金缺口，在土地出让金等收入之外，也开始寻求各种形式的债务性融资。

特别是 2008 年应对国际金融危机以来，以地方融资平台等方式积累的地方政府性债务的规模急剧扩大，所形成的风险日益凸显。根据审计署对全国中央、省、市、县、乡五级政府债务情况的全面审计结果，截至 2013 年 6 月底，全国各级政府债务总额约 30. 28 万亿元，其中地方政府债务余额 17. 89 万亿元，包括负有偿还责任的债务 10. 89 万亿元，负有担保责任的债务 2. 67 万亿元，可能承担一定救助责任的或有债务 4. 34 万亿元，地方政府债务较前两年大幅增长。

---

① 新预算法出台 明确地方政府债务管理规定. 网易财经，2014 - 09 - 01.

虽然总体上看，地方政府性债务的各项风险指标处于国际通行的控制标准范围内，风险总体可控，但也存在较大的风险隐患，特别是不少地方政府债务率超过 100%，债务余额超过当地综合财力，甚至出现债务逾期等问题，需要加快予以规范和逐步化解。

与此同时，地方政府债券发行工作也在逐步推进。在总结 1998 ~2004 年间中央政府代地方政府举债并转贷地方的经验基础上，2009 年，国务院首次批准发行地方政府债券 2 000 亿元，由财政部代理发行并列入省级预算管理。自 2011 年起，财政部开始推动地方政府自行发债。2014 年 5 月 21 日，经国务院批准，2014 年上海、浙江、广东、深圳等 10 省市试点地方政府债券自发自还。地方政府通过发行债券的方式举借债务取得了一定的经验。

综合考虑地方发展需要、化解地方政府债务、风险防范化解等多方面因素，新预算法确立了堵疏结合的原则，即在为地方政府举债"开正门"的同时，也设置了若干安全阀来"堵偏门"，从六个方面确立了地方政府举债的基本规则。一是举债主体，规定只能是经国务院批准的省级政府。二是用债方向，要求只能是用于公益性资本支出，不得用于经常性支出。三是债务规模，实行债券发行限额管理，不能超额发行。四是还债能力，应当有偿还计划和稳定的资金来源。五是管理机制，规定了有关的债务风险评估预警机制等。六是法律责任，明确规定了违规举借债务或为他人债务提供担保的法律责任。这些规定把地方政府在举借债务开闸的同时，为政府举债的风险能够控制在合理区间套上了法律的"紧箍咒"。

二、财政支出

政府的支出可以从多个角度分类，下面仅从支出影响总需求的角度介绍主要的两种。

（一）购买性支出

购买性支出是政府在市场上直接购买公共消费和公共投资所需的产品和服务而进行的支出，如购买政府行政机关业务运转所需的办公设备和人员服务、购买修建道路和桥梁的钢材和水泥、购买基础性研究和开发的仪器和设备等。这类支出最终形成一定的公共产品和服务。与私人支出的分散性不同，政府购买性支出具有相对集中的特点，而且数额巨大，因此对产品市场供求关系有着重要影响，成为政府调节经济最直接的手段。比如，政府决定大规模投资高速公路建设，就会改善一个地区道路交通的供给情况，同时也会对建材、建筑机械、建筑人员服务等经济部门造成超额需求，促进这些部门的发展。政府强大的购买力可以直接影响一个经济的产品结构、部门结构以及经济中的总需求。购买性支出的规模越大，调控经济总量和结构的能力越强。购买性支出的具体项目主要包括国防支出、行政管理支出、科技教育文化卫生等事业支出和公共投资支出等。

（二）转移性支出

转移性支出是政府无偿地对特定部门和居民进行的社会福利性或救济性支出，如失业救济、自然灾害救济、低收入家庭补助、特定企业亏损补贴等。这类支出的特点是无偿的，支出过程并没有直接的回报。虽然转移支付的资金购买什么、购买多少以及是否用于购买都取决于受让者的决策，不直接构成对最终产品和服务的需求，因而对总需求的影响是间接的，但政府转移支付的总量及方式对社会可支配收入和劳动供给有着重要影响。

【案例分析】

十堰出台农村受灾房屋重建方案[①]

2017年8月下旬以来，湖北十堰连续遭受多轮强降雨袭击，房屋倒损严重，灾后恢复重建任务艰巨。为认真做好十堰因灾倒损农村居民住房恢复重建工作，帮助受灾群众早日重建家园，恢复正常生产生活，市政府出台《指导意见》。

《指导意见》指出，全市因灾倒损农村居民住房恢复重建工作坚持“政府主导、分级负责、社会互助、生产自救”的方针，并遵循“政府主导，灾民自救；科学规划，合理选址；突出重点，分类救助；公开透明，接受监督”的原则。

《指导意见》对目标任务作出要求，要求全市倒房重建工作，依法依规通过多渠道筹资，多种形式建房。全市10月1日前因灾倒损农村居民住房恢复重建工作必须在2017年12月31日以前完工；10月1日后（含10月1日）因灾需重建的农村居民住房恢复重建工作可放宽至2018年6月30日以前完成。同时，为确保满足群众基本居住需求，要统筹实施、有效衔接应急安置、过渡房安置和恢复重建住房安置工作，对短时间内难以完成房屋重建、修缮的受灾群众，要通过临时救助、提供过渡性住房、发放过渡期生活费等形式，解决严寒天气下住房问题，确保所有受灾群众都能在春节前入住固定住房，确保受灾群众温暖过冬、安全过节。

《指导意见》强调，倒损房重建救助对象应是当年因灾导致唯一以居住为目的的房屋倒塌或损坏需要重建或修缮的农村居民。上述对象住房整体结构塌落，或承重构件多数倾倒，或严重损坏经鉴定后不能居住，需进行重建的住房，按规定认定为倒塌住房；住房部分承重构件出现损坏，或非承重构件出现裂缝，或附属构件破坏经鉴定虽受损但经过修缮可以居住的住房，按规定认定为损坏住房。对受灾前已经另外建有新住房或购买有住房的倒损住房户不纳入救助对象范围。对因灾致贫、返贫的群众，按照贫困评定标准和程序纳入建档立卡贫困户，符合条件的可享受易地扶贫搬迁政策，并按规定不再享受因灾倒损房屋恢复重建政策。

《指导意见》规定，救助标准坚持按标准面积实施因灾倒损农村居民住房恢复重建救助，原则上家庭成员数为1~2人、3~4人、5人及以上的救助住房面积，应分别控制在50平方米、70平方米、80平方米以内。对民政部门认定的一、二、三类倒房对象分别按救助面积标准每平方米500~800元、300~500元、300元以下的标准实施救助；对因灾受损住房修缮所需资金达4 000元以上的损房对象，按分别不低于4 000元、3 000元、2 000元的标准实施救助（具体分类界定、救助面积标准按《省人民政府办公厅关于自然灾害生活救助工作的指导意见》执行）。

结合材料，回答如下两个问题：第一，在救灾过程中政府发挥了什么作用？第二，运用了哪些政策工具？

三、财政政策的类型

为了便于分析和表述，下面从两个方面对财政政策进行分类。

① http：//www.10yan.com/2017/1101/496877.shtml。

（一）从财政政策工具的作用机制角度进行分类

财政政策的工具是多样的，不同的工具对经济的作用机制不同，由此可以区分为自动稳定器和相机抉择的财政政策。

1. 自动稳定器。所谓自动稳定器，是指一定的财政制度或工具本身具有能够减缓经济波动的作用，也就是说，自动稳定器本身存在一种会减少各种干扰对国民经济冲击的机制，能够在经济繁荣时期自动抑制膨胀，在经济衰退时期自动减轻萧条，无须政府采取任何行动。具体地说，财政政策对经济自动稳定的功能，就是事先做好制度安排，在经济收缩、国民产出下降时，这种制度会自动地引起政府支出增加或税收减少，刺激总需求，从而阻止国民产出进一步下降；当经济扩张、国民产出增加时，它又会自动地引起政府支出减少或税收增加，抑制总需求，从而避免经济的过度膨胀。具有这种功能的财政工具主要是累进的税制和转移支付制度。

（1）累进税制度的自动稳定作用。当经济繁荣时，随着生产扩大、就业增加，人们收入随之增加，而通过累进的所得税所征收的税额也自动地以更快的速度增加（平均税率上升），税收以更快的速度增加意味着降低人们可支配收入的增幅，从而使消费和总需求增幅也相对较小，起到遏制总需求扩张和经济过热的作用。当经济衰退时，国民产出水平下降，个人收入和公司利润普遍下降，在税率不变的条件下，政府税收会自动减少，使私人部门的收入下降幅度小于国民产出下降的幅度，有利于延缓消费支出和总需求的下降趋势，从而起到缓解经济衰退的作用。在税率既定不变的条件下，税收随经济周期自动地同方向变化，税收的这种自动变化与政府在经济繁荣时期应当增税、在经济衰退时期应当减税的意图正相吻合，因而它是经济体系内的自动稳定因素。实际上，比例税也有这种功效，只是效果不如累进税明显。

（2）转移支付制度的自动稳定作用。同税收的作用一样，政府转移支付有助于稳定可支配收入，从而有助于稳定在总支出中占很大比重的消费支出。政府转移支付包括政府的失业救济和其他社会福利支出，按照失业救济制度，人们被解雇后，在没有找到工作以前可以领取一定期限的救济金；另外，政府也对穷人进行救济。当经济出现衰退时，由于失业人数增加，穷人增多，符合救济条件的人数增多，失业救济和其他社会福利支出就会相应增加，从而一定程度上减缓了国民可支配收入的下降，相对减缓了消费支出和总需求的下降。当经济繁荣时，由于失业人数减少，人们收入普遍增加，需要政府援助的人数减少，转移支付也自行减少，从而相对抑制了可支配收入、消费和总需求的过快增长。

总之，政府税收和转移支付的自动变化都是财政制度的内在稳定器，是政府稳定经济的第一道防线，它在轻微的经济衰退和通货膨胀中往往起着良好的稳定作用。但是，当经济发生严重的衰退和通货膨胀时，它不但不能使经济回复到没有通货膨胀的充分就业状态，而且还会起到阻碍作用。比如，当经济陷入严重萧条时，政府采取措施促使经济回升，但是当国民收入增加时，税收趋于增加，转移支付却减少，使经济回升的速度减缓。这时，自动稳定器的变化都与政府的需要背道而驰。所以，在关键时期还是要靠主动性政策的干预，自动稳定器只能起到辅助作用。

2. 相机抉择政策。相机抉择政策是指，政府根据对经济形势的判断，主动采取财政收支变动的政策措施，以改变总供求，达到维持经济在充分就业水平上稳定发展的目的。相机抉择政策也可以称为补偿政策，因为政府有意识地逆经济运行状态的方向进行财政调节，以促使经济景气循环。当失业持续增加、总需求不足时，政府应实行扩张性财政政策，减收增支，刺激总需求，解决经济衰退问题。当生产过热、总需求过旺时，政府财政就应增收减支，实施紧缩的财政政策，抑制过剩的需求，控制通货膨胀。补偿政策不仅是财政对经济中总需求不足或过剩的补偿，还包含着财政自身平衡的补偿，即以经济繁荣年份的财政盈余来补偿萧条年份的财政赤字。

（二）从财政政策在调节宏观经济总量的不同功能进行分类

1. 扩张性财政政策。扩张性财政政策是指通过财政收支活动拉动刺激经济总供求的政策。在社会总需求不足的情况下，政府通常采取扩张性财政政策，通过减税、增加财政支出等手段刺激总需求增加，缩小总需求与总供给之间的差距。一般来说，减税可以增加私人部门的可支配收入，是扩大总需求的重要途径。财政支出规模的扩大，是社会总需求增加的直接构成因素。在减税和增加政府支出并举的情况下，扩张性财政政策一般容易导致财政赤字，从这个意义上说，扩张性财政政策等同于赤字财政政策。

2. 紧缩性财政政策。紧缩性财政政策是指通过财政政策收支活动减少或抑制社会总需求的政策。在社会总需求规模大于社会总供给、出现需求膨胀的情况下，政府通常采取紧缩的财政政策，通过增加税收、减少财政支出等手段来减少或者抑制社会总需求，以达到促进总供给与总需求相平衡的目标。增加税收可以减少民间的可支配收入，降低人们的消费需求和投资能力，减少财政支出可以降低政府的消费需求和投资需求。无论是增加税收还是减少政府开支，都是抑制消费膨胀和投资膨胀的有效措施。如果在一定的经济状态下增税与减支同时并举，就有可能出现年度财政盈余或赤字的减少，所以，在一定程度上看，紧缩性财政政策等同于盈余财政政策。中性财政政策则是指政府财政活动对经济社会总需求变动既不发生扩张效应，也不发生紧缩效应，而保持中性性质。

3. 中性财政政策和非中性财政政策。中性财政政策和非中性财政政策（扩张性财政政策或紧缩性财政政策）在外在表现上的区别是：前者通常与政府年度预算平衡相一致；而后者则允许年度预算不平衡，甚至发生较大规模的预算盈余或赤字。现代西方经济理论认为，中性的财政政策不仅不能发挥“逆周期而动”的作用，而且带有加剧经济周期波动的副作用。所以，现代政府只要把保持充分就业和稳定物价视为压倒一切的重要任务，就很少去积极推行中性财政政策。

【即问即答】

国家用保护价来收购农产品是属于哪一种财政政策？为什么？

四、财政政策的效果

虽然实行扩张性财政政策能产生增加国民收入的效果，然而，政策效果的大小却因政策出台时的具体情况不同而有所不同。这种不同在图形上的表现就是 IS 曲线与 LM 曲线的斜率不同，这两个不同会导致财政政策的效果大有差别。

（一）LM 曲线不变，IS 曲线的斜率变化对财政政策效果的影响

当 LM 曲线不变时，IS 曲线斜率的绝对值越大，即 IS 曲线越陡峭，政府收支变化使 IS 曲线发生移动时，导致国民收入的变化就越大，财政政策的效果就越大；反之，IS 曲线斜率的绝对值越小，即 IS 曲线越平坦，则 IS 曲线发生移动时导致国民收入的变化就越小，财政政策效果也就越小。这一结果可以用图 10－1 来表示。

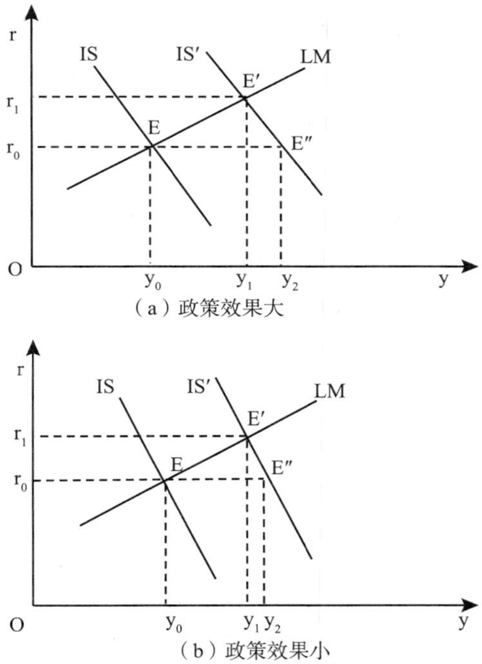

图 10－1　财政政策效果因 IS 曲线的斜率不同而异

在图 10－1 中，假定 LM 曲线的斜率不变，初始状态下的均衡收入 y_0 和利率 r_0 也完全相同，现假定政府实行一项扩张性的财政政策（增加政府支出或减少税收），增加相同的一笔支出量均为 Δg，则会使 IS 曲线右移。由于 IS 曲线斜率的不同，国民收入的增加额大不相同。在图 10－1（a）中国民收入增加的幅度大于图 10－1（b）中国民收入增加的幅度。如果利率保持不变，国民收入可以从 y_0 增加到 y_2，但是，由于利率上升的“挤出效应”的存在，国民收入只能达到 y_1。

【拓展阅读】

挤出效应（crowding out effect）

“挤出效应”是指政府支出的增加使国民收入水平提高的同时也会引起利率的提高，从而使得私人部门的投资减少，从而又导致国民收入减少的情况。

财政政策挤出效应存在的最主要原因是政府支出增加引起利率上升，而利率上升会引起私人投资和消费的减少。财政政策挤出效应的大小取决于多种因素。在实现了充分就业的情况下，挤出效应最大，此时挤出效应为1，也就是说政府支出增加的量恰好等于私人支出减少的量，扩张性财政政策对经济没有任何刺激作用。在没有实现充分就业的情况下，挤出效应一般处于0~1之间，具体大小主要取决于政府支出增加所引起的利率上升幅度。

（二）IS曲线的斜率不变，LM曲线的斜率变化对财政政策效果的影响

当IS曲线的斜率给定不变时，财政政策的效果取决于LM曲线的斜率。LM曲线斜率的绝对值越大，即LM曲线越陡峭，财政政策使IS曲线移动时对利率的影响越大，导致国民收入的变动越小，也就是说财政政策效果越小；反之，LM曲线斜率的绝对值越小，LM曲线越平坦，IS曲线移动时将导致国民收入发生较大的变动，即财政政策效果越大。这一结果可用图10－2来表示。

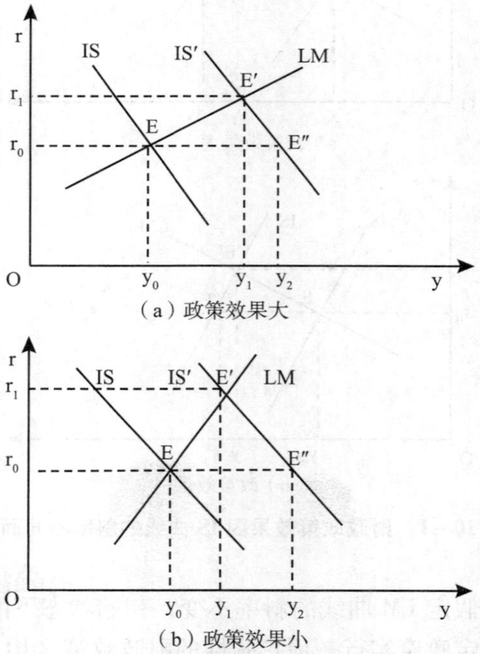

（a）政策效果大

（b）政策效果小

图10－2　财政政策效果因LM曲线的斜率不同而异

（三）凯恩斯主义极端情况下的财政政策效果极大化分析

如上所述，LM曲线越平坦，或者IS曲线越陡峭，则财政政策效果就越大，货币政策效果就越小。当LM曲线为水平线、IS曲线为垂直线时，财政政策十分有效、货币政策完全无效，这就是凯恩斯主义的极端情况，如图10－3所示。

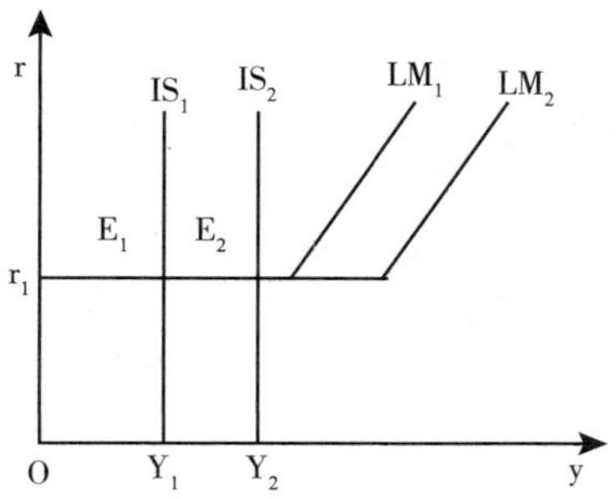

图 10－3　凯恩斯主义极端情况

在图 10－3 中，LM 曲线的水平区段就是凯恩斯区域。初始的产品市场均衡曲线为 IS_1 曲线、LM_1 曲线，IS_1 曲线与 LM_1 曲线的交点 E_1 表示初始的均衡产出为 Y_1、均衡利率为 r_1。

扩张性的财政政策使 IS_1 曲线向右平移到 IS_2 的位置，LM_1 曲线与 IS_2 曲线相交于 E_2 点，E_2 点表示政府实行扩张性的财政政策后的均衡产出为 Y_2，但均衡利率仍然是 r_1。Y_1Y_2 即为扩张性财政政策的产出效果，$Y_1Y_2 = \Delta y = k \cdot \Delta g$。

为什么凯恩斯区域扩张性财政政策没有使利率水平提高、挤出效应为零从而使财政政策完全有效呢？LM 曲线之所以成为一条水平线，是因为公式 $r = \frac{k}{h}y - \frac{m}{k}$中货币需求对利率的弹性 h 为无穷大，这时向左下方倾斜的货币需求曲线成为一条水平线，由此推导出的 LM 曲线也变成水平方向的曲线。根据公式 $L = L_1 + L_2 = ky - hr$，政府无论增大多少货币投放，都很难使利率 r 有多少变化；一旦利率水平极低时，人们手持货币的机会成本将变得很小，极端地讲为零，人们愿意将货币保持在手中，而不会将货币资产转化为有价证券，这时货币投机需求曲线 L_2 为一条水平线，如果这时货币供给不变，$L = ky$，我们可以推导出 LM 曲线为一条水平线，表明国民收入 y 对利率 r 的反应是完全有弹性的。如果这时采取一项扩张性的财政政策，增加政府支出或减税，会导致总产出增加即收入增加，L_1 也会增加，由于货币供给不变，L_2 必须减少，但由于 L_2 为水平线，L_2 的下降不会使利率上升，由于利率不变，挤出效应为零，政府支出的增加不会挤占私人投资，财政政策就完全有效。

那么，为什么此时货币政策完全无效呢？我们知道：$r = \frac{\alpha + e}{d} - \frac{1-\beta}{d}y$，$I = e - dr$。IS 曲线垂直，表示 d 为零。这时，不管 r 如何变动，i 都不会变动。在这种情况下，无论增加还是减少货币供给量 m 都不会对利率 r 和国民收入 y 产生任何影响，货币政策完全没有效果。

五、财政政策的局限性

由于受到各方面现实条件的限制，财政政策在实际执行中往往会遇到各种问题而难以尽如人愿。

首先，是时间滞后问题。任何一项财政政策从方案的提出，再经一定过程得到认可，到最后落实执行都需要有一个过程，难以立竿见影收到成效。然而，与此同时，经济形势却在发展变化，由此造成政策滞后于现实，使得财政政策很难充分发挥预想的作用，甚至由于时过境迁而起到负作用。时间滞后具体包括三种滞后：其一，认识时间滞后，是指政府对经济形势的判断与决策时间落后于现实发展。因为收集与分析经济资料需要时间，然后才能做出判断。如果能对未来经济运行作出预测，认识时间滞后会很小，甚至为负数。其二，执行时间滞后，是指决定采取行动和实施该行动之间的时间差。因为财政政策实施需要等待比较有利的时机。例如，将政府购买的增加安排在下一财政年度就会比较从容，可以避免在本财政年度进行调整的混乱。以上两种时间滞后被统称为内在时间滞后。其三，反应时间滞后，又称外部时间滞后，是指一种政策付诸实施后到最后影响经济之间的时间差。因为公众和厂商对政策变动都有一个调整与适应的过程。例如，增加税收时，纳税人通常并不马上调整其支出，而是要经过数月之后才能完成调整。时间滞后在现实中主要体现在公共工程项目上。因为公共工程项目一旦决定实施，就要制订开工计划，绘制设计蓝图，征用土地等，这些都需很长的时间才能完成。由于其滞后时间长，而往往失去针对性，甚至时常会错过经济周期的阶段而起到负作用。另外，税收的变动要经过一个冗长的政治过程才能最终得以执行；这意味着其执行时间滞后期很长。因此，各种时间滞后问题的存在，限制了稳定政策的有效性，甚至可能出现加剧而不是熨平经济波动的后果。

其次，会受到公众预期的影响。政策所要影响和作用的是社会公众，如果社会公众不对政策变化作出应答，则政策目标便难以实现，而公众的反应又是同他们对政策和经济形势的预期有关。例如，如果公众认为减税措施只是暂时的权宜之计，而非持久性的，则减税就不会起到增加消费和投资的作用，从而以减税刺激总需求的招法便是无效的。如果公众认为现已发生的衰退是长期性的，则减税也难以刺激总需求。这表明只有政策是长期的，被稳定执行时，公众才能产生预期不变的心理，并且公众对经济形势的预期和政府的预期相同时，才会对政策变化作出反应，使得政策充分发挥其作用。财政政策能否实现既定的目标，关键在于能否得到社会公众的响应，这又同公众的预期有着密切的关系。

最后，会受到利益集团的影响。财政政策往往具有利益倾向性，因而不同的财政政策便可能受到不同阶层和利益集团的反对。从税收政策方面看，增税会遇到社会公众的普遍反对，因而实行起来不得不谨慎。从财政支出政策方面看，政府要减少对商品与劳务的购买，往往会遭到大企业的强烈反对；政府削减转移支付，也会遭到公众的反对；政府增加公共工程支出，会被认为是与民争利而受到某些利益集团的反对。

【案例分析】

非政府刺激计划[①]

针对近来有23个省份发布的总计约45万亿元的固定资产投资额度，国家发改委新闻发言人李朴民在国家发改委昨日举行的新闻发布会上表示，“固定资产投资规模”和“投资刺激计划”不是一回事，不具有可比性。

“2016年，我国全社会固定资产投资完成60.65万亿元，同比增长7.9%。如按照这一速度，2017年全国32个省级单位固定资产投资规模将会达到65万亿元左右，这与23个省份今年的投资可能达到45万亿元是基本匹配的。”李朴民说。

李朴民认为，“固定资产投资规模”是全社会以货币表现的制造和购置固定资产活动的工作量以及与此有关的费用，“固定资产投资规模”既包括政府投资，也包括民间投资，还有外商投资等其他投资。所谓“投资刺激计划”，是在特殊时期需求不足的情况下，主动增加政府投资的规模。

李朴民表示，当前我国经济发展进入新常态，制约经济发展的因素，供给和需求两方面都有，但是矛盾的主要方面在供给侧。因此，促进经济平稳健康发展和社会和谐稳定，不能搞“大水漫灌”式的强刺激。要切实从满足需求出发，从严重制约经济发展的重要领域和关键环节着手，既补发展短板也补制度短板，增加有效供给，坚决防止形成新的过剩产能和盲目重复建设。

问题：

请从供给和需求角度简要分析非政府刺激计划。

【即问即答】

如何看待财政政策的“时滞”问题?

【人物介绍】

阿尔文·汉森

阿尔文·汉森（Alvin Hansen，1887 ~1975）是当代美国著名的经济学家，最早的凯恩斯主义者、新古典综合派的奠基人。他在哈佛任教近20年，培养了不少优秀经济学家，保罗·萨缪尔森就是其弟子之一。

作为凯恩斯的信徒，汉森最大的贡献是解释并发展凯恩斯主义。它的主要理论表现在以下三点。

一是他发展了英国经济学家希克斯提出的IS－LM模型，被称为希克斯—汉森交叉图。这个模型用一般均衡方法说明当物品市场和货币市场同时均衡时国民收入与利率的决定，这被称为对凯恩斯主义理论的标准解释，并成为所有教科书的核心内容。

二是他与萨缪尔森提出了解释经济周期的乘数—加速原理模型，又称为汉森—萨缪尔森模型。这个模型说明了在市场机制自发调节时，由于消费、投资和国民收入之间的相互影响，必然发生经济周期，从而证明了国家干预经济的必要性。这是新古典综合派经济周期理论的核心，也是战后经济周期理论的重要发展之一。

三是他提出了补偿性财政政策。这种政策的原则是在萧条时期采用扩张性财政政策增加

---

① 资料来源：人民网，2017－02－22。

支出，减少税收，以刺激经济；在繁荣时期采用紧缩性财政政策，减少支出，增加税收，以抑制通胀。这种财政政策并不需要保持逐年的财政预算平衡，在萧条年份会有赤字，在繁荣年份会有盈余，因此在长期中仍可以实现财政预算平衡，称为“长期预算平衡论”或“周期预算平衡论”，这也是美国20世纪50年代经济政策的基调。

第三节 货币政策

货币政策的一般定义是：中央银行根据既定目标，通过中央银行对货币供给（主要是活期存款）的管理，调节信贷供给和利率，以影响宏观经济活动总水平的经济政策。其主要货币政策工具有公开市场业务、再贴现政策和法定存款准备金率等。

一、货币政策工具

（一）公开市场业务

公开市场业务是当代西方国家特别是美国实施货币政策的主要工具，它是指中央银行在金融市场上买进或卖出政府债券，通过扩大或缩减商业银行存款准备金，导致货币供给量的增减和利率的变化，最终影响生产、就业和物价水平。比如，为了放松银根以刺激经济，中央银行将在证券市场买进政府债券，这一行动增加银行系统的基础货币（包括银行的存款准备金和公众手持现金），通过银行体系的存款创造，导致货币供给量的多倍扩大；与此同时，债券价格因需求增加而上升，利率下跌，由此促进投资和消费的扩张，带动生产和就业的增长。反之，为了遏制经济过热和防止通货膨胀而需要采取紧缩性货币政策时，中央银行在公开市场业务中卖出政府债券，由此导致基础货币的减少，引起货币供给量的多倍减少和利率上升。

在多数发达国家，公开市场操作是中央银行吞吐基础货币、调节市场流动性的主要货币政策工具，通过中央银行与指定交易商进行有价证券和外汇交易，实现货币政策调控目标。公开市场业务是中央银行控制货币供给最主要的手段，是因为运用这种政策工具有着比其他手段更多的灵活性。这种灵活性表现在如下三个方面。其一，中央银行可以根据政策目标的需要灵活调整买卖政府债券的数量，从而比较易于准确控制银行体系的准备金，对货币供给的影响可以比较准确地预测出来。如果中央银行希望大量变动货币供给，就可以根据改变量的规模决定买进或卖出政府债券的数量。其二，中央银行可以及时灵活调整政策的方向。如为了改变货币供给变动的方向，银行可以随时变买进为卖出或者相反。其三，中央银行可以连续地进行公开市场操作，自由决定买卖债券的数量、时间和方向，实现对经济的微调。即使有时出现某些政策失误，也可以及时进行纠正。当然，公开市场操作的数量和进度还要取决于商业银行的购买意愿，这样，中央银行调控的主动性和有效性就会受到一定程度的制约。

（二）法定存款准备金率

存款准备金制度的最初作用是保证存款的支付和清算，之后才逐渐演变成为货币政策工具。中央银行通过调整存款准备金率，影响金融机构的信贷资金供给能力，从而间接调控货币供给量。随着经济总量不断增长，商业银行为满足业务扩张和支付清算等要求所需的货币量会相应增加，在一般情况下，如果货币量得不到补充，商业银行的流动性就会存在一定的缺口。法定存款准备金制度的存在进一步使流动性短缺状态系统化。由于中央银行垄断着货币发行权，因此，对整个银行体系而言，中央银行担当着最终提供信贷货币的角色，中央银行从而能够通过控制货币供给的数量和利率，以至对经济运行施加影响。例如，提高法定存款准备率不仅使商业银行在中央银行的超额准备金消失或缩减，还由于它缩小了货币乘数，从而缩小了银行在原来超额准备金基础上的存款创造，因而能够在很短时期内导致较大幅度减缩货币存量和提高利率，引起宏观经济活动的震动。从理论上说，变动法定存款准备金率是中央银行调整货币供给最简单的办法。然而，中央银行一般不轻易使用这一政策工具，因为变动法定准备金率的作用比较猛烈，一旦准备金率变动，所有银行的信用都必须扩张或收缩，对经济的冲击比较大，而且准备金率变动频繁，会使商业银行和其他金融机构的正常信贷业务受到干扰而无所适从。

（三）再贴现政策

中央银行实施再贴现政策，主要是调高或降低再贴现率（中央银行向商业银行放款的利率），以限制或鼓励银行借款，从而影响银行系统的存款准备金和利率，进而影响货币供给量和利率，以达到宏观调控的目标。例如，某家银行因为客户意外地把一大笔存款转到其他银行，为应付面临准备金不足的困难，这时该银行就可以用它持有的政府债券或其他合格票据向中央银行申请再贴现贷款。当银行向中央银行的借款增加时，会引起货币供给量的多倍增加；当借款减少时，同样会引起货币供给量的多倍缩减。因此，中央银行可以通过调整再贴现利率影响商业银行的借款成本，进而影响商业银行的借款数量，影响货币供给量。

除了对借款外，贴现率的变动还会在某种程度上影响人们的预期。因为不仅是金融界，社会公众也很关心媒体上的贴现率消息，社会公众通常把贴现率的变化视为中央银行对经济的预测及其政策立场的一个指示器。例如，当中央银行提高贴现率时，社会公众可能把它视为中央银行将抑制过度扩张的一个迹象，并且会感到没有理由再担心通货膨胀了。这样一来，可能使公众减少一些预期性行为，诸如为防止物价上涨而产生的提前购买，或者为了抵消预期会有的通胀而要求提高工资等。相反，如果中央银行降低贴现率，就可能被看作中央银行采取行动缓和经济下降的迹象。然而，社会公众也许会作出正好相反的反应，例如把提高贴现率解释为中央银行相信通货膨胀已日趋严重的迹象，从而加速加大提前购买，或者更加坚定地要求提高工资。

中央银行对商业银行和存款机构贷款收取的贴现利率，通常低于市场利率，所以有必要对商业银行和存款机构的这种特权加以限制，比如，规定借款不能用于再投资以赚取利润，而且只能在确有需要时才能借款，对享有借款特权的银行借款的数量和次数作了特别的限制。事实上，并不是所有的银行都企图利用市场利率与贴现率之间的差额。有些银行推迟使用借款特权，因为它们知道，如果现在借了款，那么当以后更需要借款时，它们要向中央银行借款就困难了。而另一些银行为了显示其稳健性管理，也不愿向中央银行借款。可以看出，中央银行对再贴现政策的效果，并不具有完全的控制力，一定程度上受到商业银行借款意愿和需要的影响。事实上，再贴现政策往往作为补充手段和公开市场业务政策结合在一起执行。

前面介绍的三种货币政策工具是各国中央银行经常使用的常规性工具，也称之为一般性信用管制。这类货币政策工具的目的在于进行总量管理，而不是结构性管理。如公开市场上买卖政府债券，所起到的效果是社会总需求的伸缩，而对于某一部门或产业不能起到单独的调整作用。而选择性信用管制则着眼于个别信用领域的调节，不具有一般性信用管制的中立性。如果说一般性信用管制是“量”的管制的话，那么选择性信用管制就是“质”的管制。美国在实行选择性信用管制方面具有代表性。美联储主要采取的选择性管制办法有证券放款的保证金比例、消费信贷管制、房地产信贷管制和利率高限等。不过，这些选择性信用管制大都产生于战争及经济危机时期。在平常时期，许多经济学家反对使用这些工具，理由是：第一，管制会过度地妨碍借款人和贷款人的自由；第二，管制阻碍了适应购买人的意愿来分配资源和产品；第三，在完全竞争条件下，一般性信用管制完全可以解决资源的有效分配问题。

还有一种特殊的货币政策工具，被称为道义劝告或“窗口指导”。道义劝告是指中央银行“用谈话来进行控制”。中央银行根据经济形势作出调整信贷的判断，然后会集商业银行的银行家进行坦率的交谈，请他们注意社会的利益，委婉地警告他们如果违背中央银行的意志，将来可能难以得到贷款。美国的联邦储备系统经常使用这一工具。它们把道义上的劝告看作比一般信用管制较为有效的工具，用来影响从联邦储备系统的借款总额，影响货币信贷供应总量的增减。道义劝告作为一种重要的货币政策工具，可与其他货币政策工具结合起来共同引导市场预期，不少发达国家也采用类似的做法。通过定期与商业银行等金融机构交流协商，中央银行的货币政策措施为市场所预期，能更大程度地发挥货币政策的效力。例如，2006 年以来，中国人民银行多次召开“窗口指导”会议，提示商业银行高度重视贷款过快增长可能产生的风险，避免因过度追求利润而盲目进行信贷扩张，应合理、均衡地放款；引导金融机构强化资本约束，树立持续稳健的经营理念，提高风险控制能力，按照国家宏观调控政策及产业政策的要求，加强贷款结构调整，严格控制对过度投资行业的贷款，加强对房地产信贷的管理，停止对地方政府的打捆贷款和授信活动。我国近年来的货币政策实践表明，利用“窗口指导”来增加政策透明度，不但可以降低货币政策的操作成本，还有助于中央银行顺利实现既定的政策目标，提高货币政策的有效性。

【案例分析】

央行：保持货币政策稳健中性①

2017年中国人民银行工作会议指出，2017年，要保持货币政策稳健中性。综合运用多种货币政策工具，调节好流动性闸门，保持流动性基本稳定。进一步完善宏观审慎政策框架，引导金融机构审慎经营。发挥货币政策优化信贷结构作用，支持和引导金融机构加大对重点领域和薄弱环节的支持力度。

会议提出的2017年工作的主要任务还包括，继续做好供给侧结构性改革金融服务工作。进一步加大对钢铁煤炭去产能、重点行业转型调整和京津冀协同发展等国家重大战略的金融支持力度。继续做好金融精准扶贫工作。加大对"双创"、科技、战略性新兴产业等重点领域以及保障性安居工程、健康养老、小微企业、就业、少数民族等领域的金融支持力度。因城施策，继续落实好差别化住房信贷政策。另外，切实防范化解金融风险，牢牢守住不发生系统性风险的底线。稳妥推进重点领域和关键环节的金融改革。深入推进利率市场化改革。进一步完善人民币汇率市场化形成机制。积极引导和稳定市场预期，保持人民币汇率在合理均衡水平上的基本稳定。

业内人士称，与2016年中国人民银行工作会议内容相比较，此次会议对货币政策的表述由上年"稳健的货币政策"变化为"保持货币政策稳健中性"。与此同时，将工作任务中的"防范金融风险"放在了"金融改革"之前，并提出"牢牢守住不发生系统性风险的底线"。以上这些，都体现出了今年央行的货币政策将回归真正中性，且去杠杆、挤泡沫、防风险将成为政策考量的重要因素。

试分析，为保持货币政策稳健中性，央行可能采取了哪些货币政策？

二、货币政策工具的应用

中央银行在某一时期会采取哪种货币政策工具，主要取决于当时的经济运行状况。一般来说，一国的中央银行会根据"逆经济风向而动"的原则，相机抉择地采取适当的货币政策。具体地说，当经济处于扩张状态时，政府会采取紧缩性的货币政策；相反，当处于经济萧条状态时，政府则会采取扩张性的货币政策。以此方式对经济交替地进行微调，以便实现宏观经济政策目标。

如果采取扩张性的货币政策，则可采用包括公开市场上买进有价证券、降低贴现率并放松贴现条件、降低准备金率等在内的货币政策工具，以增加货币供给量，降低利息率，刺激总需求。

如果采取紧缩性的货币政策，则可采用包括在公开市场上卖出有价证券、提高贴现率并严格贴现条件、提高准备金率等在内的货币政策工具，减少货币供给量，提高利息率，抑制总需求增长。

【即问即答】

2010年，我国为了控制物价上涨，主要采取了哪些货币政策工具？请举例说明。

---

① 资料来源：经济参考报，2017年1月9日。

三、货币政策的效果分析

虽然实行扩张性货币政策能产生增加国民收入的效果，然而，政策效果的大小却因政策出台时的具体情况不同而有所不同。这种不同图形上的表现就是IS曲线与LM曲线的斜率不同，这两个不同会导致货币政策的效果大有差别。

（一）LM曲线不变，IS曲线的斜率变化对货币政策效果的影响

当LM曲线的斜率不变时，IS曲线越平坦，LM曲线移动对国民收入变动的影响越大，货币政策效果越大；反之，IS曲线越陡峭，LM曲线的移动对国民收入变动的影响就越小，货币政策效果越小，如图10－4所示。

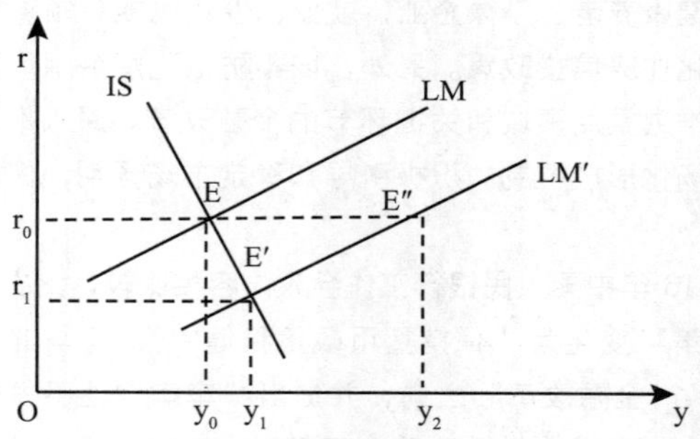

（a）政策效果小

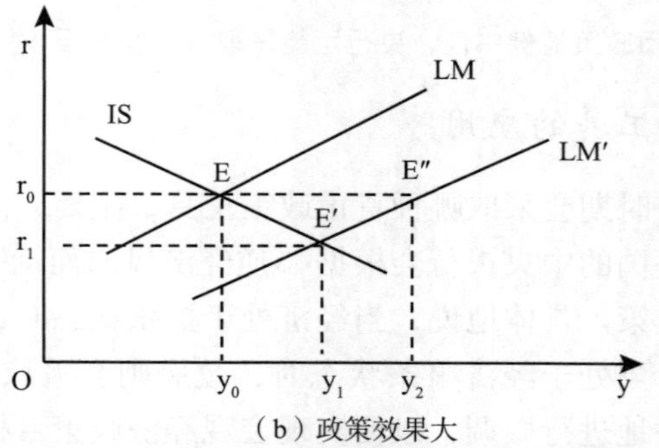

（b）政策效果大

图10－4 货币政策效果因IS曲线的斜率不同而异

在图10－4中，假定LM曲线的斜率不变，初始状态下的均衡收入 y_0 和利率 r_0 也完全相同，现假定政府实行一项扩张性的货币政策（降低贴现率或放松银根），增加相同的一笔货币投放量均为 Δm，则会使LM曲线右移。由于IS曲线斜率的不同，国民收入的增加额大不相同。在图10－4（a）中国民收入增加的幅度小于图10－4（b）中国民收入增加的幅度。如果利率保持不变，国民收入可以从 y_0 增加到 y_2，但是，由于利率上升的“挤出效应”的存在，国民收入只能达到 y_1。

（二）IS曲线不变，LM曲线的斜率变化对货币政策效果的影响

IS曲线的斜率不变时，货币政策效果就取决于LM曲线的斜率。LM曲线斜率越大，即LM曲线越陡峭，货币政策使LM曲线移动导致的国民收入变动就越大，也就是说货币政策效果越大；反之，LM曲线斜率越小即LM曲线越平坦，

LM 曲线的移动对国民收入产生的影响就越小，即货币政策效果就越小，如图 10－5 所示。

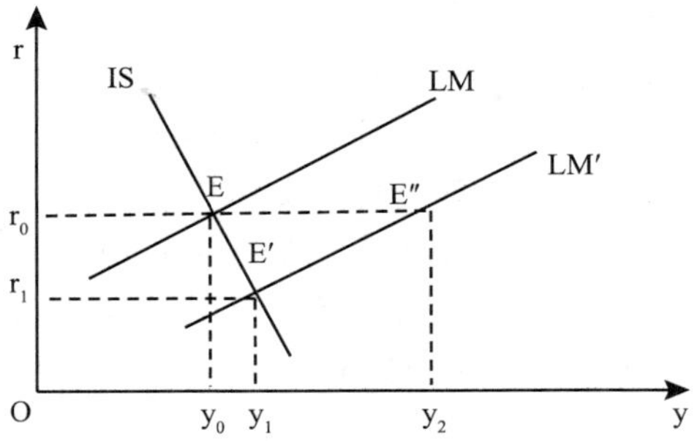

（a）政策效果小

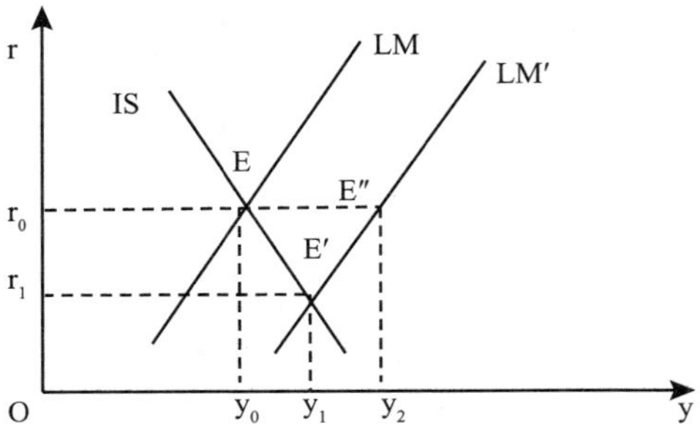

（b）政策效果大

图 10－5　货币政策效果因 LM 曲线的斜率不同而异

（三）古典主义极端情况下的货币政策效果极大化分析

与凯恩斯主义的极端情况相反，当水平的 IS 曲线与垂直的 LM 曲线相交时，财政政策完全无效、货币政策十分有效，这就是古典主义的极端情况，如图 10－6 所示。

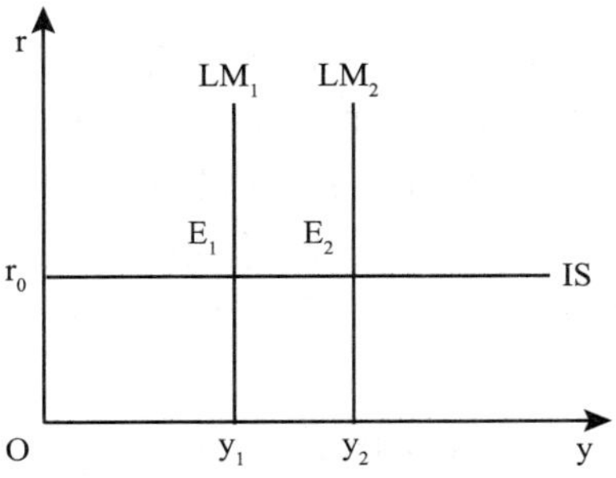

图 10－6　古典主义极端情况

财政政策之所以完全无效，主要有两个原因。

一方面，根据 LM 曲线公式 $r=\frac{k}{h}y-\frac{m}{k}$ 与 $L=L_1+L_2=ky-hr$，垂直的 LM 曲线说明货币需求的利率系数 h 等于零，换句话说，要保持等式 $L=L_1+L_2=ky-hr$ 的成立，r 必须无穷大；利率 r 既已无穷大，既使人们持有货币的机会成本或者说损失达到极大，又使人们看到债券价格如此之低，低到只能上涨而不会再下跌的程度。此时，人们会将手中的全部货币拿去购买有价证券，人们为投机需求所持的货币量 $L_2=-hr$ 为零。这时，政府如果推行扩张性的财政政策而向私人部门借钱的话（出售公债），由于私人部门的手中没有闲置货币，要借出只能通过私人部门投资支出的减少变现来获得货币，而私人部门认为只有投资支出的减少变现后的货币供给政府得到的预期收益至少等于私人投资的预期收益后才肯借出。因此，政府的借款利率 r 一定得上升，直到上涨到政府公债产生的收益大于私人投资的预期收益。这样，政府支出 G 增加多少，将使投资支出 I 减少多少。在这种情况下，政府支出 G 对私人投资 I 的“挤出效应”就是完全的，因此，扩张性的财政政策并没有使收入水平 Y 有任何改变。图 10－6 中，扩张性财政政策使水平的 IS 曲线向右平移，因为挤出效应，仍然与 LM_1 曲线相交于 E_1 点，均衡产出没有任何变化，仍为 y_1。

另一方面，由 IS 曲线公式 $r=\frac{\alpha+e}{d}-\frac{1-\beta}{d}y$、$i=e-dr$ 可知，水平的 IS 曲线说明投资需求的利率弹性 d 无限大，利率 r 的稍微变动都会使投资 I 大幅度变动。当政府因增加支出或减少税收而向私人部门借钱之类的财政政策实施时，利率 r 稍有上升，私人投资 I 便会大大减少，使“挤出效应”达到完全的地步，财政政策无效，只能寄希望于货币政策了。

至于货币政策的完全有效性的原因，可以这样来分析。根据公式 $r=\frac{k}{h}y-\frac{m}{k}$ 与 $L=L_1+L_2=ky-hr$，垂直的 LM 曲线表明当货币需求的利率弹性 h 为零，货币需求 L 对利率 r 完全缺乏弹性，人们不会对利率 r 的变动作出任何反应，即人们没有对货币的投机需求。因此，增加的货币供给会被人们全部用来增加交易需求，为此，国民收入必须大大增加。另外，由 $r=\frac{\alpha+e}{d}-\frac{1-\beta}{d}y$、$i=e-dr$ 可知，水平的 IS 曲线说明投资 I 对利率 r 极为敏感，货币供给的增加使利率 r 有一点点下降，都会使投资 I 极大地增加，从而使国民收入 y 增加极大。图 10－6 表明，货币当局增加货币供给量 M，即 LM_1 曲线向右平移到 LM_2 曲线的位置，与水平的 IS 曲线相交于 E_2 点，利率 r 没有上升，仍是 r_0。同时，均衡收入 y 则由 y_1 增加到 y_2，y_1y_2 正好等于货币的增加量，没有产生任何挤出效应，货币量的变动对收入水平有最大的效应。

垂直的 LM 曲线被称为古典主义极端，是因为在古典经济学家看来，货币需求仅同收入有关，与利率的高低没有什么关系。货币需求对利率极不敏感，货币需求的利率弹性几近于零，故 LM 曲线是一条垂线。垂直的 LM 曲线意味着货币供给量对国民收入水平的影响非常大，货币政策效应很大。这一观点与古典的货币数量论有关，这一理论的核心是认为人们之所以持有货币，仅仅是因为交易的便利，货币数量决定了价格水平，它仅依赖于名义国民收入，并不取决于利率的高低。

四、货币政策的局限性

由于受到各方面现实条件的限制，货币政策在实际执行中也往往会遇到各种问题而难以收到预期的效果。

第一，在通货膨胀时期实行紧缩的货币政策可能效果比较显著，但在经济衰退时期，实行扩张的货币政策效果就不明显。因为厂商悲观，即使央行放松银根，投资者也不愿增加贷款，银行不肯轻易借贷，尤其是遇到流动性陷阱时，货币政策效果很有限。

第二，从货币市场均衡的情况看，增加或减少货币供给要影响利率的话，必须以货币流通速度不变为前提。如果这一前提并不存在，货币供给变动对于经济的影响要打折扣。因为通胀时，尽快消费，货币流通速度加快；衰退时，货币流通速度下降。

第三，货币政策作用的外部时滞也影响政策效果。利率下降，投资增加，扩大生产规模需要时间。

第四，在开放的经济中，货币政策的效果还要因为资金在国际上流动而受到影响。在从紧的货币政策下，利率提高，国外资金进入，若汇率浮动则本币升值，出口减少、进口增加，本国总需求下降；若汇率固定，央行为保证本币不升值，必然抛出本币，按照固定利率收购外币，于是本国货币供给增加。

【拓展阅读 1】

流动性陷阱（liquidity trap）是凯恩斯提出的一种假说，指当一定时期的利率水平降低到不能再低时，货币需求弹性就会变得无限大，即无论增加多少货币，都会被人们储存起来。发生流动性陷阱时，再宽松的货币政策也无法改变市场利率，使得货币政策失效。

【拓展阅读 2】

从来就没有救世主——凯恩斯主义的真相与陷阱①

在欢庆纪元后第二个千禧年的到来时，谁也没有料到，迎接人类的将是一场巨大的金融海啸。这是怎么回事？究竟是谁之过？惊恐之余，人们纷纷翻出昔日的理论和早已被忘却的预言，试图证明人类的智慧尚未退化到不可救药的地步。马克思的《资本论》在东京热卖，哈耶克的《通向奴役之路》在纽约脱销。不同的学说受到不同人群的追捧，你、我各执一端，互指他人为肇事者，千方百计地为自己的愚蠢开脱。诸多学派之中，最为流行的，当然是凯恩斯主义。

1. 政府——救赎者或肇事者。

当消防队员奋战在火海之中时，谁愿追究他放火的责任呢？

---

① 资料来源：南方周末，2011 年 6 月 23 日。

在“大萧条”的年代，是凯恩斯指出了市场失灵的可能性，也是凯恩斯给出了应对之方：政府增加开支，创造有效需求。这个今日天经地义的政策，70 年前却是离经叛道的言论，称它为一场“革命”，毫不为过。对于凯恩斯的新理论，当时学术界莫衷一是，西方各国政府亦满腹狐疑。直到 1939 年，美国才开始认真研究凯恩斯的主张，也只有到了 1939 年，第二次世界大战爆发，大规模的政府开支才具备了政治上的可行性。然而经过记者和专栏作家（例如保罗・克鲁格曼）的演绎，这段历史变成了如下的版本：美国总统罗斯福接受了凯恩斯的建议，于 1933 年推出“新政”，结束了长达十年的“大萧条”。数据告诉我们，美国经济在 1933 年之后停止萎缩，失业率从 25% 的高位回落，但真实 GDP 则是在 1939 年才恢复到 1929 年的水平，而失业率在 1941 年才降到个位数。军备开支的直线上升的确创造了有效需求，军队的大规模征兵当然也创造了工作岗位，到底是谁结束了“大萧条”？罗斯福还是希特勒？我们只能留给历史学家去澄清。有意思的是，率先采用凯恩斯政策的是瑞典和纳粹德国，凯恩斯本人当然不愿将后者作为他的案例，在他的讲话和文章中，完全回避了这个最早的“凯恩斯主义国家”。

凯恩斯经济学的关键假设是“动物精神”。在亚当・斯密的世界中，已知产品和要素的价格，经济个体经过理性的计算，做出最大化自己利益的决策。尽管并不完全否定决策过程中的理性分析，凯恩斯主义者认为，经济个体可以是非理性的，例如在纯粹心理因素的影响下，消费者和企业忽然悲观起来，对未来失去信心，消费与投资意愿下降，社会有效需求不足，经济因此而陷入衰退。由于“动物精神”无逻辑可言，几乎无法对它进行有意义的分析，人们无法改变而只能接受这个现实，并以此为前提，探讨应对之策。如人们所熟知，标准的凯恩斯主义对策就是政府的反向操作，增加财政开支以弥补民间需求的不足，即使不能避免衰退，也可减少“动物精神”对经济的负面影响。

当代凯恩斯主义者沿袭了“动物精神”的传统，指责“新自由主义”是这次金融风暴的始作俑者。在“动物精神”的驱使下，华尔街贪婪逐利，金融创新过度，而政府又疏于监管，未能以其理性的“人类精神”约束华尔街的冲动，听任资产泡沫发展，终于酿成大祸。不仅如此，他们还宣称，泡沫破灭之后，具有“人类精神”的美联储发挥了中流砥柱的作用，以超常规的市场干预力挽狂澜，避免了金融体系的崩溃，从而避免了“大萧条”的重演。

遗憾的是，事实并非如此。美联储对这次金融危机负有不可推卸的责任。从 2001 年开始，美联储执行了宽松的货币政策，将联邦基准利率降到当时的战后最低水平，并保持低利率达两年多之久。房地产市场因此出现了明显的泡沫，泡沫于 2007 年达到顶点。从 2004 年年中起，美联储进入了加息周期，贷款利率随着基准利率节节升高。高利率增加了贷款偿还成本，最为脆弱的次级按揭市场首先拉响了警报，逾期和违约率的上升引发以次级按揭为基础的债券价格下跌，盛宴结束了。为什么不早不晚，在美联储减息之后形成房地产泡沫？低利率刺激了金融创新，也促使金融机构不断提高杠杆率。金融创新过度并非源自华尔街的贪婪，华尔街何时不贪婪？银行家们不必等到 2001 年才集体疯狂。就引发金融危机而言，美联储低利率的作用远超华尔街的“动物精神”。如果追究罪责，美联储是首犯，华尔街充其量只是一个从犯。美联储的低利率政策扭曲了金融市场中的最重要价格——利率，在错误的价格信号指导下，家庭过度负债，金融机构高杠杆运行，金融创新过度。

凯恩斯主义者有意无意地忽视危机的真正原因，并欢呼是美联储防止了另一场 20 世纪 30 年代那样的大萧条。其实，弗里德曼在其名著《美国货币史》（与施瓦茨合作）中，令人信服地证明，美联储错误的货币政策是 20 世纪 30 年代“大萧条”的重要原因。纽约股市 1929 年崩盘后，市场上流动性奇缺，此时美联储不但没有增加货币供应，反而收缩广义货币达 1/3！周转发生困难的银行大批倒闭，一次股市的调整于是演变为长达十年的经济萧条。伯南克与格林斯潘自称是弗里德曼的学生，两人都深入研究过这段历史，想必知道2008~2009年金融救援的功劳应该记在谁的名下，弗里德曼还是凯恩斯?

退一步讲，就算美联储扑灭了一场世纪之火，我们仍不能因其今日救火之功，宽恕它昨天的纵火之罪，或者因其危机时刻的称职表现，放松平时对它的制约和监管。是的，监管美联储，一个政客有意回避、世人宁愿忘却的问题。当消防队员奋战在火海之中时，谁愿追究他放火的责任呢?毕竟他是阻止火势蔓延的唯一希望。然而若不约束救火者伯南克，他就有可能变成格林斯潘第二。已有迹象表明，伯南克领导的美联储正在重蹈前任主席的覆辙，在系统崩溃的危险过去之后，幻想用增发货币刺激美国经济复苏，当利率已无法再降时，美联储就捡起日本人屡试不灵的“数量宽松”，继续投放货币。一如日本当年的情况，当企业和家庭的财务结构调整尚未完成时，当实体经济缺少投资机会时，除了制造资产泡沫外，多余流动性再无其他作用。

中外货币政策的实践说明了限制中央银行货币发行权的必要性。在货币政策的操作上，对于理论界长期争论的“相机抉择”还是“基于规则”，实践也给出了回答。若想用货币政策削平经济周期的波峰和波谷，央行要有超人的智慧和技巧。由于微观经济单位的调整需要时间，货币政策从执行到发挥作用存在着时间上的滞后，央行必须事先准确预测经济的运行，在恰当的时点上、以恰当的力度和恰当的工具操作货币政策，方能收到预想的效果。如果在时点、力度和工具上出现哪怕是很小的差错，调控的结果和初衷可能大相径庭，甚至适得其反。弗里德曼和施瓦茨用令人信服的数据表明，在战后的30年中，美联储的货币政策非但没有稳定美国经济，反而引起和放大了经济的周期振荡。

说来不无讽刺意味，限制央行的必要性竟来自凯恩斯主义，央行行长也是凡夫俗子，既有普通人的理性，也有普通人时常表现出来的“动物精神”。正是在人性假设的一致性上，我们看到了凯恩斯和弗里德曼的根本分歧。

2. 凯恩斯主义的陷阱。

较之个人的“动物精神”，政府的“动物精神”可以给经济造成更大的伤害。凯恩斯认为企业和个人具有“动物精神”，他们的乐观和悲观情绪交替轮换，造成经济从景气到萧条的循环。政府可以并且应该审时度势，带有前瞻性地运用宏观经济政策，进行反向操作，保证经济的平稳运行，这就是上面提到的“相机抉择”。弗里德曼针锋相对，他强调预测未来经济形势和政策操作的困难，并引用数据指出，实践中的货币政策引起而不是“熨平”了经济的波动。这一实证研究的政策含义是不言而喻的：欲稳定经济，必先稳定货币供应。弗里德曼由此提出了货币发行的固定规则，比如说每年增加3%，或基本与GDP增长同步，禁止中央银行随意改变货币供应数量。弗里德曼虽然没有明确地将“动物精神”作为政府的属性，他对政府的“完美理性”显然充满了怀疑。

实际上，凯恩斯主义经济学的最大问题还不是“动物精神”，而是其逻辑的不一致性或者非自洽性（inconsistency）。市场弥漫着“动物精神”，政府则充满了人类理性；市场有可能失灵，政府却永不失灵；市场上的交易是有成本的，政府的政策成本为零；市场上存在着信息不对称，政府却拥有充分的信息。至于目标函数，企业与个人是贪婪的，只追求一己之私利；而政府是仁慈和高尚的，以社会福利为己任。在这些假设下，不必建立数学模型，不必进行理论分析，假设已决定了结论。在令人眼花缭乱的数学推演背后，凯恩斯主义者证明的只是假设，以及假设的直接逻辑结果——完美的政府解救非完美的市场。

凯恩斯主义关于政府的假设在现实中是不成立的，政府的“动物精神”丝毫不亚于私人部门，中国1959~1961年的经济历史即为一例。在“超英赶美”“大跃进”等不切实际的经济发展目标下，政策制定者头脑发昏，大规模动员资源，将投资率（固定资产投资对GDP之比）从1958年的15%急剧拉升到1959年的30%。政府的“动物精神”在西方也非罕见，如上面所提到的，美联储在20世纪30年代雪上加霜的货币紧缩，日本央行20世纪80年代一手制造的资产泡沫，以及格林斯潘2001年之后过于宽松的货币政策，都像是“动物精神”的经典案例。

同样经不起推敲的是“政府为公”的假设。希腊政府破产，多个欧洲国家陷入债务泥潭，如果真的是在追求公众利益，就不应该有债务危机。根据正统的凯恩斯主义说法，在经济萧条时，政府减税和增加开支以刺激需求，财政赤字和政府负债因此而上升；当经济转入繁荣时，财政政策反向操作，政府增加税收和削减开支，财政会出现盈余。繁荣期的盈余抵消萧条期的赤字，在一个完整的经济周期上，可实现财政预算的平衡。理论上听起来完美无瑕，为什么在实际执行中，各国政府都是负债累累而鲜有盈余呢？原因正是政府的自利动机。减税和增加政府开支如福利、补贴和投资等，对选民有实惠，有助于捞到选票，政客乐此不疲。加税和减少财政开支却是不讨好的事，即使经济形势好转，也没有人愿意为长期的预算平衡而得罪选民，在政客们的眼里，自己今天的官位远比国家的未来重要得多。

如果保持逻辑的一致性，假定政府也具有“动物精神”，从上一节的讨论可知，较之个人的“动物精神”，政府的“动物精神”可以给经济造成更大的伤害。个人的非理性冲动是局部的，受到其他市场参与者的制约；个人必须承担自己决策失误的后果，也就是面临着“预算硬约束”。中央银行在决定货币政策时，既没有制衡，也不必对政策后果负责，即“预算软约束”，决策者们的“动物精神”随着货币政策散布到经济的各个角落，形成系统性风险。在一致性假设下比较个人与政府的“动物精神”，凯恩斯主义经济学的结论不再成立，为了减少经济的波动，公众应该立法规范货币政策，限制甚至禁止“相机抉择”式的政策干预，中央银行更像是一个规则的执行者，而不是现在这样的政策制定者。至于货币政策规则应该是什么，泰勒法则还是弗里德曼的固定增长率？基本上是一个实证问题，理论很难提供先验的指导。①

第四节　两种政策的混合使用

从以上两节的分析可以看出，如果某一时期经济处于萧条状态，政府无论采取扩张性货币政策还是扩张性财政政策以及两种政策的搭配使用都可以用于扩大总需求，增加国民收入。又由于凯恩斯区域和古典区域都是极端的情况，在实际中很少存在，因此，决策者在制定政策时既可选择财政政策，也可选择货币政策，或将两种政策结合起来使用。这样就有一个政策如何选择，并使之配合的问题。

当均衡的国民收入低于充分就业的国民收入时，决策者可以进行多种政策选择：一是采取扩张性财政政策，增加了总需求和国民收入但也使利率上升；二是采取扩张性货币政策，可以增加国民收入水平但使利率下降；三是同时采取扩张性财政政策和扩张性货币政策，即对这两种政策搭配使用，如图10－7

① 许小年．从来就没有救世主——凯恩斯主义的真相与陷阱［N］．南方周末，2011－06－23．

所示。

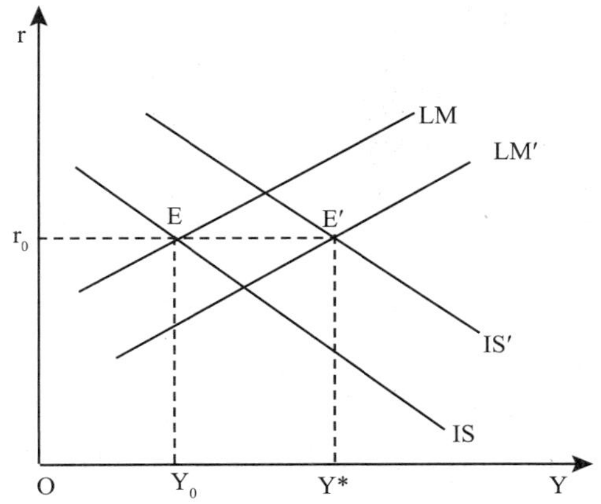

图 10－7 财政政策和货币政策的混合使用

扩张性财政政策和扩张性货币政策对均衡的国民收入和利率有不同的影响，如表 10－1 所示。

表 10－1 扩张性财政政策与扩张性货币政策对均衡国民收入和利率的不同影响

政策	均衡的国民收入	均衡利率
扩张性财政政策	增加	上升
扩张性货币政策	增加	下降

从表 10－1 可以得出这样的结论：尽管这两种政策都可以增加总需求，使国民收入增加，但两者还是有一定的差别。能使政策效果得以最好发挥的方法是将财政政策和货币政策配合起来使用，其搭配的具体方式可以参考表 10－2。例如，当经济处于萧条状态但不十分严重时，可采用第一种政策组合，以扩张性财政政策刺激总需求，又以紧缩性货币政策抑制通货膨胀。因为扩张性财政政策尽管会产生“挤出效应”，但对刺激总需求还是有一定的作用的，而紧缩性货币政策通过减少货币的供给量可以抑制由于货币供给量过多而引起的通货膨胀。当经济发生严重的通货膨胀时，可采用第二种组合，通过紧缩货币提高利率，从货币供给方面控制通货膨胀；通过紧缩财政，降低总需求水平，从需求方面抑制通货膨胀，同时防止利率上升过高。当经济中出现通货膨胀但又不十分严重时，可采用第三种组合，通过紧缩财政压缩总需求，消除财政赤字，但又通过扩张性货币政策降低利率，刺激总需求，以防止由于财政过度紧缩引起的衰退。当经济严重萧条时，可采用第四种组合，这样能有力地刺激经济。扩张性财政政策使总需求增加，但提高了利率水平，用扩张性的货币政策可以抑制利率的上升，以克服扩张性财政政策的挤出效应，在保持利率水平不变的情况下刺激了经济。

表 10－2　　财政政策和货币政策搭配使用的政策效果

	政策搭配	产出	利率
1	扩张性财政政策和紧缩性货币政策	不确定	上升
2	紧缩性财政政策和紧缩性货币政策	减少	不确定
3	紧缩性财政政策和扩张性货币政策	不确定	下降
4	扩张性财政政策和扩张性货币政策	增加	不确定

在具体考虑两种政策的搭配使用上，不仅要看到当时的经济形势，还要顾及政治上的需要。总之，不同的政策搭配方式各有利弊，应针对经济运行具体情况，审时度势，灵活适当地相机抉择。一般来说，一种政策搭配运用一段时间后，应选用另一种政策搭配取而代之，形成交替运用的政策格局，这也是财政政策与货币政策协调运用的重要形式。

【专家观点】

"稳"字当先，协同求"进"——解析 2012 年我国财政与货币政策的着力点

新华网北京 2011 年 12 月 15 日电：日前闭幕的中央经济工作会议提出，明年将继续实施积极的财政政策和稳健的货币政策。对于财政货币双政策基调的基本稳定，分析人士认为，政策基调不变之中有变化，明年财政货币双政策将协同发力，推动中国经济"稳中求进"。

1. 财政政策结构调整是看点。

作为宏观调控中与货币政策并列的两大手段之一，我国财政政策将在明年继续锁定"积极"这一关键词。专家表示，在明年经济社会发展"稳中求进"的总基调下，财政政策虽然同样为"积极"，但其中含义已有微妙变化。

中央经济工作会议提出，明年要继续实施积极的财政政策，要继续完善结构性减税政策，加大民生领域投入，积极促进经济结构调整，严格财政收支管理，加强地方政府债务管理。

"当前国内外经济环境十分复杂，此时我国宏观政策仍需保持稳定，财政政策更是要延续已有的'积极'基调，这对于当前的中国经济至关重要。"财政部财科所副所长刘尚希指出，与过去两年的积极财政政策相比，当前的积极财政政策在着力点上已进行调整。

"金融危机时我们的主要任务是保增长，现在的主要任务一方面注重保增长，另一方面要向调结构发力，这将会推进我国经济社会发展实现'十二五'规划中转方式、调结构的任务。"

令人关注的是，对我国明年财政政策，会议提出了"结构性减税"内容。对此刘尚希指出，结构性减税实际上是与调结构、转方式一脉相承的，近几年我国财政收入保持了较快的增长速度，结构性减税的时机已经到来，通过税制的调整与完善，可以为服务业、小微型企业等减负，以此促进经济的转型。

2. 货币政策稳健之中有微调。

对于备受关注的明年货币政策走向，中央经济工作会议提出，要继续实施稳健的货币政策。

“当前的国内外形势决定了我国货币政策仍然需要保持稳健。”国务院发展研究中心金融研究所副所长巴曙松认为，虽然目前不断走高的物价已经有所回落，但其在历史上仍属于较高位置，目前货币政策还不具备转向的条件。

中央经济工作会议同时也提出，货币政策要根据经济运行情况，适时适度进行预调微调，综合运用多种货币政策工具，保持货币信贷总量合理增长，优化信贷结构，发挥好资本市场的积极作用，有效防范和及时化解潜在金融风险。

“之所以强调预调微调，这主要是因为当前我国外部经济环境正变得更为复杂，此时宏观政策需要提前应对，需要根据实际状况作出细微调整。”交通银行首席经济学家连平认为。

种种迹象表明，货币政策的预调微调已有所显现，与以往每到年底银根就有所收紧不同，今年10月起银行信贷投放力度已有所反弹；曾于今年连续六次上调的存款准备金率也于不久前首次下调。

对于下一步货币政策如何微调，中央财经大学中国银行业研究中心主任郭田勇认为，货币和信贷政策都将进一步加大结构性调整力度，做到有扶有控。

“央行日前召开会议提出要‘总量适度、审慎灵活、定向支持’，这实际上是央行对货币政策如何微调的一个诠释，那就是信贷投放虽保持一定程度增量，但一定是定向宽松，是对有利于结构调整的行业和领域进行支持，而绝不是全面宽松。”郭田勇说。

3. “双政策”助推中国经济“稳中求进”。

分析人士认为，与上年相比两大政策基调看似一样，但不变之中有变化，不变的一面体现了“稳”，变化的一面体现了“进”，“双政策”将合力助推中国经济“稳中求进”。

“‘稳中求进’一方面要稳，另一方面也要讲求‘进’，在‘十二五’关键时期，中国经济必须在结构调整方面、在关键领域改革方面有所推进。”清华大学教授、央行货币政策委员会委员李稻葵说。

记者注意到，在明年的税制改革进程方面，中央经济工作会议不但提出了结构性减税，还提出要推进营业税改征增值税和房产税改革试点，合理调整消费税范围和税率结构，全面改革资源税制度，研究推进环境保护税改革。

“这五项改革一定程度上凸显当前我国经济结构转型的总体规划，正是中国经济力求有所‘进’的一面。”中国社科院财贸所税收研究室主任张斌说。

此外，会议还提出明年要深化利率市场化改革和汇率形成机制改革。分析人士认为，这些关键领域的改革，都将有利于货币政策的有效实施和经济结构的调整。

“‘进一步推进利率市场化’，这样的表述在近年中央经济工作会议消息中还是首次出现。”兴业银行经济学家鲁政委认为，通过给予金融机构对存贷款利率更大的定价自主权，将有利于社会资金的合理配置，最终推动中国经济的平稳健康发展。①

【内容提要】

◆ 宏观经济政策是国家或政府有意识、有计划地运用一定的政策工具，调节控制宏观经济的运行，以达到一定的政策目标。它应该同时达到四个目标：充分就业、物价稳定、经济增长、国际收支平衡。常用的政策有财政政策和货币政策。

---

① 王宇，何雨欣，吴雨．“稳”字当先　协同求“进”——解析2012年财政政策货币政策着力点[EB/OL]．http：//news.xinhuanet.com/politics/2011－12/15/.htm.

◆ 财政政策是政府为了实现其宏观经济政策目标而对其收入和支出水平所作出的决策。其主要内容包括政府支出与税收。政府支出包含政府公共工程支出、政府购买，以及转移支付；政府税收主要是个人所得税、公司所得税和其他税收。货币政策是中央银行通过对货币供给量的调节来调节利息率，再通过利息率的变动来影响总需求。在凯恩斯主义的货币政策中，中央银行一般通过改变法定存款准备金率、调整再贴现率和公开市场业务这三种主要的货币政策工具来改变货币供给量，以达到宏观经济调控的目标。

◆ 财政政策与货币政策实施的效果有多大，取决于政策出台时该宏观经济运行的实际情况。这种实际情况如果用 IS－LM 曲线图形来表示，则是取决于 IS、LM 两条曲线的斜率变化。

◆ 依靠市场的力量可以达到两个市场的同时均衡，但却未必能实现充分就业均衡。因此，需要依靠国家运用财政政策与货币政策进行调节。根据政策调节的需要，扩张性财政政策和货币政策可以单独或者搭配使用。

【复习与思考】

【名词解释】

财政政策　货币政策　紧缩性财政政策　扩张性财政政策　自动稳定器　相机抉择中性财政政策　挤出效应　公开市场业务　再贴现　法定准备金率

【单项选择题】

1. 经济过热时，应采取的财政政策是（　　）。
   A. 减少政府支出　B. 增加财政支出　C. 扩大财政赤字　D. 减少税收
2. 紧缩性货币政策会导致（　　）。
   A. 减少货币供给量，利率降低　B. 增加货币供给量，利率提高
   C. 减少货币供给量，利率提高　D. 增加货币供给量，利率提高
3. 在凯恩斯陷阱下，下列说法中是正确的是（　　）。
   A. 货币政策有效　B. 财政政策有效
   C. 货币政策无效　D. 货币政策与财政政策同样有效
4. 扩张性财政政策的一般效应为（　　）。
   A. 消费需求增加　B. 投资需求增加
   C. 总需求增加　D. 三者都有
5. 当经济出现通货膨胀但不十分严重的时候，可以（　　）。
   A. 采用扩张性财政政策和紧缩性货币政策组合
   B. 采用扩张性货币政策和紧缩性财政政策组合
   C. 采用紧缩性货币政策和紧缩性财政政策组合
   D. 只采用紧缩性货币政策

【问答题】

1. 什么是财政政策的“挤出效应”，它受哪些因素影响？

2. 财政政策对抵消各种干扰对经济运行的冲击有显著的作用，请问有哪些具体的财政政策？并简要说明它们的运用。

3. 你认为应当怎样正确认识西方经济学家关于财政政策和货币政策效果的理论？这些理论对制定我国的宏观经济调控的政策有哪些借鉴意义？

参 考 文 献

[1] 赵海东，钟霞，王岩．宏观经济学案例分析［M］．呼和浩特：内蒙古大学出版社，2008.

[2] 侯锡林，王宏波，钱坤．当代宏观经济学原理［M］．沈阳：东北大学出版社，2008.

[3] 何忠伟．宏观经济学［M］．北京：中国农业科学技术出版社，2008.

[4]［美］曼昆．经济学原理［M］．北京：北京大学出版社，1999.

[5] 蔡继明．宏观经济学［M］．北京：人民出版社，2002.

【进一步阅读提示】

【报纸】

《经济日报》《中国经营报》《21 世纪经济报道》《中国经济时报》《国际经贸消息》

【杂志】

《中国社会科学》《经济研究》《经济学动态》《经济学》《世界经济》《宏观经济研究》《财贸研究》《经济学家》《金融研究》《财政研究》

【数据来源及分析报告】

《世界经济展望》《世界经济年鉴》《中国统计年鉴》

【网址】

中华人民共和国财政部：http：//www. mof. gov. cn；

中国人民银行：http：//www. pbc. gov. cn；

中国经济学教育科研网：http：//www. cenet. ccer. edu. cn；

北京大学中国经济研究中心：http：//www. ccer. pku. edu. cn；

美国国民经济研究局：http：//www. nber. org；

国际货币基金组织：http：//www. imf. org；

联合国贸发会议：http：//www. unctad. org。

第十一章 经济增长

您想成功吗？您的企业想发展吗？您知道国家如何才能兴旺发达吗？一切都在宏观经济学的经济增长理论中。从亚当·斯密开始，西方经济学家就在研究经济增长问题。但是，经济增长理论得到迅速发展，并成为宏观经济学的一个重要组成部分是在第二次世界大战以后。这是因为，首先，战后的国际形势发生了重大变化，实现经济增长成为维护资本主义制度的头等大事，正如美国经济学家多马（E. domar）所说的："现在对增长的关心并不是偶然的。一方面由于过迟地认识到，我们的经济要是没有增长就不可能达到充分就业；另一方面由于当前的国际冲突，增长变成生存的条件了。"其次，经济增长理论是凯恩斯主义的长期化与动态化的结果。许多经济增长理论是在把凯恩斯的短期分析长期化，比较静态分析动态化的过程中形成与发展起来的。宏观经济学研究的是四大课题：经济增长、经济周期、投资与消费、通货膨胀与失业。经济增长理论是宏观经济学的核心，它要解决的问题是：经济为什么会持续不断地增长？从长期来看，任何国家的经济都处于增长中。即使个别国家经济有滑坡，全球经济也处于总体上升趋势中。究竟是什么力量推动了经济的持续发展呢？如果能找出背后的推动力，则国家政策对经济的推动才能变得更加有效。同样，假如能找出这种推动力，企业还可以对其发展做出制度安排。

【参考资料】

国家之间经济增长的差别①

赞比亚和马拉维是两个接壤的非洲国家，于 1963 年摆脱英国统治取得独立，人口均在 700 万左右。两个国家都非常贫穷。1989 年，赞比亚的人均 GNP 只有 390 美元，马拉维则只有大约 180 美元。虽然两国目前的贫穷程度相似，然而马拉维的经济是经过发展才达到现在这个水平的，赞比亚的经济却是一路下滑。例证之一就是在 1965 年马拉维的人均 GNP 只有 117 美元，而赞比亚却有 430 美元。

怎么会发生这种情况呢？众所周知，人均收入的变化包括两个因素：经济增长和人口增长。在过去 20 年中，赞比亚的人口增长每年比马拉维高出 0. 2%，赞比亚的经济增长实际上比马拉维慢得多。马拉维的经济在 1965 ~1980 年期间均以每年 5% 的速度增长，直至 20 世纪 80 年代才下降到每年 2. 7%。相比之下，赞比亚的经济在 1965 ~1980 年期间每年只有

① ［美］斯蒂格利茨. 经济学小品和案例［M］. 北京：中国人民大学出版社，2005.

2.0%的增长，进入80年代进一步下降到每年0.8%。

经济增长速度的差异并非偶然。赞比亚的经济失误包括：印发钞票为预算赤字提供资金，结果引发了通货膨胀；压低农产品价格来补助消费者，结果损害了农业部门的利益；大举借债，却没有将资金投入到具有经济效益的项目上；竞争力持续低下，腐败长期不能根除，尤其是在重要的铜矿开采业。铜矿资源很可能在几年之内枯竭，而目前大部分人口已经严重感染艾滋病。

在另一边，马拉维注重修筑乡间公路和铁路，对农民购买肥料给予补贴，以便他们扩大产出。政府对价格和产量实行控制，但同时也需根据市场现状加以调整和弥补。尽管邻国莫桑比克发生的战争迫使大批难民涌向马拉维，然而马拉维的形势在短期之内还不至于落到赞比亚的糟糕地步。

这两个国家现在仍然非常贫穷。马拉维的穷人抱怨效率相对低下的政府未能给予更大补贴、进一步降低食品和医疗的价格。赞比亚的穷人在过去20年中变得更加贫穷，几乎一无所有。很明显，这样一些国家的政府面临痛苦的选择，同样明显的是这些选择给人民带来了巨大差别。

第一节 经济增长的好处

一、经济增长的定义

经济增长可以简单地定义为一国生产的产品和劳务总量的增加及国民生产总值的增加。更加全面的说法是，经济增长应包括两个方面的含义：一方面是一个国家在一定时期内生产的产品和劳务的实际增加量或它们的实际增长率；另一方面是指在一定时期内，一个国家潜在的（或称充分就业时的）生产能力的增加。由于生产能力的增长取决于一个国家人力资源、自然资源和资本积累的数量和质量以及技术水平的高低，因此，经济增长也包含着这些决定生产能力的诸因素的扩大和改进。

经济增长两个方面的含义应该是一致的，实际的经济增长取决于潜在的生产能力（当然也取决于它的利用程度），而经济增长本身又使潜在的生产能力增加。但考察不同国家的实际增长，我们发现，有的国家实际的增长与潜在生产力的增加基本一致，有的国家实际的增长与潜在生产力的增加并不一致，表现为年均增长速度很高但潜在的生产能力的增加却较低。一个基本的事实是：中国和韩国在20世纪50年代的人均国民生产总值都是50美元左右，中国年均增长速度不低于韩国，但经济增长到今天，中国人均生产能力远低于韩国已是不容回避的事实（韩国的人口增长率并不低于中国）。我们认为除了我国经济增长速度本身可能有水分外，我国传统的经济体制和增长方式造成了我国经济增长中的大量的无效增长。

某种程度上，可以把实际的经济增长分为有效的经济增长和无效的经济增长，有效的经济增长不仅体现在当年的实际经济增长统计中，重要的是这种增长提高了人们的福利水平和生产的能力。无效的经济增长虽然体现在当年的经济增长统计中，却不能改善人们的生活水平，而不能使经济增长能力增强（比如建造一座永远没有开工的工厂，生产一件卖不出去的产品）。按照市场经济的要求，企业是不允许无效的经济增长存在的，就大多数国家而言，经济增长基本上都是有效的，因而经济增长与经济增长能力基本是一致的。正因如此，人们在谈论经济增长时，总是把经济增长当作有效的。但就中国而言无效的经济增长却大量地长期存在，可以说是无效的经济增长加上粗放型的经济增长方式是形成中国经济高增长、低效益的重要原因。

如果说以高投入、高消耗为特征的粗放型经济增长的经济效益低下的话，那么无效的经济增长则没有效益，是一种“纯粹”的浪费，是不能算作经济增长的。甚至可以说，这种增长还不如不增长因为它只有投入和耗费，而没有经济学意义上的产出。在这里我们不具体探讨造成无效经济增长的原因，而要强调的是，对于中国而言，不仅要努力实现经济增长方式的转变，同时还要最大限度地减少无效经济增长。尽管经济增长存在大量的无效增长，但为了分析的方便，下面在分析经济增长和经济增长方式时，仍假定经济增长都是有效的。

【拓展阅读】

日本泡沫经济的形成①

（一）1955～1973年日本经济高速发展期

第二次世界大战以后，日本经济一片疮痍，国土成为一片废墟。依赖于国内的改革和当时良好的国际经济金融环境，日本经过20世纪40年代晚期和50年代初期复苏后，1955年，所有经济指标全面恢复或超过战前水平。从1955年到石油危机爆发的1973年，日本经济连续19年保持高速增长，年平均增长率达到9.8%，从此创造了资本主义国家经济增长中的神话。

（二）1973～1985年日本经济稳定增长时期

20世纪70年代，日本经济面临着外部冲击——布雷顿森林体系的崩溃导致日元升值，降低了日本出口的竞争力，1973年和1979年的两次石油危机猛烈地影响了日本经济的发展和运行。然而，日本却在这个不利的国际环境中，表现出惊人的适应力，顺利摆脱滞胀的陷阱。这时期，日本经济主要表现为两个特征：第一，日本由能源消耗型经济向能源节约型经济转变；第二，日本实现从发展重工业逐渐向高科技方向转变。

（三）1985～1990年日本经济泡沫形成时期

随着“日本制造”成功地进入欧美市场，这使得日本对欧美各国的贸易顺差迅速扩大。特别是美、日贸易逆差，日本与美国的贸易摩擦不断增多。1985年，为了消除美国的巨额贸易逆差，以美、日为首的G5（美国、日本、西德、英国和法国）在纽约广场饭店签署了“广场协议”，规定今后日本要调整汇率政策，以解决日本与美国和其他国家的贸易逆差问题。从此，日元被迫升值。日元兑美元由“广场协议”前的242上升到了1988年的120。

日元升值的不景气使日本企业拼命挖掘潜在降低成本的方法，这种方法被形象地称作“绞干毛巾”。为了应对国内经济不景气，日本政府为扩大内需采取了扩张性的财政政策，日

① 洪明顺．日本泡沫经济形成的原因及泡沫崩溃的影响［J］．中外企业家，2013（6）：264－265.

本政府于1986年6月颁布了总额6兆日元的《紧急经济对策》，决心加大公共投资力度以刺激经济，使经济走出低谷。为了应对日元持续升值，日本政府实行了扩张性的货币政策。日本银行把利率从1986年的5%下调至1987年3月的2.5%的“超级金利”，并一直持续到1989年5月。

在“双扩张”经济政策的刺激下，日本的企业设备投资率持续数年处于高水平，大量过剩资金并没有完全进入生产领域，而是推动了股票、房地产等资产价格的上涨。日经平均指数从1985年的13 113点上涨至1989年的38 916点，翻了近三倍。1985年5月日本国土厅发布“首都改造计划”，导致东京土地价格飞涨并波及日本全国。到1990年，东京、大阪、名古屋、京都、横滨和神户六大城市地价指数比1985年上涨了约90%。“土地神话”“股市神话”使得更多家庭的资产价值上涨，企业价值上升，过度乐观预期又导致了过度的消费和过剩的投资。日本有史以来最大的经济泡沫就这样形成了。

（四）1990年以后日本经济停滞时期

由于长年的日元升值，机械、汽车、电子等出口行业备受煎熬，纷纷产业转移至海外，日本实体经济的空洞化已经日益显现。1989年10月，日经指数创下了历史最高点39 000点，1985～1989年，4年当中上涨了4倍，1989年10月，日本银行终于上调利率，实行金融紧缩政策，1990年8月，官方利率达到了6%，日经指数一路下跌，截至1992年，东京证券交易所市值缩水230万亿日元。1990年3月，日本大藏省发布《关于控制土地相关融资的规定》对土地金融进行总量控制，1992年大藏省出台了地价税，房地产价格狂跌不止，至1992年东京房地产总值缩水93万亿日元。日本泡沫经济全面破灭。

泡沫经济破灭以后，企业获得资金的渠道都被堵死，1991～1992年日本企业倒闭数目连续两年超过一万家，日本失业率上升到3%以上的水平。失业率的上升导致日本从“设备投资危机”向“消费危机”扩散，经济循环更趋向下，日本进入全面停滞时期。

二、经济增长的好处

我们为什么关心经济增长呢？理由很简单：当产出增长快于人口增长，人均GDP——我们称之为平均生活水平——将上升。产出增长慢于人口增长，人均GDP，或平均生活水平将下降。用人均GDP来衡量生活水平看来有其局限性。我们生活中很多的重要内容没能计入GDP，如闲暇时间、工作的安全、强健的体魄、清洁的环境——这都是我们所关心的但它们都没能计入GDP。GDP不衡量资源配置的效率，不衡量增长的代价和方式……然而，我们生活中的很多方面是计入GDP的，如食品、住房、医疗保健、教育、运输服务、电影和电子游戏……没有几件不在其中。因此，毫不奇怪，用GDP的提高来衡量经济增长，保留了每一个国家所最关心的绝大部分内容。经济增长对于收入水平远低于欧洲、日本和美国的国家尤为重要。在某些第三世界国家中，平均生活水平低得使很多家庭很难获得基本的生活必需品，甚至有很多人死于饥饿或疾病。最穷的国家的人均GDP、婴儿死亡率、预期寿命、成人识字率都很低，这些穷国的统计数据足以令人感到悲哀，但这仅是问题的一部分。危险而肮脏的工作场所、简陋的住房和其他的苦难已经构成了那些国家中大多数人的日常生活。除了移民他国，否则，经济增长只是一种奢望。经济增长的好处是财富增加了人们选择的范围，它使人类具有控制自己环境的更大能力，因此增加了人类的自由。

我们可以在人与自然的关系中看到这一点。在原始阶段，人类得为生存而斗争。他们经过极其艰苦的劳动，从土地上得到仅够维持生活的东西。每年，他们有几个月的时间忍饥挨饿，因为当年的收获吃不到下一个收获期。他们经常遭到饥荒、瘟疫和传染病的危害。经济增长使他们能够摆脱这种无能为力的状态。技术的改进减少了劳动量，增加了食物的数量和品种。饥荒消除了，婴儿死亡率下降了。霍乱、天花、疟疾、钩虫病、黄热病、瘟疫、麻风病和肺病完全消失了。因此，生活本身摆脱了一些自然威胁。

经济增长也使我们有了选择更多空闲时间的自由。在原始状态，人们仅仅为了活命就得拼命劳动。经济增长以后，我们就能希望有更多的空闲时间或更多的物品，实际上，我们的确希望既有更多的空闲时间又有更多的物品。如果贫穷的农业国与富有的工业国相比，会得到一个相反的印象，因为在农业国，当天气不利于农业的时候，在一年的很大一部分时间里，人们都无事可做，而在工业国，人们一年到头都正常地劳动，但是这是一种错误的比较。如果我们不是用工业去与农业相比，而是用富国的工业部门与穷国的工业部门相比，同样再对这两类国家的农业部门进行比较，我们将会几乎毫无例外地发现，随着收入的增加，每个部门的劳动时间都会缩短；随着使用的机械力量的增加，劳动的艰苦程度也会减轻。

另外，经济增长除了使我们得到的货物和空闲时间增加以外，得到的服务也会增加。越富的国家就越能腾出人来从事其他的活动，比如当医生、护士和牙科医生，当教师，当演员和表演者，当艺术家和音乐家。哲学家们所珍视的许多“高等”活动，如艺术、音乐、研究哲学本身，在某种意义上是一种奢侈品，只有随着经济的增长使越来越多的人摆脱生产粮食的基本任务，社会才能开展那些活动。诚然，只需要较少的剩余就可以支持艺术活动，一些最高的艺术成就是在广大群众还很贫穷的社会中产生的。

经济增长还使人类能够享受更多的人道主义。例如，在处于仅能维持生计的最低水平时，那些自身难保的人哪有能力顾及旁人，最弱者只能以失败而告终。只有随着剩余产品的增加，人们才会越来越关心麻风病患者、精神错乱者、残废者、盲人及其他不幸者。关心病人、无能者、不幸者、寡妇和孤儿的愿望在文明社会里不一定比在原始社会里强烈。

人口众多但收入低微的独立国家渴望在国际会议上获得较高的地位。不管是对是错，这些国家的人民认为，如果他们更富一些，尤其是如果他们富得足以建立起强大的武装力量，他们在世界事务中的分量就会增加，他们和他们的生活方式就受到比较多的人的尊重。有些民族主义者对现代世界的反应是敬而远之，要求他们的人民恢复旧的生活方式。但是，已经掌权的大多数民族主义者认为，需要使经济迅速增长。许多人认为，各国在财富或经济发展方面的巨大差别是引起战争的根源，如果生活水平方面的差距不是很大，世界就会更加接近和平。这种看法非常可疑，因为经济迅速增长的社会常常会情不自禁地进攻邻居。无论如何，战争的原因是多种多样的，是同经济考虑间接有关的，所以从对和平或战争可能产生的影响的角度来讨论经济增长的理由是没有助益的。

有时候人们说，期望世界上所有国家都能不断提高生活水平必然是幻想，因为其后果只会使世界累积起来的矿物和燃料库存迅速枯竭。这种说法所依据的两个假设都难以肯定。

第一个假设是，人的才智到适当时候就会枯竭，无法找到新的东西来取代已经用光的东西，由于我们懂得了原子的性质以及从一种元素到另一种元素的转变，这种假设越来越可疑了。第二个假设是，子孙后代会对世界的资源有同样的要求。

为什么我们为了使今后几世纪的人类生活再延长一世纪左右而应该保持贫穷？难道没有同样充分的理由使目前几代人充分利用他们发现的资源而让不知多少世纪以后的人去自己照顾自己？即使对这些问题的回答都是否定的，也还有另一点理由，即把矿物和燃料迅速用光的并不是世界上最穷的国家，而是最富的国家。如果这种说法言之有理，可将其视为对欧洲和北美的劝告，叫它们不要再进一步提高生活水平，但是如果用以劝告亚洲人和非洲人继续保持目前的贫困，那其说服力就差远了，因为亚洲人和非洲人目前对累积的资源储藏量的利用是微不足道的。

【即问即答】

经济增长有哪些好处?

【参考资料】

经济学家眼中的经济增长

在现代西方经济学中，经济增长理论主要包括以下内容。

1. 以凯恩斯主义为基础的经济增长模型。

凯恩斯主义的中心是储蓄—投资分析，他要说明的是短期内国民收入与就业量的决定。这种分析成为凯恩斯主义者研究长期经济增长问题的出发点。在这一基础上建立的经济增长模型主要有：英国经济学家 R. F. 哈罗德（Harrod）与美国经济学家多马（Domar）分别提出的哈罗德—多马模型；美国经济学家 R. M. 索洛（Solow）和 T. W. 斯旺（Swan）提出的新古典增长模型；英国经济学家琼·罗宾逊（Robinson）、卡尔多（Kaldor）等人提出的新剑桥增长模型。这些模型都是要说明资本主义经济实现长期稳定增长的条件与途径。

2. 库兹涅茨对经济增长的数量与结构问题的研究。

库兹涅茨早在 20 世纪 20 年代后期就从事国民收入统计问题的理论研究与资料整理。以后，他又对 100 年来发达资本主义国家的国民收入的增长和国民生产总值的主要组成部分进行了历史性的分析比较。在这种数量分析与资料整理的基础上，着重从制度与结构问题方面论述了经济增长问题。他给经济增长下了一个这样的定义：“一个国家的经济增长，可以定义为给居民提供种类日益繁多的经济类产品的能力长期上升，这种不断增长的能力是建立在先进技术以及所需要的制度和思想意识之相应的调整的基础上的。”他认为，这个定义的三个组成部分都是重要的，提供产品的能力长期上升是结果，技术是实现这一结果的必要条件，而制度与意识的调整是技术得以发挥的充分条件。先进的技术为经济增长提供了可能，而使这种可能变为现实的则是社会制度与结构的调整。

库兹涅茨总结了经济增长的六个特征：第一，按人口计算的产量的高增长率和人口的高增长率；第二，生产率本身增长的程度也是高的；第三，经济结构的变革速度是高的，例如迅速由农业转向非农业，由工业转向服务业等；第四，社会结构与意识形态的迅速改变；第五，增长在世界范围内的迅速扩大；第六，世界增长的情况是不平衡的。这六个特征中前两个是增长的数量特征，是从统计资料的研究中得出的；中间两个是增长中经济结构与社会制度的变化；后两个是增长在国际上的扩散问题。

库兹涅茨关于经济增长的统计资料的整理分析，关于技术与制度对经济增长作用的分析，对当代经济增长理论的研究是有重大影响的。

3. 经济成长阶段论。

美国经济学家 W. W. 罗斯托（Rostow）在 1960 年出版了《经济成长的阶段》（*The Stages of Economic Growth*）一书，从历史发展的角度来研究经济发展的过程，并从中得出一些结论。他把经济的发展分为五个阶段：传统社会（指科学技术长期停滞、生产力发展缓慢的前资本主义社会）、为起飞创造前提条件（由传统社会向起飞阶段的过渡阶段，即资本主义的原始积累阶段）、起飞阶段（资本主义的产业革命时期）、向成熟推进阶段（大致是从自有资本主义开始向垄断资本主义过渡的阶段）、高额群众消费阶段（高度发展的资本主义社会）；以后他又增加了第六个阶段：追求生活质量阶段（当前资本主义）。罗斯托的这套理论是企图与马克思主义对抗的，他的《经济成长的阶段》一书的副标题就是“共产党宣言”。罗斯托撇开了人类社会生产关系的发展，把生产力的发展作为划分社会阶段的标准是完全错误的。

从这种历史的研究中，罗斯托得出了一些结论。例如，他认为，“起飞”主要应有三个条件：第一，要有较高的积累率，要使积累在国民收入中所占的比例达到 10% 以上；第二，要建立起能带动整个经济发展的一个或几个主导部门；第三，进行制度改革，建立起一种能保证“起飞”实现的社会政治制度。这些对研究经济增长问题还是有一定启发的。

4. 经济增长因素的分析。

20 世纪 60 年代以后，美国经济学家 J. W. 肯德里克和 E. F. 丹尼森在库兹涅茨关于经济增长问题研究的基础之上，从美国、西欧和日本等国的实际统计资料出发进行经济增长率的相互比较。丹尼森还利用统计分析方法对影响经济增长的因素及其在经济增长中的作用进行数量分析和国别比较，以便能找到增长经济的途径。

5. 零经济增长理论。

第二次世界大战后，各资本主义国家经济的迅速增长引发了“滞胀”的出现、严重的环境污染以及社会风尚败坏等问题。这样，在 20 世纪 70 年代，西方经济学界就经济是否应该继续增长问题发生了争论。美国经济学家 E. J. 米香、D. H. 麦多斯等竭力反对经济继续增长，主张实现零经济增长。而托宾等则反对零经济增长理论，认为关于增长的悲观观点是错误的，但他们提出的许多问题是值得注意的。因此，这种理论在经济增长理论中占有重要的地位。

综上所述，经济增长理论是要研究经济如何才能实现稳定的增长，有哪些因素影响经济增长，以及经济应不应该增长等问题。围绕这些问题，我们将在以下几节中评介哈罗德—多马模型、经济增长因素分析与零经济增长理论，以便对经济增长理论中的主要问题有所了解。

第二节　经济增长的决定力量

当今世界的国与国之间经济竞争日趋激烈，经济增长已成为各国政府政策之首选。中国把“以经济建设为中心”和“实现四个现代化”增强综合国力，提高人民生活水平，作为压倒一切的中心任务。要实现一国的经济增长，就必须找出经济增长的真正原因，从而采取和制定正确的政策和措施。是什么促进了经济增长？经济学家们提出了各自的理论。

一、拉动短期经济增长的“三驾马车”：消费、投资和净出口

消费、投资和净出口是构成总需求的重要部分，称其为拉动经济的“三驾马车”（见图 11－1）。如果消费、投资、政府支出和净出口都在增加，就是一国经济的注入因素增加，也就是总需求增加。总需求增加，国民收入就增加，反映在数量指标上就是 GDP 增加。在短期，正是这“三驾马车”共同拉动着经济朝前奔跑。只有投资、消费和出口“三驾马车”协调用力，同步跑，才能使经济平衡、健康地增长。太快、太慢都不行。太快了，容易翻车；太慢了，又产生就业不足等诸多问题。在通常情况下，消费是最持久稳定的拉动力量；而投资和出口都有其缺点，副作用也太大。如果过分地依赖投资和出口，经济增长就不稳定。

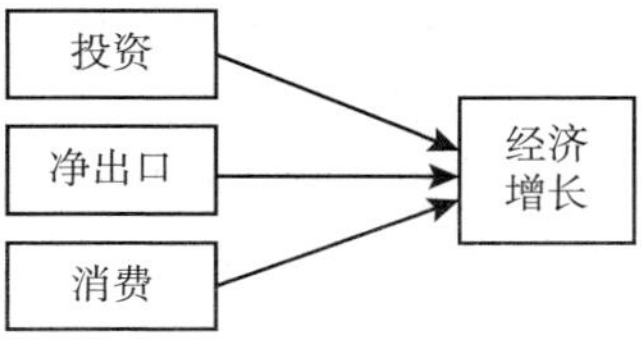

图 11－1　拉动经济增长的“三驾马车”

宏观调控的作用就在于把握好行驶的方向和节奏，避免出现大的颠簸，甚至出轨，保持国民经济较快、平稳、安全地行驶。目前我国的这“三驾马车”中，消费一直是跑得最慢的一个，和消费有关的行业也受到相应束缚。这也正是为什么我国一直在采取调控措施，拉动和扩大内需，以求改变过分依赖投资和出口的原因所在。

【参考资料】

蜜蜂寓言

18 世纪初英国作家 B. 孟迪维尔（B. Mandeville）所作，又为凯恩斯在《通论》中所引用的一首寓言诗，内容是描述了一群蜜蜂的兴衰史。有一个由一群蜜蜂所组成的社会，最初蜜蜂们追求豪华奢侈的生活，肆意挥霍浪费，结果整个社会兴旺发达，百业昌盛。后来，它们改变了原有的习惯，放弃奢侈的生活，崇尚节俭朴素，国家也削减军备，大家都致力储蓄，结果社会凋敝，到处一团糟。因为大家都崇尚节俭，于是奢侈品无人过问，原有之奢侈品，如衣饰、车马之类，或变卖偿债，或任其荒芜。结果是土地等价格大跌，依靠供给奢侈品为生者无法谋生，又因各行业皆已人满为患，亦无法改行。于是、经济衰落，终于被敌手打败而逃散。

20 世纪 30 年代，资本主义世界爆发了一场空前的大危机。经济的大萧条使 3 000 多万人失业，1/3 的工厂停产，金融秩序一片混乱，整个经济倒退到“一战”以前的水平。在经济大危机中，产品积压、工人失业、生活困难，绝大多数人感到前途悲观。持续的经济衰退和普遍失业，使传统的经济学遇到了严峻的挑战。一直关注美国罗斯福新政的英国经济学者约翰·梅纳特·凯恩斯，从这则寓言中得到了启示。凯恩斯从这则寓言中悟出了需求的重要性，并建立了以需求为中心的国民收入决定理论，并在此基础上引发了经济学上著名的“凯恩斯革命”。这场革命的结果就是建立了现代宏观经济学。

凯恩斯认为，在短期中决定经济状况的是总需求而不是总供给。这就是说，假设劳动、资本和技术等生产要素所决定的总供给，在短期中是既定的，这样，决定经济的主要因素就是总需求。总需求决定了短期中国民收入的水平。总需求增加，国民收入增多；总需求减少，国民收入减少。凯恩斯认为引起 20 世纪 30 年代大危机的正是总需求不足，或者用凯恩斯的话来说是有效需求不足。解决的方法则是政府用经济政策刺激总需求，包括增加政府支出的财政政策和降低利率的货币政策。凯恩斯强调的是财政政策。

（一）消费：经济增长的最终动力

消费是指居民户对产品和劳务的需求或支出，包括：耐用消费品（汽车、家电）、非耐用消费品（食物、服装、日用百货等）、住房租金（居民住房属于投资，租房的租金属于消费）和其他劳务（美发、旅游等）。据西方经济学家对长期消费统计资料分析，在总需求中消费比例大，而且是相当稳定的。

凯恩斯认为，决定消费的是现期绝对收入水平和边际消费倾向递减规律。他认为，随着收入增加，人们的消费也将随着增加，但是，人们消费量的增加又是小于收入的增加量的，即人们一般不会把所增加的收入全部用于消费。通俗地说，我们在增加收入后增加的消费的比例小于增加的收入。

根据消费与储蓄对国内生产总值的不同影响，凯恩斯得出一个与传统的道德观相矛盾的推论。按照传统的道德观，增加储蓄是好的，减少储蓄是恶的。但按储蓄变动引起国内生产总值反方向变动的理论，增加储蓄会减少国内生产总值，使经济衰退，是恶的；减少储蓄会增加国内生产总值，使经济繁荣，是好的。这种矛盾被称为“节约的悖论”。

过去有一句老话，“新三年旧三年，缝缝补补又三年”。如果真是如此节约，纺织行业就会面临着纺织品卖不出去、工人下岗、收入降低，甚至会影响整个社会消费。因此，节俭对个人来说是一种美德，应该提倡，但对整个社会来说就不完全是这样。因为大家都节俭，储蓄增加。如果这部分储蓄不能及时转化为投资，形成新的消费力量，就会减少社会需求，对国民经济活动造成一种紧缩的压力，导致经济萧条。国民收入也因此下降，就业减少。尤其是在经济萧条时期，这种节俭更会加剧萧条，形成恶性循环。

应该指出，增加消费会使国民收入增加，增加储蓄会使国民收入减少的结论，只适用于各种资源未得到充分利用的情况。如果各种资源得到了充分利用，总需求增加会导致价格上升，造成通货膨胀，不能增加产出和就业。

（二）投资：经济增长的主要推力

投资是指厂商对投资品的需求或支出，包括企业固定资产投资（厂房、设备等）、存货投资（原材料、半成品及未销售的产品等）以及居民购买住房，投资在经济中波动相当大。下面以一个简单的例子来说明投资乘数的变化过程。

假如由于利率的降低导致投资增加 100 亿元，这 100 亿元的投资增量对国民收入会产生怎样的影响呢？最初，这 100 亿元的投资由于增加了需求，导致国民收入增加 100 亿元。由于国民收入的增加会使国民的可支配收入增加，如果一国居民的边际消费倾向为 0.8，则增加的 100 亿元收入中有 80 亿元新增的消费又会使 GDP 和居民可支配收入增加 80 亿元。这是经济中的第二轮反应。接着，第二轮增加的 80 亿元收入按 0.8 的边际消费倾向，会再增加 64 亿元的消费，从而使 GDP 和可支配收入再增加 64 亿元。这是经济中的第三轮反应。这个反应过程会一直继续下去。由于边际消费倾向小于 1，因此，随着这种连锁反应过程的继续，GDP 的增量和消费的增量会一轮小于一轮，直到趋于 0，所以 GDP 增量的总和将收敛于一个常数。表 11－1 展示了这一过程。

表 11－1　　　　投资变动的乘数过程　　　　单价：亿元

反应的轮次	初始投资数量	国民收入增量	增量的计算过程
1	100	100	$1 \times 100 = 100$
2	100	80	$0.8 \times 100 = 80$
3	100	64	$0.8^2 \times 100 = 64$
4	100	51.2	$0.8^3 \times 100 = 51.2$
5	100	40.96	$0.8^4 \times 100 = 40.96$
6	100	32.768	$0.8^5 \times 100 = 32.768$
……	100	……	……
合计	100	50	0.2×100

上述这一连锁反应过程我们称为乘数过程，乘数过程效果的大小实际上取决于边际消费倾向的高低。边际消费倾向越大，在每一轮增加的收入中，用于消费的比重就越高，乘数过程效果也就越大。

投资受多种因素影响，其中最重要的因素之一是利率。投资函数是指投资与利率之间的关系。投资与利率之间是反方向变动，即利率上升投资减少，利率下降投资增加。

投资不仅受利率影响，而且受 GDP 的影响。一个国家实际 GDP 增加越多，所需要的投资越多。在现代经济中投资的变动率大于实际 GDP 的变动率。投资的变动大于产量的变动是因为现代生产是一种“迂回生产”，即采用了大量的机器设备，这样，在开始时必然引起大量的投资。同样，在产量减少时，投资也会减少得更多。

投资是为了未来获取更大的收益。未来有很多不确定因素，如预期、风险、投资成本、利息率、技术进步等。人们对未来的预期往往会成为投资波动的根源。一般来说，在经济繁荣时，人们对未来充满乐观的预期，这就会使他们高估未来的投资收益，从而使投资高于正常预期下应有的水平，形成投资过度。但在经济衰退时，人们对未来充满悲观的预期，这就会使他们低估未来的投资收益，从而使投资低于正常预期下应有的水平，形成投资不足。投资高于或低于正常水平，都是一种心理预期的结果，这就使得投资波动剧烈。

（三）净出口：经济增长的重要引擎

净出口指出口减去进口。一国出口大于进口，就叫贸易顺差。比如这几年我国就是贸易顺差。外国人对我国产品的需求增加，增加了我国外汇收入。相反，如果一国的进口大于出口，就叫贸易逆差，现在我国与美国的贸易，我国是顺差，美国是逆差，美国的外汇收入减少了。作为总需求的一部分，出口增加能够直接带动 GDP 的增加，并且消费、投资、政府支出、进口也受其影响，从而出口间接刺激经济增长。

出口增加了国民收入，促进了就业及与之相关的居民收入水平的增加、可支配收入增加，从而促进国内消费，消费的需求增长又带动投资的增长。作为社会的总需求，为了扩大再生产以及为相关的行业提供配套的基础设施建设，又促进了政府的消费和投资。出口从消费和投资两方面间接地促进经济增长。

出口对就业的促进作用，除了因销量增加，要求产量增加，从而需要大量人才的外销为主的企业外，还集中表现在加工贸易型企业对就业的促进作用上。加工贸易一定程度上属于劳务输出。在我国出口商品结构中，按贸易方式分类，加工贸易的比重几乎和一般贸易的比重持平，如 2008 年 1 月的贸易数据，出口总值 1 096. 4 亿美元，其中，一般贸易 518. 9 亿美元，加工贸易 518. 5 亿美元，其他贸易 59. 0 亿美元。截至 2006 年，全国加工贸易对中国贸易的贡献率超过 50%，拉动 GDP 增长的同时，加工贸易还带来新产品、新技术，推动对外贸易发展，而且还大量吸纳就业，有效解决中国就业问题。就业问题是我国最紧迫、最长期、最困难的问题，仅城镇每年新增就业人口 1 100 万人，而 2006 年港资加工贸易企业就吸收就业 1 300 万人。我国加工出口的快速增长得益于农村的经济体制改革和农村剩余劳动力转移带来的低劳动力成本，得益于改革开放后实施的出口导向战略，解决了农村大量剩余劳动力就业。

在外贸行业这个产业链条中，不仅是外贸中介、出口加工型企业，同时涉及了制造业、物流、运输、港口等行业。出口不仅促进了外贸公司的产生和发展，同时以外贸加工为主的企业特别是服装、玩具、鞋业、食品、家具类的制造企业也大量产生。除了普通制造业工人外，还包括报关、翻译、设计、营销、印染、纺织、物流管理、项目管理等专业人才。

综观历史，不难发现，一国参与国际贸易的程度与其经济发展水平有密切关系。从整个世界来说，战后是贸易发展最快的阶段，经济增长最快的时期。从具体国家和地区来说，战后实现经济起飞步入新兴工业行列的亚洲四小龙，与其迅速增长的对外贸易也有不可分割的因果联系。对外贸易一方面反映了经济发展的水平，一方面也作为增长的动力，推动了经济的发展。

美国经济学家杰弗里·萨克斯（J. Sachs）和安德鲁·沃纳（A. Warner）在1995年的一项实证研究中发现，在决定经济增长的诸多要素中，开放是最重要的因素之一。萨克斯和沃纳将“开放”定义为对贸易和国际收支的不干预和对本国经济的放松管制。国际贸易又是经济开放中的重要组成部分。如果用一国的进口值与该国GDP的百分比作为衡量一国贸易开放程度的话，那么证据显示，贸易开放程度高的国家，经济增长速度较快。在1970~1984年期间，贸易开放程度接近20%的国家，GDP年平均增长率超过3%，开放度在15%左右的国家，GDP平均增长速度在1%~3%，而开放度在10%左右的国家GDP平均增长速度则低于1%。1984~1995年数据显示了类似的结论。不同的是，20世纪80年代后期以来，经济增长对贸易开放程度的要求更高了，对于开放程度在15%左右的国家，经济增长速度并不快，而保持3%以上高速度增长的国家，平均贸易开放程度则达到30%。萨克斯和沃纳的研究结果还发现，在所研究的78个发展中国家里，开放经济比封闭经济的增长速度平均高出3个多百分点：封闭经济中人均GDP的年平均增长率为0.7%，而开放的发展中国家人均GDP的年平均增长率可达到4.5%。同样，开放的发达国家的人均GDP增长率（2.3%）也高于较封闭的发达国家（0.7%）。按照这样计算，两个人均GDP相同的国家，可能会由于开放与封闭的不同选择，35年以后，一国（开放经济）的人均GDP会是另一国（封闭经济）的一倍。由此可见，国际贸易在经济发展中起着极为重要的作用。

中国自1978年实行改革开放以来，对外贸易与经济水平同步增长。1980~1985年（第六个五年计划期间，简称“六五”期间），中国出口年平均增长率为8.7%，进口平均每年增长19%，同期GDP年平均增长率也高达10.1%。“七五”期间（1986~1990年），外贸体制开始改革，政策上也实行了出口退税等措施，结果是，出口大大增加，年平均增长率高达18%，但进口年平均增长率只有5.5%，GDP年平均增长率约为7.9%。“八五”期间（1991~1995年），尤其是邓小平1992年南方谈话后中国掀起新一轮更为深入的改革开放浪潮，出进口年平均增长都分别达到19.36%和20.06%，同期的GDP也高达12%。到了“九五”期间（1996~2000年），尽管中国继续开放，但国际经济形势有所变化。1997年开始的亚洲金融危机对中国的对外贸易产业产生较大的影响，致使出口和进口的年平均增长率分别下降到11.38%和12.02%，GDP的年平均增长率也降为8.3%。由此可见，一国的国际贸易增长率和国内经济发展速度有相当密切的联系。

在总需求中还应包括政府支出。政府支出是指各级政府对各种产品和劳务的需求，或者说是政府购买产品和劳务的支出。随着国家对经济生活干预的加强，总需求中政府支出的比例也一直提高。但政府行为是可以控制的，有的时候支出大，有的时候支出小。

二、决定经济增长的长期因素

经济增长的影响因素多种多样，除了必要的要素投入，如劳动力、资本等硬投入要素外，还有制度变迁、文化等软因素。经济增长并不是由某一因素就能决定，不同区域、历史背景、文化氛围、资源禀赋等都会导致经济增长上的差异，正因如此，学者们不断从不同的角度对经济增长成因进行研究，形成不同的观点与理论。

（一）自然资源与经济增长

配第认为，经济增长的源泉是劳动和土地两个因素，即“劳动是财富之父，土地是财富之母”。以弗朗斯瓦·魁奈为代表的法国重农学派则认为农业是经济增长的唯一源泉。古典经济学之集大成者亚当·斯密认为，劳动分工和专业化生产是实现经济增长的主要原因，而劳动分工和专业化生产又有赖于市场规模的扩大和资本积累的增加。生活在科学技术还不是很发达的年代古典经济学家的主要笔触是放在对土地、劳动、资本等要素的分析上。在古代，自然资源对经济的增长非常重要，比如国土面积的增加可以提供更多的可耕种土地，并因此为经济带来农业产品的增加，使经济总量上升。因此，罗马帝国的经济增长时期基本上就是罗马帝国疆域的扩张期。在工业革命时代，对自然资源的拥有也在很大程度上决定一个国家在经济上的主要表现。为此当时的各帝国都会为夺取资源而不惜大动干戈。但在21世纪初，这一切都不再主导着经济，自然资源对经济增长的影响在今天仍然存在，但已经不十分重要。

（二）知识技术与经济增长

马克思说过：“随着大工业的发展，现实财富的创造较少地取决于劳动时间和已经耗费的劳动量，较多地取决于在劳动时间内所运用的动因的力量……或者说取决于科学在生产上的应用。”马克思早在100多年前就已看到了科学技术对经济增长的巨大推进作用。根据统计和测算，当今世界上经济发达国家在20世纪初技术进步对经济增长的贡献率为5%～20%；20世纪中叶上升到50%左右；20世纪80年代上升到60%～80%。技术进步的贡献已明显超过资本和劳动力的贡献。据经济学家约翰·肯德罗克在1980年“美国竞争力大会”上所做的数量分析，1929～1978年的50年中，美国生产率的增长有40%是由于技术创新获得的，有12%是由于劳动力素质的提高获得的，即共有52%是由于技术进步获得的。现代经济增长的主动因是技术进步，而技术进步依赖科学研究、发明和创新。新经济增长理论不仅把劳动力、资本、材料和能源看做内生变量，而且把知识和技术也看做内生变量。新经济增长论的代表人物罗默将知识分解为一般知识和专业化知识。一般知识的作用是增加规模经济效益，专业化知识的作用则是增加生产要素的递增收益，这种递增收益对某一厂商来说表现为知识产权收益（垄断利润），而知识产权的收益又可重新用于技术创新，形成一种良性循环，使经济在长时期内持续增长。罗默有一条格言：点子加技术发明等于经济发展的推动力。美国著名经济学家W. 阿瑟·刘易斯概括出经济增长的三个直接原因：一是从事经济活动的努力；二是知识的增长及其应用；三是人均资本和其他资源量的增加。他说：“经济增长既取决于关于事物和生物的技术知识，又取决于关于人以及人与其同胞的关系的社会知识。在这方面一般都强调前者，但后者也同样重要，因为经济增长对学会如何管理大型组织或创造有利于经济努力的制度的依赖相对于培育新种子或学会如何建造大坝的依赖是同样的。”新古典经济学的创始人、英国经济学家阿尔弗雷德·马歇尔认为，经济增长是由于资源的合理配置所造成的，而实现资源合理配置的途径是充分发挥市场机制的自动调节作用。约瑟夫·熊彼特则认为，企业家的创新活动（包括开发新产品、采用新的生产方法、开辟新市场、开拓原材料新的供应来源、实现企业新的组织形式等）才是经济增长的主要动力。英国经济学家哈罗德和美国经济学家多马认为，投资的不断增加和资本的不断积累才是经济增长的原动力。以美国经济学家罗伯特·索洛、英国经济学家斯旺和米德等为代表的新古典经济增长理论则认为，市场价格机制的作用下所产生的技术进步才是经济增长的主要原因。索洛等还将技术进步作为对经济增长贡献最大的一项因素单独列出来，从而第一次提出了“技术进步对经济增长具有最重要的贡献”这一重要观点。1979 年诺贝尔经济奖得主、美国经济学家舒尔茨在斯密的劳动分工将提高劳动生产率的基础上进一步指出专业化分工不仅仅是工人技能的专业化、工序的专业化，更包括专业化管理、专业化教育、科研、服务等，并以此为基础提出了著名的人力资本理论。人力资本是一切资源中最为重要的资源，由于人力资本是递增的，它可以抵消传统经济学家所说的收益递减规律而有余，从而能够极大地促进经济增长。以美国经济学家卢卡斯、罗默和英国经济学家斯科特等为代表的新经济增长理论，将技术进步完全内生化，提出了一种在人口或劳动力不增长甚至负增长的情况下经济仍能增长的模型，提出真正能加快经济增长的是科技进步，是人力资本的积累和使用效率的提高。

以上只是简单描述了不同时代各派经济学家对经济增长的原因提出的看法。经济增长原因始终在被不断探索之中。即使是对何为经济增长的认识也是在不断深化，如从早期的经济学家对经济增长认为是一国国民财富的增加的模糊定义到现代经济学家将经济增长明确定义为一国国内生产总值（GDP）或者人均国内生产总值的增加。尽管经济学家的观点因时代不同及所处经济环境各异而有所差别，但在研究经济增长中都涉及了对技术进步的探索。

（三）制度与经济增长

过去长时期内，经济学家在分析经济增长和其他经济问题时，都是将制度作为一个外生变量，或假定制度既定不变。以科斯（R. H. Coase）、诺思（D. C. North）、德姆塞茨（H. Demsetz）等为代表的新制度经济学则将制度看作为经济分析的内生变量，自然，制度也就作为经济增长的一个内生变量。

制度，简单来说是各种习惯与规则。它影响人的行为乃至国家的兴衰。我们前面已反复强调了科技进步对一国经济增长的巨大推动作用，现在来解释曾享有发达文明和技术的中国这个文明古国为何在近代衰败了？导致西方世界昌盛发达的 16～17 世纪的科技革命和产业革命为何不在中国而在西方发生？英国著名的中国科技文学家李约瑟认为其原因在于文艺复兴时期欧洲的特定社会和经济条件，即欧洲的贵族主义及伴随文艺复兴和宗教改革而来的商业资本主义和后来的工业资本主义。而中国传统的重本抑末思想及科举考试（不包括科学知识）等抑制了科技革命。《西方世界的兴起》(*The Rise of the Western World*) 一书作者道格拉斯·诺思和罗伯特·托马斯就非常肯定地说:"有效率的经济组织是经济增长的关键;一个有效率的经济组织在西欧的发展正是西方兴起的原因所在",诺思和托马斯在此将有效的经济组织定义为能够在制度上做出安排和确立所有权以便造成一种刺激,将个人的经济努力变成私人收益率接近社会收益率的活动。他们不承认技术创新、规模经济、教育和资本积累是经济增长的根本原因。如果一个社会没有经济增长,那是因为没有为经济创新提供刺激。诺斯认为:"知识和技术存量规定了人们活动的上限,但它们本身并不能决定在这些限度内人类如何取得成功。政治和经济组织的结构决定着一个经济的实绩及知识和技术存量的增长速率。"制度在社会中起着更为根本性的作用,它们是决定长期经济绩效的基本因素。美国经济学家钱德勒发现,技术发展只能对 1870 ~ 1910 年间铁路对生产率的急速提高提供一半解释,另一半解释在于组织创新,即监督、评价和协调复杂系统的等级制度的创立。制度学派的鼻祖康芒斯曾说过,如果说支配人类活动的自我利益是"蒸汽能源"的话,那么引导动力的便是制度这台发动机。

制度之功能在经济增长中发挥作用在于其减少了不确定性,为人们之间的交往、合作及交易顺利进行提供了必要的保障,使个人在交易中能理性地预期对方的行为。制度的核心内容是财产权,产权就是相应于物的人们之间相互认可的行为规范,它确定了每个人相对于稀缺资源使用时的地位及经济和社会关系。对一个人产权的更完整界定将减少不确定性并会增进资源的有效配置与使用。作为经济人,趋利避害是其本性,社会应该有这样一个产权系统——它能激励个人用努力、智慧、资本进行投资并得利而社会也获益。这样一种制度对经济增长的影响,主要表现在三个方面。

首先,产权对经济增长的作用。任何经济发展都必须克服两大壁垒:私人收益和社会收益。私人收益就是参与任何经济交易的个人的盈亏,而社会收益或成本则是社会从私人活动中获得的公共利益或损失。缺乏效率的产权制度使私人的收益与社会收益出现差异,如果私人为了某项发明而投入的私人成本超过了他可能得到的私人收益,也就是说,他为了发明付出极高的代价和费用,但其大部分收益或成果被第三者免费使用了,那么个人通常不愿意从事这项活动,虽然对社会来说这项活动可能是有利的。产权制度的出现解决了这一问题,产权制度可以刺激和驱使人们去从事社会需要的活动,并使个人的收益率和社会收益接近相等。因为有效率的产权制度的重要前提就是必须对产权进行明确的界定,以减少未来的不确定性因素和种种"搭便车"行为的可能性。

其次,国家对经济增长的作用。由于国家决定了产权结构,它就要对最终体现产权结构效率的经济增长、衰退或者停滞负责。

最后,意识形态对经济增长的作用。任何经济中的正式规则或产权都是由国家制定和维持的。制度结构的不同,或者同样的制度结构在不同国家所起的作用不同的重要原因是社会成员或公众的"精神模式",亦即看待问题的方式不同。而政府政策中反映的恰恰是深藏在公众的精神模式或理念中的意识形态。意识形态的差异必将引起公共政策的差异和在劳动态度等价值观念上的广泛差别，所有这些必将构成经济增长当中最为困难，也最无从下手解决的精神制约。

可以看出，在制度与技术、资本、劳动力等决定经济增长的要素之间，制度更容易成为“瓶颈”，起到制约和阻碍技术、资本和劳动力发挥其应有的效用的作用。在经济发展过程中，技术、资本和劳动力起着直接推动力的作用，而制度则起着关键性的促进或阻碍作用，因此，一国制度的选择非常重要。因为唯有制度能够提供有效的激励，而且最初的制度选择往往决定了未来制度变迁的路径。

【参考资料】

制度与经济增长：1993 年诺贝尔经济学奖获得者诺斯和福格尔的贡献[①]

新增长理论通过把技术进步内生化，推进了经济增长的研究。但是，制度仍被看作是既定的。经济学家越来越认识到，对市场发育落后的发展中国家而言，资本、技术等要素是经济发展成功的必要条件，但不是充分条件，而制度因素可能是必要又是充分的条件。经济学家对制度进行分析，可以追溯到德国的历史学派和美国的凡勃伦、康芒斯等，但用经济学方法对制度进行分析是科斯、张五常等新制度经济学家的贡献。而把制度与经济发展联系起来，则主要归功于福格尔（R. Fogel）和诺斯（D. North），他们用经济理论和量化方法来解释经济史中的制度作用和变迁，开创了新的研究领域，他们因此获得 1993 年度的诺贝尔经济学奖。福格尔的研究结论，与许多学者以前的结论不同，认为火车等技术发明和运用并不是经济增长的基本前提。他提出反向因素替代的历史学方法，即把事件的实际过程与假定事件没有发生所推演的过程进行比较，以评判事件的重要性。利用这种方法，福格尔得出与人们长期以来直观印象相左的结论，即铁路系统对于美国的经济发展并非是绝对必要的，它对美国 GNP 的贡献小于 3%。借助于一个庞大的数据体系以及经济和统计工具，福格尔表明，美国历史上的奴隶制虽然在道义上是丑陋的，但在经济上却是一个有效的劳动市场机制。使得奴隶制崩溃的不是它的低效率，而是政治决策的结果。福格尔在努力澄清经济发展史上许多问题时，还强调人口因素，他组织了大规模的国际调研活动，不仅搜集、加工了一个巨大的与人口有关的数据库，而且从中发现，至今我们对人口营养标准与死亡率之间联系的了解还十分零散，存在许多没有答案的疑问。诺斯研究了美国，尤其是内战时期美国的经济增长，以及很长一段时期的欧洲经济增长。与福格尔一样，诺斯发现技术进步远远不能充分解释生产率的提高。例如，跨越大洋的航运生产率提高，很大程度上就是制度变迁的结果。他认为，传统的理论分析必须结合制度变迁的研究，才能充分理解经济发展过程。诺斯重点强调制度为人类活动创造了稳定的组织结构，即使这种结构并不总是有效的，它也降低了经济环境的不确定性。制度应被广义地理解，包括了所有影响我们生存和行动的正式和非正式习惯与法规。最重要的制度是产权制度，明确界定的产权制度是欧洲自中世纪以来长期经济发展的关键。福格尔和诺斯发展了新经济史学这门新的分支学科，使得经济学与历史有机地结合，为我们理解经济发展提供了新方法。尽管他们具体的研究路径不同，但发展的研究方法和得出

---

① 资料来源：http：//finance. sina. com. cn/leadership/mroll/20091012/18156828406. shtml。

的结论，丰富了经济学的工具箱和理论体系。

（四）全部要素生产率与经济增长

西方经济学家重视技术进步和由此产生的生产率的提高对经济增长的重要作用。20 世纪 50 年代以来，索洛和肯德里克等都依据一定时期的实际统计资料具体来估算社会进步对产量增长所做的贡献。他们在计算时，首先估算出这一时期内的劳动投入量的增加和资本投入量的增加对这一时期的产量增长做的贡献，然后把这种贡献从该时期内的实际增加量中减去，剩下来的“剩余”的数值就是技术进步对产量的增长所做的贡献。

肯德里克还从对美国国民收入统计资料进行整理分析入手来确定经济增长中来源于剩余率的提高和来源于投入量的增加各占多重的比重，以考察生产率的提高（即技术进步）对经济增长做出的贡献。在分析时，肯德里克用的是全部要素生产率这一概念，即产量和全部要素投入量之比。根据这一概念，他推算出 1889～1957 年的美国国内私营经济领域全部要素生产率平均每年增长了 1.7%，实际产值平均每年增长 3.5%。这就说明，实际产值的年增长率，一半是由于实际的劳动和资本的投入量增加的结果，另一半则是由于这些投入量的效率，即生产效率的增长的结果，由此可以说明技术进步对经济增长的重要性。

肯德里克还强调了近年来生产率的提高对增加产量的重要性。即使 1.7% 的增长率，如按复利方式计算，仅仅由于生产率的增长，生产在 40 年内就要增加一倍。如果加上投入量的增长，按 3.5% 计算，生产在 20 年内增长一倍。

肯德里克也分析了影响生产率提高的因素，认为这些因素是非常复杂的。主要有：无形投资（对研究、发展、教育、训练的投资）的增加，因为这些投资与有形投资一样对生产率的提高有重要作用；资源配置的合理化及其适应经济的变化的速度；技术革新的扩散程度；生产规模的变动；人力资源与自然资源固有的质量；等等。但是，这些因素分别对生产率的提高有多大的影响，肯德里克并没有做出进一步的分析。

【参考资料】

丹尼森对经济增长因素的分析①

丹尼森利用统计分析方法对影响经济增长的因素进行了定量分析。他把这些因素分为七类：就业人口和它的年龄—性别构成；包括非全日制工作的工人在内的工时数；就业人员的教育年限；资本存量的大小；资源配置，主要是指低效率使用的劳动力比重的减少；规模经济；知识的进步（包括技术与管理知识）。其中前三项是劳动投入量，第四项是资本投入量，后三项是单位投入量的产出量，即生产率。

为了进一步说明上述各因素在经济增长中的作用，丹尼森根据美国 1929～1969 年的资料作了如表 11－2 所示的估算。

① 梁小民．西方经济学导论（第三版）[M]．北京：北京大学出版社，2003.

表 11-2　　各种增长因素在经济增长中所做的贡献　　单位：%

项目	年均增长率	占总增长率的比例
国民收入	3.33	100
总投入量	1.81	54.4
劳动	1.31	39.3
就业	1.08	32.4
工时	-0.22	-6.6
年龄—性别构成	-0.05	-1.5
教育	0.41	12.3
未分解的劳动	0.09	2.7
资本	0.50	15.0
存款	0.09	2.7
非住宅型建筑和设备	0.20	6.0
住宅	0.19	5.7
国际资产	0.02	0.6
土地	0.00	0.0
单位投入量的产出量	1.52	45.6
知识进展	0.92	27.6
改善的资源分配	0.29	8.7
农场	0.25	7.5
非农业独立经营者	0.04	1.2
住宅居住率	0.01	0.3
规模经济	0.36	10.8
非正常因素	-0.06	-1.8
农业气候	0.00	0.0
劳资争议	0.00	0.0
需求强度	-0.06	-1.8

丹尼森还对美国、西欧和日本等国家和地区各种增长因素在经济增长中所做出的贡献进行了比较，以西欧和美国 1950～1962 年的情况来说，要素投入量与要素生产率这两大类因素在经济增长中所起的作用是不同的。总的来说，西欧总增长率的 40% 由投入量提供，而 60% 由要素生产率提供，在美国这个比例正好倒过来。这说明战后西欧各国生产率提高较快。再从劳动投入量来看，西欧劳动人口多，劳动力数量对经济增长所做的贡献比较大；而美国劳动力受教育程度高，劳动力的教育水平对经济增长所作出的贡献较大。从资本来看，美国投资增加对经济增长所做出的贡献大于西欧各国。日本经济学家金森久雄还把丹尼森模型用于日本，认为日本要素投入量与要素生产率对经济增长所做的贡献都大于美国与西欧。而在日

本经济增长中做出最大贡献的是资本投入量与生产率的提高。劳动力迅速由农业转向工业、引进外国技术和规模经济对经济增长也起了重要作用，丹尼森也做出了类似的结论。

【即问即答】

影响经济增长有哪些因素?

第三节　经济增长与经济发展

一、经济增长与经济发展

经济增长和经济发展是世界各国都经历过而且目前仍然在经历着的社会实践过程。从一般意义上说，二者的实质都是通过资源的优化配置和合理使用使社会财富积累更多、增加更快，以满足人们日益增长的多样性需求的过程。历史地考察，经济增长与经济发展是一致的、同步的，正因如此，直到“二战”前，人们一直没有对经济增长和经济发展作过明确区分，经济增长和经济发展也一直被认为是意义相同可以互用的两个词。“二战”后，一大批原殖民地国家纷纷获得独立，于是，相当部分经济学家认为经济增长理论主要是研究发达国家社会再生产动态过程的理论，以国民生产总值（GNP）的稳定增长为目标，而经济发展理论主要是研究发展中国家如何由不发达状态向经济发达状态演进。于是经济增长与经济发展也被人们赋予了不同的含义。经济增长一般是指一国（尤其是指发达国家）人均国民生产总值的增加，经济发展的含义要更广泛一些，它不仅指一国人均国民生产总值的增加，还强调发展中国家在经济增长的基础上，实现一国经济与社会结构、收入分配状况等方面的改善。

随着时间的推移，把经济增长与经济发展截然分开的状况正在改变，经济增长理论和经济发展理论在概念上、方法上和理论上乃至实践方面都出现了日益融合的趋势。这表现在以下三个方面。

第一，经济增长和经济发展在概念上的趋同。由于经济增长学中过于注重GNP的增长而忽视了结构变化和收入分配等内容的倾向产生了一系列严重的经济问题。因此，有些学者试图通过修正经济增长的概念来改变经济增长的片面性。比如，库兹涅茨提出：“一个国家的经济增长，可以定义为给居民提供种类日益繁多的经济产品能力的长期上升，这种不断增长的能力是建立在先进技术以及所需要的制度和思想意识的相应调整的基础上的。”库兹涅茨所讲的“制度”是指法律和经济、分配等体制以及经济与社会结构，因此，这个定义已十分接近经济发展的概念。近年来，欧美一些学者在经济增长的国际比较研究和“新增长理论”中，将研究范围扩大到了发展中国家，并且明确表示经济增长应当包含“经济发展”的内容。这样一来，经济增长与经济发展的区别越来越小，两个概念越来越通用。

第二，经济增长与经济发展在研究内容上的日益趋同。近年来，发展经济学向增长经济学的靠拢和增长经济学向发展经济学的渗透，使经济增长理论与经济发展理论日趋相同。一方面，一些经济增长学家，如罗默和卢卡斯提出了“新增长理论”来修正和发展新古典主义的增长理论，试图将经济增长理论改造成为一种“关于经济发展的理论”。不仅研究产出的增长，而且研究世界范围的收入分配和发展不平衡等问题。这样，经济增长与经济发展的界限被取消了。另一方面，发展中国家开始越来越多地运用增长经济学的理论和战略，而发展经济学家则越来越多地采用了增长经济学的概念、方法、观点和理论框架。在目前美、英主要大学经济系的教材中，关于经济增长理论的部分有很多涉及经济发展的内容，而在发展经济学的教学中，增长理论是其中一个重要组成部分。两种理论融合的趋势可见一斑。

第三，经济增长实践与经济发展实践的趋同。在实践方面，近年来发达国家在经济增长的过程中也逐渐重视了结构调整和收入分配的公平问题；而在发展中国家，虽然结构主义的经济发展理论仍然在起作用，但出现了“经济市场化”和“经济自由化”的浪潮，越来越趋向于用新古典主义的市场经济理论来指导经济发展，反映市场经济特征的增长经济学理论与方法将被越来越多地运用于分析发展中国家的经济发展问题。

经济增长和经济发展的日益融合告诉我们，追求经济增长、经济发展，从而实现整个社会的发展和进步是世界各国面临的共同任务。作为发展中国家，我们不仅要转变经济增长的观念，保持较高的经济增长速度，同时，与经济增长相适应，要不断地实施结构调整和制度创新，实现整个经济和社会的良性发展。

【参考资料】

联合国促进国际社会的共同发展

促进国际社会的共同发展是联合国和当前世界面临的头等大事，也是联合国千年首脑会议的重要话题。在经济全球化的趋势下，发展不平衡问题变得更加突出，南北差距扩大，贫富悬殊加深，人类财富正日益集中到世界少数富国和富人手中。正如安南在报告中指出的，近一半的世界人口每天只依靠不到 2 美元度日。因此，不少成员国希望联合国在全球化进程中发挥积极的主导作用，推动各国制订法规，以便建立公正、合理的国际政治、经济新秩序。安南在报告中敦促各国积极行动起来，力争在 2015 年以前帮助 10 亿人口摆脱贫困。报告还要求发达国家对贫穷国家的产品敞开大门，减免其债务负担，并向其提供经济援助。

20 世纪 60 年代和 70 年代，反增长的游说主要受到一些学者的支持。然而，到了 80 年代和 90 年代，其支持的范围从某些大学的派别扩展到国会的下议院。游说争论的中心主要与空气污染有关。污染是增长的副产品，特别是某些条件放松以及某种经济活动有多种副产品时，污染情况就更严重。工业污染主要包括空气和水的污染，也包括噪声以及对自然风景的污染。

二、经济增长的极限

1968 年意大利菲亚特公司董事长帕塞伊邀请西方国家三十名科学家、教育家、经济学家和实业家讨论人类目前和将来的处境，这就是所谓的“罗马俱乐部”的形成。罗马俱乐部委托麦多斯把讨论情况整理成书，于是麦多斯在1972年出版了《增长的极限》（*Limits to Growth*）。这本书与福雷斯特尔在1971年出版的《世界动态学》（*World Dynamics*）都是增长极限论的代表作。

麦多斯认为影响经济增长的因素主要有五项：人口增长、粮食生产、资本投资（工业化）、环境污染和资源消耗。同时，麦多斯又认为，这五项因素的增长都为指数增长，即一个数量在一定时期按一定的百分比增长。而指数增长的最好表现形式为倍增时间（某因素增长一倍所需的时间）。倍增时间的一个简便计算方法是用70除以增长率。如果某因素年增长率为2%，倍增时间则为35年，即年增长率为2%时该因素35年则可翻一番。麦多斯认为，这种指数增长起初并不特别引人注意，但如果这种指数增长不断地继续下去，经过若干个倍增时间后，这种方式所引起的数量增长将会变得非常惊人。这种理论最基本的观点是：假定世界上自然的、经济的和社会的关系没有重要的变化，那么，由于世界粮食的短缺、资源的耗竭和污染的严重，世界人口和工业生产能力将会发生非常突然和无法控制的崩溃。为了避免这种人类毁灭的前途，必须在1975年停止人口增长，在1980年停止工业投资的增长，以达到零增长的全球性均衡。

【参考资料】

长期增长的70规则①

长期经济增长率的差异会对一国的经济水平和收入水平产生巨大的影响。如果一个国家的长期增长率为1%，而另一个国家为3%，那么这2%的差别会导致什么结果呢?

先考虑一个例子。假设两个大学毕业生A和B，在22岁时找到了一份年收入3万美元的工作。A生活在一个所有收入按每年1%增长的经济中，而B生活在一个所有收入都按每年3%增长的经济中。40年后，当两人62岁时，A的收入一年为4.5万美元而B的收入一年为9.8万美元。由于增长率2%的差别，老年时B的年收入是A的两倍多。

也可设想上述的A、B两个人是在22岁是分别到银行存入3万美元，存款年利息分别为1%和3%，按复利计息，则40年后的本利和分别为4.5万美元和9.8万美元。

美国经济学家曼昆（N. G.. Mankiw）用70规则来说明长期增长率差异的经济影响。根据70规则，如果某个变量年增长率为x%，则在将近70/x年以后该变量翻一番。在大学生A所处的经济中，收入每年增长1%，因此，收入翻一番需要70年左右时间；而在B所处的经济中，收入每年增长3%，因此，收入翻一番需要70/3年即23年左右时间。

改革开放以来，我国人均收入年增长率大体为5%~6%，如果能长期维持在5%的增长率水平，那么根据“70规则”，我国人均收入将在14年翻一番。当然，长期维持5%的年增长率并非易事。

麦多斯引用体系结构原理中的“反馈环路”对影响经济增长的因素的指数增

① 资料来源：叶德磊. 宏观经济学［M]. 北京：高等教育出版社，2005.

长进行了解释。体系结构原理认为，一个体系的所有活动都在反馈环路中发生，所谓反馈环路是联接一个活动和它对周围状态所产生的效果之间相互影响、相互作用而形成的一个封闭线路。反馈环路分正、负两种。在正的反馈环路中，环路中任何一个变量的增加都将引起一系列的变化，使最初变化的变量增加更多；负的反馈环路则会抑制初始变量的增长，而使体系处于某种稳定状态。可用图 11 -2 中人口增长的反馈环路来说明这一点。

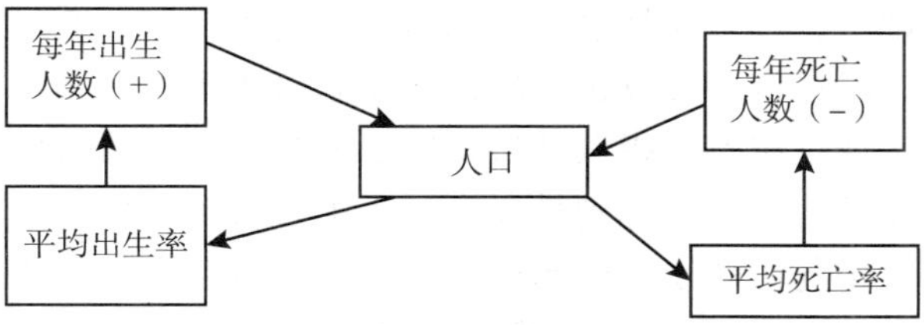

图 11 -2 影响经济增长的“反馈环路”

在图 11 -2 中，左边是正的反馈回路，当人口出生率固定时，人口越多，每年出生的人数越多，人口增加就越快；右边是负的反馈环路，是通过死亡人数来控制人口的。

麦多斯根据上述理论，运用计算机计算了影响经济增长的五种因素。人口增长的情况是：在 1650 年时，世界人口约为 5 亿，每年以 0.03% 的增长率增长，倍增时间将近 250 年。但在 1970 年达到 36 亿人，年增长率为 2.1%，倍增时间仅为 33 年。由于营养、医疗条件的改善，负的反馈环路的抑制作用大为减少，而正的反馈环路的增长趋势减慢并不多，这样就使人口急剧增长，如按现在的速度增加下去，到 2003 年时，人口达 72 亿，到 2036 年时，人口将为 144 亿。工业增长的情况是：1963 ~1968 年间，世界工业生产年增长率为 7%，按人口平均增长率为 5%，这样十四年后物质生活将提高一倍，所消耗的资源也会增长一倍，而这种情况是否能持续下去取决于粮食、非再生资源和污染的情况。粮食供给的情况取决于土地、淡水与农业资本，前两者（尤其土地）是有限的，而农业投资取决于非再生资源。资源消耗的增长受人口增长和资本增长两者的正负反馈环路的推动，许多不可再生资源的消耗量增长要高于人口的增长。这种资源消耗的指数增长会迅速减少不可再生资源的含量。非再生资源的消耗也是指数增长的，以锡矿为例，世界上已知的铬的储量为 77 500 万吨，现在每年开采约 185 万吨，以这个年使用量计算尚可维持 420 年。但实际上，铬的消耗目前以年均 2.6% 的速度增加。这样，世界上铬的储量也就仅可维持 95 年。其他资源也存在类似情况。麦多斯认为，即使存在尚未发现的储备、技术进步、替代品和回收等方面的因素，但只要人口增长和工业生产增长不断继续下去，地球上不可再生资源将被耗尽的局面就不会消失。

世界上大多数污染物受人口增长和工业生产增长两者的正反馈环路的影响，也按指数增长。污染问题在增长中也会更加严重，例如燃烧化石燃料放出的二氧化碳，目前是每年 200 亿吨，而且以每年 0.2% 的增长率增加。即使矿物质被核能所代替，也会产生污染，而且核能还会产生放射性废物。粮食生产的首要问题是土地资源。目前世界可耕地中有一半已被开垦，而另一半的开垦却需付出昂贵的代价。即使人们愿意付出巨大的代价来开垦所有的可耕地，而且不计土地的侵蚀损失及其他非农用途所占耕地。如果人均土地需要量和人口增长率仍保持目前水平，那么自 1970 年起 40 年内将会出现可耕地严重不足的局面。

在以上的基础上，麦多斯把这五个因素综合起来考察，通过五个互相影响的连锁的反馈环路，经过电子计算机处理，建立起世界模式，得出的结论是：1970 年以后，人口和工业仍维持着指数增长，但迅速减少的资源将成为约束条件使工业化不得不放慢速度。工业化达到最高点后，由于自然时延，人口和污染还会继续增长。但由于事物与医药缺乏引起死亡率上升，最后人口增长停止，这样人类将在 2100 年之前崩溃。因此，这一模式被称为“世界末日模式”。而解决这一问题的措施主要是：在 1975 年停止人口增长，1980 停止工业资本增长；工业品的单位物质消耗降为 1970 年的 1/4，经济的重点由生产物质商品转移到服务设施；污染降到 1970 年数值的 1/4；增加对粮食生产，首先是对增加土地肥力与水土保持的投资；延长工业资本的寿命，这样才能建立起均衡世界模式，避免人类的崩溃。

【案例分析】

中国经济转型为世界带来机遇①

目前，中国经济进入新常态，经济进入中低速增长阶段，但中国经济增长率依然远高于世界平均经济增长水平，中国经济仍然是世界经济增长的主要拉动力量。2012 年中国经济增长 7.7%，这是自 2000 年以来中国经济增速首次低于 8%，2015 年中国经济增长继续放缓至 6.9%。中国经济增长速度虽然放缓，但仍然在合理区间运行，并未偏离中国制定的年度增长目标。从世界范围来看，中国经济与世界经济增长趋势一致，均呈现下行趋势。但中国经济增速不仅远超发达国家经济和世界经济增速，而且也高于新兴经济体和发展中国家的平均增长速度。值得一提的是，中国经济增速虽然放缓，但其在全球经济总量中的比重呈现逐年上升趋势。根据国际货币基金组织（IMF）预测，2020 年中国经济总量占全球经济总量的比重将由目前的约 17% 提高到近 20%。可见，中国经济在世界经济中的地位举足轻重，中国仍然是世界经济增长的主要推动力量之一。根据 IMF 公布的数据测算，2015 年中国经济对世界经济增长的贡献率为 32.4%，2016 ~2020 年，中国对世界经济增长的贡献率将均将在 25% 以上。

问题：

为什么中国不保持经济高速增长而选择经济转型？

三、增长价值怀疑论

上述增长极限论说明了经济增长的不可能性，但是，如果经济增长是可能

① 资料来源：中国网，2016-11-22。

的，这种增长就是应该的吗？一些西方经济学家从价值判断的角度对经济增长的价值提出了怀疑。“增长价值怀疑论”主要宣传经济继续增长是不可取的、不值得的。持这种看法的人认为，经济增长给人们带来的不是欲望的满足，而是更多的烦恼，不是幸福的生活，而是痛苦。既然如此，那么为什么要继续增长呢？美国经济学家米香所著《经济增长的代价》（*The Costs of Economic Growth*，1967）就是这方面的代表作。在“增长价值怀疑论”者的心目中，经济增长虽然可以使人们的收入普遍提高，但人们的苦恼并不会因此减少；经济增长给人们以丰富的消费品，但同时却给人们带来了累赘；经济增长给人们以节省精力和时间的新技术成果，但人与人之间却因此变得疏远，人们的相互信任淡薄了，诚挚的友好交往消失了，分享幸福和悲伤的乐趣不见了。这一切简直是得不偿失。不仅如此，由此引起的污染却成为人们不可免除的灾难。这就是“增长价值怀疑论”的基本论点。

例如，米香认为经济的增长并不一定是生活水平的提高，人们为经济增长所付出的社会与文化代价太高了。这就在于：首先，持续的经济增长使人们失去了许多美好的享受，例如无忧无虑的闲暇、田园式的享受、清新的空气等。其次，经济增长大多带来的仅仅是物质享受的增加，但是物质并不是唯一的幸福源泉。随着社会的发展，人们也并不把物质享受作为唯一的目标，有些物质产品的增加也许还会给人们带来负效用。最后，人对幸福的理解取决于他在社会上的相对地位，这样也就并不一定能给他带来幸福。总之，米香认为，技术的进步、经济的增长仅仅是物质产品的增加而不是幸福的增加。在经济增长中，人们失去的幸福太多了。因此，即使经济增长是可能的，也是不可取的。

“增长价值怀疑论”者们主张的是返回工业革命前的那种社会去。米香对于工业革命前的那种田园诗式的生活方式十分欣赏，例如非常多的假日和宗教节日，虔诚的宗教感情，安定的生活和优美的乡村、旷野、森林、河流的环境。他认为在这样的生活方式中，人们将会重新发现“价值”之所在。

这些反对经济增长的理论，尤其是增长极限论在西方世界引起了激烈争论。大多数西方经济学家也认为这些理论是错误的，麦多斯等只是“带着电子计算机的马尔萨斯”。这一模型的错误，首先，在于模型本身，特别是在于对基本经济关系与参数的估算是不正确的。例如，有人曾指出按麦多斯等的模型，如果从1970年起自然资源发现（包括回收）率为每年增长2%，控制污染的能力每年增长2%，粮食产量每年增长2%，则计算的结果是人类永远不会崩溃。相反，如果把模型的起点由1900年提前到1850年，按该年各个变量的实际数值来计算，结果是世界在1970年左右就应崩溃。其次，对五种影响经济增长的因素变动的情况，麦多斯等的分析也是错误的。例如，以人口增长来说，并不是指数增长。人类社会历史上人口的增长大致可以分为三个阶段，第一阶段是人口死亡率与出生率都很高，人口增长缓慢；第二阶段是出生率高，死亡率低，这时人口增长快，有指数增长的特点；第三阶段是人口死亡率和出生率都很低，人口增长缓慢，甚至是零增长。同“增长极限论”一样，“增长价值怀疑论”反映的也是一种对垄断资本主义现实表示悲观、绝望、颓丧的资产阶级情绪。这是当前资本主义世界意识形态领域内的深刻危机的一种表现。最后，也是最重要的，就是经济增长中出现的各种问题只有通过发展经济才能解决；人类在经济增长与技术进步中一定可以解决粮食、污染、资源等问题；如果实行零经济增长，使技术停滞，人类只能自取灭亡。

【案例分析】

你幸福吗①

在《世界幸福报告 2017》中，有一个专章讨论了中国幸福指数的变化。其原因在于中国过去二三十年取得了令全世界瞩目的经济成就，如何反映到幸福指数这一主观感受上，是令人感兴趣的话题。

然而让人感到惊异的是，多个关于主观幸福度的调查都显示，中国人的幸福指数从 20 世纪 90 年代至今，经历了马鞍型的变化。即 90 年代早中期较高，随后一直在下降，2000 ~ 2005 年左右处于谷底，然后最近 10 年又得以抬升。要知道，中国人均 GDP 和人均国民收入近二三十年来一直是在线性增长的，何以主观幸福感受会呈马鞍形呢？

报告的作者指出，关键的原因在于就业和社会保障上面。90 年代中期之前中国当时还普遍是“铁饭碗”，人们不用担心失业，不用担心退休和医疗，所以，尽管当时实际收入和保障水平都比较低，但主观幸福感受是不错的。然而这种铁饭碗不可持续，改制必须实行，随后出现过一段大批工人下岗的时期，所以幸福指数出现了下跌。

尽管如此，失业和原有社会保障体系瓦解带来的影响仍然是主要的。影响大到什么程度呢？2000 ~2005 年，中国人均 GDP 增速高，物价上涨慢，但却是幸福指数最低的时期，理由就是大量下岗造成的双位数失业率，导致了许多不满。而随着经济增长和市场化的不断推进，下岗和失业人数在最近 10 年大大减少了。同时，社会保障体系逐渐完善成熟，退休金、医保和低保制度覆盖率也大大提升。所以这十年，中国人的幸福指数出现了明显回升。

问题：

你认为影响幸福指数的因素有哪些？

【即问即答】

经济增长有极限吗？

【内容提要】

◆ 经济增长可以简单地定义为一国生产的产品和劳务总量的增加，及国民生产总值的增加。

◆ 经济增长的好处是财富增加了人们选择的范围，它使人类具有控制自己环境的更大能力，因此增加了人类的自由。

◆ 消费、投资和净出口是构成总需求的重要部分，被称为拉动经济的“三驾马车”。如果消费、投资、政府支出和净出口都在增加，就是一国经济的注入

---

① 资料来源：丁阳．2017 世界幸福指数发布，如何让国人变得更幸福？今日话题，2017－03－23.

因素增加，也就是总需求增加。而总需求增加，国民收入就增加，反映在数量指标上就是GDP增加。

◆ 经济增长的影响因素多种多样，除了必要的要素投入，如劳动力、资本等硬投入要素外，还有制度变迁、文化等软因素。

◆ 经济发展的含义比经济增长的含义更广泛一些，它不仅指一国人均国民生产总值的增加，还强调发展中国家在经济增长的基础上，实现一国经济与社会结构、收入分配状况等方面的改善。

【关键概念】

经济增长　消费　投资　净出口　经济发展　增长极限

【单项选择题】

1. 经济增长的标志是（　　）。

A. 失业率的下降　　B. 社会生产能力的不断提高

C. 先进技术的广泛应用　　D. 城市化速度的加快

2. 关于新经济增长理论，说法更正确的是（　　）。

A. 认为影响经济增长的要素除了资本和劳动外，还有人力资本和技术水平

B. 人力资本存量和技术水平的提高是累积性的，一个国家经济要增长必须注重知识进步

C. 一个国家经济要增长必须重视对知识产权、专利的保护

D. 以上说法都正确

3. 关于制度创新理论，下面的说法更正确的是（　　）。

A. 市场制度、产权关系、交易成本变动等制度因素在推动经济增长

B. 制度创新是指可以使创新者或创新集团通过制度的调整与变革取得潜在利益的一种活动

C. 制度安排是影响经济增长的一个变量，是已知的、既定的

D. 以上说法都正确

4. 拉动经济的“三驾马车”分别是（　　）。

A. 消费　　B. 投资　　C. 净出口　　D. 以上都是

5. 经济增长的最终动力是（　　）。

A. 消费　　B. 投资　　C. 净出口　　D. 以上都是

6. 罗默有一条格言：点子加技术发明等于经济发展的推动力。该观点认为经济增长的因素是（　　）。

A. 自然资源　　B. 知识技术　　C. 制度　　D. 全要素生产率

7. 下列选项中不属于经济增长理论支持派的是（　　）。

A. 欣赏工业革命前的那种田园诗式的生活方式

B. 在经济增长中，人们失去的幸福太多了

C. 世界末日论

D. 以上都是

【复习题】

1. 什么是经济增长？经济增长该如何衡量？

2. 促进经济增长的因素主要有哪些？

3. 经济增长有哪些好处？

4. 经济增长带来了哪些严重问题？

5. 经济增长与经济发展的区别是什么？

【问题与应用】

1. 早在100多年前，马克思和恩格斯就已明确说明科学技术是生产力，他们高度评价了科学技术的社会功能，指出科学是一种在历史上起推动作用的、最高意义上的革命力量，是历史前进的有力杠杆。20世纪40年代以后，特别是近二三十年来，新科技革命的蓬勃兴起把人类社会推向了科学社会化、社会科学化的新时代。当代科学技术已渗入人类物质生产和社会生活的各个方面，成为经济发展的决定力、社会进步的推动力。请你归纳分析科学技术对于经济、社会发展的巨大作用。

2. 数字看天津。16.5%：全年GDP增长16.5%，延续了“十一五”以来14%以上的经济增速，并持续加快。1 805亿元：财政收入达到1 805亿元，增长21.1%。城市居民人均可支配收入达21 430元，增长10.3%。5 006亿元：全社会固定资产投资突破5 000亿元，增长47.1%，为近18年来最快增速。100%：在全国率先做到城乡居民社会保险一体化，实现社会保险制度从城镇到农村、从职工到居民的全覆盖。从上述资料说明中国实现经济较快增长的必要性。

3. 记者从山东省财政厅获悉，2010年以来，全省已累计销售下乡汽车摩托车30.7万辆，销售金额49.56亿元，分别达到2009年全年销售量、销售额的55%、46%，销售势头良好。补贴量已达28.59万辆，兑付补贴资金4.8亿元，分别达到2009年累计补贴数量、补贴金额的57%、50%，全省平均每百户补贴量为1.86辆，临沂、潍坊、菏泽三市的销售量已超过3万辆。根据上述资料进一步分析，政府扩大内需有哪些措施？

参考文献

[1] [美] 斯蒂格利茨. 经济学小品和案例 [M]. 北京：中国人民大学出版社，2005.

[2] [英] 阿瑟·刘易斯. 经济增长理论 [M]. 上海：上海三联书店，1994.

[3] Sachs, Jeffrey and Andrew Warner. Economic Reform and the Process of Global Integration [J]. Brookings Papers on Economic Activity, 1995.

[4] 马克思、恩格斯全集（第46卷下），1958.

[5] 贾蔚文. 科技——第一生产力 [N]. 人民日报，1995-5-26.

[6] Poul Rome. Endogenous Technological Change [J]. Journal of Political Economy, 1990, VOL 98. No. 5.

[7] 道格拉斯·诺思，罗伯特·托马斯. 西方世界的兴起 [M]. 北京：华夏出版社，1988.

[8] 道格拉斯·诺思. 经济史中的结构与变迁 [M]. 上海：上海三联书店，1994.

[9] 道格拉斯·诺思. 制度、制度变迁与经济绩效 [M]. 上海：上海三联书店，1994.

[10] 张宇燕. 经济发展与制度选择 [M]. 北京：中国人民大学出版社，1992.

[11] 梁小民. 西方经济学导论（第三版）[M]. 北京：北京大学出版社，2003.

[12] 叶德磊. 宏观经济学 [M]. 北京：高等教育出版社，2005.

第十二章　失业与通货膨胀

失业与通货膨胀是经济发展中的顽症，任何国家在其经济发展过程中都无法避免，因此，在宏观经济学中，失业与通货膨胀一直以来都是经济学家们关注的重要问题，各种宏观经济政策的设计主要就是用来对付这两种经济现象的。通过本章学习，我们可以掌握失业和通货膨胀的分类、成因及其对经济的影响；同时能够运用菲利普斯曲线对失业和通货膨胀之间的关系进行分析，并在此基础上，掌握降低失业率和通货膨胀率的对策；同时能够结合所学的理论对当前我国宏观经济运行过程中出现的失业和物价上涨现象进行一定的解释和分析。

第一节　失　　业

一、失业与充分就业

就业和失业是一组对应的概念。简单地讲，从事有报酬工作的劳动力就是就业者，而失业是指有劳动能力并愿意工作的人得不到适当的就业机会。那些没有工作且正在寻找工作的劳动力就属于失业者。

（一）失业率和劳动参与率

通常，经济学家利用失业率来衡量一个经济体的就业水平，或者说失业程度。根据上述对失业概念的理解，可以把一个国家的劳动适龄人口分成四个类别：劳动力、非劳动力、就业者和失业者。它们之间的关系可以用劳动力参与率和失业率来表达：

劳动力人口在劳动适龄人口中所占的比例称为劳动力参与率，即：劳动力参与率 =（劳动力人口/劳动适龄人口）×100%。

然而，并不是所有愿意工作的劳动力都能够得到适当的就业机会，社会上总是会存在一部分失业者。这样，劳动力人口就由两部分构成：就业人口和失业人口。即：劳动力人口 = 就业人口 + 失业人口。

失业率被定义为失业人口在劳动力人口中所占的百分比，即：失业率 =（失业人口/劳动力人口）×100%。

（二）充分就业的概念

关于充分就业的概念，不同学派的经济学家有不同的定义。凯恩斯认为，如果“非自愿失业”已消除，失业仅限于摩擦失业和自愿失业的话，就是实现了充分就业。另外一些经济学家则认为，如果空缺职位总额恰好等于寻找工作的人数，就是充分就业。而货币主义则针对凯恩斯的“非自愿失业”，提出了“自然失业率”的概念。自然失业率是指在没有货币因素干扰的情况下，让劳动市场和商品市场自发供求力量发生作用时，总需求和总供给处于均衡状态的失业率。

虽然对于充分就业存在不同的看法，但经济学家都认为充分就业不是百分之百就业，充分就业并不排除像摩擦性失业等这样的失业情况存在。许多西方经济学家认为存在4% ~6%的失业率是正常的，此时社会经济处于充分就业状态。

【即问即答】

什么是充分就业？充分就业是指失业率为零吗？

二、失业的类型

通常，失业率和经济周期具有同步效应，经济处于衰退期失业率上升，经济处于扩张期失业率下降，但是，不管是在扩张期还是衰退期，失业率都不会降低为零。为此，经济学家将失业分为三种类型：摩擦性失业、结构性失业和周期性失业。

（一）摩擦性失业

摩擦性失业是指在生产过程中由于难以避免的工作变换等原因而造成的短期性失业。如从一种工作转换到另一种工作的过程中处于的失业状态，或刚进入劳动力市场的失业状态。这种性质的失业是过渡性的或短期的。每个劳动力具有不同的技能、兴趣和能力，同样，不同工作岗位的技能要求和工作条件也有差异，在市场经济中，人们在不同地区和不同工作职位之间不停变动，希望找到更高收入、更能发挥自己才能或更轻松的工作，或者，在生命周期的不同阶段，譬如，刚从学校毕业的学生，刚生育完孩子的母亲等。在找到新的工作机会之前，每个人都需要一定的工作信息搜寻和自我充实的时间。

在现实经济中，总会有一部分劳动力处于摩擦性失业状态，因此，摩擦性失业被认为是在任何时候都存在，是不可避免的。

（二）结构性失业

结构性失业是指劳动力的供给和需求不匹配所造成的失业，其特点是既有失业，又有职位空缺，失业者或者没有合适的技能，或者居住地点不当，因此无法填补现有的职位空缺。比较常见的是部门或行业的兴盛或衰落或某种技术的转型所引起的职业间或地区间的结构失衡现象。

例如，在电脑等技术发展迅速的行业存在许多就业机会，但是，那些对电脑知识了解较少的人不能适应这种工作岗位对劳动力的需要；另外，在某些地区经济发展迅速，存在大量工作的机会；在某些地区经济发展缓慢，存在大量失业者。但是，由于信息、交通、住房、留恋故土以及无法及时掌握所需的新的技能等多种原因，落后地区的剩余劳动力不能充分或迅速地流向经济发展迅速的地区。例如，20世纪90年代末，一方面，东北老工业基地的衰落造成的失业人数增加，而另一方面，南方经济特区同时出现“用工荒”问题。

通常来讲，摩擦性失业的期限较短，而结构性失业则可能经历很长时间，因为劳动力需要时间来学习新的技能。

（三）周期性失业

周期性失业是指经济进入衰退或萧条阶段时，因需求下降而造成的失业。这种失业是由于整个经济的支出和产出下降造成的。当经济中总需求的减少降低了总产出时，会引起整个经济体系的较普遍的失业。经济在复苏和繁荣阶段，各厂商争先扩充生产，就业人数普遍增加；而在衰退和谷底阶段，由于社会需求不足，前景暗淡，各厂商又纷纷压缩生产，大量裁减雇员，形成令人头疼的失业大军。

譬如，面对2008年全球金融危机的冲击，中央经济工作会议明确的2009年就业工作的目标任务是：城镇新增就业900万人，下岗失业人员就业500万人，就业困难人员实现就业100万人，城镇登记失业率控制在4.6%以内。与2008年相比，2009年的新增就业目标减少了100万人，城镇登记失业率调高了0.1个百分点。实际上，这是中央政府面对金融危机可能引发的经济衰退不得不做出的反应。

当经济进入扩张期，周期性失业最终会下降至零。但由于存在摩擦性失业和结构性失业的缘故，总的失业率不会为零。摩擦性失业与结构性失业之和统称为自然失业，自然失业人口占劳动力的比率称为自然失业率，它虽然可以通过加强工作信息传递和技术培训等措施而减少，却不可能根本消除。通常，经济学家把摩擦性失业和结构性失业视作经济中标准的失业水平底线，围绕水平底线的波动主要是因为周期性失业的变动。当经济只包含摩擦性失业和结构性失业时，就认为该经济处于充分就业状态中。因此，充分就业下的失业率并不等于零，而是等于自然失业率水平。

许多研究结果认为，失业的出现是因为工资弹性不足，无法使劳动力市场出清的结果。根据失业的微观经济学解释，可把失业划分为自愿性失业和非自愿性失业两大类型。自愿性失业是指不愿接受现行工资水平而放弃工作机会的情况下发生的失业。非自愿失业是指劳动者愿意接受现行工资但仍然找不到工作而出现的失业。

三、失业的损失

失业不仅是个经济问题，也是个社会问题。失业是经济问题，因为失业意味着人力资本等有价值的资源的浪费和实际国民收入的减少。失业之所以又是社会问题，是因为失业使失业者及其家庭的收入水平下降，使成千上万失业者面临困境而痛苦挣扎，对失业者的心理和情绪造成巨大的创伤，导致一系列社会问题的产生。譬如俄罗斯在实施“休克疗法”的市场化改革后的1995年，失业率高达20%，GDP几乎减少了1/2，导致失业者的健康状况恶化，男人的预期寿命由1990年的64岁降低到57岁。

高失业时期的损失是现代经济中有据可查的最大损失，它比垄断等造成的效率损失大许多倍。萨缪尔森估算了美国在高失业率期间的实际产出相对于潜在产出的减少量。最大的经济损失发生在20世纪30年代的大萧条时期，1930～1939年美国平均失业率高达18.2%，实际GDP损失高达4.4万亿美元；在20世纪70年代的石油危机和通货膨胀时期（1975～1984年），平均失业率为7.7%，实际GDP损失亦达到1.25万亿美元。

经验表明，失业通常会伴随产出的变动而变动。20世纪60年代，美国经济学家阿瑟·奥肯根据美国的数据，首先提出了经济周期中失业的变动与产出变动的经验统计关系，即奥肯法则。奥肯法则指出，实际GDP相对于潜在GDP每下降2%，失业率就上升1%。换一种方式说，相对于潜在的国民收入而言，实际国民收入每减少2%，失业率会增加1%；反之，实际国民收入每增加2%，失业率会减少1%。用公式表示，即：$(Y-Y_f)/Y_f=-\alpha(u-u^*)$。其中，Y为实际GDP，$Y_f$为潜在GDP；u为实际失业率，$u^*$为自然失业率；α为大于零的参数。

西方学者认为，奥肯法则指出了产品市场和劳动力市场之间极为重要的联系。它描述了实际GDP的短期变动与失业率变动的联系。根据奥肯法则，可能通过失业率的变动推测或估计GDP的变动，也可以通过GDP的变动预测失业率的变动。失业率与实际国民总产出（通常用GDP表示）之间存在显著的负相关关系。例如，如果实际实业率为8%，高于6%的自然失业率2个百分点，则实际GDP就将比潜在GDP低4%左右。在宏观经济学中，GDP偏离其潜在值的百分比被称为GDP缺口。

奥肯法则的一个重要结论是，实际GDP必须保持与潜在GDP同样快的增长，以防止失业率的上升。如果政府想让失业率下降，那么，该经济社会的实际GDP的增长必须快于潜在GDP的增长。

【即问即答】

如果某国居民的登记失业率达到了10%，那么根据奥肯法则，此国的实际经济增长率应该达到多少才能把失业率降至3%？另外，失业对个人及家庭会造成怎样的影响？

四、降低失业率的措施

（一）增加总需求，减少周期性失业

凯恩斯主义认为，既然周期性失业起因于总需求不足，那么政府可以通过扩张性财政政策和货币政策的实施，来刺激总需求，减少或者消除周期性失业。

（二）降低自然失业率

可以进行职业培训；建立多种就业服务机构，完善劳动市场，全方位提供就业服务；改革失业救济制度，由消极救济变为积极就业。另外，西方各发达国家因失业保险制度健全、失业津贴和救济水平偏高、支付期较长，致使部分失业者不愿积极寻找工作，造成自然失业率上升。目前，西方各国对失业保险制度进行了改革，严格规定领取条件、缩短救济时间、降低津贴金额，用压缩下来的失业

保险经费，建立各种职业教育与培训机构。

【拓展阅读】

大萧条与罗斯福新政①

在20世纪30年代那场席卷西方资本主义世界的经济大萧条中，美国遭受危机的打击最为严重，工业生产持续下降达三年之久，1932年全国工业生产比危机前的1929年下降了46.3%。经济被抛回到1913年的水平。危机遍及各工业部门。重工业部门生产下降的幅度尤为惊人。钢铁工业下降了近80%，汽车工业下降了95%。危机期间，13万家以上企业倒闭，成千上万的工人被赶出工厂，流浪街头。失业人数在1993年达到将近1 300万人，大约为劳动人口的1/4。持续几年的危机使工业工人受尽饥寒之苦。

美国总统罗斯福于1933年3月4日入主白宫后，为了缓和空前严重的经济危机所造成的大萧条，立即开始推行“新政”。罗斯福的“新政”采纳了凯恩斯的一些主张。美国政府开始全面调节、干预经济，制定了一系列法规，对经济活动进行约束；成立了证券交易委员会等机构，对金融证券业进行管理。

同时，罗斯福根据凯恩斯的建议，采取政府主动增加赤字，增加对公共基础服务设计的投资，大力修建高速公路和电站，由此拉动了市场需求，刺激、带动了经济的复苏。例如在“新政”第二阶段，以工代赈，公共工程的规模得到进一步扩大。1935～1942年，为协调整个工程计划而设立的“工程进展署”花费了大约130亿美元，雇用了约850万工人，修建了12.2万幢公共建筑、66.4万英里新道路、7.7万座新桥梁、285个新机场和2.4万英里地下水道。此外，还修好走字公园、游戏场、水库等。因为这些大规模的公共基础建设的投资，40%会转化为消费基金，所以带动了一大片产业，也带来了大量就业，同时又为日后的经济腾飞创造了基础条件。

毫无疑问，就业始终是凯恩斯最关心的问题。因为正是20世纪30年代那场席卷整个资本主义世界的经济大萧条所带来的大量失业以及接踵而至的社会问题，才引发了凯恩斯对传统自由放任经济哲学的重新审视，从而形成那套主导了半个世纪经济学发展方向的宏观经济理论。如今，我们通过回顾大萧条与罗斯福新政，可以印证宏观经济学中的几个重要的原理。

首先，上述案例说明了失业与实际GDP之间存在负相关关系，即当实际GDP增加时，失业率降低；而当实际GDP减少时，失业率上升。在宏观经济学中，失业与实际GDP之间的负相关关系被称作“奥肯定理”，以纪念第一个研究并发现两者关系的美国经济学家阿瑟·奥肯。

其次，从上述案例中看到，罗斯福新政中所采用的促进就业的政策措施是建立在凯恩斯的“有效需求不足”的理论之上的。用现代宏观经济学的话来说，即：由于有效需求不足，使总供给大于总需求，实际的经济产出没有达到充分就业水平所对应的产出量，因此存在着紧缩缺口。为了解决有效需求不足的问题，政府应该采取扩张性的财政政策与货币政策，来扩大总支出，从而刺激总需求。罗斯福根据凯恩斯的建议，采取政府主动增加赤字，增加对公共基础服务设施的投资，大力修建高速公路和电站等举措正是依据这一原理而作出的。

最后，应该指出的是，从凯恩斯理论诞生的那天起，它和西方国家的就业政策之间的关系就像矛与盾的关系一样，前者一方面指导了政府的就业政策，另一方面又在政策实施过程

---

① 资料来源：和讯网，2016年12月13日。

中饱受考验，有时候甚至受到批评。后者一方面在不断检验、修正前者，另一方面又从前者中寻找新的理论指导。凯恩斯的就业理论得到了不断的发展和修正；政府对有效需求的调节也从简单的财政赤字政策，发展到更具多样化的货币、财政、贸易政策的组合。

第二节 通货膨胀

一、通货膨胀的含义

经济学家认为，通货膨胀是指一般物价水平（价格水平）持续而显著地普遍上涨。要准确理解通货膨胀概念，需要注意以下几个问题：一般价格水平实际测量的是经济中产品和服务的平均价格；通货膨胀不是指一次性或短期内的物价总水平的上升，它是一个持续的过程；通货膨胀不是个别商品价格水平的上涨；通货膨胀是价格总水平的明显或显著的上升过程。

通常，采用通货膨胀率作为衡量通货膨胀大小的指标。通货膨胀率即某年的价格水平相较于上一年的价格水平所变动的百分比。用公式表示，即：

π(t 年) = {[t 年的价格水平 − (t − 1)年的价格水平]/(t − 1)年的价格水平} ×100%

那么，如何理解一般价格水平的上升呢？通常采用价格指数来表示。价格指数是成千上万种产品和服务的加权平均价格。通货膨胀率的价格指数一般有三种。即：

- 消费价格指数（consumer price index，CPI），又称生活费用指数，是指一般家庭所购买的产品和服务的平均价格。
- 生产者价格指数（producer price index，PPI），又称批发价格指数，是指企业在所有生产阶段所购买的产品和服务的平均价格。
- GDP 平减指数（GDP deflator），又称 GDP 缩减指数或 GDP 折算指数，是指没有剔除物价变动前的 GDP（名义 GDP）与剔除了物价变动后的 GDP（实际 GDP）之比。

【扩展阅读】

物价指数的衡量

通货膨胀率一般的计算公式是：通货膨胀率 $=\frac{P_t - P_{t-1}}{P_{t-1}}$，其中，$P_t$ 是 t 期的一般价格水平或物价指数，P_{t-1} 是 t − 1 期的物价指数。物价指数的基本计算公式为：

$$P_t = \sum_{i=1}^{n} g_i \cdot \frac{P_i^t}{P_i^{t-1}},$$

其中，P_i^t 是第 i 种商品在第 t 期的价格，P_i^{t-1} 是第 i 种商品在 t − 1 期的价格，g_i 是社会对第 i 种商品的支出在所有各种商品支出总额中的比重，即某种商品的价格总额在所有商品价格总额中的权数：$g_i = \frac{p_i^{t-1} q_i^{t-1}}{\sum_{i=1}^{n} P_i^{t-1} q_i^{t-1}}$，且 $\sum_{i=1}^{n} g_i = 1$。

第一，拉氏物价指数。拉氏物价指数是德国统计学家 E. 拉斯佩雷斯（E. Laspeyres）在 1864 年提出的。根据 $P_t = \sum_{i=1}^{n} g_i \cdot \frac{P_i^t}{P_i^{t-1}}$ 与 $g_i = \frac{P_i^{t-1} q_i^{t-1}}{\sum_{i=1}^{n} P_i^{t-1} q_i^{t-1}}$ 可以得到拉氏物价指数公式：

$$P_L = \frac{\sum_{i=1}^{n} P_i^t q_i^{t-1}}{\sum_{i=1}^{n} P_i^{t-1} q_i^{t-1}}。$$

拉氏物价指数公式采用基期的商品来衡量，又称为基期加权价格指数。拉氏物价指数公式中，分子与分母之差表示由于价格变动，居民现在如购买过去购买的商品所多支出的金额。显然，这一点没有现实意义，所以一般不采用这种公式计算价格指数。

第二，帕氏物价指数。帕氏物价指数是德国统计学家帕斯卡（Pascke）在 1874 年提出的。帕氏物价指数公式采用报告期的商品来衡量。根据 $P_t = \sum_{i=1}^{n} g_i \cdot \frac{P_i^t}{P_i^{t-1}}$ 与 $g_i = \frac{P_i^{t-1} q_i^t}{\sum_{i=1}^{n} P_i^{t-1} q_i^t}$ 可以得到帕氏物价指数公式：$P_L = \frac{\sum_{i=1}^{n} P_i^t q_i^t}{\sum_{i=1}^{n} P_i^{t-1} q_i^t}$。

二、通货膨胀的原因

通货膨胀是一种世界性现象，反映在商品和服务的平均价格水平普遍而持续地上升。这种现象产生的原因多种多样，可用多种理论加以解释。

（一）需求拉上的通货膨胀

这是从总需求的角度来分析通货膨胀的原因，认为通货膨胀的原因在于总需求过度增长，总供给不足。而对于引起总需求过大的原因又有两种理论解释。

其一是凯恩斯主义的解释，强调实际因素对总需求的影响。凯恩斯认为，当经济中实现了充分就业时，表明资源已经得到了充分利用。这时，如果总需求仍然增加，就会由于过度总需求的存在而引起通货膨胀。可以用膨胀性缺口这一概念来说明这种通货膨胀产生的原因。

如图 12－1 所示，总需求曲线由 AD_0 移到 AD_1 的位置，使物价由 P_0 上升到 P_1，启动了需求拉上型通货膨胀。作为一个动态过程，通货膨胀有其自身延续发展的机制。当要素供给者因物价上涨而提高要素价格后，总供给曲线由 AS_0 上升到 AS_1 的位置，使价格水平由 P_1 进一步上升到 P_2。由于总供给减少使国民收入减少到 Y_2 的水平，政府不得不采取扩张性经济政策，当总需求曲线因此右移到 AD_2 的位置后，价格水平进一步上升到 P_3。

关于总需求超过总供给的原因，传统货币数量论和现代货币数量论都认为货币因素即货币数量的过度增加是导致总需求过剩，从而形成通货膨胀的根本原因，这称为货币需求论。而凯恩斯主义则认为总需求的过剩是由于消费、投资、政府支出等实际因素过度增加所引起的，这种思想又称为“实际需求论”。但总的来说，他们都认为通货膨胀的根源在于总需求方面。

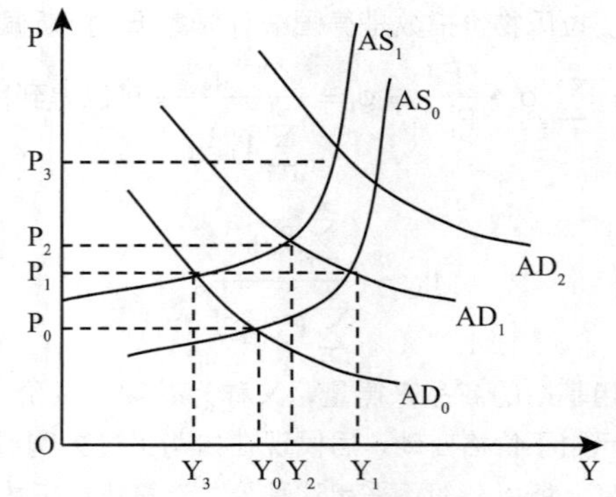

图 12－1　需求拉上型和成本推动型通货膨胀的动态过程

【膨胀性缺口】

膨胀性缺口是指实际总需求大于充分就业总需求时，实际总需求与充分就业总需求之间的差额。

其二是货币主义的解释，强调货币因素对总需求的影响。货币主义认为通货膨胀是引起物价长期普遍上涨的一种货币现象，也就是说，货币学派特别注重货币因素对通货膨胀的影响。他们认为，个别商品的价格变动和一次性的物价波动可以由多种原因造成，但只要货币量不增加，平均物价水平是不会发生长期、普遍上涨的，因此，通货膨胀是一个货币问题，出现通货膨胀的直接原因就是货币量过多。没有货币因素导致的价格变化就没有通货膨胀，只有因货币量过多造成的物价水平普遍地和持续地上涨才是通货膨胀。

【参考资料】

货币学派

货币学派是 20 世纪 50 ~60 年代在美国出现的一个经济学流派，也称货币主义，其创始人为美国芝加哥大学教授弗里德曼。

货币学派在理论和政策主张方面，强调货币供应量的变动是引起经济活动和物价水平发生变动的根本的和起支配作用的原因。布伦纳于 1968 年使用“货币主义”一词来表达这一流派的基本特点，此后被广泛沿用于西方经济学文献之中。

第二次世界大战后，美、英等发达资本主义国家，长期推行凯恩斯主义扩大有效需求的管理政策，虽然在刺激生产发展、延缓经济危机等方面起了一定作用，但同时却引起了持续的通货膨胀。弗里德曼从 20 世纪 50 年代起，以制止通货膨胀和反对国家干预经济相标榜，向凯恩斯主义的理论和政策主张提出挑战。他在 1956 年发表《货币数量论——重新表述》（*The Quantity Theory of Money*）一文，对传统的货币数量说作了新的论述，为货币主义奠定了理论基础。

此后，弗里德曼和他的同事们在理论细节方面不断进行琢磨补充，并且利用美国有关国民收入和货币金融的统计资料，进行了大量经济计量学方面的工作，为他的主要理论观点提供了论据。

自 20 世纪 60 年代末期以来，美国的通货膨胀日益剧烈，特别是 1973 ~1974 年在所有发达资本主义国家出现的剧烈的物价上涨与高额的失业同时并存的“滞胀”现象，凯恩斯主义理论无法作出解释，更难提出对付这一进退维谷处境的对策。于是货币主义开始流行起来，并对美英等国的经济政策产生了重要影响。货币主义的代表在美国有哈伯格、布伦纳和安德森等，在英国有莱德勒和帕金等。

【案例分析】

1992~1995 年通货膨胀

1991 年固定资产投资增长率突破了 1988 年以来低速增长的局面，迅速增长到 23.9%，然后一路攀升，1992 年为 44.4%，1993 年为 61.8%。居民消费增长率由 1991 年的 13.2% 上升到 1992 年的 20.78%，1994 年达到消费增长的高峰 32.7%。

1992~1995 年经济增长率分别为 14.2%、13.5%、12.6% 和 10.5%，均超过潜在增长率 8%~10% 的上限。CPI 上涨率分别是 6.4%、14.7%、24.1%、17.1%，均超过 1%~5% 区间的上限。这表明我国当时已出现了严重的通货膨胀。

问题：

投资和消费增长对物价上涨有什么作用？

（二）供给推动的通货膨胀

这是从总供给的角度来分析通货膨胀的原因。从总供给的角度看，引起通货膨胀的原因在于成本的增加，成本的增加意味着只有在高于从前的价格水平时，才能达到与以前同样的产量水平，即总供给曲线向左上方移动。在总需求不变的情况下，总供给曲线向左上方移动使国民收入减少，价格水平上升，这种价格上升就是成本推动的通货膨胀。

对成本推进型通货膨胀的解释也可以借用图 12-1 说明。期初，总供给和总需求曲线分别为 AS_0 和 AD_0，价格水平为 P_0。生产成本增加使 AS_0 上升到 AS_1 的位置，导致价格水平由 P_0 上升到 P_1。这些使国民收入由 Y_0 减少到 Y_3，为了减少失业和刺激经济，政府使用扩张性的财政与货币政策，使总需求曲线由 AD_0 上升到 AD_1 的位置。这种做法虽然使国民收入增加到 Y_2，但是物价进一步上升到 P_2。当然，这种价格水平上升将启动新一轮的成本推进型通货膨胀。从根本上看，成本推进型通货膨胀与需求拉上型通货膨胀的区别，在于初始推动力的差异。

引起成本增加的原因并不相同，因此，成本推进型通货膨胀又可以根据其原因的不同而分为工资推进的通货膨胀和利润推进的通货膨胀。

第一，工资推进的通货膨胀。许多经济学家认为，工资是成本中的主要部分。工资的提高会使生产成本增加，从而价格水平上升，进而引起通货膨胀。工资的增加往往是从个别部门开始的，但由于各部门之间工资的攀比行为，个别部门工资的增加往往会导致整个社会的工资水平的上升，从而引起普遍的通货膨胀。而且，这种通货膨胀一旦开始，还会形成“工资—物价螺旋式上升”即工资上升引起物价上升，物价上升又引起工资上升。这样工资与物价不断互相推动，形成严重的通货膨胀。

第二，利润推进的通货膨胀。又称价格推动的通货膨胀，指市场上具有垄断地位的厂商为了增加利润而提高价格所引起的通货膨胀。在不完全竞争的市场上，具有垄断地位的厂商控制了产品的销售价格，从而就可以提高价格以增加利润。

除了工资和利润上升的推进，原材料和能源等涨价也会使成本提高，使总供给曲线向左上方移动，引起通货膨胀。

（三）结构性通货膨胀

这种理论从各生产部门之间劳动生产率的差异、劳动市场的结构特征和各生产部门之间收入水平的赶超速度等角度分析了由于经济结构特点而引起通货膨胀的过程。

例如，由于经济发展中存在扩展部门和非扩展部门的不同，扩展部门正在扩大，需要更多的资源与工人，而非扩展部门已在收缩，资源与工人过剩。由于在现实中，非扩展部门的资源与工人不能迅速地流动到扩展部门，这样，扩展部门由于资源与人力短缺，资源价格上升，工资上升。而非扩展部门尽管资源与人力过剩，但资源价格不会下降，尤其是工资不仅不会下降，还会因为攀比行为而上升。这样，就会由于扩展部门的总需求过度和这两个部门的成本增加，尤其是工资成本的增加而产生通货膨胀。

（四）输入型通货膨胀

随着全球经济一体化趋势的加强，各国之间的联系越来越紧密，通货膨胀从一国蔓延到其他国家的可能性也越来越大。当一国的通货膨胀传递到另一国时，被传递国家的通货膨胀就可以称为输入型通货膨胀。输入型通货膨胀的发生机理如图 12－2 所示。

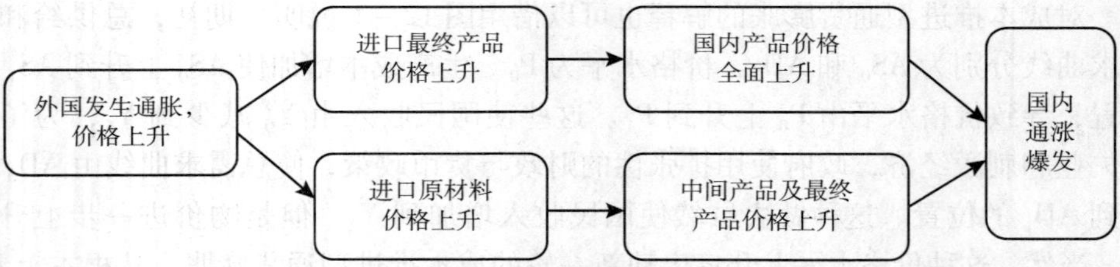

图 12－2　输入型通货膨胀的发生机理

【即问即答】

引起通货膨胀的原因有哪些？能不能说一下人民币升值对我们国家目前抑制通货膨胀有什么作用？

【案例分析】

2007～2008 年通货膨胀①

2003～2006 年，中国的 CPI 除了 2004 年达到 3.9%之外，其他年度均维持在 3%以下的

① 资料来源：百度文库，2011－11－11。

较低水平，而这几年GDP的年均增长率均保持在10%以上。中国经济度过了一段“高增长、低通胀”的幸福时光。到了2007年年初，CPI指数开始持续上升。如表12－1所示，2007年3月突破了3%，达到了3.3%；2007年6月突破4%，达到4.40%；2007年7月突破5%，达到5.60%；2007年8月突破6%达到6.50%；2007年11月达到当年最高点6.90%，2007全年CPI平均达到4.8%，超过国际公认的3%的警戒线。而2007年GDP增长率达到了11.4%，中国经济开始进入“高增长、高通胀”的时期。针对这个问题2007年年底的中央经济工作会议提出了宏观调控的重点是“双防”，即防止经济增长由偏快转为过热，防止物价结构性上涨转变为明显的通货膨胀。2008年的前几个月CPI仍快速增长。2008年1月突破7%，达到7.10%；2008年2月达到最高点8.70%；2008年5月起，CPI开始连续下跌，但仍处高位。国家统计局的数据显示，2008年前三季度，国内生产总值（GDP）同比增长9.9%，同期国内食品价格上涨17.3%，70个大中城市房价同比增长7.0%，居民消费价格（CPI）总水平同比上涨7.0%，前三季度涨幅比上年同期高2.9个百分点。我国物价水平在高位运行，通货膨胀给经济正常运行带来较大压力。为了应对通货膨胀，2007年以来中国人民银行频繁地提高利息和存款准备金率，其加息强度和力度在中国宏观调控史上是罕见的。截至2008年11月，CPI跌至2.4%，低于3%。截至2009年2月，CPI已成负数，为－1.6%。

表12－1　　2007～2008年CPI　　单位：%

2007年	月份	1	2	3	4	5	6	7	8	9	10	11	12
	CPI	2.2	2.7	3.3	3.0	3.4	4.4	5.6	6.5	6.2	6.5	6.9	6.5
2008年	月份	1	2	3	4	5	6	7	8	9	10	11	12
	CPI	7.1	8.7	8.3	8.5	7.7	7.1	6.3	4.9	4.6	4.0	2.4	1.2

2007～2008年中国的通货膨胀经历了一个连续上升再连续下降的过程，对我们有着十分重要的研究意义。在2007年7月至2008年3月这个通货膨胀连续上升的阶段，我国的CPI平均上涨6.92%。在目前我国的CPI构成中，食品权重占34%、娱乐教育文化用品及服务占14%、居住占13%、交通通信占10%、医疗保健个人用品占10%、衣着占9%、家庭设备及维修服务占6%、烟酒及用品占4%。在这个上升阶段，这八类指数中，食品、烟酒及用品、家庭设备用品及服务、医疗保健及个人用品和居住五类价格是上涨的，其中价格上涨在3%以上的只有食品和居住两类。“食品”类消费性支出包括粮食、肉禽及其制品、蛋、水产品、鲜菜、鲜果等支出；“居住”类消费性支出包括建房及装修材料、房租、房屋维修费、物业费、自有住房贷款利息、水电燃气以及其他与居住有关的服务等支出。我们本轮的CPI高涨，主要是食品和居住两类价格的上涨。其中，食品价格上涨18.43%，居住价格上涨5.48%。在食品价格中，粮食上涨6.24%、肉禽及其制品上涨42.82%、蛋上涨13.36%、水产品上涨8.06%、鲜菜上涨22.62%、鲜果上涨5.28%。

可见，我们本轮的CPI上涨，食品价格的上涨在其中占了相当大的一部分。但我国粮食进口并不多，所以我国粮价的上涨更多的是国内原因引起的，国际市场粮价上升对国内市场虽有拉升作用但相比较能源、原材料等的作用来说并不大。

没有包含在我国CPI指数里的能源、原材料等的价格变化是我们应该关注的。我国对能源、原材料类产品的对外依赖程度很高，如石油、铁矿砂、氧化铝等产品的对外依存度2006

年都达到了近50%，镍和天然橡胶更是高达55%以上。我国是位居美国之后世界第二大石油进口国，我国原油需求的一半是要依靠进口来解决的。而2008年1～4月，我国进口的原油价格平均同比上升65%，铁矿石价格上升64%。而能源、原材料通常都是位于产业链的最上游，因此，其价格的上涨对整个产业链产品的价格均有非常大的影响，能源、原材料的上涨会带来其他中间产品、最终产品的价格上涨，最终会带来全国物价水平的普遍上涨，所以在我国本轮通货膨胀中，能源、原材料的价格上涨是一个重要形成原因。另外有一点不得不提的是，我国的原油价格与国际接轨，而成品油价格是政府管制，形成了价格倒挂，原油贵成品油便宜，炼油企业是越炼越亏，造成了部分炼厂特别是地方炼厂停产和半停产，严重影响了成品油市场供应，这加剧了我国的通货膨胀。

问题：

这次通货膨胀应该归类为哪种通货膨胀类型？

三、通货膨胀的效应

考察通货膨胀率的效应，也就是要弄清楚通货膨胀的影响。通货膨胀的影响是非常广泛的，我们这里主要从两个方面来考察其效应。

（一）通货膨胀的再分配效应

通货膨胀对社会财富的再分配会产生影响。总体上讲，通货膨胀有利于变动收入获得者和债务人，而不利于固定收入获得者和债权人。这是因为，对于固定收入阶层（如靠领救济金和退休金的人）来说，其收入是固定的货币数额，因落后于上升的物价水平，其实际收入会因通货膨胀而变少，他们的购买力将随价格的上升而下降，因而他们的生活水平必然相应地降低。相反，那些靠变动收入维持生活的人（如企业主），如果产品价格比资源价格上升得快，则企业的收益将比它的成本增长得快，他们就能从通货膨胀中获利。同样的道理，在雇主与工人之间，通货膨胀将有利于雇主而不利于工人。因为工人的工资一般比较固定，而雇主则可以从通货膨胀中获利。

通货膨胀对储蓄不利。随着价格上涨，存款的实际价值或购买力就会降低，那么，在银行存款的人的利益会受到冲击。同样，像保险金、养老金以及其他固定价值的证券财产等，它们本来是作为未雨绸缪和蓄资防老的，在通货膨胀中，其实际价值也会下降。

通货膨胀还会在债务人与债权人之间发生收入再分配的作用。具体地说，通货膨胀靠牺牲债权人的利益而使债务人获利。假如某甲向乙借款1万元，一年后归还，而这段时间内价格水平上升1倍，那么一年后甲归还给乙的1万元相当于借时的1/2。这里假定借贷双方没有预期到通货膨胀的影响。但是，如果预期到通货膨胀，则上述的再分配就会改变。

（二）通货膨胀的产出效应

上面我们假定国民经济的实际产出固定在充分就业的水平。而实际上，国民经济的产出水平是随着价格水平的变化而变化的。下面考虑可能出现的三种情况。

第一种情况：随着通货膨胀的出现产出增加。即需求拉上的通货膨胀，促进了产出水平的提高。许多经济学家长期以来坚持这样的观点，温和的或爬行的需求拉上通货膨胀对产出和就业有刺激效应。也就是说，如果总需求增加，产生经济复苏，造成一定程度的需求拉上的通货膨胀，在这种条件下，产品的价格会跑到工资和其他资源的价格的前面，由此扩大了企业的利润，利润的增加就会刺激企业扩大生产，从而减少失业，增加国民产出。也就意味着通货膨胀的不良后果会被更多的就业、增加产出所获得的收益所抵销。例如，对于一个失业工人来说，如果他唯有在通货膨胀条件之下才能得到就业机会，显然，这是受益于通货膨胀。

第二种情况：成本推进通货膨胀引致失业。假定在原总需求水平下，经济实现了充分就业和物价稳定。如果发生成本推进通货膨胀，则原来总需求所能购买的实际产品的数量将会减少。那就是说，当成本推进的压力抬高物价水平时，一个已知的总需求只能在市场上支持一个较小的实际产出。所以，实际产出会下降，失业率会上升。20 世纪 70 年代的情况就证实了这一点。1973 年年末，石油输出国组织把石油价格翻了两番，则成本推进通货膨胀的后果使 1973 ~ 1975 年的物价水平迅速上升，与此同时，美国失业率从 1973 年不到 5% 上升到 1975 年的 8. 5% 。

第三种情况：极度膨胀导致经济崩溃。经济学家认为，随着价格持续上升，居民和企业会产生通货膨胀预期，即估计物价会再度升高。这样，人们就不会储蓄，而是在价格上升前把它花掉，从而产生过度的消费购买，这样，储蓄和投资都会减少，经济增长率下降。通货膨胀会带来生活费用的上升，劳动者要求提高工资的呼声会越来越高，企业增加生产和扩大就业的积极性就会逐渐丧失。当出现恶性通货膨胀时，情况会变得更糟。当人们完全丧失对货币的信心时，货币就不能执行它作为交换手段和储藏手段的职能。这时，任何一个有理智的人将不愿再花精力去从事财富的生产和正当的经营，而会把更多的精力用在如何尽快把钱花出去，或进行种种投机活动。市场经济机制也无法再正常运行，别说经济增长，大规模的经济混乱也不可避免了。正因为如此，人们一般都主张对通货膨胀进行控制。

【案例分析】

1935 年国民党“法币改革”

中国人民银行编辑、新华出版社于 1988 年出版发行的《中国历代货币》一段描述：

1935 年，国民党政府实行“法币改革”，规定中央、中国、交通三行（后加中国农民银行）所发行的钞票为“法币”，同时禁止银元在市面上流通，并强制将白银收归国有。在抗日战争和解放战争期间，国民党政府通货膨胀政策，法币急剧贬值。1937 年抗战前夕，法币发行总额不过 14 余亿元，到日本投降前夕，法币发行额已达 5 千亿元。到 1947 年 4 月，发行额又增至 16 万亿元以上。1948 年，法币发行额竟达到 660 万亿元以上，等于抗战前的 47 万倍，物价上涨 3 492 万倍，法币彻底崩溃。

鉴于法币恶性膨胀，国民经济面临崩溃之势，国民党政府于 1948 年 8 月 19 日再次进行币制改革。规定金元为本位，开始发行“金圆券”（每金元含纯金 0. 22217 克），以一比三百万的比率，收兑急剧贬值的法币。然而金圆券却以更快的速度膨胀，前后不到十个月，发行总额达 1 303 046 亿元，比原规定的发行额 20 亿元增加六万五千余倍。

货币增发如此之快，那它的购买力变化如何呢？国民党政府发行的法币，1937 年 100 元可买到两头牛，1938 年变为一头牛，1939 年可买一头猪，1941 年能买到一袋面粉，1943 年能买一只鸡，1945 年能买一个煤球，到了 1948 年，只能买到几粒大米。

问题：

当时的国民党政府为什么要制造通货膨胀？通货膨胀发生后谁受益？谁受损？

四、反通货膨胀的主要政策措施

控制通货膨胀已经成为各国政府的主要政策目标之一。但是，由于引发通货膨胀的因素不相同，反通货膨胀并不存在普遍适用的模式，只可能是相机抉择。

（一）紧缩性财政政策和货币政策

紧缩性的财政与货币政策是对付需求拉动的通货膨胀的传统方法。紧缩性的财政政策主要包括减少政府支出和增加税收。它在对付由实际因素引起的需求拉动通货膨胀方面较为有效。政府支出包括公共消费和公共投资，它们是总需求的组成部分，削减政府支出等于直接减少总需求。增加个人所得税可以减少家庭的可支配收入，从而降低他们的开支；增加公司所得税，可以减少投资需求和个人消费支出。

紧缩性货币政策被认为是对付由货币因素引起的需求拉动通货膨胀的较好办法。紧缩性货币政策的基本作用在于增大信贷成本和减少信贷可供量，对需求拉动的通货膨胀无疑是一个彻底的打击，尤其是对付投资需求拉动的通货膨胀收效迅速。

需要注意的是，利用紧缩性财政和货币政策抑制通货膨胀，必须确定通货膨胀是起因于需求拉动，并且该国经济已处于充分就业。现实的情况是需求拉动的通货膨胀在实现充分业之前就可能已经出现，这种情况下，如果实行紧缩性政策，特别是紧缩性的货币政策，虽能使通货膨胀率降低，但将以经济停滞和失业为代价。

（二）收入政策

如果一国的通货膨胀是由成本推动形成或由成本推动与需求拉动混合而成，则紧缩性政策就显得无力，只能诉诸直接管制的收入政策。

收入政策的主要内容为控制工资与物价，同时政府配合外贸政策，降低关税，以使进口品价格降低，从而缓和物价上涨的压力。

但是，一些西方经济学家反对实行收入政策。其主要理由为：第一，管制是否有效值得怀疑。第二，纵使有效，也仅是权宜之计，绝非长期解决通货膨胀问题的根本之道，况且，一旦放松管制，物价可能产生大幅度的反弹。第三，管制使价格体系扭曲，导致资源配置失当，形成稀缺资源的浪费，损害经济增长。

（三）结构改革

对产业结构、商品市场结构和劳动市场结构进行改革，有助于抑制结构性通货膨胀。特别对于发展中国家普遍存在产业结构的“瓶颈”现象，不能单纯应用紧缩性政策。因为它在抑制通货膨胀的同时，也会损害“瓶颈”产业部门。而应通过经济政策和行政手段，改善投资结构，消除经济发展“瓶颈”，促进整个经济的发展。

（四）货币改革

对于抑制恶性通货膨胀，仅靠前述的各项政策远不能奏效，政府必须实行货币改革，大刀阔斧地减少货币供给量，同时辅之以其他的政治、经济措施。

总之，通货膨胀是一种综合性的经济现象，治理通货膨胀也必须多种手段相互配合、综合控制，否则难以收到成效。

【案例分析】

反　通　胀[①]

反通胀（disinflation），既不等同于通胀也并非通缩，它指的是经济体仍然处于通货膨胀的状态，但是通货膨胀的速度却在逐步下降。而这可能是描绘当前全球各大主要经济体经济状况的最好术语。

近日，法国兴业银行经济学家阿尔伯特·爱德华兹（Albert Edwards）于《环球投资策略周刊》（*Global Strategy Weekly*）上发文称：

美国核心 CPI 以及工资增长水平出人意料地连续数月录得下降。通常连续两组数据便能研判出未来可能出现的趋势，而连续 4 组通胀数据录得下降便显然证实美国正面临通缩再次出现的风险。至少，最近的物价数据也为一种较为悲观的论调提供依据，即在该经济增长周期末段通胀压力会短暂上升，但其后美国将在下一次经济衰退来临时陷入持续通缩趋势。

倘若美国经济的通胀压力确实在缩减，这必然会引起一大问题：如果美国历史上第三长的经济增长周期都难以显著的提高物价水平和员工的工资收入，那下一次经济衰退来临之时将会发生什么？部分投资者心里可能有了答案——美国或许再经历一次经济衰退便会进入日本式的数十年持续通缩。

问题：

试分析，反通胀可能给经济带来怎样的影响？

第三节　通货膨胀与失业的关系

失业和通货膨胀是各国政府必须重点考虑的两个宏观经济问题。例如，美国联邦储备委员会的一些官员提出，为了通过刺激措施降低失业率，可以容忍通货膨胀率上升。但是，费城联邦储备银行行长普罗索（Charles Plosser）强调称，不管出于什么动机，只要是容忍通货膨胀加速的措施，就一定是错误的，这样做可能导致美国经济重演 20 世纪 70 年代时高失业率和高物价并存的滞胀局面。为什么美联储官员会持有两种迥然不同的观点？他们依据的理论是什么呢？

一、凯恩斯的观点：失业与通货膨胀不会并存

凯恩斯认为，一个经济的总产出决定于有效需求。失业产生的原因是实际总需求低于潜在的总需求即充分就业总需求，而通货膨胀产生的原因则是实际总需

---

① 资料来源：第一黄金网，2017 年 07 月 26 日。

求高于潜在的总需求即充分就业总需求。一个经济在实现充分就业之前，只可能出现失业而不可能出现通货膨胀；当实现了充分就业之后则只可能出现通货膨胀而不可能出现失业。也就是说，在未实现充分就业，即资源存在闲置的情况下，总需求的增加只会使国民收入增加，而不会引起价格水平上升而发生通货膨胀；只有在充分就业实现，即资源得到充分利用之后，总需求的增加无法使国民收入增加，才会引起价格上升而发生通货膨胀。因此，凯恩斯的观点是，在发生了通货膨胀时，一定已经实现了充分就业，失业和通货膨胀不会同时并存。

二、失业与通货膨胀之间的交替关系

1957 年，经济学家 A. W. 菲利普斯根据英国 1861 ~ 1957 年间失业率与货币工资变动率的经验统计资料，以横轴表示失业率，纵轴表示货币工资增长率的坐标系中，绘制了用以表示失业率和货币工资变动率之间一般关系的曲线，发现失业率和货币工资变动率之间具有稳定的负相关关系。即：当失业率较低时，货币工资增长率较高；反之，当失业率较高时，货币工资增长率较低，甚至是负数。

1960 年，萨缪尔森和索洛在菲利普斯研究的基础上，用通货膨胀率（$\Delta P/P$）替换了货币工资增长率（$\Delta W/W$），把最初的菲利普斯曲线表述为失业率与通货膨胀率之间的交替关系。因为短期内工资是影响成本进而影响价格的重要因素，而工资与价格通常是同步运动的。假定价格由每单位产出的平均劳动成本决定，因而价格的变动总是恰好等于每单位产出的平均劳动成本。举例而言，若工资以 4% 的比率增长，而劳动生产率以 1% 的比率增长，那么平均劳动成本就增长了 3%，即价格也上涨了 3%。一般公式是：通货膨胀率 = 工资增长率 - 生产率增长率。这样，菲利普斯曲线就可以改造为失业率和通货膨胀率之间的反向变动关系，以横轴代表失业率 U，纵轴代表通货膨胀率 JI，菲利普斯曲线如图 12 - 3 所示：低失业率的年份往往有高通货膨胀率；高失业率的年份往往有低通货膨胀率。这也被称为简单的菲利普斯曲线。用公式表示，即：$JI = -\varepsilon(u - u^*)$。其中，JI 为通货膨胀率；u 为实际失业率，$u^*$ 为自然失业率；ε 为大于零的参数，用来衡量通货膨胀率对于失业率的反应程度。

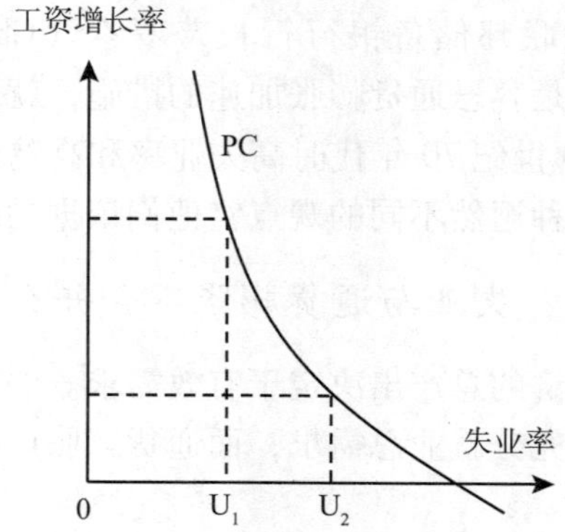

（a）

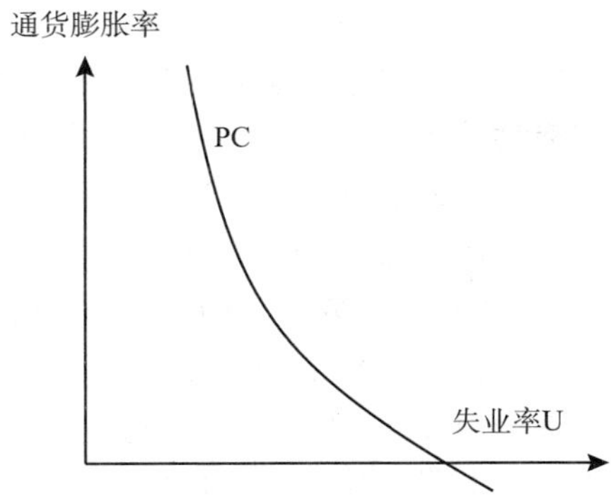

（b）

图 12－3 简单的菲利普斯曲线

20 世纪 60 年代早期，美国通货膨胀率很低，但失业率很高，到 20 世纪 60 年代后期，失业率下降，但通货膨胀率上升。这似乎显示了失业和通货膨胀之间稳定的交替关系。许多经济学家和政策制定者认为菲利普斯曲线代表了失业和通货膨胀之间永久的交替关系。据此，政策制定者可以在通货膨胀率和失业率之间进行权衡，选择不同的通货膨胀率和失业率的组合。例如，运用扩张性财政政策和货币政策，在菲利普斯曲线上选择一个低失业高通货膨胀的点，也可以运用紧缩性货币政策和财政政策，选择一个低通货膨胀高失业的点。然而，事实果真如此吗？菲利普斯曲线所代表的失业和通货膨胀之间的交替关系是永久性的吗？

三、短期菲利普斯曲线与长期菲利普斯曲线

1968 年，米尔顿・弗里德曼提出：菲利普斯曲线并不代表失业和通货膨胀之间具有永久的交替关系，几乎在同一时间，哥伦比亚大学的埃德蒙德・费尔普斯提出了相似的观点。他指出，由于长期供给曲线是垂直的，那么，菲利普斯曲线在长期就不可能是向下倾斜的。因为垂直的长期总供给曲线和向右下倾斜的长期菲利普斯曲线相矛盾。因此，从本质上说，失业和通货膨胀之间在长期不存在交替关系。

在长期，实际 GDP 总是处于潜在水平，价格水平的高低不会影响到实际 GDP 水平。在潜在实际 GDP 水平上，所有企业都在其正常能力的水平上生产和经营，除结构性和摩擦性失业外，想要工作的每一个人都能找到工作，即失业率始终处于自然失业率水平上，通货膨胀率的高低对失业率没有影响。因此，长期供给曲线是处于潜在实际 GDP 水平的垂直直线，长期菲利普斯曲线是处于自然失业率水平的垂直直线。

长期菲利普斯曲线是一条垂直的直线，说明在长期中，失业和通货膨胀不存在交替关系。但是，20 世纪五六十年代的美国经济却显示出失业和通货膨胀之间稳定的交替关系，理论与现实似乎相矛盾。

弗里德曼认为，这些年的数据实际上只是显示了通货膨胀和失业之间的短期

交替关系。他指出，只有在通货膨胀率的增长不能被正确预期时，通货膨胀率上升才会使失业率下降。预期通货膨胀率和实际通货膨胀率之间的差异导致短期内通货膨胀和失业之间存在交替关系。

我们可以用图 12－4 说明短期菲利普斯曲线不断移动，进而形成长期菲利普斯曲线的过程。图 12－4 中，假定某一经济处于自然失业率 U^*，通货膨胀率为 JI_1 的 a 点。若这时政府采取扩张性政策，以使失业率降低到 U_1。由于扩张性政策的实施，总需求增加，导致价格水平上升，使通货膨胀率上升为 JI_2，由于在 a 点处工人预期的通货膨胀率为 JI_1，而现实实际的通货膨胀率为 JI_2，高于预期的通货膨胀率，使实际工资水平下降，从而会增加生产，增加就业，于是失业率降低为 U_1。于是就会发生图中短期菲利普斯曲线 PC_1 所示的情况，失业率由 U^* 下降为 U_1，而通货膨胀率则从 JI_1 上升到 JI_2。

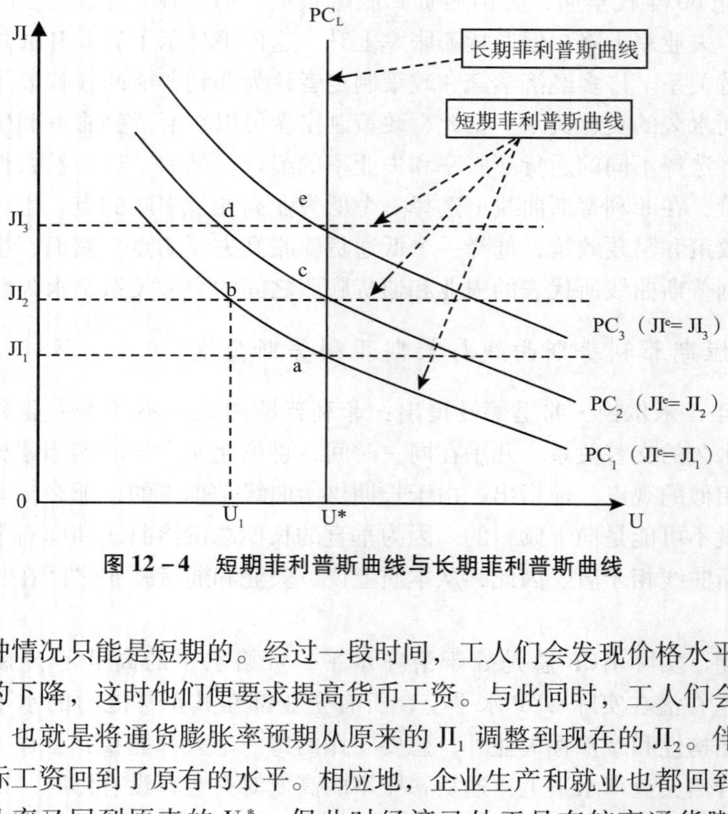

图 12－4　短期菲利普斯曲线与长期菲利普斯曲线

但这种情况只能是短期的。经过一段时间，工人们会发现价格水平的上升和实际工资的下降，这时他们便要求提高货币工资。与此同时，工人们会相应地调整其预期，也就是将通货膨胀率预期从原来的 JI_1 调整到现在的 JI_2。伴随着这种调整，实际工资回到了原有的水平。相应地，企业生产和就业也都回到了原有的水平，失业率又回到原来的 U^*。但此时经济已处于具有较高通货膨胀率预期（既 JI_2）的 b 点。

将以上过程重复下去，可以想象，在短期，由于工人不能及时改变预期，存在着失业与通货膨胀之间的替换关系，表现在图形上，便有诸如 PC_1、PC_2、PC_3……的各条短期菲利普斯曲线。随着工人预期通货膨胀率的上升，短期菲利普斯曲线不断上升。

从长期来看，工人预期的通货膨胀与实际通货膨胀是一致的。因此，企业不会增加生产和就业，失业率也不会下降，从而便形成了一条与自然失业率重合的长期菲利普斯曲线 PC_L。从图 12 –4 可知，垂直于自然失业率水平的长期菲利普斯曲线表明，在长期中，不存在失业与通货膨胀的替换关系。

由此可以得出，附加预期菲利普斯曲线的政策含义是，在短期内，扩张性总需求管理政策可以减少失业；但从长期来看，扩张性总需求管理政策不能减少失业，只会使通货膨胀率上升。因此，总需求管理政策需要考虑预期和时间因素，动态地考察通货膨胀和失业的最优时间路径，注意政策的短期和长期影响。

【即问即答】

短期和长期菲利普斯曲线有什么不同？它们对现实有什么指导意义？

【案例分析】

附加预期的菲利普斯曲线——未来通货膨胀预期对失业率大小的影响

假设一个关于某企业和工人工资协议的简单案例。首先要明白，企业和工人都对实际工资感兴趣。譬如，该企业和工人都预计通货膨胀率为 5%，并在 2010 年达成 2011 年的工资水平为每天 105 元，那么，可以预期到 2011 年企业支付给工人的实际工资为每天 100 元。但是，如果实际的通货膨胀率比预期的 5% 的通货膨胀率要高，如 8%，那么，工人得到的实际工资如表 12 –2 所示为每天 97. 22 元，即经济中企业支付给工人的实际工资将会比预期的实际工资低，企业就会雇用比原定计划更多的工人，失业率下降；而反过来讲，如果实际的通货膨胀率比预期的 5% 的通货膨胀率要低，如 2%，那么，工人得到的实际工资如表 12 –2 所示为每天 102. 94 元，即经济中企业支付给工人的实际工资将会比预期的实际工资高，企业就会雇用比原定计划更少的工人，失业率上升。

表 12 –2　　附加预期的菲利普斯曲线举例

名义工资	预期实际工资	真实实际工资	真实实际工资
105 元/天	预期通货膨胀率 =5% 105/105 ×100 =100 元	真实通货膨胀率 =2% 105/102 ×100 =102. 94 元	真实通货膨胀率 =8% 105/108 ×100 =97. 22 元
实际通货膨胀高于预期通货膨胀		真实实际工资低于预期实际工资	失业率下降
实际通货膨胀低于预期通货膨胀		真实实际工资高于预期实际工资	失业率上升

所以，在通货膨胀和失业之间总是存在着短期的交替关系，但这种关系在长期是不存在的。短暂的交替关系不是来源于通货膨胀，而是来源于未预期到的通货膨胀。通常把引入预

期和时间因素扩展后的菲利普斯曲线称为附加预期的菲利普斯曲线，用公式可以表示为：$\pi = \pi_e - \varepsilon(u - u^*)$。其中，$\pi_e$ 为预期的通货膨胀率。

【内容提要】

◆ 失业分为摩擦性失业、求职性失业、结构性失业、技术性失业、季节性失业、古典失业、周期性失业、需求不足型失业等类型，最典型的是周期性失业，因为周期性失业对经济和社会的影响和冲击最大、后果最严重。

◆ 根据通货膨胀产生的原因，通货膨胀被分为需求拉上的通货膨胀、供给推动的通货膨胀、结构性通货膨胀和输入型通货膨胀。比较典型的是前两种通货膨胀，尤其是需求拉上的通货膨胀，在现实经济生活中最普遍，对经济社会影响也最大。

◆ 失业和通货膨胀常常是一对矛盾，政府有时很难两全。因此，政府在采取经济政策控制通货膨胀和失业时，要统筹兼顾，综合治理。不同情况，不同时期，要有所侧重。

【关键概念】

充分就业　周期性失业　菲利普斯曲线

【单项选择题】

1. 由于经济萧条而形成的失业属于（　　）。

A. 摩擦性失业　B. 结构性失业　C. 周期性失业　D. 永久性失业

2. 一般来说，某个大学生毕业后未能立即找到工作，属于（　　）。

A. 摩擦性失业　B. 结构性失业　C. 自愿性失业　D. 周期性失业

3. 某人由于不愿接受现行的工资水平而造成的失业，称为（　　）。

A. 摩擦性失业　B. 结构性失业　C. 自愿性失业　D. 非自愿失业

4. 垄断企业和寡头企业利用市场势力谋取过高利润所导致的通货膨胀，属于（　　）。

A. 成本推动通货膨胀　B. 结构性通货膨胀

C. 需求拉动通货膨胀　D. 需求结构性通货膨胀

5. 长期菲利普斯曲线说明（　　）。

A. 通货膨胀和失业之间不存在相互替代关系

B. 传统的菲利普斯曲线仍然有效

C. 在价格很高的情况下通货膨胀与失业之间仍有替代关系

D. 曲线离原点越来越远

6. 一般用来衡量通货膨胀的物价指数是（　　）。

A. 消费者物价指数　B. 生产物价指数　C. GDP 平均指数　D. 以上均正确

7. 应付需求拉上的通货膨胀的方法是（　　）。

A. 人力政策　B. 收入政策　C. 财政政策　D. 三种政策都可以

8. 收入政策主要是用来对付（　　）。

A. 需求拉上的通货膨胀　B. 成本推进的通货膨胀

C. 需求结构性通货膨胀　D. 成本结构性通货膨胀

【复习题】

1. 失业的种类和原因有哪些？怎么理解充分就业？
2. 你认为失业会对社会造成哪些损失和冲击？
3. 解决通货膨胀和失业有哪些对策措施？

【问题与应用】

假如一个国家通货膨胀发生，对持有货币的人有什么影响？对银行储户有什么影响？对政府税收有什么影响？

参考文献

[1] 尹伯成．西方经济学简明教程［M］. 上海：上海人民出版社，2006.
[2] 高鸿业．西方经济学［M］. 北京：中国人民大学出版社，2007.
[3] 何忠伟．微观经济学［M］. 北京：中国农业科学技术出版社，2008.
[4] 何忠伟．宏观经济学［M］. 北京：中国农业科学技术出版社，2008.
[5] 曼昆．经济学原理［M］. 北京：北京大学出版社，1999.
[6] 斯蒂格利茨．经济学［M］. 北京：中国人民大学出版社，1997.
[7] 萨缪尔森．经济学［M］. 北京：华夏出版社，2003.

第十三章　经济的周期波动

从长期来看，物品和劳务的生产通常是增长的。由于劳动力、资本存量的增加以及科学技术的进步，社会能生产的东西就会越来越多，也能使人们享受到更高的生活水平。在过去的30多年里，中国的GDP就由1978年的3 645.2亿元增长到2009年的335 353亿元，年均增长在10%以上。

不过，这并不是说中国经济每年都会按照10%的速度匀速增长，而是在不同年份之间出现一些波动。例如，在1989年、1990年这两年，经济的增长率就很低，甚至低于5%。由于企业无法把它们生产的所有物品和劳务都卖出去，因此，它们减少产量。于是，工人被解雇、失业增加，工厂被闲置。由于社会生产的物品和劳务少了，GDP和衡量收入的其他指标就下降。如果这种收入减少和失业增加较为缓和，这种时期就称为衰退（recession）；如果比较严重，则称为萧条（depression）。

那么，经济的周期波动具有什么典型特征？有无规律可循？是什么因素引起经济的波动？有没有什么措施能够应对衰退和萧条的发生，从而减缓经济的波动呢？这正是本章将要讨论的内容。

第一节　经济的周期波动

经济周期（business cycle，也可译为商业周期、商业循环或经济循环），是国民总产出、总收入、总就业量的波动，它以大多数经济部门的扩张或收缩为标志。作为本章内容的出发点，我们首先来了解经济周期的一些典型特征。

- 经济周期是不可避免的。经济的周期波动是所有市场经济的共同特征，任何想从根本上消除这种波动的努力都是徒劳的。

- 经济周期无现成规律可循、也无法准确预测。没有完全相同的两个经济周期，也没有像测算钟摆和行星运动那样的精确公式，可以准确预测经济周期发生的日期和持续的时间。就其不规则性而言，经济周期更像天气变化一样变化无常。

- 一个周期由繁荣、衰退、萧条、复苏四个阶段组成。繁荣阶段是经济周期的高峰阶段，由于投资需求和消费需求的不断扩张超过了产出的增长，刺激价格迅速上涨到较高水平。衰退阶段出现在经济周期高峰过去后，经济开始滑坡，由于需求的萎缩，供给大大超过需求，价格迅速下跌。萧条阶段是经济周期的谷底，供给和需求均处于较低水平，价格停止下跌，处于低水平上。复苏阶段开始时是前一周期的最低点，产出和价格均处于最低水平。随着经济的复苏，生产的恢复和需求的增长，价格也开始逐步回升。

- 经济周期是经济活动总体性、全局性的波动。GDP 是衡量经济周期波动的一个最常用指标，因为它能够最全面地衡量经济活动。另外，衡量收入、支出或生产波动的其他指标也会同时发生变动。例如，在衰退期，随着 GDP 的减少，个人收入、企业利润、消费者支出、投资支出、零售额、汽车销售额、住房销售额等都会同时减少。由于衰退是经济总体现象，所以反映在宏观经济数据的很多来源上。

经济周期的四个阶段划分如图 13－1 所示。

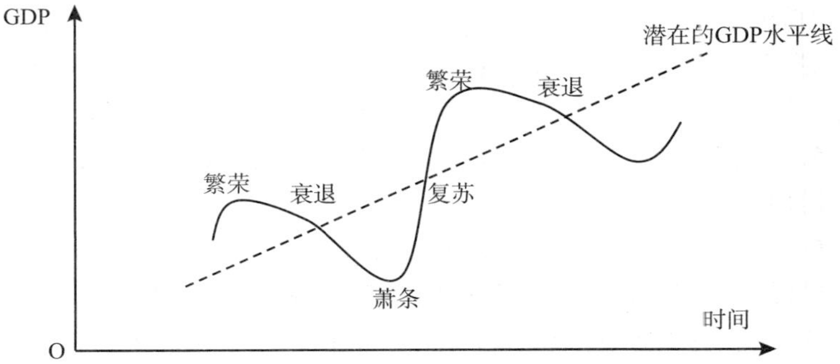

图 13－1　经济周期的四个阶段划分

有些经济学家将经济周期划分为两个阶段——扩张和衰退以及两个转折点——谷底和峰顶，如图 13－2 所示，虚线表示经济长期稳定的增长趋势，实线部分则用来表示经济活动围绕“长期趋势”上下波动的实际水平。扩张阶段是总

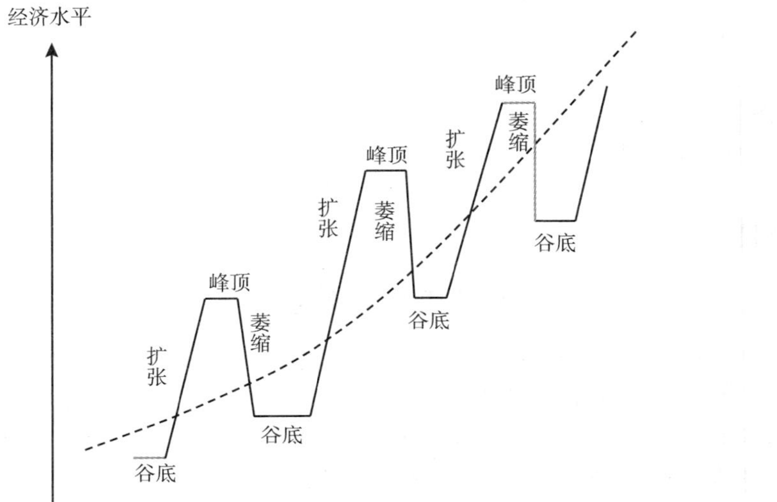

图 13－2　经济周期的两个阶段和两个转折点

需求和经济活动增长的时期，衰退阶段是总需求和经济活动下降的时期，谷底和峰顶分别是整个经济周期的最低点和最高点，也是用来表示萧条与繁荣的转折点。扩张开始于谷底而结束于峰顶，衰退开始于峰顶而结束于谷底。

衰退经常以企业在资本品上，如机器设备、新厂房和新办公楼，以及家庭在住房和如汽车、家电等耐用消费品上的支出减少开始。随着消费者支出减少，企业资本品和耐用消费品存货意外增加，企业削减生产，解雇工人，失业率上升。失业的上升和利润的下降又减少了收入，进一步导致支出下降。随着衰退的持续，经济条件逐渐改善，利率下降，家庭和企业的支出能力增强，企业和家庭在资本品和耐用消费品上的支出增加，新一轮的扩张开始。

经济衰退阶段的主要特征包括：家庭消费急剧下降，汽车及其他耐用品存货增加；劳动需求下降，失业率上升；产出下降，通货膨胀步伐减慢；股票价格下跌，企业利润急剧下滑。在经济周期波动的衰退阶段，是宏观经济环境和市场环境日趋紧缩的时期。这时，市场需求疲软，订货不足，商品滞销，生产下降，资金周转不畅。企业在供、产、销和人、财、物方面都会遇到很多困难。企业处于较恶劣的外部环境中。

而经济扩张阶段的特征恰好与衰退阶段相反。在经济周期波动的扩张阶段，是宏观经济环境和市场环境日益活跃的时期。这时，市场需求旺盛，订货饱满，商品畅销，生产趋升，资金周转灵便。企业的供、产、销和人、财、物都比较好安排。企业处于较为宽松有利的外部环境中。

一个企业生产经营状况的好坏，既受其内部条件的影响，又受其外部宏观经济环境和市场环境的影响。一个企业，无力决定它的外部环境，但可以通过内部条件的改善，来积极适应外部环境的变化，充分利用外部环境，并在一定范围内，改变自己的小环境，以增强自身活力，扩大市场占有率。因此，作为企业家对经济周期波动必须了解、把握，并能制订相应的对策来适应周期的波动，否则将在波动中丧失生机。

【即问即答】

列出并讨论经济周期的四个典型特征。

【参考资料】

经济周期的类型①

西方经济学家不仅总结了经济波动的主要特点，还根据经济周期波动的时间将经济周期划分为不同的类型，即短周期、中周期和长周期。

中周期又称为“朱拉格周期”（Juglar Cycles），平均每一周期长度约为 9 ~10 年。短周期又称为“基钦周期”（Kitchen Cycles），长度大致为中周期的 1/2。长周期又称为“康德拉

① 资料来源：尹伯成．西方经济学简明教程［M］．上海：上海人民出版社，2008。

季耶夫周期”（Kondratief Cycles），平均长度约为 50 年。

另外，1930 年，美国经济学家库兹涅茨（Kuznets）在对美、英、法、德等国从 19 世纪初到 20 世纪中叶主要工农业产品的产量和价格波动进行分析的基础上，提出了在主要资本主义国家存在长度从 15 ~22 年不等，而平均长度为 20 年的经济周期的论点。这也是一种长周期，被称为“库兹涅茨周期”（Kuznets Cycles）。

第二节　引起经济周期波动的原因

经济周期的原因一直是经济学家研究的中心，到现在为止已有几十种理论之多。这些理论大致可分为内生论和外生论两大类。内生论认为，经济周期产生于经济体系内的原因。外生论认为，经济周期产生于经济体系外的原因。凯恩斯主义经济周期理论属于内生论，真实经济周期理论则属于外生论。

总需求—总供给模型（model of aggregate demand and aggregate supply，AD - AS 模型）是许多经济学家用来解释经济周期波动的一个重要模型。

一、总需求—总供给模型

总需求曲线（aggregate-demand curve）表示在每一种物价水平时，家庭、企业和政府想要购买的物品与劳务的数量；总供给曲线（aggregate-supply curve）表示在每一种物价水平时，企业生产并销售的物品与劳务的数量。

根据 AD - AS 模型，物价水平与产量的调整使总需求与总供给平衡。总需求—总供给曲线如图 13 - 3 所示。

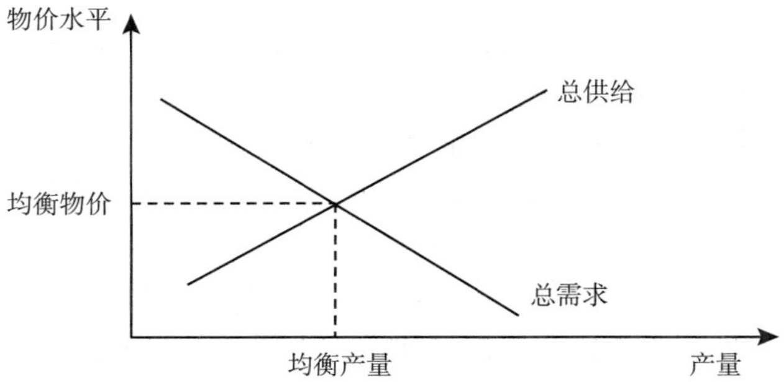

图 13 - 3　总需求—总供给曲线

（一）认识总需求曲线

如图 13 - 4 所示，总需求曲线通常为一条向右下方倾斜的曲线。这意味着，在其他条件不变的情况下，经济的物价水平下降（比如说从 P_1 降到 P_2）会增加对物品和劳务的需求（从 Y_1 增加到 Y_2）。

那么，为什么物价水平下降会增加物品和劳务的增加呢？我们可以回忆一下前面讲的四部门经济的 GDP 构成：消费、投资、政府购买和净出口。这四个组成部分中的每一部分都对物品和劳务的需求做出了贡献。现在我们假定政府支出是由政策固定的，而其他三个方面——消费、投资和净出口，取决于经济状况，

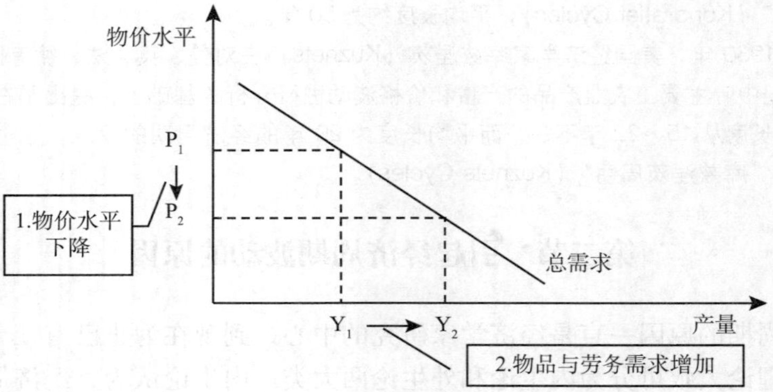

图 13-4 总需求曲线

特别是物价水平。因此，为了了解总需求曲线向右下方倾斜的原因，我们就必须先要考察物价水平如何影响消费、投资和净出口的物品和劳务需求量。

总需求曲线向右下方倾斜表明物价水平下降增加了物品与劳务的总需求量。但是，许多其他因素也会影响物价水平为既定时的物品与劳务的需求量。当这些因素变动时，总需求曲线也会移动。

1. 消费引起的移动。假设中国人由于社会保障体系的日益完善变得更加敢于当前消费了。那么，由于物价水平为既定时，物价与劳务的需求量增加了，所以总需求曲线向右方移动。相反，对于欧美国家的消费者来说，由于政府削减社会保障开支，他们就会减少当前的消费，于是对物品与劳务的需求量就会减少，所以总需求曲线向左方移动。

2. 投资引起的移动。任何一个改变企业在物价水平为既定时的投资水平的事件都会使总需求曲线移动。例如，网络泡沫时期，由于网络技术的发明激发了投资人极大的投资热情。由于在物价水平为既定时的物品与劳务的需求量增多了，总需求曲线向右移动。相反，如果企业对未来经济状况持悲观态度，他们就会削减投资支出，这使总需求曲线向左移动。

3. 政府购买引起的移动。决策者移动总需求曲线最直接的办法是政府购买。例如，为应对 2008 年全球金融危机的冲击，中国中央政府制定了 4 万亿的投资计划。由于在物价水平为既定时物品与劳务的需求量增加了，总需求曲线向右移动。相反，希腊政府为了应对债务危机，制定了一揽子的削减政府开支的计划，致使在物价水平为既定时物品和劳务需求量减少，总需求曲线向左移动。

4. 净出口引起的移动。在物价水平为既定时改变净出口的事件也会使总需求曲线移动。例如，在次贷危机时，美国从中国购买的物品减少了，这就减少了中国的净出口，使中国经济的总需求曲线向左移动。相反，当美国经济从危机中复苏时，它又会开始增加购买中国物品，这又会使中国的总需求曲线向右移动。

【即问即答】

列出并讨论引起总需求曲线移动的四个原因。

（二）认识总供给曲线

总供给曲线告诉我们在物价水平为既定时企业生产并销售的物品与劳务总量。与总是向右下方倾斜的总需求曲线不同，总供给曲线的走势取决于所考察的时间的长短。在长期中，总供给曲线是垂线；而在短期中，总供给曲线向右上方倾斜。

为什么长期中总供给曲线是垂线呢？

首先我们先要搞清楚是什么因素决定长期中物品与劳务的供给量。在长期中，一个经济的物品与劳务的供给取决于它的资本、劳动和自然资源的供给，以及用来把资本和劳动变为物品与劳务的生产技术，而物价水平并不影响这些实际GDP的长期决定因素，所以，长期供给曲线是一条垂线（见图13－5）。

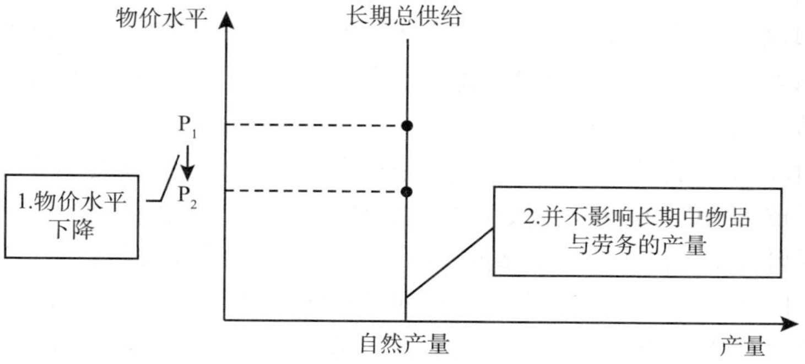

图13－5　长期总供给曲线

你也许会奇怪：为什么长期供给曲线是垂线，而某种物品或劳务的供给曲线会向右上方倾斜呢？原因是某种物品与劳务的供给取决于相对价格——这种物品与劳务和经济中其他物品与劳务的价格相比较的价格。例如，在经济中其他价格不变时，冰淇淋价格上升，冰淇淋生产者可以从冰冻奶酪这类物品那里得到劳动、牛奶、巧克力和其他投入来增加其生产。与此相比，经济中物品与劳务的整体生产要受到资本、劳动、自然资源和技术的限制。因此，当经济中所有物价同时上升时，物品与劳务的总供给量没有变化。

长期总供给曲线的位置标明了古典宏观经济学理论所预期的物品与劳务量。这种生产水平被称为潜在产量或充分就业产量，也称为自然产量率。经济中任何改变自然产量率的变动都会使长期总供给曲线移动。古典经济模型中的产量取决于劳动、资本、自然资源和技术知识，所以我们可以把影响长期总供给曲线移动的因素归入这四类来源。

1. 劳动引起的移动。设想一个经济体由于移民数量增加了，工人数量增多了，供给的物品与劳务也增多了。结果，长期总供给曲线向右移动。相反，如果许多工人离开这个经济体，则工人数量减少了，长期总供给曲线将向左移动。

长期总供给曲线的位置还取决于自然失业率。自然失业率的任何一种变动都会使长期总供给曲线移动。例如，如果政府大幅度提高最低工资，自然失业率就会上升，经济体生产的物品和劳务会减少。结果，长期总供给曲线向左移动。相反，如果失业保障制度鼓励失业工人更努力地寻找新工作，自然失业率将下降，长期总供给曲线将向右移动。

2. 资本引起的移动。经济中资本存量的增加会提高生产率，从而增加物品与劳务的供给量，并最终使长期总供给曲线向左移动。

需要注意的是，无论是讨论物质资本还是人力资本，同样的逻辑都适用。机器数量或大学学位数量的增加都将提高经济生产物品与劳务的能力。因此，这两者都会使长期总供给曲线向右移动。

3. 自然资源引起的移动。自然资源（包括土地、矿藏等）是经济生产的重要要素。新矿藏的发现会使长期总供给曲线向右移动，而耕地面积的减少会使长期总供给曲线向左移动。

在许多国家，重要的自然资源都是从国外进口。这些资源可活动性的变动会使总供给曲线移动。从后面的案例我们将会看到，世界石油市场所发生的变动是总供给曲线移动的一个重要来源。

4. 技术知识引起的移动。今天的经济较我们上一代人产量更高的一个最重要的原因在于技术知识的进步。例如，信息化技术的发明，使同样数量的劳动、资本和自然资源可以生产出比以往更多的产品。于是，总供给曲线就会向右移动。

如图 13－6 所示，我们认为，与长期供给曲线是一条垂直线不同，短期供给曲线向右上方倾斜。也就是说，在短期内，物价总水平的上升会增加物品与劳务的供给量；而物价总水平的下降倾向于减少物品与劳务的供给量。

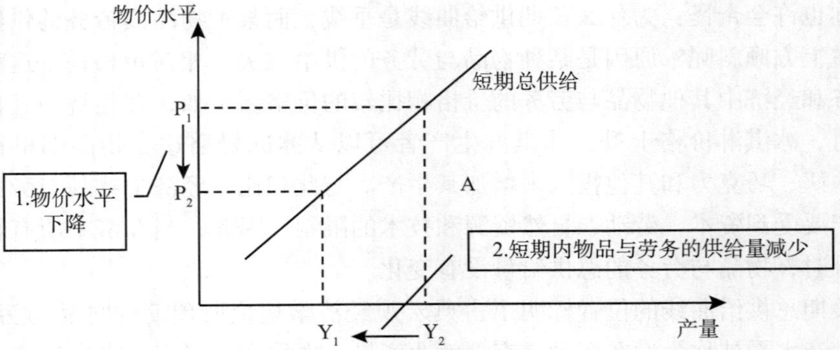

图 13－6　短期总供给曲线

【案例分析】

供给侧改革①

习近平总书记对新常态下中国经济的判断一针见血："结构性问题最突出，矛盾的主要方面在供给侧。"推进供给侧改革是形势所迫，是问题倒逼的必然选择。改革攻坚，这个坎必须跨过去。

---

① 资料来源：新华网，2016 年 6 月 1 日。

习近平指出，国内经济现在面临“四降一升”。结构性改革必须进行，而重点就在供给侧。习近平认为，当前的问题主要是传统门类生产过剩。传统门类出现生产过剩不是因需求不足，或没有需求，而是需求变了。但供给的产品却没有变，质量、服务跟不上，已不能满足需求的变化。这种结构性问题单纯依靠刺激内需难以解决，必须改善供给结构，实现由低水平供需平衡向高水平供需平衡跃升，不断创造和引领新的需求。因此，推进供给侧改革是全面深化改革的决定性战役。推进供给侧结构性改革，要从生产端入手，重点是促进产能过剩有效化解，促进产业优化重组，降低企业成本，发展战略性新兴产业和现代服务业，增加公共产品和服务供给，提高供给结构对需求变化的适应性和灵活性。简言之，就是去产能、去库存、去杠杆、降成本、补短板。

习近平强调，五大发展理念中，“创新”居于首位，推进供给侧改革，必须牢固树立创新发展理念，推动新技术、新产业、新业态蓬勃发展，为经济持续健康发展提供源源不断的内生动力。

问题：

试分析供给侧改革将如何影响我国短期供给和长期供给？

【即问即答】

列出并讨论引起总供给曲线移动的四个原因。

二、经济波动的原因

下面，我们可以利用前面介绍的总需求—总供给模型分析造成经济短期波动的两个基本原因。

我们先假设经济开始时处于长期均衡，如图 13 –7 所示。均衡产量和物价水平是由总需求曲线和长期总供给曲线的交点决定的（如图 13 –7 中 A 点所示）。在这一点时，产量为其自然产出率。

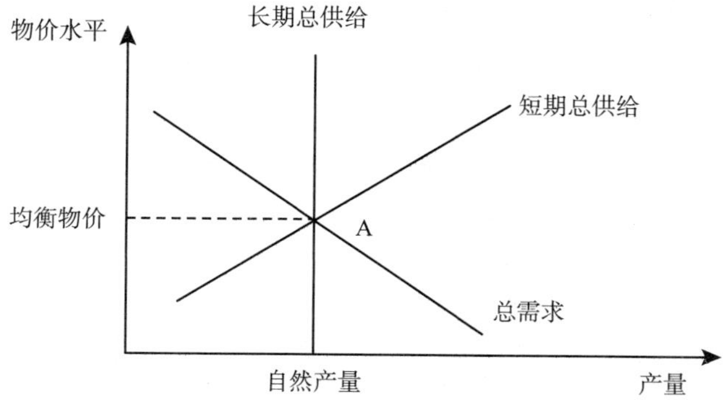

图 13 –7　长期均衡

短期总供给曲线也通过 A 点，这表明工资、价格和感觉都完全调整到了这种长期均衡。这就是说，当经济处于长期均衡时，工资、价格和感觉的调整必定使总需求与短期总供给的交点和总需求与长期总供给的交点相同。下面，我们来看总需求和总供给的移动如何影响经济。

(一) 总需求的移动如何影响经济

假设由于战争、股票市场大跌或其他原因，悲观的情绪弥漫经济，于是人们对物品和劳务的总需求减少。也就是说，在物价水平为既定时，家庭和企业现在想购买的物品与劳务减少了。如图 13－8 所示，总需求曲线从 AD_1 向左移动到 AD_2。在短期中，经济沿着原来的短期总供给曲线 AS_1 从 A 点变动到 B 点。随着经济从 A 点移动到 B 点，产量从 Y_1 下降到 Y_2，而物价水平从 P_1 下降到 P_2，此时经济处在衰退中。在某种程度上，引起总需求移动的悲观主义是自我实现的：对未来的悲观主义引起收入下降和失业增加。

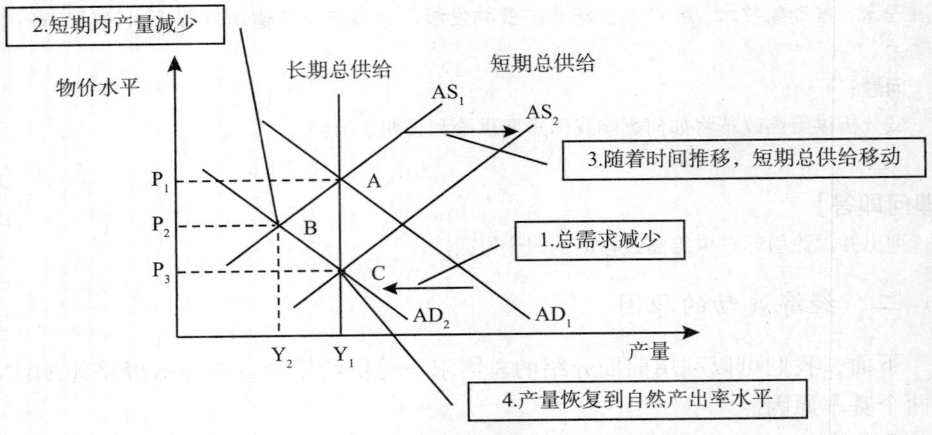

图 13－8　总需求减少对总收入的影响

【参考资料】

从总需求曲线的移动来看美国次贷危机对中国经济的影响

2007 年 3 月 13 日，美国第二大次级抵押贷款机构——新世纪金融公司，因濒临破产被纽约证券交易所停牌，标志着次贷危机的正式爆发。当天，美国股市道琼斯指数狂跌了 242. 66 点。危机在当年 8 月上旬达到高潮，全球股市全线暴跌，包括雷曼兄弟、贝尔斯登在内的大批公司倒闭。次贷危机的爆发对中国的经济也产生了巨大的冲击。

第一个冲击是中国的外贸行业。到 2007 年末，美国的国内生产总值约占全球生产总值比重的 25. 5% 以上。在全球化高度发展的今天，美国作为世界经济的发动机，在国际上具有举足轻重的地位。因此，美国次贷危机的爆发在降低美国消费者的需求水平的同时，会对世界经济也产生重大的影响。中国作为外贸依存度很高的国家，难免会受到较大的冲击。2007 年，中国出口产值占国内生产总值的 35% 左右，如果出口结构保持不变，2009 年出口所获得的增长大致是零，国内生产总值的增长要下降 3. 5 个百分点。这就意味着中国 2009 年的增长率与往年大体 10% 左右相比，要下降到 6. 5%。因此，出口的减少会使中国的总需求曲线向左移动。

第二个冲击是中国股市的深度下挫。2007～2008 年，中国股市从最高的 6 124. 04 点下跌到最低的 1 664. 93 点，跌幅在 70% 以上。中国股市的下挫固然有对“大小非”恐惧的内因，但更是受美国次贷危机爆发后出口受阻、经济不景气的反映。股市的下跌使人们的财富缩水，从而减少消费支出，这样会使中国的总需求曲线进一步向左移动。

（二）总供给的移动如何影响经济

大家知道，2010 年，由于工人的抗议，中国的很多企业，特别是外资企业纷纷调高了一线工人的工资标准。应该说，提高工资标准对当前的社会来说是一件好事，因为这可以提高工人们的生活水平、促进社会和谐。而且，工人收入的增加也可以增加社会的总需求，从而促进社会的发展。不过，从总供给的角度来看，由于工人工资的提高，企业的生产成本会增加。那么，企业生产成本的增加会对经济产生什么影响呢?

在物价水平既定的情况，生产成本的增加会使企业减少物品和劳务供给，从而使短期总供给向左移动。如图 13 –9 所示，经济沿着总需求曲线从 A 点移动到 B 点，产量从 Y_1 减少到 Y_2，物价从 P_1 上升到 P_2。此时，经济处于停滞（产量下降）和通货膨胀（物价上涨）并存的状态，这种状态也被称为滞涨。

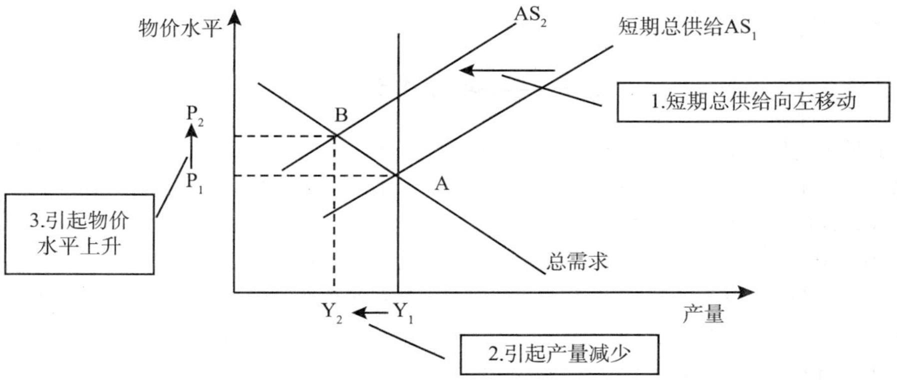

图 13 –9　总供给减少对经济的影响

【参考资料】

从总供给曲线的移动来看石油与经济的关系①

1970 年以来，美国经济中一些最大的经济波动来源于中东的产油地区。在美国，原油是生产许多物品和劳务的关键投入，而且世界上大部分石油来源于中东地区。当某个事件（通常起源于政治）减少了来自于这个地区的原油供给时，世界石油价格就会上升。美国生产汽油、轮胎和许多其他产品的企业的成本就会增加，结果是总供给曲线向左移动，这就会引起滞涨。

第一起事件发生在 20 世纪 70 年代中期。石油储量丰富的国家成立了欧佩克，这是一个典型的卡特尔——一个企图阻止竞争并减少生产以提高价格的生产者集团。之后，石油价格的确大幅度上升了。1973 ~1975 年，石油价格几乎翻了一番。世界石油进口国都经历了同时

① 资料来源：曼昆．经济学原理（第五版）［M］．北京：北京大学出版社，2009。

出现的通货膨胀和衰退。在美国，按 CPI 衡量的通货膨胀率几十年来第一次超过了 10%，失业率从 1973 年的 4.9% 上升到 1975 年的 8.5%。

几乎完全相同的事件在几年后又发生了。在 20 世纪 70 年代末期，欧佩克国家再一次限制石油的供给以提高价格。1978 ~1981 年，石油价格翻了一番还多，结果滞涨又来了。第一次欧佩克事件引起的通货膨胀本已有点平息，但现在每年的通货膨胀率又上升到 10% 以上。由于美联储需要限制这种通货膨胀的大幅度上升，所以经济很快又是衰退，失业从 1978 年和 1979 年的 6% 左右在几年内就上升到 10%。

世界石油市场有时也是总供给有利移动的来源。1986 年，欧佩克成员之间爆发了争执，成员国违背限制石油生产的协议。在世界石油市场上，石油价格下降了一半左右。石油价格的下降减少了美国企业的成本，这又使总供给曲线向右移动，结果，美国经济经历了滞涨的反面：产量迅速增长，失业减少，而通货膨胀率达到了多年来的最低水平。

【即问即答】

分析并讨论引起经济周期波动的原因。

【参考资料】

总需求—总供给模型的起源①

我们在上面介绍了总需求—总供给模型，现在来回顾一下它的起源。这个模型在很大程度上可以说是 20 世纪 30 年代大萧条的副产品。当时的经济学家和决策者对引起这场灾难的原因及如何应对这场灾难感到困惑。

1936 年，英国著名经济学家约翰·梅纳德·凯恩斯出版了著名的《就业、理性与货币通论》（以下简称《通论》）一书。在该书中，凯恩斯针对短期经济波动和经济的大萧条提出了自己的观点：衰退和萧条之所以会发生，是因为对物品与劳务的总需求不足。

凯恩斯长期以来一直在批评古典经济理论——因为它只能解释政策的长期效应，而没有考虑其短期效果。在发表《通论》前几年，凯恩斯针对古典经济学写下了这样一段话："长期是对当前事务的误导。在长期中，我们都死了。如果在暴风雨季节，有人告诉我们，从长期来看暴风雨将过去，海洋必将平静。那经济学家给自己的任务也太过于简单而无用了。"在世界经济饱受高失业之苦的 20 世纪 30 年代，凯恩斯提出了增加总需求（包括公共工程支出）的政策，为各国应对经济萧条指出了一条崭新的道路。

第三节　消减经济周期波动的方法

凯恩斯主义者认为，为了减少经济周期性波动的影响，政府和相关货币部门应该采取相应的财政政策和货币政策对宏观经济进行调控。

一、财政政策与现实工具

财政政策，是政府利用支出和收入来调节总需求，以控制失业和通货膨胀、

① 资料来源：曼昆．经济学原理（第五版）[M]．北京：北京大学出版社，2009。

实现经济稳定增长的宏观经济政策。

【自动稳定器】

自动稳定器（automatic stabilizers）是指财政预算中根据经济状况而自动发生变化的收入和支出项目，如税收和转移支付。

政府税收，尤其是比例所得税是最重要的一个自动稳定器。当经济繁荣、通货膨胀率较高时，税收会随着人们收入的增加而自动增加，使人们可支配收入的上升幅度低于收入增加的幅度，从而使消费需求增长自动受到抑制。相反，当经济萧条时，税收将随着人们收入的减少而自动减少，并使可支配收入下降的幅度小于收入下降的幅度，从而消费支出下降的幅度也会小一些。可见，比例所得税可减缓总需求波动的幅度。

政府转移支付是另一个重要的自动稳定器。当经济出现衰退和萧条时，劳动者失业增多，于是领取失业救济金和其他福利费的人数增加，这就可以抑制人们可支配收入的下降，进而减缓消费需求的下降。当经济繁荣时，失业人数减少，失业救济金和其他福利费支出也相应减少，从而抑制了可支配收入的增长，进而减缓消费需求的增长。

只要政府支出和收入这些制度存在，各种自动稳定器就会发挥作用。但是，自动稳定器只能减缓经济波动，而不能消除波动。要想消除经济波动，还需要政府采取变更收入或支出的相机抉择的财政政策（discretionary fiscal policy）。相机抉择的财政政策可分为扩张性的财政政策与紧缩性的财政政策。当政府认为总需求水平过低、经济出现衰退时，政府应通过削减税收、增加支出等扩张性的财政政策来刺激经济；相反，当政府认为总需求水平过高、经济出现严重通货膨胀时，政府应该通过增加税收、减少支出等紧缩性的财政政策来抑制经济过热的势头。

【参考资料】

1998 年以来中国财政政策的变化

1998 年是中国经济比较困难的一年。在国际上，亚洲金融危机对中国外贸企业的冲击很大；在国内，中国经济经过 20 年的高速增长，大部分制成品已由卖方市场转变为买方市场，另外，特大洪灾也对经济造成了很大的冲击。这时，中国出现了明显的通货紧缩迹象，政府工作的重心也由过去以治理通货膨胀为主向治理通货紧缩转变。在财政政策的选择上，中国政府开始采取积极的财政政策。1998 ~2004 年，中国累计发行长期建设国债 9 100 亿元，到 2003 年，共带动配套资金 3. 28 万亿元。连续多年实施积极财政政策，取得了显著成效。相关资料显示，从 1998 年至今，中国积极财政政策在每年拉动经济增长 1. 5 ~2 个百分点的同时，也使国债规模达到 2 万多亿元，财政赤字占 GDP 的比重已接近 3%。2003 年，中国经济基本走出通货紧缩的阴影，并呈现出加速发展态势，但是积极财政政策的实施也在不同程度和方面引起了一定的负面作用。

2003 年，积极的财政政策出现了一定程度的副作用，国民经济中出现了经济的局部过热现象，个别地区、个别产业的发展严重失调，一些能源消耗性的产业非正常发展，使国民经济的发展态势出现了不均衡，因而积极财政政策的淡出逐步提上了日程。到 2005 年，鉴于国内社会投资明显加快，经济活力充沛，积极的财政政策实施 7 年后正式退场，转为稳健的财政政策。

2007 年，美国次贷危机爆发。到 2008 年，次贷危机已经演变成一场世界性的金融危机，对包括中国在内的世界经济造成了巨大的冲击。为了应对危机，从 2008 年开始，中国政府又开始实行积极的财政政策，主要包括：（1）扩大政府支出，中央提出 4 万亿的投资计划；（2）减少税收（实施了证券交易税的下降和利息税的取消）；（3）增加出口退税；（4）加强宽松的财政政策：减少税收（已实施了证券交易税的下降和利息税的取消）；（5）增加公共财政在社会保障、医疗等方面的支出，保持社会经济发展环境的稳定；（6）推出一系列的产业振兴计划。

通过积极财政政策的实施，中国经济在世界主要经济体中率先走出低谷。2009 年，中国 GDP 增长 8.7%，成功实现了中央提出的 8% 的增长目标。

二、货币政策与现实工具

凯恩斯主义者认为，货币政策和财政增长一样，也是调节国民收入、应对经济波动的重要手段。

所谓货币政策，指中央银行通过控制货币供应量来调节利率进而影响投资和整个经济以达到一定经济目标的经济政策。

与财政政策直接影响总需求的规模不同，货币政策需要通过利率的变动来间接地对总需求产生影响。货币政策也可分为扩张性的和紧缩性的两大类。当经济萧条时，大多采取扩张性的货币政策来增加货币供给，从而降低利率、促进总需求的增长；反之，在通货膨胀严重时，大多采取紧缩性的货币政策来减少货币供给，从而提高利率、减缓总需求的增长。

那么，中央银行都运用哪些货币政策工具来调节货币的供给量呢？这里，最常用的主要有公开市场业务、法定准备金率和再贴现率三种。

（一）公开市场业务

公开市场业务，指的是中央银行在金融市场上买卖政府债券来控制货币供给和利率的政策行为，是目前多数发达国家（更准确的说是大多数市场经济国家）中央银行控制货币供给量的最重要和最常用的工具。

当经济过热时，中央银行卖出政府债券回笼货币，使货币流通量减少，导致利息率上升，促使投资减少，达到压缩社会总需求的目的。

当经济处于增长过慢、投资锐减的不景气状态时，中央银行买进政府债券，把货币投放市场，使货币流通量增加，导致利息率下降，从而刺激投资增长，使总需求扩大。

公开市场业务之所以能成为中央银行控制货币供给最主要的手段，是因为运用这种手段有着比其他手段更多的优点。例如，在公开市场业务中，中央银行可及时地按照一定规模买卖政府债券，从而准确地控制银行体系的准备金。

（二）法定准备金率

存款准备金是指金融机构为保证客户提取存款和资金清算需要而准备的在中央银行的存款。中央银行通常都会规定金融机构的存款准备金占其存款总额的最低比例，这就是法定存款准备金率。

20 世纪 30 年代以后，法定准备金制度成为国家调节经济的重要手段，是中央银行对商业银行的信贷规模进行控制的一种制度。中央银行控制的商业银行准备金的多少和准备率的高低影响着银行的信贷规模，从而间接影响市场的货币供给。

当经济处于萧条时期时，中央银行通过调低法定准备金率，使银行可用于贷款的资金增加，从而刺激投资增长，使总需求扩大。

当经济过热时，中央银行通过调高法定准备金率，使银行可用于贷款的资金减少，限制了企业的投资水平，从而降低社会的总需求。

（三）贴现率

货币政策的第三个重要工具是贴现率。当银行的储备金太少、达不到法定准备金率的要求时，商业银行可以向中央银行贷款，这也称为贴现，这种贷款的利率也称为贴现率。当中央银行向商业银行发放这种贷款时，银行体系的准备金就增加。而且，这些增加的准备金能使银行体系创造出更多的货币。

中央银行可以通过改变贴现率来改变货币供给。当中央银行提高贴现率时，就会抑制商业银行从中央银行借入准备金，从而减少货币供给；相反，当中央银行降低贴现率时，就会鼓励商业银行从中央银行借入准备金，从而增加货币供给。

【参考资料】

为应对国际金融危机，2008 年以来中国采取宽松的货币政策

2008 年，国内外形势逐步发生变化。国内发生汶川大地震等严重自然灾害，国际上美国次贷危机加剧，并在 9 月中旬急剧恶化为百年难遇的国际金融危机。针对形势变化，我国宏观政策相应地从“双防”转向“一保一控”再到“灵活审慎”，货币政策则从 2008 年 7 月就及时进行了较大调整。一是调减公开市场对冲力度，相继停发 3 年期中央银行票据、减少 1 年期和 3 个月期中央银行票据发行频率，引导中央银行票据发行利率适当下行，保证流动性供应。二是于 9 月和 10 月连续三次下调基准利率，两次下调存款准备金率，释放保经济增长和稳定市场预期的信号。三是取消了对商业银行信贷规划的约束。四是坚持区别对待、有保有压，鼓励金融机构增加对灾区重建、“三农”、中小企业等贷款。五是扩大商业性个人住房贷款利率下浮幅度，支持居民首次购买普通自住房和改善型普通住房。

通过宽松货币政策的实施，中国经济的流动性得到保证，企业融资成本得以降低，于是投资增加，从而促进了经济的发展。

第四节 反对政府干预的声音

围绕着政府是否应该干预经济的问题，不同的经济学家进行着长期的争论。

自由主义的经济学家们认为，政府不应该干预经济。政府的干预政策不会改变经济周期，反而会加剧经济的波动。

一、货币主义学派的观点①

货币主义学派（Monetarism School）于20世纪50～60年代在美国以挑战凯恩斯主义的面貌出现，其领袖人物为米尔顿·弗里德曼（他在1976年10月获得诺贝尔经济学奖）。

第二次世界大战后，美、英等发达资本主义国家，长期推行凯恩斯主义扩大有效需求的管理政策，虽然在刺激生产发展、延缓经济危机等方面起了一定作用，但同时却引起了持续的通货膨胀。弗里德曼从20世纪50年代起，以制止通货膨胀和反对国家干预经济相标榜，向凯恩斯主义的理论和政策主张提出挑战。他在1956年发表《货币数量论——重新表述》（*The Quantity Theory of Money*）一文，对传统的货币数量说作了新的论述，为货币主义奠定了理论基础。

此后，弗里德曼和他的同事们在理论细节方面不断进行琢磨补充，并且利用美国有关国民收入和货币金融的统计资料，进行了大量经济计量学方面的工作，为他的主要理论观点提供了论据。

自20世纪60年代末期以来，美国的通货膨胀日益严重，特别是1973～1974年，在所有发达资本主义国家都出现剧烈的物价上涨与高额的失业同时并存的"滞胀"现象。凯恩斯主义理论难以对这一现象作出解释，更无法提出对付这一进退维谷处境的对策。于是货币主义开始流行起来，并对美、英等国的经济政策产生了重要影响。货币主义的代表在美国有哈伯格、布伦纳和安德森等，在英国有莱德勒和帕金等。

货币主义学派用经济政策的滞后性质反对根据情况而制定的货币政策，主张实行单一规则的货币政策，即把货币存量作为唯一的政策工具，由政府宣布一个长期不变的货币增长率，这个货币增长率在保证物价水平稳定不变的条件下与预计的实际国民收入在长期内会有的平均增长率相一致。

二、理性预期学派的观点②

理性预期学派（Rational Expectation School），被认为是新古典派经济学（Neo－Classical Economics）第二代，其以动态分析及理性预期假说为主要特征而与第一代分流，被称为新古典派经济学（New Classical Economics）。

1961年，穆斯在《理性预期与价格变动理论》（*Rational Expectations and the Theory of Price Movements*）一文中最先提出了理性预期这一概念。不过当时主要用于金融市场的分析，并未产生较大的影响。20世纪70年代初，卢卡斯将其引入宏观经济问题的研究，由此引发了一场革命，将自由经济思想推向一个新的高

---

① ［加］吉尔·多斯塔勒著，费心录摘译．新自由主义、凯恩斯主义和传统自由主义［J］．国外理论动态，2004，7：9－11.

② 吴培新．卢卡斯与理性预期学派［J］．世界经济文汇，1996，1：75－77.

度。卢卡斯认为，经济不是如凯恩斯主义者认为的由阀门和机械构成的机器，而是由公众组成的一个有机体。理性的厂商和公众会了解政府的政策规则，并按照各自利益最大化的原则对政府的政策行为做出反应，致使政策失效。

理性预期学派认为，货币供给量的变化是造成经济波动的重要原因。因此，政府应放弃实行相机抉择的财政、金融政策，而把财政政策和金融政策的目标放在防止和减少通货膨胀而不是失业上，把最理想的物价水平作为其唯一的政策目标。

三、真实经济周期学派的观点[①]

以基德兰德和普雷斯科特为代表的真实经济周期学派认为，经济周期波动的根源是社会经济的真实因素，尤其是社会的技术冲击。技术决定了投入（资本与劳动）转变为产出的能力，因此，技术冲击就引起了产出与就业的波动。技术冲击具有随机性质，它使产出的长期增长路径也呈现出随机的跳跃性。当技术进步时，经济就在更高的起点增长；当技术恶化或下降时，经济将出现衰退。当技术冲击最初发生于某一个部门时，由于社会各部门之间存在着密切的相互关系，它会引起整个宏观经济的波动。同样，宏观经济的持续波动可以是由连续的单方向的技术冲击造成的，也可以是由一次性的重大冲击带来的。另外，这里技术冲击的概念是广义的。许多非技术性的事件，如原材料和能源价格的变化、气候的变化等，由于会像技术冲击一样影响着生产函数，也被真实经济周期学派看作技术冲击。

真实经济周期学派认为，经济周期在很大程度上表现为经济基本趋势本身的波动，而不是经济围绕基本趋势的波动，即周期不是对均衡的偏离，而是均衡本身暂时的波动，既然是均衡状态，便具有帕累托效率，因而不存在市场失灵，政府也没有必要去干预经济。

【案例分析】

张林之争[②]

近日，国内两位经济学者张维迎和林毅夫围绕产业政策激烈争论。简要回顾张林之争，焦点在于“产业政策的存废”，实质仍是市场与政府的关系之争，根源则是两种经济学思想在中国的学术交锋。

张维迎提出，产业政策是穿着马甲的计划经济。他认为，产业政策的失败不是偶然的，而是必然的。一方面是认知方面的原因，另一方面是激励机制方面的原因。政府部门搞产业政策，有掩盖错误和寻租的激励，不仅不能激励创新，而且还将阻碍创新。企业家要争取的是普遍的权利，而不应是特权。

---

① 袁云峰，朱启贵. 2004 年诺贝尔经济学奖得主学术思想述评［J］. 数量经济技术经济研究，2004，22（1）：153－159.

② 资料来源：上海证券报，2016 年 11 月 11 日。

林毅夫则为产业政策正名，认为经济发展有产业政策才能成功，经济学家不要一概反对。劳动生产率水平的提高需要有“有效的市场”和“有为的政府”的共同作用。“有效的市场”引导企业家按照要素禀赋的比较优势来选择技术和产业促进经济发展。“有为的政府”则要帮助企业家解决自身所难以克服的外部性问题，如提供给第一个吃螃蟹的企业家一定的激励，企业家才会有积极性去冒这个风险。

问题：

你如何看待政府干预市场的问题？

【即问即答】

分析并讨论反对政府干预经济的主要学派及其观点。

【参考资料】

从货币主义、理性预期到真实经济周期理论①

战后自由放任经济学经历了三个重要阶段：先是以弗里德曼为首的货币主义，接着是以卢卡斯为代表的理性预期理论，现在是以基德兰德和普雷斯科特为代表的真实经济周期理论。他们是一脉相承的，理论上不断有新的发展和创新，但自由放任的宗旨未变，普雷斯科特在谈话中一直强调自己的思想来源于弗里德曼和卢卡斯。

他们的这种主张对现实经济政策产生了重要影响。20 世纪80 年代美国里根政府和英国撒切尔夫人的政府都受到弗里德曼的影响。说得大一点，整个世界经济自由化、市场化的进程都受到他们的影响。直至现在这种影响仍然强大。比如，根据他们的观点，市场机制是完善的，因此，政府的作用不是用宏观政策去调节经济，而是为市场机制正常发挥作用创造一个良好的环境。这个良好的环境包括物价稳定。近年来，许多国家采用中性货币政策，正是这种思想的产物。中性货币政策就是不把利率作为货币政策的目标，并用利率来调节经济，而是把物价稳定作为货币政策的唯一目标。从现实来看，实行这种货币政策的国家（如澳大利亚）物价稳定，经济良好（这正是澳大利亚霍华德总理再次连任的原因）。

在经济学中，自由放任各派的理论也影响甚大，货币主义和理性预期理论都被称为宏观经济学中的“革命”。

【内容提要】

◆ 经济的周期性波动作为市场经济中的一种重要现象，具有四个主要的特点：（1）经济周期是不可避免的；（2）经济周期无现成规律可循、也无法预测；（3）每个经济周期都由繁荣、衰退、萧条、复苏四个阶段组成；（4）经济周期是经济活动总体性、全局性的波动。

◆ 总需求—总供给模型是分析经济周期的一个重要工具。造成总需求曲线移动的因素主要包括四个方面：（1）消费；（2）投资；（3）政府购买；（4）净出口。造成总供给曲线移动的因素也包括四个主要方面：（1）劳动；（2）资本；（3）自然资源；（4）知识技术。

---

① 资料来源：梁小民．诺奖回归“真实经济周期”[N]. 21 世纪经济报道，2004。

◆ 按照总需求—总供给模型，造成经济周期波动的原因可归纳为两大类：（1）总需求的变动。当总需求增加时，经济总量增加、物价上涨，经济趋向繁荣；当总需求减少时，经济总量减少、物价下降，经济趋向衰退。（2）总供给的变动。当总供给增加时，经济总量增加、物价下降，经济会出现高增长、低通胀的良性发展；当总供给减少时，经济总量减少、物价上升，经济会出现"滞涨"的不利局面。

◆ 凯恩斯主义者认为，政府可通过财政政策和货币政策的变化来减缓经济的周期波动。财政政策和货币政策都可以分为扩张性和紧缩性两大类。当经济处于萧条的时候，可以采取扩张性的财政和货币政策；当经济处于繁荣阶段，出现过热的迹象时，可以采用紧缩性的财政和货币政策。

◆ 经济学家对政府是否应该干预经济存在很大的分歧。根据凯恩斯主义者的观点，政府的积极干预政策能够使总需求曲线发生移动，从而减缓经济的波动；根据自由主义者的观点，政府的财政或货币政策发挥作用需要相当长的"时滞"，这种"时滞"的存在使政府干预经济的努力往往以失败告终，甚至还会加剧经济的波动。

【关键概念】

经济周期　总需求—总供给模型　自动稳定器　相机抉择的财政政策　公开市场业务　法定准备金率　贴现率

【单项选择题】

1. 经济周期是指（　　）。

   A. 国民收入上升和下降的交替过程

   B. 人均国民收入上升与下降的交替过程

   C. 国民收入增长率上升和下降的交替过程

   D. 以上都正确

2. 经济周期的中心是（　　）。

   A. 利率波动　　B. 通胀率波动　　C. 国民收入波动　　D. 就业率波动

3. 一国在一段时期内 GNP 的增长率在不断降低，但是总量却在不断提高，从经济周期的角度看，该国处于（　　）阶段。

   A. 复苏　　B. 繁荣　　C. 衰退　　D. 萧条

4. 当某一社会经济处于经济周期的扩张阶段时（　　）。

   A. 经济的生产能力超过它的消费需求

   B. 总需求逐渐增长，但没有超过总供给

   C. 存货的增加与需求的减少相联系

   D. 总需求超过总供给

5. 总需求曲线是表明（　　）。

   A. 产品市场达到均衡时，总需求与价格水平之间的关系

   B. 货币市场达到均衡时，总需求与价格水平之间的关系

   C. 产品市场和货币市场达到均衡时，收入与利率之间的关系

   D. 产品市场和货币市场达到均衡时，总需求与价格水平之间的关系

6. 总需求曲线 AD 是一条（　　）。

A. 向右下方倾斜的曲线　　B. 向右上方倾斜的曲线

C. 水平的直线　　D. 垂直的直线

7. 以价格为纵轴，收入为横轴的坐标系中，长期供给曲线是一条（　　）。

A. 与横轴平行的线　　B. 向右上方倾斜的曲线

C. 向右下方倾斜的曲线　　D. 与横轴垂直的线

8. 短期总供给曲线表明（　　）。

A. 总需求与价格水平同方向变动　　B. 总需求与价格水平反方向变动

C. 总供给与价格水平同方向变动　　D. 总供给与价格水平反方向变动

9. 长期总供给曲线表示（　　）。

A. 经济中的资源还没有得到充分利用

B. 经济中的资源已得到充分利用

C. 在价格不变时，总供给可以无限增加

D. 经济中存在着严重的失业

10. 在总需求和总供给的短期均衡中，总需求的减少会引起（　　）。

A. 国民收入增加，价格水平上升　　B. 国民收入增加，价格水平下降

C. 国民收入减少，价格水平上升　　D. 国民收入减少，价格水平下降

【复习题】

1. 经济周期具有哪些典型特征？
2. 总需求—总供给模型与商品市场的需求—供给模型有何不同？
3. 造成总需求曲线移动的因素有哪些？
4. 造成总供给曲线移动的因素有哪些？
5. 从凯恩斯主义者的观点来看，如何应对经济的周期波动？
6. 反对政府干预经济的学者主要有何理论依据？

【问题与应用】

1. 根据总供给曲线向右上方倾斜的理论，认真解释以下情况：

a. 在没有政策干预时，经济如何从衰退中复苏，并回到其长期均衡；

b. 什么因素决定复苏的速度。

2. 假设决策者不采取行动，解释下列每一个事件对产量和物价水平的短期和长期影响：

a. 股市急剧下跌，减少了消费者的财富；

b. 政府增加对国防的支出；

c. 技术进步提高了生产率；

d. 国外衰退引起外国人购买中国物品减少了。

3. 2010 年以来，中国多个城市都上调了工人的最低工资标准。请运用总需求—总供给模型，画图分析政府上调工人工资标准对经济的影响。

4. 假设现在经济处于高失业和低产量的衰退中，

a. 用总需求—总供给模型画图说明当前的经济状况（要包括总需求曲线、短期总供给曲线和长期总供给曲线）；

b. 提出能使经济恢复到正常水平的财政和货币政策工具，并解释其作用机理。

参考文献

[1] 曼昆. 经济学原理（第五版）[M]. 北京：北京大学出版社，2009.

[2] 尹伯成. 西方经济学简明教程 [M]. 上海：上海人民出版社，2008.

[3] 萨缪尔森，诺德豪斯. 经济学（第18版）[M]. 北京：人民邮电出版社，2008.

[4] 斯蒂格利茨. 经济学（第三版）[M]. 北京：中国人民大学出版社，2005.

[5] [加] 吉尔·多斯塔勒. 新自由主义、凯恩斯主义和传统自由主义 [J]. 国外理论动态，2004（7）：9-11.

[6] 吴培新. 卢卡斯与理性预期学派 [J]. 世界经济文汇，1996（1）：75-77.

[7] 袁云峰，朱启贵. 2004年诺贝尔经济学奖得主学术思想述评 [J]. 数量经济技术经济研究，2004，22（1）：153-159.

敬告读者

为了帮助广大师生和其他学习者更好地使用、理解和巩固教材的内容，本教材提供课件和习题答案，读者可关注公众号“财经文渊”，浏览课件和习题答案。

如有任何疑问，请与我们联系。

QQ：16678727

邮箱：esp_bj@163.com

教材服务 QQ 群：391238470

经济科学出版社

2018 年 9 月

财经文渊　　教材服务 QQ 群